国家社科基金
GUOJIA SHEKE JIJIN HOUQI ZIZHU XIANGMU
后期资助项目

格尔达·勒纳与美国女性史学转型研究

On the Relationship Between Gerda Lerner and the Transformations of American Women Historiography

金利杰 著

科学出版社
北京

内 容 简 介

本书在前人研究的基础上，论述格尔达·勒纳女性史学思想的形成与发展，对比其史学研究演变历程与美国女性史学发展进程，从宏观上勾勒出格尔达·勒纳的整体史学思想框架，探究格尔达·勒纳与女性史学转型的关系，兼顾探讨女性史学与传统史学的关系。同时，本书还在整体上探索格尔达·勒纳女性史学产生、发展与 20 世纪后期美国现代女性史学的诞生及发展进程之间的内在联系，初步展现她与美国女性史学两次转型之间的密切关系。

本书可供美国史、史学理论及史学史、中国女性思想史等相关专业的师生阅读和参考。

图书在版编目（CIP）数据

格尔达·勒纳与美国女性史学转型研究 / 金利杰著. —北京：科学出版社，2021.11

ISBN 978-7-03-069980-0

Ⅰ. ①格… Ⅱ. ①金… Ⅲ. ①格尔达·勒纳–女性–史学思想–研究 Ⅳ. ①K097.12

中国版本图书馆 CIP 数据核字（2021）第 204462 号

责任编辑：任晓刚 / 责任校对：韩　杨
责任印制：张　伟 / 封面设计：楠竹文化

科学出版社 出版
北京东黄城根北街 16 号
邮政编码：100717
http://www.sciencep.com
北京中石油彩色印刷有限责任公司 印刷
科学出版社发行　各地新华书店经销

*

2021 年 11 月第　一　版　开本：720 × 1000　1/16
2021 年 11 月第一次印刷　印张：17
字数：320 000

定价：98.00 元

（如有印装质量问题，我社负责调换）

国家社科基金后期资助项目
出版说明

后期资助项目是国家社科基金设立的一类重要项目，旨在鼓励广大社科研究者潜心治学，支持基础研究多出优秀成果。它是经过严格评审，从接近完成的科研成果中遴选立项的。为扩大后期资助项目的影响，更好地推动学术发展，促进成果转化，全国哲学社会科学工作办公室按照“统一设计、统一标识、统一版式、形成系列”的总体要求，组织出版国家社科基金后期资助项目成果。

全国哲学社会科学工作办公室

序　言

人类由男人和女人构成，二者缺一不可，任何一方离开彼此都无法存续。男人与女人之间本来就应该是一种天经地义无需证明的平等关系，但在迄今为止的人类社会生活当中，男女两性之间却存在着许多不平等的现象。按照希腊神话的说法，迈锡尼国王阿伽门农出征特洛伊，因得罪狩猎女神阿尔忒弥斯致使舰队无法成行，为平息女神愤怒，阿伽门农以自己的女儿伊菲革涅亚作牺牲献祭给阿尔忒弥斯，伊菲革涅亚虽被女神以鹿易人救下，做了阿尔忒弥斯的女祭司。但阿伽门农的妻子克吕泰涅斯特拉毕竟失去了女儿，因此怀恨在心，不仅出轨，而且还伙同情人在阿伽门农得胜回家之后，将丈夫谋杀。王子俄瑞斯忒斯为父复仇杀死了母亲克吕泰涅斯特拉及其情夫，结果犯了弑母之罪被复仇女神追杀。智慧女神雅典娜在主持对俄瑞斯忒斯的审判时，基于自己是从父亲宙斯的大脑中所生（所以是智慧女神），而不是母亲所生，所以拥护父亲的权利，投出了判决俄瑞斯忒斯无罪的最为关键的一票。从此父权高于母权，男人优于女人。这当然是神话的说法，绝非是历史的证据。历史告知我们：男人取得优势地位的原因是农业革命出现以后，男人天生的体力优势在食物生产过程中占据了主导地位。但依我看来，男女不平等的根本原因在于人毕竟是动物。动物的兽性尤以雄性为最。在动物世界里，雄性动物霸凌雌性动物和幼崽现象极为普遍，人作为一种虽有理性但依然极不完善的动物，亦不能免其俗。

相对于兽性的野蛮，人类文明意味着克服兽性，使人类更加人类化的一系列努力。自人类文明产生以来，一些觉悟了的女性和极少数的善良、对女性富有同情心的男人就一直在为女性不平的地位而鸣不平，继而抗争。但其进程却极为缓慢。这个世界上号称最大民主国家的美国，妇女获得普选权的时间也只不过短短的 101 年！当今世界上的大多数国家，都在法律上赋予妇女与男性平等的权利。但这正如印度的宪法虽已明确规定废除种姓制度，但种姓制度依然在印度社会生活中根深蒂固一样，世界上绝大多数国家的妇女，仍然在就业、薪酬等诸多方面招致种种隐性甚至公开的歧视。

男女真正平等、女性彻底解放之路阻且长。

金利杰博士是我在 2007 年招收的第一个史学理论及西方史学史专业

博士生。她在攻读硕士时留给我的印象就是一个温和、秀丽略带腼腆的回族女孩儿。她学习努力，刻苦认真，但我未料到两年时间她就成功获得硕士学位，机缘巧合地成为我第一个博士研究生。作为半路出家的史学理论专业博士研究生导师，我的困惑并不比她少。我自然给了她很大的自由空间，我们师生可以说是在摸索中前行。由于我当时在东北师大历史文化学院担任教学副院长，杂事繁多，更多的工作时间是在院长办公室，利杰就在我的教授工作间查阅资料，凝练论文选题，撰写开题报告和论文。《格尔达·勒纳女性主义史学思想研究》这个博士论文选题是她自己选择的。通过她的介绍讲解，我同意并支持她的选择，不久之后就成功地通过了开题。以后的时日，利杰经常向我汇报她的论文进展情况，我发现，原来有些腼腆的她，谈起历史上妇女所遭受压迫、歧视的情形时，经常就会变得激昂雄辩起来，让我颇感震惊。惊讶之余，我亦大为宽心。因为利杰对她的选题感兴趣，有想法，有激情，这对博士论文的撰写是最大的动力和助力。以后的日子，《性别差异、劳动分工与阶级起源》《性别视角下的集体记忆——格尔达·勒纳女性主义历史记忆理论探究》《从“填补史”到“普遍史”：勒纳女性主义史学分期理论》三篇核心论文陆续发表。2011 年 12 月 13 日上午 9 时，上海师范大学的陈恒教授主持了利杰的博士论文答辩，论文得到了答辩委员会较高的评价，但也指出了一些缺陷和不足。

利杰博士毕业之后，入职沈阳师范大学。尽管她当时没有入职历史系，但最让我欣慰的是，她对格尔达·勒纳的女性主义史学研究依然在持续和完善。2018 年，利杰以博士毕业论文为基础申报的国家社科基金后期资助项目获批，在她的项目成果即将出版之际，利杰邀我为之写序，实为人生最感欣慰欣喜之事。

格尔达·勒纳（Gerda Lerner，1920—2013）是美国女性主义史学开创者之一。

20 世纪 70 年代中期，格尔达·勒纳引领美国女性史学发展成为独立、专业的史学分支，完成女性史学的第一次转型，成为美国女性史学之母。20 世纪 80 年代，她构建父权制理论、社会性别认识与解释观念为女性史学提供了独特的理论范式，促进了女性史学的转型。格尔达·勒纳史学思想中始终存有的女性主义“普遍史”观念，为女性融入主流史学提供理论依据与新方向。

利杰这部著作，在作者阅读梳理大量文献的基础之上，从史学史、思想史角度出发，系统阐述格尔达·勒纳的女性史学思想，对其学术观点、研究视角、解释方法做一番分析与归纳，阐述她的史学理论、实践如何影响了美国女性史学发展。同时，分析其史学思想的局限性及其根源，并拓展其史学研究的范畴。相比以前的博士论文，现在的文本将格尔达·勒纳的史学思想放置于美国女性史发展的历史之中，进一步阐述了格尔达·勒纳对玛丽·里特·比尔德女性史观念的继承与发展，论述了格尔达·勒纳的描述性社会性别理论与琼·斯科特的解释性社会性别理论的差异及社会性别理论对女性史研究的影响，分析了格尔达·勒纳在世界史意义上的普遍史观念。此外，在语言组织、叙事逻辑、分析论述等环节，现在的文本比起原有的博士论文也进步良多，越发优化。

若想获悉女性主义史学的缘起，了解妇女在历史上所遭遇的歧视、屈辱和压迫，了解妇女不平等地位的由来，金利杰博士的这本著作，无疑是一部优秀的学术引路之书。

此书正文内容共有六章：第一章分析家庭与社会对格尔达·勒纳女性主义意识形成产生的影响，从宏观方面阐明她的史学思想与观念的发展，直观整体考察她与美国女性史学发展的密切关系。第二章阐述格尔达·勒纳对玛丽·里特·比尔德观念的继承与发展，引领美国女性史研究成为独立专业的史学分支。玛丽·里特·比尔德的女性是历史发展动力的观念成为格尔达·勒纳女性史研究的理论起点，玛丽·里特·比尔德建立世界女性档案中心的实践成果为格尔达·勒纳提供了宝贵的女性史研究资料。格尔达·勒纳将女性定义为人类的多数并构建了最早的女性史研究框架，确立了女性史学人才培养体系。她在美国女性史研究发展为独立专业领域中起到关键作用。第三章从“女性话语权的丧失”与“女性‘失语’状态的持续”两方面，对格尔达·勒纳的父权制理论进行构建，进而探索其重要影响。格尔达·勒纳的研究成果表明，女性在经济、宗教和法律中逐渐成为男性的从属者，导致“女性话语权的丧失”；女性从属心理根深蒂固、教育劣势、集体记忆的缺失加剧了女性的“失语”状态。格尔达·勒纳的父权制理论为女性主义理论注入了历史因素并提供了新的解释方向，成为20世纪晚期美国女性史学转型发展的理论根基之一。第四章从三个方面构建格尔达·勒纳提高女性话语权的社会性别观念：强调女性的历史贡献，并对女性的“他者”身份进行解构；从历史认识客观性、分期标准、女性资料缺乏等方面对传统史学思想进行批判；以女性的历史经验与解放为标准，对女性整体的从属经验与差异的经验进行历史解释。格尔达·勒纳的社会性别理论加速了女性史研究向描述性社会性别史转型，并维护了女性在社会性别史研究中的中心地位。第五章对格尔达·勒纳构建史学中两性平等话语权的“普遍史”观念进行阐述。格尔达·勒纳首次提出了女性史学分期理论；她要求在女性史研究获得充分发展的基础上，以两性地位变化为标准，通过比较研究的方法，进行“普遍史”研究。“普遍史”是格尔达·勒纳向美国女性史学发展提出的新要求和新方向。第六章对格尔达·勒纳史学思想进行评价与反思。她主张拓展研究视角、延伸观念、完善方法来写作史学边缘群体的历史。但是，她没有关注提高女性地位的经济因素，也忽视了情感因素，没有深入思考女性成为历史研究对象的根本原因以及女性追求平等权利的真正目标。

我比较感兴趣的是利杰在最后论述道：“格尔达·勒纳关注到女性的生育被简化为一种功能，但没有进一步意识到女性的生育也是一种权利，尤其是女性在母系社会凭借这一权利获得了高于男性的地位。”利杰认为女性研究者不应仅将女性生育功能视为女性劣势于男性的原因，而应客观地将其看作是一种选择性权利。女性可以自由选择生育或者不生育孩子，女性追求的最终目标并非是与男性的平等，而是女性的幸福，继而是人类的幸福。追求男女平等仅是女性追求幸福的必要过程。我特别赞同利杰的这段论述。

利杰还认为：“随着科技进步，人工智能产品越来越多地代替了人力，男性作为体力劳动者的作用下降而女性的生育功能作用相对上升，因此女性的社会地位可能会相应提高。”

我的忧虑是：科学技术的进步，人工智能产品的多样化尤其是拟人化，会不会带来一种灾难的结局？比如将来克隆技术替代了女性的生殖功能，比真实女人更美丽、更性感的机器人满足了男人对女人的欲望，当男人和女人彼此都不再需要对方，那么人类社会传统的道德伦理将不复存在，人类逐渐就会“进化”为皆无父母养育之恩、皆无夫妻之爱、皆无兄弟姐妹之情、皆无天伦之乐的冷冰冰的“血肉机器人”。细思极恐！是否这样？

事实上，人类文明之初，中西都将男女夫妻关系视为人伦之最。《易经》有云：“有天地然后有万物，有万物然后有男女，有男女然后有夫妇，有夫妇然后有父子，有父子然后有君臣。”《圣经》也强调男人要离开父母，与妻子连为一体，不可分离。只是到了后来，人的动物性尤其是男人的“尽可能多的占有雌性”的雄性动物本能破坏了男女之间本来的平等关系。

根本的解决之道是：世界上所有的男人都应该而必须尊重女性，爱护女性。这本应是人类文明最基本的特征。

是为序

周巩固

于 2021 年 11 月 12 日东北师范大学历史文化学院 222 教授工作室

目　　录

绪　论

格尔达·勒纳（Gerda Lerner，1920—2013）对20世纪后半期美国的教育界、思想界和政治界均有重要影响。她既是一位小说家、剧作家、政治活动家，也是一位史学家。她促使20世纪70年代中期美国女性史学成为独立、专业的史学分支，也为20世纪晚期美国女性史研究向社会性别史研究转型做出了重要的贡献。她不像女性权利运动者那样执着于政治权利运动，而是兼顾对女性历史的实证与理论研究，并运用社会性别理论对历史进行重新解读与构建。她也不像同时代的女性史学家那样只专注于微观研究，而是努力构建系统的女性史研究范式并创建女性历史的学科体系。

格尔达·勒纳本名格尔达·科隆斯特恩（Gerda Kronstein），1920年4月30日出生于奥地利维也纳一个中产阶级犹太家庭，是家中的长女。其父罗伯特·科隆斯特恩（Robert Kronstein）是一名药剂师兼药商，其母伊洛娜（Ilona）是一名艺术爱好者。格尔达·勒纳有一个妹妹，叫诺拉（Nora）。格尔达·勒纳幼时家境富裕，接受过良好的教育。受到父母之间、母亲与祖母之间不和谐关系的影响，格尔达·勒纳儿童时期与家人关系较为紧张。1938年3月12日，纳粹德国占领了奥地利，开始对奥地利犹太人进行迫害。格尔达·勒纳参与了反纳粹抵抗运动。当时，罗伯特·科隆斯特恩已在逮捕名单上。受形势所迫，他只身先后逃往列支敦士登（Liechtenstein）和瑞士。不久，格尔达·勒纳和伊洛娜被捕入狱，成为纳粹威胁罗伯特·科隆斯特恩上缴财产的人质。监狱严格控制犹太人的口粮。在六个星期的监狱生活中，格尔达·勒纳依靠狱友分享的食物才得以生存下来。出狱后，她以优异的成绩完成中学学业，并获得进入高等学校学习的资格。然而，纳粹采取的“屠犹”政策彻底改变了她的生活。1938年，科隆斯特恩一家逃离了奥地利。

1939年，在未婚夫博比·詹森（Bobby Jensen）家人的资助下，格尔达·勒纳移民美国。到达美国之初，她梦想成为一名成功的英语作家。她一边创作小说，一边做销售员、侍者、公司职员、X光技师等职业来维持生计。很快，格尔达·勒纳嫁给博比·詹森。但不久后，两人和平离婚。离婚后，格尔达·勒纳加入了一个讲德语的反法西斯难民团体。在这里，她遇到了卡尔·勒纳（Carl Lerner）——一位共产主义戏剧导演。1941年，两人结婚。婚后，夫妻俩在好莱坞闯荡。卡尔·勒纳成为著名导演和制片人，格尔达·勒纳则继续文学创作。1943 年，她获得了美国公民身份。同年，她在短篇故事杂志上发表了《犯人》（*Criminal*）一文，受到好评。1946 年，格尔达·勒纳建立了美国女性大会（Congress of American Women，CAW）洛杉矶分会，并成为领导者。同年，她加入了美国共产党。20 世纪 50 年代，格尔达·勒纳积极参与工会运动、民权运动和反军国主义运动。1951 年，格尔达·勒纳与朋友伊芙·梅里亚姆（Eve Merriam）合作写了一部非百老汇的歌剧《女性的歌声》（*Singing of Women*），在村镇上演过三次，小获成绩。1955 年，格尔达·勒纳创作了第一部中篇小说《永不告别》（*No Farewell*）。20 世纪 50 年代末期，在美国社会动荡的现实背景下，出于对自我价值的追求与自身历史经验的思考，格尔达·勒纳走上了历史研究的道路。1958—1963 年，格尔达·勒纳进入社会研究新学院（The New School for Social Research）历史系攻读学士学位，并于在校期间提出开设女性史课程。但由于没有吸引到足够多的学生，未能开课，第二学期女性史课程的开设才获得成功。1964 年，她执笔了剧本《像我一样的黑人》（*Black Like Me*）。这是一部关于种族和社会偏见问题的剧本，成为格尔达·勒纳对美国黑人女性进行历史研究的起点。

1963—1965 年，格尔达·勒纳在社会研究新学院任讲师。同一时期，她在哥伦比亚大学（Columbia University）读研究生，并分别于 1965 年和 1966 年获得了历史学硕士和博士学位。1966 年，她成为全美女性组织（National Organization for Women，NOW）的负责人。1965—1967 年，她任教于长岛大学布鲁克林分校（Long Island University in Brooklyn），并很快荣升副教授。1967 年，她出版了自己在美国女性史领域的首部学术著作，即《来自南卡罗来纳州的格里姆克姐妹：向奴隶制宣战》（*The Grimké Sisters from South Carolina: Rebels Against Slavery*）（由其博士学位论文修改而成）。1969 年，在美国历史学会（American Historical Association，AHA）大会上，格尔达·勒纳被邀请创建美国历史职业女性合作委员会（The Coordinating Council for Women in History），并出任联合主席。1971 年，她出版了《美国历史中的女性》（*The Woman in American History*）一书。1972 年，格尔达·勒纳开始在萨拉·劳伦斯学院（1968—1979 年她任教于此）建设女性史硕士点。同年，她出版了《女性经验：美国历史文档》（*The Female Experience: An American Documentary*）一书。1979 年夏季，格尔达·勒纳集合全国各地女性组织的领导者在萨拉·劳伦斯学院召开了夏季学会（The Summer Institute）。同年，她出版了《人类多数寻找其历史：置女性于历史之中》(*The Majority Finds Its Past: Placing Women in History*)。1980年，格尔达·勒纳任教于威斯康星大学麦迪逊分校(University of Wisconsin-Madison)，从此担任罗宾逊·爱德华历史讲习教授(Robinson Edwards Professor of History)达十年之久，并开始建设女性史博士点。格尔达·勒纳是美国女性史硕士点和博士点的创建者，为女性史研究的系统化和规模化创造了良好的学术环境，培养了大批优秀的女性史学家。

1981—1982年，格尔达·勒纳成为美国历史学家组织(Organization of American Historians，OHA)第一位女性主席。1983年，萨拉·劳伦斯学院成立了格尔达·勒纳学术基金。1986年，格尔达·勒纳出版了《父权制的缔造》(*The Creation of Patriarchy*)，翌年又补充修订了《美国女性史百科全书》。1988年，她接受了国家对人文学科科研的捐助款项及约翰逊基金的资助用以进行女性史研究。1991年，她获得了洛克菲勒研究基金，同年在意大利的贝拉焦(Bellagio)获得了学术基金，用以发展女性史研究。1993年和1997年，格尔达·勒纳分别出版了《女性主义意识的缔造：从中世纪到1870年》(*The Creation of Feminist Consciousness:From the Middle Ages to Eighteen-seventy*)和《历史为何重要：生活与思考》(*Why History Matters: Life and Thought*)。1998年，她进入美国人文科学研究学会。2009年，她出版了《接受历史/创造社会变革》(*Living with History/Making Social Change*)。退休后，格尔达·勒纳仍旧活跃于欧美一些高校的女性史讲台上。2013年1月2日，格尔达·勒纳病逝于威斯康星州麦迪逊市。在格尔达·勒纳的追悼会及每年的纪念活动中，来自欧美及其他地区的历史学家、女性权利运动活动家及女性主义理论家都给予她很高的评价。

格尔达·勒纳作为女性史学的领军人物，对女性历史、父权制理论及社会性别理论进行了长达半个多世纪的思考与考证，与其他女性史学家一起为女性历史研究领域的建立与发展、女性史专业的设置和制度化倾尽所能，奉献了后半生的全部时间和精力。她在20世纪70年代中期引领美国女性史成为独立专业化的史学分支方面，以及在20世纪晚期美国女性史研究向社会性别史研究转型中起到了关键作用。此外，她还为女性史学的发展提供了“普遍史”研究的新方向。

第一节　研究目的及意义

20世纪后半期，美国乃至世界各国史学在研究主题、研究视角、研究方法等诸多方面都发生了重大的变化，新的史学分支不断涌现。其中，女性史学便是发展较快、成果显著、影响力较大的史学分支之一。事实上，在美国，激进主义者、马克思主义者和进步的历史学家早在20世纪二三十年代就已经意识到女性在历史中的作用与地位。虽然当时女性并未成为她（他）们的研究主题，但是她（他）们对权力结构、政治参与、相对主义观念的思索为 20 世纪后半期美国女性史学独立专业化的形成与发展奠定了基础。20世纪中期前后，对女性历史进行研究的学者逐渐增多，相关成果也随之增多。20世纪60年代末，“女性史”这一专有名词最终出现。20世纪后半期至今，美国女性史学取得了令人瞩目的成就且发生了转型，包括女性史研究专业化的转型和女性史研究观念、视角与方法的转型。这一时期的美国女性史研究被视为现代女性史学时期，或被称为女性主义史学时期。虽然女性史学不断发展、完善是众多女性史学家共同努力的结果，但格尔达·勒纳在其中是承前启后的关键人物。她对20世纪70年代中期美国女性史学的独立专业化及 20 世纪晚期美国女性史学的转型具有不可替代的作用。格尔达·勒纳早期对女性历史的研究仍属于传统史学的研究范畴，其中晚期的研究则属于女性主义史学或社会性别史学的研究范畴。格尔达·勒纳是一位情感丰富、敢于直言、充满活力的历史学家，她在女性史研究领域耕耘了半个多世纪，取得了丰硕的研究成果。她既继承了前辈学者对女性历史研究的思想，也有自己独到及创新之处，是美国女性史学转型的中坚力量。欧美史学界对她的学术成果有过不少介绍与评论，但至今还没有对其史学思想及其与女性史学变革关系的全面研究问世。鉴于此，本书的研究目的如下：

第一，对格尔达·勒纳的学术成果进行系统梳理，提炼其女性史学思想。将格尔达·勒纳的实证研究与理论研究成果相结合，将其作为主要研究对象，展现格尔达·勒纳女性史学思想的全貌。直到20世纪60年代末，与女性史研究有关的内容依然被视为社会史的分支，没有得到广泛重视。格尔达·勒纳的学术研究对象多集中于不被一般读者抑或是历史研究者所熟悉的个体或群体身上，再加上她以文学起家，行文流畅、文笔优美，从而令读者更愿意将其研究成果同历史小说联系起来，因此其史学思想并没有立即成为被关注的对象。与其他女性史学理论家不同，格尔达·勒纳的女性史学理论内容散见于其著作之中，需要进一步甄别整理，从而构建系统、全面、客观的格尔达·勒纳女性史学思想体系。

第二，对格尔达·勒纳女性主义史学思想与其他女性史学家的史学思想进行比较研究，如将格尔达·勒纳女性主义史学思想与玛丽·里特·比尔德（Mary Ritter Beard）、琼·斯科特（Joan Scott）等著名女性历史研究者的史学思想进行比较，阐明格尔达·勒纳在20世纪70年代和20世纪晚期美国女性史学转型中的地位与作用。格尔达·勒纳自踏入女性历史研究领域至辞世，参与了美国现代女性史学发展的全过程。无论是在个人学术成果、组织女性史学术研讨、制定学术研究目标方面，还是在女性史学科专业的设置与发展、人才培养方面，格尔达·勒纳都做了众多重要的工作。她对美国现代女性史学的确立，对从以传统史学价值观的研究方法为标准到以女性经验特征为标准进行女性历史研究的转变，以及对美国女性史学发展的质的飞跃都做出了重要贡献。因此，对格尔达·勒纳的学术思想和经历进行全面、深入的研究，不仅有助于掌握女性史学的过去与现在，更有助于从多个角度审视史学史、思想史上的一些重要问题，并为女性史学的发展指明方向。

第三，对格尔达·勒纳女性史学思想及其在美国女性史学转型中地位与作用进行研究的同时，明确女性主义史学与传统史学的关系。女性主义史学本质上既是一种概念范式，也是一种世界观，一种修正传统史学中男性偏见的方法。女性主义史学从传统史学中汲取养分，转而也为传统史学提供了新的研究主题、认识视角、分析方法。不过，女性主义史学并非对传统史学的彻底否定，而是史学的一种新的研究视角、方法与立场。

第四，格尔达·勒纳女性史学观念在研究内容方面存在一定的局限性，如过分注重女性主义意识的发展，从而忽视了其他可以提高女性社会、历史地位的因素。这给予了笔者进一步完善社会性别理论的机会，这也是本书的研究目的之一。在研究范畴上，笔者试图进一步扩大社会性别理论的内涵与外延，进而探索马克思主义史学、情感史学与女性史学相结合的路径。

目前，中国学者在研究美国女性史的过程中，多将焦点集中于女性权利运动、女性史产生的背景、女性史的贡献、女性史与其他史学分支的关系、女性史学分期及特征等宏观方面，而对女性史学家进行个案分析的关注较少，目前只有对琼·斯科特和娜塔莉·戴维斯（Natalie Davis）的专题研究出现。事实上，尽管美国女性史学研究是20世纪70年代中期才获得独立专业化发展的，但其研究发展速度快，内容也极为丰富。由于女性史学家的情况复杂，史学思维各有特点，需要对其进行个案分析。作为女性史学家的一位典型代表，格尔达·勒纳的女性史学思想更具综合性与前瞻性。对格尔达·勒纳的学术思想进行探究，有助于进一步加深中国对西方女性史学史的研究。对格尔达·勒纳史学思想进行个案研究，有助于丰富女性史学史的研究内容。此外，对格尔达·勒纳在美国女性史学转型中作用的研究，可进一步阐明她的史学贡献和女性史学的发展历程。因此，对格尔达 · 勒纳与美国女性史学转型的研究具有重要的理论意义和现实意义。

一、理论意义

第一，清晰构建格尔达 ·勒纳的女性史学思想体系。其一，格尔达 ·勒纳对女性沦为男性从属者身份的历程进行了历史、文化和社会的构建，为研究者提供了一种女性从属的人为性的完整过程。其二，格尔达 · 勒纳引导学者扩大了研究对象的范畴。她将“普通女性”或其他“历史边缘群体”等促进人类历史发展、社会进步的历史主体融入历史研究中，将更多边缘群体的历史呈现出来，进一步丰富了史学的研究取向。其三，格尔达 · 勒纳为女性史提供了具体的研究视角和解释方法。她将女性史研究的问题从实证层面提升到理论层面，为此后的研究提供了具体的、有创造性的理论指导。其四，格尔达 · 勒纳提出将女性史引向“普遍史”的研究道路，突出了女性史研究的史学价值。她认为，写作两性的“普遍史”，可以避免对女性历史进行单一性别的思考而导致女性史学重蹈传统史学的覆辙。由此，当女性史研究有了充分的成果基础时，可以对两性的历史进行“普遍史”的构建。对格尔达 · 勒纳的女性从属身份的历史构建、女性史的研究视角与解释方法及其“普遍史”发展方向的分析与探讨，有助于研究者进一步探索女性史的研究方法与发展道路。其五，格尔达 · 勒纳忽视了提高女性历史、社会地位的经济因素，忽视了女性因是人类的组成部分而应成为历史学家研究的对象这一原因。对格尔达 · 勒纳思想局限性产生的根源的深入思考，有利于促进女性史研究的进一步发展。

第二，明确格尔达 · 勒纳在 20 世纪 70 年代美国女性史学独立专业化发展和 20 世纪晚期美国女性史学建构自己理论和规范中起到的关键作用，捋顺美国女性史学的发展脉络，厘清女性史学观念，阐发女性史学在史学史发展中的重要地位。

第三，拓展格尔达 · 勒纳的女性史研究主题。笔者主张将格尔达 · 勒纳的社会性别视角和方法与马克思主义经济学相结合，与情感学相结合，既可以检验社会性别研究观念在女性经济领域和情感领域的适用性，也可以拓展女性史学的经济范畴和情感范畴。

第四，中国女性史研究领域的专家、学者，都对格尔达 · 勒纳的学术成果有所涉猎。无论是像杜芳琴、裔昭印这样的女性史学泰斗还是年轻学者，都受到过格尔达 · 勒纳实证研究与理论研究的影响与启示。因此，对格尔达 · 勒纳史学思想的个案研究及对美国女性史学发展历程的研究，可以丰富中国学界对美国女性史学史的研究，为社会性别理论的中国化提供坚实的理论基础。

二、现实意义

第一，可以为女性争取与男性平等的政治、经济、社会权利提供历史依据和理论依据。目前，性别不平等现象仍然存在。格尔达·勒纳对女性与男性的地位从平等到不平等的变化进行了历史、文化、社会、种族、宗教、阶级的构建，用史实彻底批判了性别不平等的本质主义。她客观分析了女性处于劣势地位的主观因素与客观因素，正视女性处于劣势地位的精神层面的问题，为女性及其他弱势群体获得应有的权利提供了依据。

第二，指导女性权利运动和解放运动的实践，建构和谐社会。历史经验表明，女性史学对女性权利运动的实践具有重要的指导意义。通过对格尔达·勒纳女性史学思想的研究，可以清晰地看到，女性劣势地位是历史、文化、社会造成的，而并非当代男性造成的。争取女性权利与解放，并非意味着女性与男性为敌，因为与男性为敌是错误的也是不现实的。因此，要正确看待现实生活中女性和男性的关系，正确处理两性关系、女性之间的关系，让更多的弱者受益，促进社会和谐发展。

第二节　国内外研究现状

西方学界对格尔达·勒纳的学术研究、史学思想的介绍和评论较多，主要分为四种类型。第一种散见于各类学术期刊及书评栏目中，多数是对格尔达·勒纳的学术著作的评论，观点鲜明，内容精辟。第二种散见于各种学术研究著作中，部分作者是引用格尔达·勒纳的观点或引用其著述内的资料为研究论点做支撑，部分作者则对其成果中的观点、方法等进行简短评述。第三种是学位论文和传记，包括对格尔达·勒纳与维科的记忆理论进行比较研究的一篇博士学位论文、对其设置女性史课程与建立女性史学位制度的贡献进行阐述的一篇硕士学位论文，还有学者为其写作的小传记等。第四种主要是纪念文章。2013 年 1 月 2 日格尔达·勒纳辞世后，每年都有对她的纪念文章发表。女性史学者、女性权利运动领导者及格尔达·勒纳的学生纷纷写文章悼念她，颂扬她对女性史学的贡献和对女性权利运动的影响。这些介绍和评论为进一步完善对格尔达·勒纳的人生经历及学术思想的研究提供了充分的材料和经验。以下将对国内外研究现状进行梳理与分析。

一、格尔达·勒纳的女性史学观与相关女性主义理论的关系

一方面，学者关注了格尔达·勒纳女性史学思想的来源。其一，玛丽·里特·比尔德。玛丽·S. 本森（Mary S. Benson）认为，格尔达·勒纳吸收了玛丽·比尔德的思想，即女性在历史上是很有影响力的。[①]贝雷妮丝·A.卡罗尔（Berenice A. Carroll）在《解放女性的历史》一书中多次引用格尔达·勒纳和玛丽·里特·比尔德相似的观点对女性的历史地位进行论述。戴尔·斯彭德（Dale Spender）在《有思想的女性及男性对她们做了什么：从阿芙拉·贝恩到阿德里安娜·里奇》的多个章节中，分散地表现出格尔达·勒纳对玛丽·里特·比尔德女性史学思想的继承。[②]格尔达·勒纳的女性史职业生涯与玛丽·里特·比尔德的影响紧密相连。20 世纪 30 年代，玛丽·里特·比尔德创建了一个宏大的项目，旨在建立一个世界女性档案中心。她认为，对女性数据的收集，包括诸如信件、日记、备忘录等丰富的个人资料，是至关重要的，因为良好的历史记录将赋予女性权利，使她们能够在社会生活中充分发挥自己的力量。格尔达·勒纳继承了玛丽·里特·比尔德的世界女性档案中心建设工作和女性资料搜集的实践内容。[③]格尔达·勒纳是女性历史教育的倡导者，是玛丽·里特·比尔德革命思想的实践者。[④]其二，马克思主义。莱拉·J. 鲁普（Leila J. Rupp）认为，格尔达·勒纳早期接受了马克思主义的结构方法，用激进的女性主义态度看待性和生育的问题，因此她所关心的内容超出了性别、种族、阶级等单独体系范围的研究。[⑤]尼尔森·利希滕斯坦（Nelson Lichtenstein）在《美国的资本主义》中指出，格尔达·勒纳是马克思女性主义者。[⑥]格尔达·勒纳拒绝接受父权制作为一种生物学上的考虑，但她遵循马克思主义的传统，认为农业的兴起催生了父权制，并且在不同的社会经济环境下，父权制是不同的。她认为男性对女性劳动的占有，证明了女性的从属地位是经济问题，而不仅仅是文化问题，她让读者思考女性的阶级分化。格尔

---

① Mary S. Benson and Gerda Lerner，The Women in American History，*The Journal of American History*，Vol. 59，No. 1，1972，p.120.

② Dale Spender，*Women of Ideas and What Men Have Done to Them: From Aphra Behn to Adrienne Rich*，Boston: Routledge and Kegan Paul，1982.

③ Nancy F. Cott，Feminist Relections: Gerda Lerner，*Frontiers: A Journal of Women's Studies*，Vol. 36，No. 1，2015，pp.1-2.

④ Nancy Isenberg，Life with Gerda，*Journal of Women's History*，Vol. 26，No. 26，2014，p.25.

⑤ Leila J. Rupp，Review：Toward an Intellectual History of Women by Linda K. Kerber，Why History Matters: Life and Thought by Gerda Lerner，*Signs*，Vol. 26，No. 1，2000，pp. 321-323.

⑥ Nelson Lichtenstein，*American Capitalism*，Philadelphia: University of Pennsylvania Press，2005.

达·勒纳对物质力量和精神力量两方面的强调是她历史观念的核心。她的马克思主义思想使她的研究集中于经济影响女性从属经验的方式。建立女性史学是格尔达·勒纳积极努力的方向。她坚信，拒绝女性进入历史是女性受压迫的根源。[①]事实上，格尔达·勒纳在《女性主义意识的缔造：从中世纪到1870年》和《杂草：政治自传》等著作中多次表示其思想主要来源于对玛丽·里特·比尔德及马克思主义思想的继承。其三，贝蒂·弗里丹（Betty Friedan）。凯茜·N. 戴维森（Cathy N. Davidson）的《不再分立的领域：下一波美国研究读者》一书指出，格尔达·勒纳在某种程度上受到了贝蒂·弗里丹的《女性的奥秘》的影响。[②]

另一方面，学者研究了格尔达·勒纳对女性主义者的批判。其一，罗兰·布莱克（Roland Bleiker）赞同格尔达·勒纳对教育权利的看法及对西蒙娜·德·波伏娃（Simone de Beauvoir）的批判，指出格尔达·勒纳反对波伏娃的女性无权是因为其历史地形成了被动角色的观点。格尔达·勒纳认为，历史上并不缺乏对父权制有见地地批判的女性。[③]凯瑟琳·克林顿（Catherine Clinton）记载了评论家凯瑟琳·辛普森（Cathreine Simpson）将格尔达·勒纳的《父权制的缔造》的受欢迎程度与波伏娃的《第二性》相媲美的评论。辛普森也表示，格尔达·勒纳虽然承认波伏娃的智慧，但是基本不同意其强调的女性的被动性及宣称的女性没有历史的观点。[④]其二，娜恩·伊丽莎白·伍德拉夫（Nan Elizabeth Woodruff）指出，格尔达·勒纳拒绝用任何单一的范式来研究女性，坚持认为所有范式都有局限性。格尔·勒纳达认为，结构功能主义者忽视了阶级和性别，强调生育和性之间关系的朱丽叶·米切尔（Juliet Mitchell）忽视了思想、价值和心理等因素。[⑤]

---

① Eileen Boris and Elizabeth Currans, Reflections, *Frontiers: A Journal of Women Studies*, Vol. 36, No. 1, 2015, p.29.

② Cathy N. Davidson, *No More Separate Spheres: A Next Wave American Studies Reader*, Durham : Duke University Press, 2002.

③ Roland Bleiker, *Popular Dissent, Human Agency and Global Politics*, London: Cambridge University Press, 2000.

④ Robert Allen Rutland, *Clio's Favorites: Leading Historians of the United States, 1945-2000*, Columbia and London: University of Missouri Press, 2000.

⑤ Nan Elizabeth Woodruff, Review: The Majority Finds Its Past: Placing Women in History by Gerda Lerner, *The Journal of Southern History*, Vol. 46, No. 3, 1980, pp. 454-455; Mary S. Benson and Gerda Lerner, The Women in American History, *The Journal of American History*, Vol. 59, No. 1, 1972, p. 120.

二、对格尔达 · 勒纳历史研究主体多样化的关注

玛丽 · S. 本森在《美国历史中的女性》的书评中概括了格尔达 · 勒纳对女性历史编年的四个时期的划分，认为格尔达 · 勒纳分别解释了每一时期女性作为家庭主妇、工人和公民的多样化角色，其中少数人被挑选出来做整体解释。[①]对历史主体多样性的分析可以丰富和完善历史认识的内容。凯瑟琳 · 斯戴斯（Kathleen Xydis）认为，格尔达 · 勒纳的研究既关注了杰出女性在历史中的贡献，也意识到了普通女性的作用。[②]罗斯 · 娜塔莉（Rose Natalie）在其硕士学位论文《一种本质的必然财产：萨拉 · 劳伦斯学院女性史项目（1972—1979 年）》中指出，格尔达 · 勒纳的女性史学思想对历史学的挑战目的是改变整个学术本身，追求的目标是普遍的世界历史，并阐述了格尔达 · 勒纳著作的地位，以及女性史学起源于现代女性权利运动中提出的问题等内容。[③]格尔达 · 勒纳促进了女性史的发展，开启了黑人女性历史的研究道路。[④]在职业生涯的晚期，格尔达 · 勒纳开始对犹太女性的历史进行思考，提出犹太女性的历史是复杂多样的观点。她超越了性别二维性，用多维编织的方式讨论犹太女性的历史。[⑤]

三、对格尔达 · 勒纳历史认识方法的研究

米拉 · 里奇（Myra Rich）在对《人类多数寻找其历史：置女性于历史之中》一书的书评中说，由男性写作的女性角色或者由男性主导的资料视角下的女性，与女性的真实情况是不同的。她认同格尔达 · 勒纳所说的女性史学家要有考虑女性特殊经验的意识，而不是接受男性历史学家建立的分类标准。书评中阐述了格尔达 · 勒纳的女性主义意识挑战了父权制的价值观和视之为当然之物的观点。女性解放表明女性的需求和经验同男性的思想在过去或现在都有不同的定义，两性应历史地和现实地承认女性的经

---

① Mary S. Benson and Gerda Lerner, The Women in American History, *The Journal of American History*, Vol. 59, No. 1, 1972, p.120.

② Kathleen Xidis, Review: The Woman in American History by Gerda Lerner: Women's Suffrage and Prohibition: A Comparative Study of Equality and Social Control by Ross Evans Paulson, *The History Teacher*, Vol. 8, No. 1, 1974, pp.124-125.

③ Rose Natalie, *An Essential Indispensable Heritage: The Sarah Lawrence College Women's History Program, 1972-1979*, Master Dissertation of Sarah Lawrence College, 2004.

④ Thavolia Glymph, A New World of Women and a New Language, *Frontier: A Journal of Women Studies*, Vol. 36, No. 1, 2015, p.22.

⑤ Joyce Antler, History and Gender, *Frontier: A Journal of Women Studiess*, Vol. 36, No. 1, 2015, p. 20.

验与男性不同。现代女性主义运动有必要将女性的历史、权力和平等及完全的解放综合加以考虑。[①]格尔达·勒纳将种族、阶级和性别压迫视为同一系统的不同组成部分，指出人们需要同时面对系统中的不同组成部分而不是单独的部分。[②]

贾尼丝·弗里德尔（Janice Friedel）认为，读者不仅可以见证格尔达·勒纳作为历史学家的成长经历，而且可以见证女性史理论的发展。她支持格尔达·勒纳提出的“已知历史都是女性的史前史”的观点，称只有少量新的历史研究确实是建立在平等考虑男性、女性的成就及建立在父权制消失基础上的，可以称之为一种真正的“普遍史”。[③]薇姬·鲁伊斯（Vicki Ruíz）和埃伦·杜波依斯（Ellen DuBois）在《不平等的姐妹》中，认同格尔达·勒纳在《黑人女性在白人美国：历史纪实》中对女性之间的差异性的开拓性分析。

卡罗尔在《解放女性的历史》一书中，对格尔达·勒纳的两篇文章《美国女性史研究的新方法》和《置女性于历史之中：定义与挑战》中的一些论点进行研究，客观地阐述了格尔达·勒纳批判部分女性主义者过分关注女性权利运动和选举权运动，导致女性过去真实存在的形象被扭曲，并且无差别地赞扬女性的“贡献”。卡罗尔还认为，格尔达·勒纳在第二篇文章中提出了更加现代的认识视角——差异地看待女性，大胆地指责了“女性主义者的参考系”的偏见对女性发展的限制。尼尔森·利希滕斯坦在《美国的资本主义》中指出，格尔达·勒纳等人反对过分强调女性斗争的历史。在《克里奥喜爱的美国重要历史学家（1945—2000 年）》中，作者指出，当贝蒂·弗里丹的《女性的奥秘》迅速成为国家重要的出版物时，格尔达·勒纳指责她的这部书没有提到黑人女性的生活，也没有提到种族这一重要问题。这些作者实际上都赞同格尔达·勒纳对女性研究认识方面的质疑，认为不应该将注意力全部投入女性权利运动和选举权运动中。

迈克尔·约兰达·鲁珀特·史密斯（Michaela Jolanda Ruppert Smith）的博士学位论文《从神圣到质疑：神话是真理还是谎言——方法论研究》，大量运用了格尔达·勒纳研究宗教神话中的女神同历史中女性地位变化之间的关系进行论证，还探讨了格尔达·勒纳所提出的在宗教领域内，女性

---

① Myra Rich，Review: *The Majority Finds Its Past: Placing Women in History by Gerda Lerner*，*Frontiers: A Journal of Women Studies*，Vol. 5，No. 1，1980，pp.73-74.

② Roxanne Henkin，Speaking My Mind: Confronting Bullying: It Really Can Get Better，*English Journal*，Vol. 101，No. 6，2012，p.112.

③ Janice Nahra Friedel，Review: The Majority Finds Its Past: Placing Women in History by Gerda Lerner，*The History Teacher*，Vol. 13，No. 3，1980，p. 448.

的从属地位是通过语言、文字、绘画和对男神崇拜形成的，宗教中形成的隐喻、象征和解释使男性对女性的压迫合理化。[①]琳达 · 科尔伯（Linda Kerber）阐述了格尔达 · 勒纳的女性史学发展四阶段理论，即“填补史”→“贡献史”→“寻求对历史的重新叙述”→“寻找自己的社会解释理论”，还阐述了格尔达 ·勒纳对社会性别和生理性别的区分及女性之间的差异等问题。[②] 也有学者认为，20 世纪 70 年代以后，格尔达 · 勒纳对历史的认识方法主要是对“合成”的思考，即如何将女性的历史和男性的历史融合。

四、对格尔达 · 勒纳的解释方法的研究

黛博拉 · 吉沃茨（Deborah Gewertz）在《父权制的缔造》的书评中，指明该书最显著的特征是格尔达 · 勒纳提出了一种将性别关系的变化作为解释历史进程的新模式。[③]在《历史为何重要：生活与思考》的书评中，鲁普说格尔达 · 勒纳所关心的主要内容超出了性别、种族、阶级作为独立受压迫的体系的研究范畴。她还认为，阶级最早的形式是性别的和种族的；种族的最早形式是性别的和阶级的；国家采取的最早形式是父权制。[④]福克斯–吉诺维斯在《父权制的缔造》的书评中指出，格尔达 · 勒纳思想中存在的问题是，无论是为什么还是如何，无论是历史问题还是理论问题，她都没有给研究者提供令人满意的答案。在物质条件、社会关系、政治组织和象征性例证的相互关系中，她并没有对性别地位的变化进行进步的解释。[⑤]迪利指出，这种史学研究不重视人的因素而是过分倾向于强调社会限制。[⑥]安 · 柯托伊斯（Ann Curthoys）和约翰 · 多克（John Docker）的《语言学的转向》一文认同格尔达 · 勒纳在《美国女性史研究的新方法》中对现存的美国女性史学术的批判：“典型的狭隘性，主要是描述性的，通常避免去解释。”[⑦]凯瑟琳 · 简 · 瑞安在博士学位论文《记忆知识：一种女性主义者

---

① Michaela J. Smith, *From Sacred to Suspec, Myth as Truth or Lie: A Methodological Inquiry*, PhD. Dissertation of The Claremont Graduate University, 1992.

② Linda K. Kerber, *Women's America*, Oxford: Oxford University Press, 2000.

③ Deborah Gewertz, Review: The Creation of Patriarchy by Gerda Lerner, *American Ethnologist*, Vol. 15, No. 3, 1988, p.596.

④ Leila J. Rupp, Review: *Toward an Intellectual History of Women by Linda K. Kerber: Why History Matters: Life and Thought by Gerda Lerner*, *Signs*, Vol. 26, No. 1, 2000, pp.321-323.

⑤ Elizabeth Fox-Genovese, Review: Women and History, Vol. 1: *The Creation of Patriarchy by Gerda Lerner*, *Journal of the American Academy of Religion*, Vol. 55, No. 3, 1987, pp. 608-613.

⑥ Bonnie Smith, *Women's History in Global Perspective*, Urbana: University of Illinois Press, 2004.

⑦ Ann Curthoys, *Is History Fiction?*, Sydney: The University of New South Wales Press, 2006.

记忆原则的解释》中认为，格尔达·勒纳的记忆暗示理论重新审视了记忆原则。格尔达·勒纳在作为集体记忆的当代历史的探讨中，使用“选择性遗忘”这个术语标志传统的历史研究。瑞安认为，女性主义的记忆艺术是一种认知的合法方式，一种主流传统的选择——实证主义方法论。格尔达·勒纳创造了一种本质主义和历史意识二元的分析方法。她认为性别主义是一种等级压迫的模式，其他压迫形式是以此为基础的。[①]格尔达·勒纳在一个特殊的背景下，努力创造一种思想和理论的集合，将史学与个人记忆相结合。[②]有人可能会说，格尔达·勒纳坚持把女性作为我们研究的对象，从而暂时阻碍了性别历史的转变。她编写了关于女性文化和女性经历的书，试图展示女性在日常生活中的共性，这些经历是集体意识的源泉，是女性解放的源泉。[③]

多洛罗丝·多利（Dolores Dooley）在《平等社会》一书中，承认对“女性权利的女性主义”和“女性解放的女性主义”两者之间存在差异的解释，来源于格尔达·勒纳关于女性权利与女性解放的差异的思想。艾米·格蒂（Amy Getty）在博士学位论文《美国女性的传记：身份领域和权利领域》中认为，本质主义可以产生普遍的刻板，而社会结构主义可以导致无内涵和碎化。格尔达·勒纳、爱德华·威尔逊（Edward Wilson）和劳拉·布雷迪（Laura Brady）都处在本质主义和社会结构主义研究的前沿。艾米·格蒂还探讨了格尔达·勒纳在《历史为何重要：生活与思考》一书中的二元融合理论，即融合身份的多个层面并且坚持普遍性和特殊性的同时存在。

五、父权制与西方文明

埃里克·赖特（Erik Olin Wright）在自己的著作中，将恩格斯的先有私有制后有男性对女性的压迫的观点同格尔达·勒纳的阶级统治的最早形式是男性对女性有效地拥有的观点，进行对比分析。赖特认为孕育新的人口——孩子，在早期农耕文明中是有重要价值的资源，而控制女性生育的能力是财产关系的重要形式。如果这种说法是正确的，那么当社会性别和阶级结合时，就形成了社会性别奴隶。显然，埃里克·赖特支持格尔

---

① Kathleen Jane Ryan，*Rememoried Knowing: A Feminist Interpretation of the Canon of Memory*，PhD. Dissertation of the University of North Carolina，2001.

② Nancy F. Cott，Feminist Relections: Gerda Lerner，p.1.

③ Alice Kessler-Harris，The So- What Question，*Frontiers: A Journal of Women's Studies*，Vol. 36，No. 1，2015，p.12.

达 · 勒纳的性别压迫在先的观点。[①]

尼尔森在《父权制的缔造》的书评中从三个方面对该书进行了具体解释：①父权制的缔造及父权制在文明产生之初的作用；②性别和阶级的关系及这种关系的制度化；③象征体系的建立，理解的形式及理解的内容。尼尔森在书评中只是对该书进行了概述。罗兰 · 布莱克认为，格尔达 · 勒纳观察到了从中世纪到现代社会父权制是如何起作用及变化的。她还认为，对《圣经》的批判是徒劳的，因为长期以来，这种批判并没有对父权制产生影响。[②]这种观点与格尔达 · 勒纳的思想相左。

史密斯的《全球视野中的女性史》指出，格尔达 · 勒纳在《父权制的缔造》一书中将研究范围限定在西方文明中，发现父权制存在于有历史记录之前的社会中。格尔达 · 勒纳在书中描述了公元前 3100—前 600 年美索不达米亚父权制建立的过程。在这段时期内，男性对女性进行性控制及生育成为私有财产的根本形式。史密斯对格尔达 · 勒纳的《父权制的缔造》中女性的从属成为西方文明源起的开端进行了多次引证。格尔达 · 勒纳知道这一主题对西方文明来说具有独特性，但是她希望，它也能适用于其他文明。[③]

朱迪斯 · 本内特（Judith Bennett）认为，从 19 世纪的巴霍芬（Bachofen）和恩格斯到 1986 年的格尔达 · 勒纳，寻求父权制的根源成为令人瞩目的但没有定论的事。她赞同格尔达 · 勒纳关于女性主义意识发展的部分观点，如认为女性主义意识的发展在 19 世纪之前遭遇了代际传播的失败，以至于每个女性都对父权制权利的批判沉默了，并且后来的女性必然地认为在格尔达 · 勒纳之前不存在女性思考或者写作。朱迪斯 · 本内特还探讨了从“对女性的压迫”到“女性的从属”再到“社会性别差异”（或者“社会性别不平等”），这些对女性地位描述的术语变化的实质，并肯定了格尔达 · 勒纳和琼 · 凯利-加多（Joan Kelly-Gadol）在史学中的地位。[④]

六、格尔达 · 勒纳所用史料及评价

史密斯认为，格尔达 · 勒纳评述历史学的问题时，谨慎地限定词语，

---

① Erik Olin Wright，*Class Counts: Comparative Studies in Class Analysis*，Cambridge: Cambridge University Press，1997.

② Roland Bleiker，*Popular Dissent，Human Agency and Global Politics*，2000.

③ Bonnie Smith，*Women's History in Global Perspective*，Urbana: University of Illinois Press，2004.

④ J. M. Bennett，*History Matters: Patriarchy and the Challenge of Feminism*，Philadelphia: University of Pennsylvania Press，2006.

包括对价值的分析，但是她所选择的例子有时明显是为了支持她的假设。[①]而弗里德尔认为，《人类多数寻找其历史：置女性于历史之中》是一部百科全书。[②]里奇评价格尔达·勒纳的贡献时说，格尔达·勒纳的历史视角、方法和她涉及的现代运动不仅对女性历史的研究有贡献，而且对女性的进步有贡献。[③]巴施认为，这是一部对任何一个想了解女性的贡献和女性史理论的人都有益的书。[④]朱迪斯·本内特向格尔达·勒纳提出了一些质疑，包括所有女性都被认为是女性主义者这一观点是否恰当？长期不知名的或者长期被遗忘的著作都真正地贡献于女性主义意识的发展吗？将女性逃避异性婚姻或者母亲职责的生活评价为"歪曲和不幸福"是公平的吗？格尔达·勒纳的女性史著作几乎没有考虑到经济不平等、家庭结构及婚姻的实践、法律的约束、男性的暴力、生育技术和控制等问题。[⑤]玛丽·麦克劳克林（Mary Mclaughlin）认为，格尔达·勒纳最擅长将自己的大主题和观点融合于描写的例证中，但是她没能将主题和例证置于大的历史背景之下，因此她的研究有时缺乏连贯性。[⑥]

综合上述研究内容可以看出，至今对格尔达·勒纳史学思想的研究，在西方学界尚没有较为全面的研究成果问世。除此之外，尽管学者关注到了格尔达·勒纳史学思想中的众多方面，但对她的女性史学分期理论、女性主义史学的"普遍史"观念、她的女性史学局限性及产生的根源等问题仍缺乏深入思考。所有女性史专家、学者都肯定格尔达·勒纳对女性史理论与实践做出了重要的贡献，但并没有对格尔达·勒纳与美国女性史学转型的关系进行深入的分析与阐述。本质上，学者也并没有对格尔达·勒纳的女性史学与传统史学的关系做出明确的论断。这些都有待于深入分析。

20 世纪 90 年代以来，中国越来越多的学者投身于美国女性史研究中。

---

① Janice Nahra Friedel, Review: The Majority Finds Its Past: Placing Women in History by Gerda Lerner, *The History Teacher*, Vol. 13, No. 3, 1980, p. 448.

② Janice Nahra Friedel, Review: The Majority Finds Its Past: Placing Women in History by Gerda Lerner, *The History Teacher*, Vol. 13, No. 3, 1980, p. 448.

③ Myra Rich, Review: *The Majority Finds Its Past: Placing Women in History by Gerda Lerner*, *Frontiers: A Journal of Women Studies*, Vol. 5, No. 1, 1980, p.73.

④ Françoise Basch, Review: *The Majority Finds Its past: Placing Women in History*, *Signs*, Vol. 6, No. 4, 1981, pp.751-753.

⑤ Judith M. Bennett, Review: *The Creation of Feminist Consciousness: From the Middle Ages to Eighteen- Seventy by Gerda Lerner*, *The American Historical Review*, Vol. 98, No. 4, 1993, pp.1193-1195.

⑥ Margaret C. Jacob, Casting a Cold Eye, *The Women's Review of Books*, Vol. 15, No. 5, 1998, p.5.

当西方女性史实证研究及理论研究成果刚刚传入中国时，学界就开始对格尔达·勒纳有所关注。中国学者对格尔达·勒纳的《妇女史的挑战》[①]、《历史学家的必要性与职业史学家》[②]等文章进行了翻译并发表，对格尔达·勒纳的观点和论证等方面的著述加以引用[③]。闵冬潮在《从妇女史到性别史的发展》中，对琼·凯利–加多、琼·斯科特、格尔达·勒纳、娜塔莉·戴维斯等美国女性主义史学家的理论进行了梳理，阐述了美国女性史到性别史的转变。[④]除此之外，中国学者在研究当代美国女性史创始人时提到过格尔达·勒纳和美国女性史研究权威 A. 斯科特。[⑤]

21 世纪以来，学术界对格尔达·勒纳的关注逐渐增多，主要集中探讨格尔达·勒纳的女性史学家的地位、父权制与社会性别理论、黑人女性史理论、格尔达·勒纳的影响等多个方面。

褚艳红在博士学位论文中强调，格尔达·勒纳在《父权制的缔造》中提出的以西方历史为模板的父权制解说，陷入了西方中心论。此后，以父权制为主题的理论性著作仍不断涌现，主要还是探讨女性受压迫的理论和状况。格尔达·勒纳是美国女性史和美国非裔女性历史研究领域的开创者，在女性史的发展与转型中起到了关键作用。中国女性研究学界受到以格尔达·勒纳等人为代表的女性主义史学理论家的影响，不断将社会性别理论应用于中国女性史研究中。[⑥]白路、杜芳琴认为，虽然格尔达·勒纳的普遍父权制模式起源的观点受到了质疑，但她的论述仍有助于推动父权制理论的发展。早期女性主义学者对父权制的论述虽然没有过多进行生理性别解构，但对性的“划分”非常敏感，如米利特的“性政治”概念已经触及父权制的精神实质；格尔达·勒纳、史密斯等人的“历史性的制度”及“制度化的体系”已经接受了社会性别概念，这就为后来男权制理论与社会性别理论的整合奠定了基础。[⑦]倪婷指出，格尔达·勒纳的《贵妇与女工》(*The Lady and the Mill Girl*)为 20 世纪 60 年代末美国黑人女性史研究做出了实质性贡献，女性史学家研究的问题也有了实质性的改变。格尔

---

① 勒纳：《妇女史的挑战》，《世界史研究动态》1991 年第 4 期，第 39—43、64 页。

② 中国美国史研究会、江西美国史研究中心：《奴役与自由：美国的悖论——美国历史学家组织主席演说集 1961—1990》，贵阳：贵州人民出版社，1993 年，第 441—457 页。

③ 李剑鸣：《历史研究中的求知与作用》，《历史教学》2006 年第 2 期，第 5—10 页；张宏：《女性主义史学中的几个理论问题》，《妇女研究论丛》2006 年第 4 期，第 47—51 页。

④ 闵冬潮：《从妇女史到性别史的发展》，《世界历史》1994 年第 1 期，第 106—110 页。

⑤ 侯建新：《西方妇女史研究述评》，《天津师大学报》1991 年第 5 期，第 53 页。

⑥ 褚艳红：《变动中的女性研究视角》，华东师范大学 2011 年博士学位论文。

⑦ 白路、杜芳琴：《一个观察世界的新视角》，《江西社会科学》2009 年第 4 期，第 179 —185 页。

达·勒纳主编的论文集《黑人女性在白人美国：历史纪实》（*Black Women In White America：A Documentary History*）不仅涉及黑人女性，而且系统地研究了黑人男性，这为黑人女性史走向成熟奠定了坚实基础。[①]王宏维认为格尔达·勒纳的史学研究提出了一系列新问题，开拓了一系列新领域，并强调女性主义史学家需要有对史料的新姿态、新方法，特别要揭示传统史学强调的“中性”“客观性”。[②]杜芳琴指出，20世纪90年代初，对自己的女性史研究影响最大的学者是格尔达·勒纳。格尔达·勒纳的《人类多数寻找其历史：置女性于历史之中》从多个方面启发了杜芳琴对女性史的理论思考。她借鉴《父权制的缔造》研究了中国父权制的起源，认为格尔达·勒纳将父权制的研究与“社会性别”完全融合，无论是在理论阐述中还是在研究实践中都堪称经典。[③]

目前，越来越多的中国学者意识到了格尔达·勒纳的史学理论与思想的重要性，称格尔达·勒纳为“美国女性史学之母”，认为她在女性史学的发展中起到了关键作用。随着中国女性史学科建设逐渐完善，女性史研究队伍不断壮大，女性史研究成果日益丰富，对女性史理论的研究也不断深入，有必要深入地研究与分析对女性史学转折具有重要意义的个人及群体。

总体来看，国内外学者对格尔达·勒纳女性史学思想有了广度和深度的研究，为笔者深入研究奠定了良好基础。但对格尔达·勒纳与美国女性史学两次转型之间的具体关系仍有待于深入系统的研究。具体研究问题包括：对格尔达·勒纳女性史学思想与传统史学观念分立与融合，女性被历史研究忽视的根源，女性史的研究视角和解释方法，女性史研究的发展方向，以及如何拓展格尔达·勒纳女性史研究范畴、应用社会性别理论与方法。通过深入研究上述问题，分析格尔达·勒纳在美国女性史学转型中的作用与贡献。这有利于丰富中国对美国女性史学的认识，全面、系统地掌握女性史学理论，有益于女性史学理论进一步本土化，更好地指导中国的女性史研究。因此，从史学史、思想史的角度来看，全面、系统论述格尔达·勒纳女性史学思想仍是必要的。

---

① 倪婷：《女性、阶级与种族因素的互动——美国妇女史研究》，《世界历史》2009年第6期，第124—136页。

② 王宏维：《发现妇女的历史》，《南方日报》2004年12月2日，第A07版。

③ 杜芳琴：《如何将父权制和社会性别理论引入中国历史研究——个人的体悟与实践》，《中华女子学院学报》2011年第2期，第96—106页。

第三节　研究思路与框架

美国第一次女性权利运动于 20 世纪四五十年代进入了低潮期，第二次女性权利运动于 20 世纪六七十年代爆发，随后从高潮期逐渐走向平静期。格尔达 · 勒纳参与了部分女性权利运动并写作了关于女性的文学和历史作品。她的史学研究异于当时的男性史学，也有异于集中研究女性权利运动的女性史研究。格尔达 · 勒纳将自己的研究定位于不被男性史学所关注的女性历史，同时把目光转向被一般女性史研究者忽视的边缘群体的历史。格尔达 · 勒纳的女性史学思想从最初将女性填补到历史中到写作社会性别史的转型，以及她从对女性的实证研究到对社会性别理论研究的转型，对美国女性史学及世界女性史学而言，都产生了重要的意义。本书拟从史学史与思想史的角度，以格尔达 · 勒纳的主要著述为研究对象，并结合其生活经历，分析、解读其学术成果，梳理、归纳其学术观点、研究观念，进而阐明其在女性史学史中的学术地位及其与女性史学转型的关系。此外，在分析格尔达 · 勒纳女性史学思想局限性的基础上，本书将探索拓展格尔达 · 勒纳女性史研究范畴的路径，丰富她的女性史理论体系，发展她的女性史研究思想。具体研究思路如下。

梳理格尔达 · 勒纳女性史学思想的形成与发展历程，对比格尔达 · 勒纳史学研究演变历程与美国女性史学发展进程，初步展现格尔达 · 勒纳与美国女性史学两次转型之间的密切关系。通过对格尔达 · 勒纳生活经历与研究成果的思考，笔者提炼出其女性主义意识产生的多元因素，并对其女性史学的发展历程及著述进行概括，从宏观上勾勒出格尔达 · 勒纳的整体史学思想框架，进而在整体上探索格尔达 · 勒纳女性史学的产生和发展与 20 世纪后期美国现代女性史学的诞生和发展进程之间的内在联系。格尔达 · 勒纳认为，与其说是男性史学故意忽视女性的历史，不如说是女性的历史不符合男性的写作标准。传统史学关注的是它想关注的对人类历史发展产生影响的人与事，因此对长期处于劣势地位的女性的思考必然有限。由此，对女性在历史中劣势地位形成原因的思考，成为格尔达 · 勒纳对女性历史研究的一个重要内容，也成为笔者对格尔达 · 勒纳女性主义史学思想研究的重要起点。显然，格尔达 · 勒纳对女性不被传统史学关注的论断与其他女性史学家的观念存在差异。本书对这一差异进行反思，探究格尔达 · 勒纳与女性史学转型的关系，兼顾探讨女性史学与传统史学的关系。

格尔达·勒纳的女性史理论并非以独立理论阐释的形式出现，而是夹杂在其实证研究成果中，较为分散。从格尔达·勒纳对父权制形成和女性主义意识形成进行的细致、全面的性别阐述的论著中，笔者分析得出格尔达·勒纳的女性被历史研究忽视的根源。格尔达·勒纳的《父权制的缔造》详尽论述了父权制源自男性对女性的性别压迫，是美国女性史学对女性劣势地位研究的标志性著作。格尔达·勒纳引起了不同国家众多女性史研究者对父权制形成的新一轮性别思考。女性在历史与社会发展中普遍处于劣势的现象是毋庸置疑的，但这并不能否认女性历史的存在及真实存在的女性历史作用与贡献，也并不意味着研究女性的历史没有意义。格尔达·勒纳在研究了女性的历史贡献并彻底批判了所谓女性是历史的“他者”（The Other）的历史观念后，要求将女性置于普遍的历史研究中。在历史研究中，仅仅指出女性应该被历史记载只是女性史研究的一个起点，要真正地置女性于历史之中，学者必须找到适合其研究的视角与方法。从社会性别的认识视角，格尔达·勒纳阐述了传统的历史认识方法不利于对女性历史的理解，提倡以女性自身经验为标准对女性的历史进行重新思考。格尔达·勒纳认为，对女性历史的解释方法也要有所改变。首先，要对传统史学中已形成的、对女性评价有偏颇的语言进行解构，使用中性词语更好地阐释女性真实的历史。其次，她提出了性别综合的解释模式，既要求阐述女性与男性历史经验的差异，也要求表现出女性内部的差异。显然，格尔达·勒纳对女性历史的研究并不仅仅是要告诉读者女性在历史中的贡献，也要赋予女性史研究以更重要的“普遍史”研究的意义。有些学者认为，1986 年琼·斯科特发表的《社会性别是一种历史分析的有效范畴》将“社会性别”带入女性史研究中，对女性历史的认识与解释方法的转变起到了重要的推动作用。实际上，1975 年格尔达·勒纳在《置女性于历史之中：定义与挑战》一文中就已经对社会性别角色（gender role）进行了初次阐释，概述了社会性别角色的文化适应、社会性别角色灌输、社会性别角色刻板印象等问题。1986 年，在《父权制的缔造》中，格尔达·勒纳对社会性别理论的思考和阐释与琼·斯科特的理论几乎同时产生，不同之处在于两位学者将社会性别理论分别用于女性史研究和非女性史研究中。而真正推动女性史性别史转向中坚持以女性为历史研究中心的是格尔达·勒纳。因而，格尔达·勒纳为女性史学由传统史学观念下的女性历史研究到社会性别观念下的女性历史研究的转型奠定了理论基础。

格尔达·勒纳认为，对女性历史研究的最终目标与方向应定位于“普遍史”研究。对“普遍史”的理解，学者们都有各自的见解，但一致认为现有历史研究观念下，“普遍史”的实践是将女性的经验排除在外的。格尔达 · 勒纳认为，历史是全人类的集体记忆，因此“普遍史”应该将女性及更多人的经验考虑在内。格尔达 · 勒纳在历史写作中，从未单纯地将女性置于与男性隔离的境地进行解释，而是将两性的历史密切结合在一起思考。她也没有将女性狭隘地视为一个整体，而是试图将不同阶级、种族、宗教的女性的同一性与矛盾性同时展现出来，这些为“普遍史”研究提供了重要内容。笔者从格尔达 · 勒纳女性史学分期理论中直接找到其史学的发展目标，并将其史学实践与理论结合起来思考，阐述其女性主义史学观念中的“普遍史”思想。格尔达 · 勒纳对男性和女性历史有机结合的“普遍史”思想为女性史学的发展提供了新方向与新思维。最后，笔者对格尔达 · 勒纳的女性主义史学思想进行整体评价，并针对格尔达 · 勒纳史学思想中的局限性进行拓展研究，扩大格尔达 · 勒纳社会性别的研究主题与研究范畴。

按照上述研究思路，除绪论和结语部分外，本书将正文部分分为六章，包括“格尔达 · 勒纳女性史学形成的背景及发展历程”“女性史学的独立和专业化：从玛丽 · 里特 · 比尔德到格尔达 · 勒纳”“父权制：格尔达 · 勒纳女性‘失语’根源的历史构建”“社会性别：格尔达 · 勒纳提高女性话语的史学观念”“‘普遍史’：格尔达 · 勒纳对女性史学发展方向的探索”“对格尔达 · 勒纳女性史学思想的评价与反思”。

第四节 相关概念

从广义上来看，以女性为主题的历史研究都可以称作女性史研究。鉴于女性史研究者采用的视角与方法不同，研究者们提出了女性主义史学的概念，用于区分传统史学价值观下的女性史研究。格尔达 · 勒纳的女性史研究经历了从传统史学向女性主义史学转变的过程。为了方便研究，本书使用女性史学家的身份对格尔达 · 勒纳进行写作。另外，笔者认为有必要对“女性主义史学”进行系统阐述。

一、对“女性主义史学”的再认识

近六十年来，欧美国家的历史学家创造了一些与女性历史研究密切相关的专业术语，如女性史学或妇女史（women’s history）、女性主义史学（feminist history）等。与此相呼应，近三十年来，经过中国历史学家的不懈努力，从欧美国家舶来的“女性主义史学”这一概念已悄然渗入中国历史研究的多个领域。然而，对此概念的认识与理解，中国学者莫衷一是。

第一，学者们对女性主义史学研究对象的认识存在差异。一部分学者认为，女性主义史学是指对女性历史的研究。例如，邓元忠在《反省史学：兼论西洋后现代文化》一书中写道，很多学者认为当今女性主义史学的主要任务是在历史中建立可清楚看到的女性主体。[①]刘军更进一步指出，女性主义史学尤指女性史学家为女性所写的女性的历史。[②]这些学者将以女性作为研究对象的历史研究统称为女性主义史学。

另外一些学者则强调，女性主义史学不仅是对女性历史的研究，也应包含对整个人类历史的重新反思。杜芳琴总结道，1980—1989年女性主义史学的成果可从两个方面来概括：第一方面是从社会史视角切入的女性研究；第二方面是从女性角度切入的历史研究。[③]第二方面显然表明，女性主义史学并非只限定于对女性历史的研究。王云龙认为，女性主义史学批判理论初期以破除厌女主义理念为目标，否定男性一统天下的史学传统，20世纪80年代以来则把女性主义学理取向融入文本解读和语境重构之中，将丰实当下文化的自我解释作为主要内容。[④]张宏断言，女性主义史学的目标绝不是再现女性历史，而是要重新书写历史。[⑤]高世瑜则认为，女性主义史学应该属于一种新的历史观或史学方法，女性主义史学与女性史是完全不同的。[⑥]这些学者都主张女性主义史学的研究对象应超越单一的女性群体。

事实上，在女性主义史学研究对象方面，学者们的认识存在差异的根源在于，混淆了“女性主义史学”与“女性史学”两者的研究主题。

第二，学者们对女性主义史学所持的方法论和认识论的理解存在差异。国内多数学者认为，对女性主义史学应采用社会性别的研究方法。例如，刘军概括了社会性别分析的两层含义：“一是作为社会关系，包括各种性别文化象征及其解释，性别的主观认同，性别与社会组织和机构的

---

① 邓元忠：《反省史学：兼论西洋后现代文化》，台北：五南图书出版公司，2001年，第65页。

② 刘军：《美国妇女史学的若干理论问题》，《世界历史》1999年第1期，第87页。

③ 杜芳琴：《发现妇女的历史——中国妇女史论集》，天津：天津社会科学院出版社，1996年，第3页。

④ 王云龙：《克里奥的萨迦——女性主义史学论域的维京妇女》，《古代文明》2009年第4期，第58页。

⑤ 张宏：《女性主义史学中的几个理论问题》，《妇女研究论丛》2006年第4期，第51页。

⑥ 高世瑜：《关于妇女史研究的几点思考》，《历史研究》2002年第6期，第144页。

关系。二是对社会性别的理论概括，即它是权力关系的一种基本形式。”[①]商传眼中的社会性别是将女性作为一种社会角色的审视角度。[②]张宏则精辟地指出，女性主义史学家使用社会性别是要把女性放在各种社会关系之中，关注的不仅仅是人类的一半，而是全部。[③]

从学者们对社会性别的分析来看，尽管他（她）们都承认了社会性别是女性主义史学的重要研究方法，但在社会性别是对两性生理差异研究的解构、对两性社会关系进行结构主义重新探究方面的具体认识仍没有达成共识。在此，笔者认为过分地将女性主义史学限定于对两性关系的研究之中，则容易忽略女性历史的其他重要方面，如女性之间的阶级、种族、宗教差异等。女性之间的阶级、种族和宗教差异往往会超越同阶级、同种族、同宗教的男性与女性之间的差异。这些是不容忽视的。

除此之外，女性主义史学中的“女性主义”一词，直观上具有浓郁的政治气息。正如刘军所说，鉴于以往的知识都是为压迫者维持现状服务的，女性认识只能从反抗性别歧视的斗争中产生，因此女性认识论也是一种女性主义的政治立场。[④]叶汉明则进一步指出，女性主义史学强调以批判的眼光看待历史上男女地位的差异，并认为男女不平等是社会文化造成的，与权力、资源分配和制度上的牵制息息相关。[⑤]两性之间确实存在某些政治权力关系，但社会、文化、环境等因素也影响着两性关系。政治立场是否应该成为女性主义史学的首要的认识论，是否可以清晰阐明两性关系的历史，亟待进一步探索。

第三，学者们对女性主义史学兴起的时间存在争议。张宏认为，女性主义史学兴起于 20 世纪六七十年代。[⑥]裔昭印等持女性主义史学兴起于 20 世纪 70 年代的观点。[⑦]刘静则认为，女性主义史学是 20 世纪 80 年代以来产生的。[⑧]不同的时代有着不同的思想与理论，它们会对历史研究产生重要的影响。例如，20 世纪欧美国家的两次女性权利运动就为女性历史研究

① 刘军：《美国妇女史学的若干理论问题》，《世界历史》1999 年第 1 期，第 90 页。
② 商传：《传统史学、新史学与社会性别史》，《历史研究》2002 年第 6 期，第 147 页。
③ 张宏：《女性主义史学中的几个理论问题》，《妇女研究论丛》2006 年第 4 期，第 51 页。
④ 刘军：《美国妇女史学的若干理论问题》，《世界历史》1999 年第 1 期，第 87—89 页。
⑤ 叶汉明：《主体的追寻》，香港：香港教育图书公司，1999 年，第 17 页。
⑥ 张宏：《女性主义史学中的几个理论问题》，《妇女研究论丛》2006 年第 4 期，第 51 页。
⑦ 裔昭印：《中西妇女史研究的回顾与展望》，《山西师大学报》（社会科学版）2000 年第 2 期，第 75 页。
⑧ 刘静：《论女性主义史学对西方教师历史研究的影响》，《比较教育研究》2006 年第 9 期，第 63 页。

提供了重要的研究课题与认识理论。事实上，对女性主义史学产生时间的认识直接关系到研究者对它的内涵的思考。因此，女性主义史学产生于何时这个问题值得深入探索。

我国学者对西方“女性主义史学”的理解存在的上述差异，不利于女性主义史学理论在我国的传播、实践与发展。因此，对其展开研究是十分必要的。笔者在下文中将“女性主义史学”与“女性史学”进行比较分析，进而直观简要地阐明什么是“女性主义史学”。

在分析“女性史学”与“女性主义史学”的内涵前，首先需要思考women’s history与汉语的对应词的问题。国内学者将其翻译为“妇女史学”（妇女史）一词的较为常见，少部分人也翻译为“女性史”。[①]然而，“妇女”与“女性”这两个词在汉语语境中具有一定区别。从生理性别的角度分析，在我国，“妇女”习惯上指已婚或成年女性；而“女性”的指代范围更广泛，除妇女外，还包括未成年女性。从社会性别的角度分析，因“女性”是历史、社会和文化形成的，故“成年女性”一词具有很强的时代性与地域性，不易界定。由此，将women’s history译为“妇女史学”（妇女史）可能会遗漏非“妇女”的女性范畴，而“女性史”似乎更利于国际观念的认同。

什么是女性史学？根据研究方法、研究重心、研究标准的差异，国内外学者已经对此提出了各自的观点。虽然国内外学者目前在总体上尚未取得一致认识，但在两方面已经达成了共识：第一方面是，虽然20世纪60年代之前早已存在研究女性的历史著述，但在欧美直到20世纪60年代才出现“女性史学”这一专有名词[②]；第二方面，是女性史学是以女性为主体的历史研究。第二方面的内涵其实颇为丰富。其一，从时间上看，以女性为历史主体的非专业性研究由来已久[③]，但直至20世纪70年代中期女性史学才成为一门独立、专业的学科。其二，是否属于女性史学的著作与作者的性别、立场和价值观等并无直接关联。一般来说，女性史既可由支持女性及性别平等的人写作，亦可由反对女性及性别平等的人写作。[④]其

① 裔昭印等：《西方妇女史》，北京：商务印书馆，2009年，第1页。

② Gerda Lerner, *Why History Matters: Life and Thought*, New York: Oxford University Press, 1997, p.12.

③ Gerda Lerner, *The Creation of Feminist Consciousness: From the Middle Ages to Eighteen-seventy*, New York: Oxford University Press, 1993.书中，作者认为7世纪就已经存在对优秀女性历史的记载。

④ June Purvis, *Women's History, Britain 1850-1945: An Introduction*, New York: Taylor and Francis Group, 2006, p.6.

三，女性史研究的范畴非常广泛。从最初记录贵族女性的生活，记录她们对重大事件的贡献，转向后来描述普通女性的政治、经济、社会权利及日常生活和生命周期等复杂活动的经验，表达女性的抱负、斗争、情感和行为。[①]

第四，从研究目标和方法来看，真正的女性史是在男性已定义的历史中寻求女性对历史进程的影响[②]，实现琼 · 凯利–加多将女性还原到历史中去，为女性重建女性历史的理想。琼 · 斯科特将女性史研究方法划分为三种：第一种是以向男性看齐的方法研究，即把女性视为与男性一样，是驾驭理性的存在；第二种希望向原有的历史观念挑战；第三种则更加彻底，希望在女性研究中发现女性专有的理论思想基础，重新写作历史。[③]琼 · 斯科特的研究表明，早期的女性史研究者基本上采用的是男性史学的研究方法、立场与价值观，而近来的研究者采用了“社会性别”等区别于传统解释模式的观念与方法，希图重新构建人类历史。回顾女性历史研究的进程，正是人们对第二种、第三种研究方法的思考与实践，标志着女性史研究进入了“女性主义史学”的发展阶段。

上述研究清晰地展示了女性史学研究范围的广泛性、内涵的丰富性，同时让研究者感受到了其复杂性与发展性。女性主义史学是随着女性史研究的拓展及第二次女性权利运动的呼唤应运而生的。那么，女性主义史学的概念范畴与女性史学的概念范畴有何异同？与女性权利运动史又有何关联？从上文的论述中，我们可以发现，“并不是所有女性史学都是女性主义史学”[④]，前者是后者的必要不充分条件[⑤]，有些女性史学著作甚至是反女性的[⑥]。女性主义史学只是女性史学的一个组成部分、一个发展阶段，前者不能取代后者，并且非女性主义史学的女性史学研究仍在继续。例如，按照父权制的价值观来写作女性历史的情况仍在继续。女性主义史学家倡导两性平等，同时力争用事实说话，为女性争取自由和权利。尽管她（他）们所做的一切支持了女性权利运动，但这些并不应是女性主义史学所关注的

---

① Gerda Lerner，Reply to responses，*Journal of Women's History*，Vol. 16，No. 4，2004，p. 61.

② Gerda Lerner，*The Majority Finds Its Past: Placing Women in History*. New York: Oxford University Press，1979，p.117.

③ 王晴佳、古伟瀛：《后现代与历史学——中西比较》，济南：山东大学出版社，2003 年，第 59 页。

④ Louise A. Tilly，Women's History and Social History，*Social Science History*，Vol. 13，No. 4，1989，p.441.

⑤ June Purvis，*Women's History，Britain 1850-1945: An Introduction*，p. 6.

⑥ Fiona Montgomery，*The European Women's History Reader*，London，New York：Routledge，2001，p.17.

全部或核心内容。因为两性之间除了斗争还有合作，而合作在历史发展中的作用更为重要。女性权利运动具有政治性，而女性主义史学并非一定具有政治性。女性主义史学包含并应超出女性权利运动史的研究范畴。

基于上述的多重思考，笔者认为，女性主义史学更多的是历史学的一种研究视角、方法与立场，而并非对传统史学的彻底否定。甚至可以说，它是对传统史学的研究主题、认识视角与分析方法在性别方面的补充。以下从女性主义史学对历史学发展的三方面贡献探究其内涵。

第一，女性主义史学为历史学发展提供了新的研究主题。从史学史的角度看，女性历史研究经历了半个多世纪的发展后，在一定程度上，女性历史越来越多地呈现在人们面前。尽管在丰富性和深入性方面女性历史研究成果仍不能与男性历史研究成果相提并论，但女性历史研究在女性单一性别体系中很好地构建了其性别身份的历史。遗憾的是，女性史与男性史一样，很少涉及对方。因此，部分女性主义史学家提出，人类历史不该仅仅是独立的性别史，而应是两性历史的有机结合。[①]换句话说，在通常情况下，尽管女性主义史学都集中关注女性，但事实上并不必须如此，它的研究中心在于承认社会性别关系是历史发展的动力之一。[②]

因此，家务劳动与外出工作、私人领域与公共领域、男性与女性的社会关系等，都应成为女性主义史学的重要研究主题。随着研究的深入，女性内部的差异也逐渐进入女性主义史学的研究视野。这些主题正在成为女性主义史学研究的重要内容。新的研究主题表明，女性主义史学并不是要否定男性的历史，而是希望将两性关系的历史作为研究主题之一。此外，对两性关系的研究还超越了将女性作为单一性别群体的历史考察，为历史研究提供了更多的历史主题。

第二，女性主义史学为历史学发展提供了新的认识视角。在女性主义史学观念诞生前，对女性历史的研究多以父权制的价值观与道德观为标准，即主要通过男性的视角将女性历史折射出来。因此，在绝大多数情况下，这种研究只是将符合男性历史写作要求的女性历史写出来，而使男性从不涉足或很少涉足的领域中的众多女性再一次被历史研究忽视。

女性主义史学则强调，要以女性批判的眼光来看待历史中的两性。[③]例

---

① Melinda S. Zook，Integrating Men's History into Women's History: A Proposition，*The History Teacher*，Vol. 35，No.3，2002，p.375.

② Jill Matthews，Feminist History，*Labour History*，No. 50，1986，p.150.

③ Peter G. Filene，Integrating Women's History and Regular History，*The History Teacher*，Vol. 13，No.4，1980，p.485.

如，女性主义史学家以历史分期问题为理论切入点，向传统史学提出了深刻的挑战。经过实证研究，女性主义史学家意识到女性普遍没有分享过传统史学中宣扬的历史分期经验。琼·凯利-加多提出了“女性没有文艺复兴”的重要历史命题，得到了史学界的认可。

此外，女性主义史学还激发了学者们对人类历史整体发展的进步与退步、历史的真实性等问题的性别视角的再思考。女性主义史学家力图通过女性视角建立新的历史研究范式与标准，重新思考人类普遍的历史。这些都为历史研究提供了新的认识视角。

第三，女性主义史学为历史学发展提供了有效的分析方法。主题问题是女性史学的中心，如何处理材料则是决定什么是女性主义史学的关键。[①]女性主义史学将“社会性别”这一概念引入历史分析和解释中，从而寻求改变传统史学的研究方法。[②]在实践中，社会性别的分析方法从历史、文化、社会方面有效地阐明女性是被人为地置于传统历史研究之外的。

在不断自我发展过程中，女性主义史学家又将阶级、种族、宗教等观念纳入社会性别的研究方法中，倡导对女性乃至人类的历史进行真正的、各个领域的性别解释。一些激进的女性主义史学家甚至提出重新写作真正的人类“普遍史”的主张。必须指出，有些女性主义史学家认为并没有一种统一的方法与概念框架能够适合所有女性的历史经验，研究仍需细化。研究者内部的学术分歧并不会将女性历史研究引入困境，相反，只会将它引向更加宽广的理论与实践的研究道路。没有争议的研究领域缺乏基本的发展动力，甚至是无法存在的。

随着女性历史研究的深入，女性主义史学观念的内涵也不断延伸与完善。当社会性别观念萌生时，它指的是两性在生理性别划分基础上形成的两性的社会、文化、历史角色的划分。当社会性别观念逐渐被接受时，学者们将它的内涵拓展，使它成为能较为全面地解释女性历史的工具之一。“社会性别”正在成为女性主义史学对女性历史进行性别、阶级、种族、民族、宗教的综合解释的工具。

纵观女性主义史学对历史学发展在研究主题、认识视角与分析方法方面的贡献，女性主义史学研究对象的扩大化与清晰化可以用“社会性别”概念中强调的应对史学研究主体进行多元化思考来解释。因此，女性主义史学的研究主题既应包括对男性与女性历史关系的考察，也应包括对女性

① Jill Matthews，Feminist History，*Labour History*，No. 50，1986，p.150.

② Jill Matthews，Feminist History，p.148.

内部差异的历史分析。女性主义史学的认识视角也渗透出社会性别观念，表现为必须在两性生理性别的自然分类基础上认清两性及女性内部的差异是人为形成的，是结构主义的。由此，必须找到适当的认识原则与基础对两性及女性内部的历史差异进行研究，才能真正客观撰写女性的历史和完整的人类历史。

通过对女性主义史学相关问题的辨析与思考，我们可以对它有一些新的认识。女性主义史学力图通过性别视角，运用社会性别的分析方法，对女性及整个人类的历史进行研究。女性主义史学虽然为历史学发展提供了新的研究主题、认识视角与分析方法，但仍需要传统史学为它提供资料、手段与方法等作为研究基础，需要从传统史学中汲取养分。实践表明，传统史学在受到各种新兴史学批判的同时也被继承着并不断发展着。正如格尔达·勒纳所说，与玛丽·里特·比尔德不同，她不愿意将女性历史研究的职业视为业余的和边缘的。格尔达·勒纳认为，为了书写和研究女性的历史，历史学家必须拥有最好的传统训练，并以严谨的技巧来实践历史研究的技艺，然后超越传统。①女性主义史学不能完全背弃传统史学。因此，女性主义史学是一种概念范式、一种性别平等的世界观和一种修正传统史学中男性偏见的方法。

二、格尔达·勒纳女性主义史学家身份的界定

通过对美国女性史学发展历程的研究和对女性主义史学观念的分析，可以明确判断出格尔达女性主义史学家的身份。20世纪七八十年代以前，格尔达·勒纳就开始对传统史学研究主题进行挑战。她在传统史学理论与方法指导下进行女性历史研究，为女性史脱离社会史头衔成为独立、专业的史学分支奠定了基础。此后，格尔达·勒纳钻研女性史研究的独特视角与方法，向传统史学的认识论和解释方法发起挑战，促成了美国女性史学在20世纪晚期的社会性别史转型。由此可见格尔达·勒纳对女性历史研究的贡献，她无愧于“女性史学先驱”的称号。更确切地说，按照女性主义史学观念，20世纪七八十年代后，格尔达·勒纳应该被称为“女性主义史学家”。在格尔达·勒纳生前，学者普遍称她为女性史学家，仅有个别学者称她为女性主义

---

① Joanne M. Braxton, Transformational Feminism, *The Women's Review of Books*, Vol. 27, No. 3, 2010, p. 24.

史学家[①]。但她逝世后，越来越多的学者称她为女性主义史学家。从 2012 年开始，瑞士制片人雷娜塔 · 凯勒（Renata Keller）导演制作了一部关于格尔达 · 勒纳一生及其著作的电影《女性为何需要爬坡？》（*Why Women Need to Climb Mountains*？）。2016 年 7 月 18 日，该片在伦敦首映，展现了格尔达 · 勒纳作为犹太难民、草根活动家、社会改革家、作家、女性主义历史学家、妻子和母亲的经历。目前，女性主义史学家格尔达 · 勒纳的名字已被越来越多的非女性主义者、非历史学者知道。尤其值得注意的是，2013 年，也就是格尔达 · 勒纳去世的当年，阿拉伯语版《父权制的缔造》面世。阿拉伯语版《父权制的缔造》特别指出，这本书为人们提供了一个宏伟的历史框架，格尔达 · 勒纳的著作和女性学者的著作为人们提供了史前女性的地位，这是令人惊叹的。这本书在中东地区得到传播，本身就意味着格尔达 · 勒纳的女性史研究成果受到了世界更为广泛的认可，有着深远的世界影响。

① Felicia R. Lee，Making History Her Story，Too，*The New York Times*，July 20，2002；金利杰、周巩固：《性别视角下的集体记忆——格尔达 · 勒纳女性主义历史记忆理论探究》，《东北师大学报》（哲学社会科学版）2011 年第 3 期；金利杰：《从“填补史”到“普遍史”——格尔达的女性史学分期理论》，《河北大学学报》（哲学社会科学版）2011 年第 6 期；韩毅、金利杰：《女性史研究的独特方法——格尔达 · 勒纳的社会性别解释方法探析》，《史学理论研究》2016 年第 1 期。

第一章 格尔达·勒纳女性史学形成的背景及发展历程

1920年4月30日，格尔达·勒纳出生于奥地利维也纳一个中产阶级犹太家庭。第二次世界大战期间，她逃亡到美国，后来获得美国国籍，并一直定居于美国。她经历了物质相对丰富但缺少幸福感的童年时期，经历了充满活力与想象力但时刻面临生存危机的青年时期，也经历了勇于突破自我改变职业梦想而成功的中年时期，最终成为享誉欧美史学界及世界女性史学界的女性史学家。2013年1月2日，格尔达·勒纳在威斯康星州首府麦迪逊市过世。

自1958年起，格尔达·勒纳开始从事女性史研究工作。经过20多年的勤奋学习与刻苦钻研，到20世纪80年代初期，其女性史学家的地位已得到欧美史学界的承认。格尔达·勒纳曾说过，对女性历史的投入源于自己的生活，而不是自己的头脑。当她攻读硕士研究生时，她发现女性似乎不存在于“知识丰富的世界”中。她把自己的职业生涯奉献给了重塑知识体系的女性史项目，要求历史包括男性和女性的生活和经历。[①]格尔达·勒纳对女性历史进行了半个多世纪的研究，与其他著名女性史学家共同为女性史学领域的开创及发展、美国女性史专业的设置及人才培养倾尽所能，被称为“美国女性史学之母”。格尔达·勒纳一生出版学术著作十余部，虽称不上著作等身，但每一部都堪称经典，都为女性史学的发展提供了前进的动力，并给予女性史研究者以深刻启发。格尔达·勒纳发表论文数十篇，直至2010年，她仍然活跃在历史研究的舞台上，在欧美高校进行女性史的学术活动。

“女性主义意识”指两性平等的意识，广义上是指一切平等的意识。格尔达·勒纳的女性主义意识最初来源于家庭与社会的生活经历：家庭的生活经历使她较早地接触到了反传统权威的意识、种族与阶级不平等的意识；社会的生活经历使她深刻地意识到了两性地位的差异。家庭与社会的

---

① Pamela S. Nadell and Kate Haulman，*Making Women's Histories: Beyond National Perspectives*，New York: New York University Press，2013，p.1.

生活经历潜移默化地影响着她，当她开始女性史研究时，就有意识地将这些生活经历带入对女性历史的理解之中。这在情感认同方面有利于她深切地理解女性的历史与现状。综合考察格尔达 · 勒纳的学术成果，可将格尔达 · 勒纳女性史研究历程大体分为四个阶段：认识到女性有自己历史的阶段、寻找女性历史资料的阶段、用女性自己的方式定义女性的阶段、主张写作完整人类历史的阶段。格尔达 · 勒纳为美国女性史学的两次转型做出了重要贡献。

第一节　格尔达 · 勒纳女性史学形成的背景

个人思想的成长无法脱离现实环境——家庭与社会的影响。格尔达 · 勒纳出身于富裕家庭是幸运的：第一次世界大战后，奥地利基本的物质生活资料短缺，只有富人才能获得充足的生活保障。无论是富裕的还是贫穷的，第二次世界大战对每一位犹太人来说都是噩梦。在欧美国家，女性在工作方面大多都会受到歧视。此外，在欧美国家，无论是男性还是女性，都难免会遇到阶级与宗教方面的问题。上述情况格尔达 · 勒纳都曾经历过，也正是她前半生的阅历使她获得了最初的女性主义意识，并影响了她的历史观与学术研究的发展方向。当走上历史研究的道路时，格尔达 · 勒纳将个人生活经历融入女性历史研究中，成为她获得史学成就的重要原因之一。

一、家庭的影响

追求自由生活的母亲对格尔达 · 勒纳女性主义意识的发展产生了重要影响。格尔达 · 勒纳的母亲伊洛娜出身于富裕的商人家庭，当她与恋人的交往受到父亲反对时，她并没有屈从，而是向父亲的权威提出了挑战。经过一系列反抗，伊洛娜终于如愿组建了自己的家庭。婚后，她拒绝家庭主妇的一切工作，相反，她绘画、写作、装订图书、装修房屋（无薪水的业余爱好），并希望自己成为艺术家或文学家。[①]她还曾做志愿者帮助贫困孩子，有过女性解放的见解，也组织过一些时尚沙龙。[②]格尔达 · 勒纳的祖母则是一位循规蹈矩的传统女性，因此与伊洛娜的关系并不和睦。母亲追

① Gerda Lerner, *Fireweed: A Political Autobiography*, Philadelphia: Temple University Press, 2002, p.10.

② Gerda Lerner, *Fireweed: A Political Autobiography*, p.8.

求自由的思想与父亲的传统家庭观念大相径庭，因此格尔达·勒纳父母的关系也存在严重的危机。尽管祖母和父母都很疼爱格尔达·勒纳，但三人对照顾及培育格尔达·勒纳的思想与方式分歧较大，这令格尔达·勒纳的童年并没有太多的幸福感。伊洛娜一直声称，自己是为了孩子而忍受婚姻的，她说自己没有受过正规的学校教育，没有选择，离开这个家自己就无法生存下去。对伊洛娜这种不彻底的女性自由意识，格尔达·勒纳在成年后给予了批判。她认为母亲所谓的理由并不充分，因为现实例证表明，她的姨妈也经历了失败的婚姻，离婚后独立生活并养活外祖母。[①]事实上，伊洛娜那笔数量可观的嫁妆足以让她后半生衣食无忧。格尔达·勒纳对家庭关系、父母婚姻的思考，表明她支持女性有婚姻选择权，建议女性应放弃不幸的婚姻，追求幸福的生活。同时，她也认为，仅仅为了给孩子一个完整的家庭形式而保全婚姻并不能给孩子带来真正的安全与幸福。

与伊洛娜的经历相似，格尔达·勒纳的第一次婚姻完全走了与母亲相同的路线。但不久后，格尔达·勒纳选择离婚。这与她母亲不敢走出家庭追求理想而仅在家庭内部寻求自由的方式大相径庭。格尔达·勒纳起初朝着文学家的方向奋斗。于是，她成了一位优秀的文学家，她的语法和句子结构显示了她在古典语法和修辞学方面的坚实基础，她的散文读起来既愉快又轻松。[②]随后，她参与了女性主义的政治组织与运动，最后走向了女性历史研究的道路。尽管如此，格尔达·勒纳从事历史研究前的职业追求与社会活动确乎也遗传了母亲的自由意识的基因，或者继承了母亲的女性主义思想的旗帜。毫无疑问，在格尔达·勒纳眼中，母亲的自由意识是不彻底的，但这种半自觉的自由意识确实曾浸润过格尔达·勒纳的心灵，并成为其女性主义意识最直接的来源之一。

格尔达·勒纳对父亲的民族、阶级与宗教歧视观念极为反感。格尔达·勒纳的家族有着纯正的犹太血统，虔诚地信奉犹太教，有强烈的阶级观念。幼年的格尔达·勒纳在父亲的教导下，只能选择与犹太孩子做朋友。当格尔达·勒纳按照要求刚刚交到犹太朋友时，父亲却因她的朋友出身于贫寒家庭而禁止她去朋友家玩，致使朋友生厌而放弃了同她的友谊。[③]此时，幼小的格尔达·勒纳已深深体会到自己不仅与其他民族、宗教的孩子有所不同，而且与同是犹太血统的孩子也存有差异。很快，格

---

① Gerda Lerner, *Fireweed: A Political Autobiography*, p. 18.

② Joanne M. Braxton, Transformational Feminism, p. 24.

③ Gerda Lerner, *Why History Matters: Life and Thought*, p. 4.

尔达·勒纳一反乖乖女的形象，变成了一个淘气的女孩。她在家里和学校里都很调皮，甚至戏弄天主教教徒，以示对歧视观念的反抗。幸运的是，中学时代格尔达·勒纳进入了一所声誉较好的女子中学，她在学业要求较高的环境中茁壮成长。

尽管格尔达·勒纳并非出身于书香世家，但其父母乃至整个家族都十分重视孩子的教育。天资聪敏的格尔达·勒纳成绩一向都很优异。但高中二年级的一天，格尔达·勒纳将一份成绩为 B 的考卷带回家，遭到了父亲的严厉训斥和惩罚。此后，格尔达·勒纳更加刻苦、勤奋地学习，每科成绩都必是 A。格尔达·勒纳真切地感到，尽管成绩优异很有成就感，但负担是沉重的。更糟糕的是，追求更优异的成绩使她失去了很多东西，譬如自由的时间、更多的友谊，这将她与其他人进一步地分离了。正如她所认为的那样，这种与众不同的标志并不是一件好事。[①]在青少年时期，受到家庭的影响，格尔达·勒纳就已经开始模糊地意识到种族之间、宗教之间、阶级之间的巨大差异。这为她后来在史学研究中，对宗教差异、阶级差异与种族差异的敏锐思考提供了亲身的现实经验。因为格尔达·勒纳的家庭中没有男孩子，所以她在真正理解宗教观念及宗教事务中两性的差异前，并没有感到自己作为女孩受到了歧视待遇，因此，在家庭中她并没有觉察到更多的性别差异。

格尔达·勒纳与第一任丈夫博比·詹森认识后，就跟随他学习政治。两人互相鼓励，广泛阅读马克思、恩格斯和倍倍尔的书籍。起初，罗伯特·科隆斯特恩反对格尔达·勒纳与博比·詹森交往，将她送到英国度假。机缘巧合，恰恰在这次度假中，格尔达·勒纳遇见了真正的共产党员，并有机会进一步学习了马克思主义。回国后，格尔达·勒纳在家偷偷收听共产主义广播。她渴望从马克思主义中获得真正的民主、平等与自由。也正是由于博比·詹森出手相救，1939 年格尔达·勒纳得以从纳粹疯狂迫害奥地利犹太人的死亡线上逃亡到美国。此后，两人经历了一年半不幸的婚姻，之后离婚。在此期间，格尔达·勒纳也经历了贫困、语言不通、没有工作经验、没有技术、没有工作等窘状。博比·詹森对格尔达·勒纳的女性主义意识及其史学研究也有重要的影响。除了引导她学习马克思主义外，博比·詹森还让格尔达·勒纳第一次接触到了黑人，令其在与黑人的交往中对黑人女性有了最初的认识。格尔达·勒纳称黑人是自己见过的最漂亮、

---

① Gerda Lerner，*Why History Matters: Life and Thought*，pp. 4-5.

最有趣的人。[①]这成为格尔达·勒纳关注非裔女性历史的开端，并最终将格尔达·勒纳推向了美国非裔女性历史研究的先驱位置。[②]

当第一次婚姻出现危机时，格尔达·勒纳并没有像母亲一样成为家庭的依附者，而是与丈夫和平协议离婚，并且很快就坚强地走出了阴霾，开始创造与寻求新的幸福生活。在第二次婚姻中，格尔达·勒纳受到丈夫——美国共产党员卡尔·勒纳的影响，产生了新的社会变革思想。1946 年晚些时候，格尔达·勒纳加入了美国共产党[③]，并自称是后马克思主义者[④]。作为犹太人，格尔达·勒纳相信斯大林，因为他反法西斯。在格尔达·勒纳的创作中，不可或缺的是卡尔·勒纳的帮助。卡尔·勒纳为格尔达·勒纳的小说、银幕剧提供了思想指导。因此，直至 20 世纪 50 年代，格尔达·勒纳在写作中仍只思考男性英雄，而没有考虑过女性的经验。1958—1966 年，卡尔·勒纳为格尔达·勒纳进入大学进行系统学习提供物质与精神的全面支持，为格尔达·勒纳成为美国著名的女性史专家做出了重要贡献。

格尔达·勒纳在家庭中获得的女性主义意识，为其女性史研究提供了重要的思想基础。格尔达·勒纳是在一个舒适、富裕的犹太家庭中长大的，这个家庭是由自由、进步和骄傲的奥地利人组成的。尽管如此，作为一名年轻的犹太女性，她经历了异化、边缘化和双重差异的生活，因此她感受到的不是骄傲而是尴尬，不是团结而是排斥。[⑤]家庭的影响只是格尔达·勒纳女性主义意识形成的一个来源，另一个来源则是她对社会中性别歧视的感同身受。

二、社会的影响

格尔达·勒纳在自传中记载了两次性骚扰事件。尽管记述简洁，但足以表明格尔达·勒纳并没有忘却或隐瞒此事，而是以自己的经历坦然地揭露了社会中的丑陋现象：男性对女性的歧视。第一次事件发生在格尔达·勒纳 14 岁左右。她所在的班级有一位男数学教师。她记录了一次课堂的经历，这位男老师要求学生们用其他比较简单的方法来做一道已经有答案的题。他走到格尔达·勒纳身边，当他用左手在她的本子上更正一些东西的时候，右手搭在她的肩上。随后，他的左手迅速而粗鲁地按住她的胸部。这使格

---

① Gerda Lerner，*Fireweed: A Political Autobiography*，pp. 69-70，p. 72，p. 156，p. 158.

② Nan Elizabeth Woodruff, Review: *The Majority Finds Its Past: Placing Women in History*, p. 454.

③ Gerda Lerner，*Fireweed: A Political Autobiography*，p. 246.

④ Gerda Lerner，*Why History Matters: Life and Thought*，p. 152.

⑤ Joyce Antler，History and Gender，p. 18.

尔达·勒纳感到非常难受。但当时没有任何方法可以抗议这种行为，因此女学生们对此类事件唯有只字不提。[①]第二次事件发生在格尔达·勒纳逃离奥地利期间。在列支敦士登的首都瓦杜兹（Vaduz）等待前往美国的签证时，她在父亲的一位故友家做家庭教师。当女主人带孩子外出时，男主人对格尔达·勒纳会有一些非礼的动作。格尔达·勒纳对他多次警告均无果。此后，她不再与男主人同在一个房间单独相处，并与女主人达成默契，共同对付男主人。在与男主人周旋的过程中，格尔达·勒纳感悟到了一些宝贵的东西，这些东西有助于她后来加深对奴隶史、工人史的理解，即奴隶与奴隶主之间、工人和雇主之间的关系并不应被简单地视为受害者与剥削者的关系，他们之间实际上存在着合作的可能性，这种合作可以改变权力关系。[②]事实上，格尔达·勒纳在女性历史研究中也确实将这类思想充分地体现出来了，即两性之间、同性别内部的合作与斗争。

参与、组织丰富的社会活动及对社会现实的反思，强化了格尔达·勒纳的女性主义意识。作为一名早熟的女性，格尔达·勒纳从 15 岁开始就是一名坚定的政治活动者。[③]1934 年 2 月，维也纳爆发了暴力冲突，纳粹和陶尔斐斯政府（The Dolfuss Government）攻击社会民主党人和共产党人。当时，格尔达·勒纳正在阅读托尔斯泰、高尔基的著作，听路易斯·阿姆斯特朗（Louis Armstrong）和贝茜·史密斯（Bessie Smith）的歌曲。她胆怯地参与了学生活动——阅读和传递左翼报纸，为帮助被捕人员家属和流亡者的“红色援助”（Red Aid）慈善机构服务。1936 年夏天，她在英国参加了由著名科学家和共产主义者 J.B.S.霍尔丹（J.B.S. Haldane）举办的青年夏令营，进一步学习了马克思主义。格尔达·勒纳认为自己之所以能在纳粹的监狱中存活下来，是因为共产党员狱友分食物给自己。格尔达·勒纳作为纳粹抵抗者及青少年时期被囚禁的经历对她的女性主义思想发展具有深远的影响。事实上，格尔达·勒纳在 20 世纪 40 年代就已经是一位女性主义者了。此后，她的政治和知识取向不断随社会的发展和改变而转变。杜波依斯（DuBois）的《黎明前的黑暗》（*Dusk of Dawn*）讲述了格尔达·勒纳历史意识的发展。通过对格尔达·勒纳和杜波依斯思想的比较，可以发现两人都具有激进的思想并且都与时代思想变革有着极其复杂的关系。当她们回顾自己的职业生涯时，都反思了自己作为重要历史时刻目击

---

① Gerda Lerner，*Fireweed: A Political Autobiography*，p. 61.

② Gerda Lerner，*Fireweed: A Political Autobiography*，p. 132.

③ Joanne M. Braxton，Transformational Feminism，p. 24.

者和几十年的社会活动家的角色。她们思索着自己无法看到的女性权利斗争的未来。[①]20 世纪 50 年代前后，美国唯一一位从事 19 世纪女性权利运动研究的历史学家埃莉诺·弗莱克斯纳（Eleanor Flexner）也是一名共产主义者。由此可见，美国女性主义的发展和女性史学的产生受到了共产主义者对性别歧视关注的影响。

第二次世界大战改变了参战地区百姓的日常生活秩序。健康的男性奔赴战场后，女性则成为战时工人，既要负责糊口度日，又要承担家务劳动。除此之外，战争还改变了邻里关系。邻里互相帮助，全力保证后方的稳定。在此期间，格尔达·勒纳意识到女性既有独立的工作能力，亦有合作能力。这一方面为格尔达·勒纳寻求两性之间的平等提供了现实依据，另一方面为其对女性之间复杂关系的研究提供了资料。1943 年 6 月，当正式成为美国公民后，格尔达·勒纳没有错过任何一次使用选举权的机会。[②]因为她深切地意识到美国女性花费了整整 72 年的时间才赢得选举权有多么艰辛，认识到女性选举权的重要性。惨烈的第二次世界大战结束后，对复员士兵的安置霎时成为令政府感到最为棘手的问题。在解决这一问题的过程中，美国社会产生了歧视少数民族和有孩子的年轻女性的问题。[③]由此，“贫穷女性化”的现象更加严重。然而，这一切并不是由女性生理性别导致的，而是由社会性别导致的。正如格尔达·勒纳辩证地认识到，“法律变革不是万能的，只有社会和文化的变革才能维护个人权利”，性别平等的斗争是一场“没有血腥的战争和革命”[④]。当格尔达·勒纳成为历史研究者时，她将这些性别政治的实践经验带入了研究之中。[⑤]

成为美国公民后，格尔达·勒纳一直热衷于参与、领导社会活动，为争取和平、女性利益而努力。美国女性大会是国际民主妇女联合会（Women's Inernational Democratic Federation，WIDF）的一个组织，而国际民主妇女联合会最初是由 40 多个国家的女性代表共同组建而成的，其主要目标是提高女性权利、保护儿童、促进国际和平等。在这个组织中，女性是绝对的主体，但不同种族、民族和宗教的女性之间存在很多矛盾。其中，比较尖锐的问题是白人女性的优越感。这导致黑人女性很少参加会议，不同种族的女性很难达成一致的行动纲领。1946 年，格尔达·勒纳积极参

① Joanne M. Braxton，Transformational Feminism，p. 24.

② Gerda Lerner，*Fireweed: A Political Autobiography*，pp. 221-223.

③ Gerda Lerner，*Fireweed: A Political Autobiography*，p. 253.

④ Gerda Lerner，*Living with History/Making Social Change*，pp. 82-83.

⑤ Gerda Lerner，*Fireweed: A Political Autobiography*，p. 236.

加美国女性大会，并帮助起草了《洛杉矶章程》（*Los Angeles Chapter*）。在美国女性大会的协调下，她与贫穷的黑人女性一起工作，并开始了解中产阶级白人女性思想的局限性。格尔达·勒纳凭借与黑人接触的经验，在处理内部事务的过程中尽量调和矛盾。她从未有过种族歧视的观念，并坚信任何歧视都是罪恶的。[①]1949 年，她成为该组织的领导者。[②]随后，她越来越多地把注意力转移到女性团体上。

1948 年，格尔达·勒纳在维也纳参加了由 56 个国家的女性代表组成的国际民主女性联合会召开的第三次世界会议。代表们虽然肤色、民族不同，但都是为了和平而来。她们倡导放弃核武器，这种姐妹情谊似乎是真实可触的。[③]然而，当会议涉及各国的政策问题时，代表们产生了矛盾。此时，格尔达·勒纳指出，代表们应该达成和平的行动纲领，而不应指责各国外交的错误等不实际的内容。但很遗憾，她的建议并没有被采纳。[④]多年后，当格尔达·勒纳回忆往事时，她称自己对美国女性历史的兴趣及成为历史学家实则开端于参与美国女性大会的时期，因为它经常涉及女性历史的内容。[⑤]20 世纪 40 年代末至 50 年代初，格尔达·勒纳在美国女性大会中非常活跃。当时，这是一个主要关注经济和消费问题的马克思主义团体。1950 年前后，美国女性大会提出反对冷战政策的口号。最后，该组织在美国政府的高压政策下被迫解散。格尔达·勒纳还加入了犹太女性组成的爱玛·拉撒路联盟（Emma Lazarus Federation of Jewish Women）。其中有多位共产党员，她们为民权、和平及政治问题而努力。在整个 20 世纪 50 年代，格尔达·勒纳致力于和平运动。20 世纪 60 年代早期，她成功阻止了长岛的雷文斯伍德（Ravenswood）建设核电站的计划。一直以来，她都积极支持非裔美国人的公民权利斗争。[⑥]本质上，格尔达·勒纳在 20 世纪 40 年代已经是一名标准的女性主义者了。在之后的 60 余年里，她的政治态度和知识取向不断变化。她对政治运动中具有争议的问题感到不安，也对女性解放运动提出的性问题感到不安，像贝蒂·弗里丹一样担心女性权利运

---

① Gerda Lerner，*Fireweed: A Political Autobiography*，p. 322.

② Robert Allen Rutland，*Clio's Favorites: Leading Historians of the United States，1945-2000*，p. 108.

③ Gerda Lerner，*Fireweed: A Political Autobiography*，p. 265.

④ Gerda Lerner，*Fireweed: A Political Autobiography*，p. 268.

⑤ Gerda Lerner，*Fireweed: A Political Autobiography*，p. 257.

⑥ Joyce Antler，History and Gender，p. 17.

动提出的不恰当的挑衅等问题。[①]格尔达·勒纳称自己为“变革的女性主义者”，还称女性主义思想是解决资本主义和父权制中系统性弊病及造福男女的力量。[②]

格尔达·勒纳晚年对社会感到失望，看到世界不平等的问题日益严重，排外主义和种族主义抬头。但她是天生的狂热者，进步的社会运动鼓舞着她的精神。在乔治·沃克·布什（George Walker Bush）第一任总统任期内，格尔达·勒纳写道，这是一个让正义的学者和公民感到沮丧的时代。在经济大衰退之后，美国第一位非裔总统出现，威斯康星斗争和“占领运动”（Occupy Movement）等事件发生，越来越多的美国历史学家——尤其是年轻的学者——正在重新转向阶级、资本主义和社会运动组织中的权力和权利等问题的研究。格尔达·勒纳认为，事实上许多学者从未离开过这些问题，相反，这些问题一直激励着学者们。一些历史学家已经按照格尔达·勒纳的希求写作了一系列著作。[③]2011 年秋天，威斯康星州麦迪逊市爆发了大规模的工会示威运动。她欣喜若狂，但由于身体虚弱，她只能坐在轮椅上，但她仍然参与工会运动。

格尔达·勒纳的著作中，展现出她的生活经历与她的女性史学思想紧密联系。格尔达·勒纳的家庭和社会生活经历，指引了她对女性历史的思考，拓展了历史学研究的主题和知识体系，使女性成为一种新的教学内容，向学术话语模式提出了挑战。[④]格尔达·勒纳的女性主义意识有两条主线：一条主线是对权力运作的理解，另一条主线是思考阶级、种族、性别和国家等各种不平等之间的内在联系。格尔达·勒纳从不相信忍让和妥协是对压迫的最好回应，她把不忍让、不妥协的力量注入了自己的学术研究中。[⑤]她说，过去的经历帮助自己承受住了学术压力，让自己适应了所从事的学术被排挤的窘状。[⑥]

概言之，格尔达·勒纳的女性主义意识是在生活中获得的。纳粹的迫害改变了她的语言、国籍。因此，她极度痛恨战争与霸权。身为女性，她在思维方式、学习内容、宗教活动、社会活动、工作性质等多方面受到限

① Linda Gordon，Gerda Lerner: Leftist and Feminist，*Journal of Womens History*，Vol. 26，No. 1，2014，p. 35.

② Joanne M. Braxton，Transformational Feminism，p. 24.

③ Nancy MacLean，Women's History for the Future，*Journal of Womens History*，Vol. 26，No. 1，2014，p. 37.

④ Joanne M. Braxton，Transformational Feminism，p. 24.

⑤ Linda Gordon，Gerda Lerner: Leftist and Feminist，p. 34.

⑥ Nancy MacLean，Women's History for the Future: Gerda Lerner's Last Agenda-Setting，p. 37.

制，由此她懂得了性别特权。她曾因投诉雇主而导致被辞退，以及同一社会组织内白人女性与黑人女性的矛盾，对马克思主义中有关女性解放问题的反思，这些都使她意识到了阶级特权与种族特权。这刺激了格尔达 · 勒纳对平等的深思，也使她形成了最初的女性主义意识，为她的女性史研究提供了重要的精神支持和实践经验。

第二节　格尔达 · 勒纳与美国女性史学发展历程

在欧美国家，直到 19 世纪晚期，历史研究才刚刚被视为一种“职业”。新生代的历史学者严谨定义了历史研究，要求使用官方、书面的资料写作历史。然而，女性历史资料很少出现在官方资料中，因为女性被认为是平凡的，不能成为历史的主题。[①]故而，历史研究“职业”化非但没有使女性获得关注，反倒使女性被系统地剔除在外。20 世纪下半叶，历史学家们广泛地借鉴其他学科的研究方法，促进了跨学科研究的实践，将研究的重点从精英人物转向了普通人，由原来的宏观叙述逐渐转向微观研究，并通过探索一定环境下的小群体或个人的思想、心态、感受和生活状况来揭示某种以往被忽略的文化特征，由以往通过环境来解释人的史学观念转向通过研究普通人来解释人所生存的环境。史学家的视野不断开阔，研究领域也逐渐扩大。家庭史、女性史、新文化史、微观史、儿童史、心理史、灾荒史、疾病史等众多领域被开拓出来，以往隐蔽的私人生活、性别关系、小人物的心态等方面的历史图景也被广泛地揭示出来。女性作为人类的重要组成部分，在史学内部的变革过程中成为吸引史学家的重要研究对象之一。

尽管史学研究的主题不断丰富，但 20 世纪 60 年代以前“不存在女性史学”[②]的专有名词。独立、专业的美国女性史研究兴起于 20 世纪六七十年代，经过近半个世纪的发展，获得了丰硕的成果，在认识论和方法论等方面不断创新，有力地影响了美国史学的整体发展。[③]格尔达 · 勒纳“美国女性史学之母”[④]的地位正是在 20 世纪六七十年代逐渐确立起来的。1958 年对格尔达 · 勒纳而言，是具有重要转折意义的一年。在这一年，她放弃

① Axel Schneider and Daniel Woolf, *The Oxford History of Historical Writing*, Vol. 5, Oxford: Oxford University Press, 2011, p. 137.

② Gerda Lerner, *Fireweed: A Political Autobiography*, p. 2.

③ 滕菲：《美国妇女史的研究历程——记南希 · 科特教授的北大讲座》，https://www.sohu.com/a/153377483_501337（2017-06-30）。

④ Joanne M. Braxton, Transformational Feminism, p. 24.

了浪漫的文学梦想，投身于女性历史的实证研究中，并于二十几年后成为世界上著名的美国女性史学家之一。这一历史性的转变，源于格尔达·勒纳着手撰写女性历史传记小说时突感缺乏史料的支持，经过深思熟虑，她决定接受正规的历史学训练。格尔达·勒纳在丈夫与两个孩子的全力支持下，进入社会研究新学院，开始系统学习历史，由此迈入了女性史研究的殿堂。在本科学习阶段，她主修了劳工运动史等课程，并研读了大量女性历史资料。这为她的女性历史研究奠定了坚实的基础。纵观格尔达·勒纳的史学贡献，她引领了20世纪70年代美国女性史学走向独立、专业化的发展道路，并在20世纪晚期美国女性史向社会性别史转型中起到了重要作用。下面从格尔达·勒纳的学术成果与美国女性史学发展历程的宏观层面概论格尔达·勒纳与美国女性史学发展的关系。

一、格尔达·勒纳与20世纪60年代以前的美国女性史研究

20世纪60年代以前，美国女性史著作多是由所谓的业余历史学家写作的，主要记录女性争取权利、女性对历史的贡献、女性受到的歧视与压迫等内容。其中大部分著作都成为后世女性史研究的基础资料。这一阶段被格尔达·勒纳称为“认识到女性有历史”的阶段。[①]

在美国，从北美殖民地时期开始，少数女性就致力于写作女性历史。19世纪中后期则有越来越多的女性参与到女性历史写作中。第一位得到承认的女性历史学家是伊丽莎白·F. 埃利特（Elizabeth F. Ellet）。她写作了《美国革命时期的女性》（*The Women of the American Revolution*）。苏珊·B. 安东尼（Susan B. Anthony）和伊丽莎白·斯坦顿（Elizabeth Stanton）等美国女性权利运动的先驱为女性争取选举权写作了有关女性的历史和权利平等理论方面的历史。1881—1922年，两人合作出版了六卷本的《女性选举权史》（*History of Woman Suffrage*）。这一时期的女性历史研究主要集中于著名女性组织的运动或个人贡献的传记。20世纪初期，爱丽丝·克拉克（Alice Clark）、伊迪丝·阿博特（Edith Abbott）、艾琳·鲍尔（Eileen Power）、艾薇·平奇贝克（Ivy Pinchbeck）记录了中世纪至她们生活年代的女性在经济发展中的重要作用。20世纪二三十年代，尽管激进主义者、马克思主义者和进步的历史学家并没有使女性或者性别成为他（她）们历史研究的主题，但他（她）们对权力结构、政治参与、相对主义观念的质疑成为20

---

① Rose Natalie, *An Essential Indispensable Heritage: the Sarah Lawrence College Women's History Program, 1972-1979*, p.76.

世纪晚期社会性别史发展不可或缺的重要内容。[①]

20 世纪 60 年代之前，最著名的女性史研究者非玛丽 · 里特 · 比尔德莫属。她写作了《自治市的女性工作》（*Woman's Work in Municipalities*）、《美国劳工运动简史》（*A Short History of the American Labor Movement*）、《理解女性》（*On Understanding Women*）、《女性眼中的美国》（*America Through Women's Eyes*）、《历史中女性的力量：传统与现实研究》（*Woman As Force In History: A Study in Traditions and Realities*）。这一系列认可女性历史角色的著作比之前的女性史著作更具创新性和启发性，更加强调女性对人类的贡献。美国女性史学家们普遍称玛丽 · 比尔德为美国女性史学的鼻祖。[②]埃莉诺 · 弗莱克斯纳的《斗争的世纪：美国的女性权利运动》（*Century of Struggle: The Woman's Rights Movement in the United States*）也是 20 世纪 60 年代之前女性史的重要代表性著作之一。

格尔达 · 勒纳从上述学术成果中汲取了丰富的女性历史研究资料与经验。在接受正规的大学教育之前，格尔达 · 勒纳在维也纳期间及后来在美国参与社会活动、加入共产党前后，就已经对马克思主义关于女性问题的研究多有思索。

在写作博士学位论文期间，格尔达 · 勒纳接触到了玛丽 · 里特 · 比尔德的学术著作，时值 1966 年玛丽 · 里特 · 比尔德的《历史中女性的力量：传统与现实研究》出版后的第二十个春秋，她仍为之感到震撼。尽管随着时代的变迁与思想的进步，这部著作的局限性不断暴露出来，但格尔达 · 勒纳坚决支持玛丽 · 里特 · 比尔德信念的中心原则，即在促进历史发展中，女性处于中心之一的地位。格尔达 · 勒纳受到玛丽 · 里特 · 比尔德女性历史观的影响，将女性视为推动历史发展的重要力量。格尔达 · 勒纳在《来自南卡罗来纳州的格里姆克姐妹：向奴隶制宣战》中揭示了女性自下而上反抗奴隶制的非凡贡献，在《女性运动：美国和英国的女性主义》中则强调女性推动社会民权运动的重要性。此外，格尔达 · 勒纳还承认，她所使用的历史研究资料多数来自玛丽 · 里特 · 比尔德领导建设世界女性档案中心时发掘、保存下来的资料。格尔达 · 勒纳不仅继承了玛丽的遗志，超越了玛丽 · 里特 · 比尔德的女性是历史发展动力的单一解释模式，而且打破了玛丽 · 里特 · 比尔德寄希望于社会史将女性历史研究合法化的幻想。格尔达 · 勒纳提出女性史研究应该赋予女性以阶级、种族、民族的差异化研

---

① Axel Schneider and Daniel Woolf，*The Oxford History of Historical Writing*，Vol. 5，p.136.

② Suzanne Lebsock，Reading Mary Beard，*American History*，Vol. 17，No. 2，1989，p. 324.

究，不应仅仅局限在家庭史研究中，要摆脱社会史狭隘的研究范畴的限制。格尔达·勒纳对女性在历史中、社会中的真实地位的分析，本质上澄清了女性史与女性主义写作之间的关系，让人们清晰地看到女性史学的目标是客观地记录和解释女性的历史，而不仅仅是为女性争取与男性平等的政治和社会权利。

二、格尔达·勒纳与20世纪六七十年代的美国女性史学

20 世纪上半叶，随着第一次女性权利运动浪潮逐渐走向低谷，关于女性的历史写作也进入了低潮期。但短暂的沉默之后，六七十年代，第二次女性权利运动浪潮兴起，随之出现了一批具有开创意义的女性史著作，“女性史”一词逐渐被接受。女性史研究者们一方面继承了 60 年代之前女性在历史中具有贡献的观念，另一方面积极发展和宣扬女性主义意识，要求将女性纳入传统的历史研究中。因此这一阶段被称为“贡献史和填补史阶段”[①]。然而，在第二次女性权利运动浪潮刺激下蓬勃发展起来的女性史研究，以发现女性的历史、填补历史为目标，以寻找被遗忘和埋没的女性精英人物的历史为重点，实际上仍没有跳出传统的政治史特别是精英政治史的窠臼。[②]

20 世纪 70 年代，美国涌现出了一批优秀的女性史著作，具有代表性的著作包括：埃伦·杜波伊斯的《女性主义与选举权：美国女性独立运动的出现（1848—1869 年）》（*Feminism and Suffrage: The Emergence of an Independent Women's Movement in America, 1848-1869*）、安妮·菲罗尔·斯科特（Anne Firor Scott）的《使隐藏的女性可见》（*Making the Invisible Woman Visible*）、玛丽·哈特曼（Mary Hartmann）和洛伊丝·班纳（Lois Banna）的《克利奥意识的兴起：女性史研究的新视角》（*Clio's Consciousness Raised: New Perspectives on the History of Women*）、琼·凯利-加多的《女性有文艺复兴吗?》、苏珊·奥金（Susan Okin）的《西方政治思想中的女性》（*Women in Western Political Thought*）等。其中，格尔达·勒纳在 20 世纪六七十年代美国女性史学发展中占据重要地位，是促进女性史研究发展成为独立专业领域的关键性人物。她给予女性史学崇高地位，并认为：“女性史研究是女性的权利，是一种必不可少、不可或缺的遗产，我

---

① Rose Natalie, *An Essential Indispensable Heritage: The Sarah Lawrence College Women's History Program, 1972-1979*, p.76.

② 杜芳琴：《历史研究的性别维度与视角——兼谈妇女史、社会性别史与经济—社会史的关系》，《山西师大学报》（社会科学版）2003 年第 4 期，第 112 页。

们可以从中获得骄傲、安慰、勇气和长远的眼光。”格尔达·勒纳开设了美国乃至世界第一门女性史课程。大学毕业后，格尔达·勒纳向哥伦比亚大学历史系提出求职申请，希望可以研究女性史，但遭到面试官的否定，她没有获得进入哥伦比亚大学工作的机会。但她并未轻言放弃，在 1963 年至 1966 年短暂的三年时光里，她在哥伦比亚大学完成了硕士研究生和博士研究生的学习，正如她自己所说的那样，她弥补了自己失去的时间。[①]她选择了美国内战时期的废奴主义者白人女性格里姆克姐妹的事迹作为博士学位论文的研究主题。

由此，格尔达·勒纳开创了美国内战时期的女性史研究方向。她的博士学位论文《来自南卡罗来纳州的格里姆克姐妹：向奴隶制宣战》是逆史学潮流而写就的。她记述了美国内战前南方两位优秀的白人女性废奴主义者格里姆克姐妹萨拉和安吉丽娜的事迹。她们写废奴小册子，散发宣传单，发表废奴演讲，组织挽救黑奴。因为格尔达·勒纳一直接受的是传统的历史训练与写作思想，最初她的史学思想一直徘徊于“女性的价值”和“填补史”的内容框架之中，所以她彼时的研究实际上除了研究对象为女性外，思想与价值观等仍是以男性史学的传统观念为标准的——赞扬白人女性在“废奴运动”这一重大政治历史事件中的影响与贡献。此外，她也为美国内战史研究者提供了一些被隐藏的资料。

20 世纪 70 年代初期，当大多数学者满足于对卓越女性或具有重大意义的女性运动进行研究时，格尔达·勒纳并没有在已经获得的成果中降低敏锐性。相反，她开始拓展女性史研究新范畴，开创并促进了黑人女性史研究领域。从 70 年代开始，格尔达·勒纳对女性历史研究进行“合成”（或“主流”）的思考，即什么样的女性和男性的历史最能体现真实的历史？她认为这是“迫切需要探索的问题”[②]。1971 年和 1973 年，她分别出版了《美国历史中的女性》和《黑人女性在白人美国：历史纪实》。在这两部书中，格尔达·勒纳坚持客观中立的研究标准与写作规范，记录了知名与不知名的女性，既包括白人女性，也包括黑人女性，既讲述了她们对公共事业的贡献，也记录了她们的私人生活。《黑人女性在白人美国：历史纪实》包含对埃拉·贝克（Ella Baker）等大量著名女性的访谈内容。格尔达·勒纳为

---

① Robert Allen Rutland，*Clio's Favorites: Leading Historians of the United States，1945-2000*，p. 102.

② Gisela Bock，Women's History Zwischen Amerika und Europa: Nachruf auf Gerda Lerner，pp. 265-266.

美国非裔女性历史研究打开了大门。[①]

格尔达·勒纳在对白人女性与黑人女性历史经验比较研究基础上，对自身生活经验进行反思后，敏锐而坚定地指出，女性之间的友谊是非普遍性的，要求研究者们差异地看待不同的女性群体。她认为，对女性利益的考察，应将其女性身份与其所属的种族、阶级、宗教和文化等因素相结合进行综合分析。格尔达·勒纳将主要精力投入微观实证的历史研究之中，努力发掘更多女性存在的历史记录，构建生动、真实的女性历史形象。此时，格尔达·勒纳已经将美国女性置于从殖民地时代到现代的历史发展之中，力求展示女性在美国历史发展中的贡献及受到的压迫。格尔达·勒纳提出的问题、构建的理论和形成的实证思想，对同时代和后来的女性史研究都产生了十分有益的影响。[②]

从 20 世纪 70 年代中期开始，格尔达·勒纳主张用女性自己的方式定义女性。1955—1975 年，美国发动了耗时长、耗资多的越南战争。在此期间，美国民众掀起了声势浩大的反战运动。在反战运动的过程中，女性的平等权利意识不断增强，最终触发了第二次女性权利运动。与此同时，史学受到内部新社会科学史学派与外部后现代主义思潮的双重冲击。在复杂的社会变动与史学变革中，女性史研究者吸收了新史学派的学术成果，并互相鼓励，加快了研究步伐。格尔达·勒纳从美国各地的档案馆、图书馆、学校的故纸堆里，进一步收集、整理、编撰了女性史资料。1977 年，格尔达·勒纳出版了《女性经验：美国历史文档》一书，她已不再单纯地叙述与记录女性的历史，而是在整理与编辑女性资料的同时，对每一部分内容进行了相应的分析与解释。内容包括：从女性的视角来观察社会思想、价值观和社会制度等问题，解释并寻求解决某些现实问题的方法等。书中还追述了女性在男性控制的、男性定义的世界中寻求解放的过程。《人类多数寻找其历史：置女性于历史之中》中包含了格尔达·勒纳从 1969 年起 11 年内公开发表过的部分文章，这些文章明确地挑战了传统史学的研究内容与认识标准。格尔达·勒纳虽然并没有提出更好的历史研究方法，但公开批判了传统史学对女性历史研究的不足。

20 世纪六七十年代，格尔达·勒纳从微观实证研究向理论研究过渡，寻求一种解释女性历史的新方式。在格尔达·勒纳的引领下和女性史学家

① Kathryn Kish Sklar, For the Future of Women's Past, *Journal of Womens History*, Vol. 26, No. 1, 2014, p. 15.

② Thavolia Glymph, A New World of Women and a New Language, p. 22.

的共同努力下，20 世纪 70 年代中期美国女性史学最终发展成为独立、专业的史学研究分支。这一时期对格尔达·勒纳而言，逐渐清晰的是，学术研究普遍赋予了某些时刻、某些地点、某些活动领域以特权，而这些特权恰恰是男性声称优于女性的。她认为通过寻回女性的资料和通过女性的视角，会展现出现代男性一直都在否认女性的作用与成就的事实。①因此，在研究中格尔达·勒纳批判了职业历史学家忽视或者歪曲女性真实的历史的做法，并试图建立一种以女性为中心的历史写作模式。不言而喻，格尔达·勒纳所做的一切都是为了使女性史能够获得更广泛、更自由的研究空间，成为被史学界认可的专业领域。为了实现这一目标，格尔达·勒纳提出了自己最初的女性史概念框架。她认为，女性来自不同种族、民族和阶级，拥有不同的地位，女性权利运动仅仅是女性史研究的一个组成部分。格尔达·勒纳的女性史概念框架把虚构与现实中的女性地位区分开来，成为女性史学史上第一个被认可的概念框架，成为凝集最早一批专业女性史学家的核心理论。

三、格尔达·勒纳与 20 世纪 80 年代以来的美国女性史学

纵观 20 世纪 80 年代，各学科对下层女性的教育、婚姻、家庭、人口流动等方面的考察研究成果不断增多，甚至一度出现了“妇女的领域”②。这一时期，格尔达·勒纳指出女性史研究中存在阶级和种族偏见，这些偏见集中于中产阶级白人女性的思想中。③20 世纪 80 年代中期，受到理论限制，女性史学家普遍感到女性史研究不仅缺乏有效的解释范式，也缺乏将女性与其他历史研究对象联系起来的方法。因此，女性史学家急切需要寻求自己的理论与方法。80 年代，格尔达·勒纳对美国女性史学的繁荣和转型起到了重要的推动作用。80 年代以来，学者们也不断地推进女性史研究朝着格尔达·勒纳的“完整的历史”④写作的方向发展。

1981—1982 年，格尔达·勒纳任美国历史学家组织主席一职，标志着其历史学家的地位已被广泛、公开承认。随后，格尔达·勒纳创建了历史

---

① Axel Schneider and Daniel Woolf，*The Oxford History of Historical Writing*，Volume 5，p.138.

② 杜芳琴：《历史研究的性别维度与视角——兼谈妇女史、社会性别史与经济—社会史的关系》，第 112 页。

③ Elizabeth Jameson，Looking Back to the Road Ahead，*Pacific Historical Review*，Vol. 79，No. 4，2010，p. 575.

④ Rose Natalie，*An Essential Indispensable Heritage: the Sarah Lawrence College Women's History Program*，*1972-1979*，p. 76.

职业女性协调委员会（Coordinating Committee of Women in the History Profession，CCWHP），它是女性历史会议筹备组（Conference Group on Women's History，CGWH）的前身。1984年，格尔达·勒纳建立了美国第一个女性史博士点，进一步培养并影响了大批优秀的女性史研究人才。20世纪80年代以来，格尔达·勒纳的研究成果丰硕，包括《人类多数寻找其历史：置女性于历史之中》中的部分篇章、《父权制的缔造》、《女性主义意识的缔造：从中世纪到1870年》、《历史为何重要：生活与思考》、《接受历史/创造社会变革》等，它们是以历史理论与史学理论为主要研究内容的著述。这些研究成果表现出了格尔达·勒纳技巧精妙、文笔娴熟、清晰流畅的写作风格和深厚的学术功底。《父权制的缔造》与《女性主义意识的缔造：从中世纪到1870年》是格尔达·勒纳"女性与历史"系列的两个部分，是女性主义史学史上的经典之作。这一阶段，其他女性史学家也纷纷将男性和女性进行了二元对立的研究。其中，"生理性别"与"社会性别"、"公共领域"与"私人领域"等成为标志性话语。由此，这一阶段也被称为"社会性别史研究阶段"。

在《父权制的缔造》一书中，格尔达·勒纳接受了人类学、考古学等学科的研究成果并且转向早期欧洲的历史研究，广泛阅读德语和英语学术成果。她运用社会性别视角对父权制进行阐述。她认为父权制的产生与发展建立在男性对女性压迫的基础上，其他等级制度也是建立在男性对女性的压迫经验上的。格尔达·勒纳认为，父权制是有历史起点的，因此它必将在历史中终结，最终实现两性的真正平等。她也阐述了在不同时期、不同地点，父权制统治之下女性与文明、女性与男性及女性之间的关系。《女性主义意识的缔造：从中世纪到1870年》记载了1300多年间女性意识发展的历史。书中，格尔达·勒纳阐述了女性意识被忽略的历史原因：女性的意识没有被历史记载，男性按照自己的标准记述历史，女性的意识被排斥，女性没有书写的技艺，女性没有受教育的权利、写作的权利、政治权利、法律权利等。《历史为何重要：生活与思考》和《接受历史/创造社会变革》是已发表的和没有发表的文章的文集，涵盖了格尔达·勒纳的经历及她对历史写作重要性的思考、对历史进行性别解释的探究、对女性之间差异性的理论探索等内容。

20世纪80年代，除了研究主题是女性外，女性史研究还试图通过女性的视角重新解释政治、经济、文化与社会等方面的历史。1986年，琼·斯科特的《社会性别：一个有效的历史分析范畴》一文与格尔达·勒纳的《父权制的缔造》共同将"社会性别"概念引入女性史中，为女性史学从传统史学观念下的写作转向女性主义史学（或社会性别史）的写作起到了重要的作用。“社会性别”涉及“男性”和“女性”是在历史和文化中形成的，是结构主义的，而不是以生理结构为区别的本质主义的。“社会性别”为女性史研究提供了一个统一的性别研究主题。性别维度和社会性别的视角成为女性史研究的新趋势。格尔达 · 勒纳指出，必须警惕用“社会性别史”研究取代女性史研究。她提出，社会性别史研究应该时刻牢记把女性作为关注的重点。事实上，这也表现出美国女性史学内部的理论分歧。

哈佛大学美国史教授、美国历史学家组织前任主席南希 · 科特（Nancy Cott）对 20 世纪 80 年代美国女性史研究呈现出的三个重要特点进行了总结。[①]第一，强调了女性在公共领域的作用与贡献。这一时期的研究重点转向女性在美国“公共生活”中所扮演的角色，尤其是在自愿性的社区和利益组织中发挥的作用，从而发现和揭示女性自我表达的方式及她们是如何在有限的社会空间中为改变自己的地位而努力的。第二，广泛关注到非白人女性的历史。非白人女性开始强力发声，加快了对非白人女性历史研究的进程。金伯利 · 克伦肖（Kimberley Crenshaw）曾在 1989 年提出身份“交叉性（intersectionality）”概念，即“性别”的建构并不是独立形成的，而是与人的其他社会身份的建构联系在一起的，如一个女性可能还会与她的白人女性、黑人女性、残疾女性、同性恋女性、拉丁裔女性等其他社会身份联系在一起，而不只是一个单纯的女性。这一思想揭示了女性研究、社会性别研究与阶级、阶层、种族、族裔等分析概念之间的复杂关系，也促使学者们在研究中承认并重视不同女性在身份和地位上存在的差异。第三，后现代理论对女性史研究产生了极大影响。后现代理论对统治话语的分析和强调帮助深化了女性史研究。琼 · 斯科特曾提出，问题不再是发生在男性或女性身上的事情，或他（她）们是如何与此相关的，而是集合性、主体性的男性和女性作为一种身份种类（即社会性别）的含义是如何被建构的。正是统治话语建构了我们对于自身是男性还是女性的理解。而南希认为，历史上性别身份的话语认定并不是由统治者单方面决定的，而是由统治者与被统治者共同决定的。南希对 20 世纪 80 年代美国女性史研究特点的总结与格尔达 · 勒纳在 20 世纪七八十年代学术成果的特点具有高度的相似性。事实上，南希佐证了格尔达 · 勒纳女性史学思想的前瞻性。

20 世纪 90 年代，除了扩大对种族、阶级和社会性别的交叉点关注外，女性史和社会性别研究的实践者还拓展了“语言学的转向”中的性别研究

---

① 滕菲：《美国妇女史的研究历程——记南希 · 科特教授的北大讲座》。

范式，运用后结构主义理论进行女性史研究。后结构主义解构那种放之四海而皆准的宏大理论和普遍方法（如唯物史观和进化史观），强调情境化的话语构建和分析，对语言文字中立表示质疑，认为任何表现都难免有立场和价值观渗透其中，因此应侧重于对史料的文本解读与分析。文化史的一个重要启示在于历史主体问题，对社会史的“人”的主体、女性史的“女性”的主体，文化史研究都进行质疑，认为没有普遍的本质的“人”和“女性”，也没有与生俱来的本质的“男”和“女”，只有具有差异性的和在多种情境下形成的复杂、多重的甚至变动的社会身份及其认同，而这些都是社会文化建构的结果。因此，20 世纪 90 年代以来的女性/社会性别史也强调身份差异、多元及变动的历史。[①]这一时期的著述主要包括琼·斯科特的《女性主义者政治理论的建立》（*Feminists Theorize the Political*）和《女性主义和历史》（*Feminism and History*），罗宾·米勒·雅各比（Robin Miller Jacoby）的《英国和美国女性工会联盟（1890—1925）》（*British and American Women's Trade Union Leagues，1890-1925*），琳达·克贝尔主编的《作为女性史的美国历史》和《女性的美国》，凯茜·N. 戴维森的《不再分立的领域：下一波美国研究读者》，玛丽·斯庞贝（Mary Spongberg）的《写作文艺复兴以来的女性史》（*Writing Women's History Since the Renaissance*），伊莱恩·F. 韦斯（Elaine F. Weiss）的《胜利的果实》（*Fruits of Victory*），谢里尔·沃什（Cheryl Krasnick Warsh）的《社会性别、健康和公共文化》（*Gender，Health，and Popular Culture*），阿里安娜·E. 维吉尔（Ariana E. Vigil）的《战争反响》（*War Echoes*），乔安妮·L. 古德温（Joanne L. Goodwin）的《变化的游戏》（*Changing the Game*），贝丝·斯卢茨基（Beth Slutsky）的《社会性别种族主义》（*Gendering Radicalism*），丽贝卡·特雷斯特（Rebecca Traister）的《单身女性：未婚女性与独立国家的崛起》（*All the Single Ladies: Unmarried Women and the Rise of an Independent Nation*），保罗·冯·布卢姆（Paul Von Blum）的《首创者的民权》（*Civil Rights for Beginners*），雷切尔·希尔德（Rachel Sieder）的《寻求正义与安全：拉丁美洲本土女性与法律多元化》（*Demanding Justice and Security: Indigenous Women and Legal Pluralities in Latin America*）。

21 世纪前后，越来越多的女性史研究成果问世。格尔达·勒纳在接受采访时曾自豪地说：“我们一次又一次地证明，女性创造了历史，并一直创造历史。我们不得不挑战学术机构的排外和过时的父权制结构。将生活和

---

① 滕菲：《美国妇女史的研究历程——记南希·科特教授的北大讲座》。

思想融合在一起，变革知识使我们变革了制度。”[①]在21世纪第一个十年里，格尔达·勒纳仍旧从事女性史研究，不辞辛劳地为女性史事业贡献自己的力量。2003年，她发表了《美国女性史：过去、现在和未来》（*U. S. Women's History: Past, Present, and Future*）一文，她宣称为女性史学家们感到高兴，她们继承了“种族、宗教、社会性别和生理性别是重要分析类别”的观念。但她也担心由于美国社会正在发生的变化，不再会有历史学家对“女性寻求提高地位的集体斗争”进行研究。[②]

格尔达·勒纳是一位真正的女性史学先驱与变革者，一直是女性史学发展中最具影响力的人物，她致力于女性史学不断变化的范式[③]，不断引领女性史学的发展。20世纪70年代以后，格尔达·勒纳开辟了美国女性史独立研究领域，创造了一个有着成千上万名博士研究生的领域，半个多世纪里训练并培养了几代学者。因此，无论是女性史学家中的第几代，都会受到格尔达·勒纳的深刻影响。在与威斯康星大学研究生进行的最后一次讨论会中，格尔达·勒纳“威胁”所有女性史研究者：“我死后，我会看着你们。如果你们不继续写作女性史，我会回来缠着你们。”[④]格尔达·勒纳表达了自己殷切的希望，她临终前仍然牵挂着女性史研究的未来。格尔达·勒纳去世后，美国和其他国家的多家媒体及博客和推特特意为她举行了纪念活动。这些纪念活动再一次推动了女性史研究的发展。[⑤]格尔达·勒纳作为历史学家的职业生涯与施莱辛格图书馆（Schlesinger Library）的发展相吻合。她发挥自己的能力，使施莱辛格图书馆女性史藏书迅速增加并成为女性史研究的中心之一。缘于此，格尔达·勒纳去世后，任何与施莱辛格图书馆有关的纪念活动都成为纪念格尔达·勒纳的活动。[⑥]

经过时间的洗礼，格尔达·勒纳从一名普通的移民成长为一位蜚声美国乃至世界的女性主义史学家。纵观格尔达·勒纳史学研究成果及思想发展历程，从宏观层面上看，格尔达·勒纳史学思想的转变深刻影响了美国女性史学的发展。毋庸置疑，格尔达·勒纳的学术发展历程至今仍可被视

---

① Eileen Boris and Elizabeth Currans，Reflections，p. 28.

② Nancy MacLean，Women's History for the Future: Gerda Lerner's Last Agenda-Setting，p. 37.

③ Joyce Antler，History and Gender，p. 21.

④ Linda Gordon, Social Movements, *Frontiers: A Journal of Women Studies*, Vol. 36, No. 1, 2015, p. 5.

⑤ Jean H. Quataert, Leigh Ann Wheeler, Tributes, Politics, and Innovations in Women's and Gender History，*Journal of Women's History*，Vol. 26，No. 1，2014，pp. 7-8.

⑥ Nancy F. Cott，Feminist Reflections: Gerda Lerner，*Frontiers: A Journal of Women Studies*，Vol. 36，No. 1，2015，p. 1.

作美国女性史乃至世界女性史研究进程中的一个缩影。

本章小结

本章通过对格尔达·勒纳的自传与他传的研读与归纳，阐明了家庭与社会对其女性主义意识形成的影响，并将其史学研究的心路历程勾勒出来，明确其史学思想与观念的转变与美国女性史学发展变革之间的宏观联系。在自传中，格尔达·勒纳回忆了自己从事女性史研究前的重要经历，其中难免杂糅其写作时的感受与立场，无法彻底将其以往的思想与写作时的思想划分清楚。但有一点是确信无疑的，那些经历真切地给她留下过深刻的记忆与思考，并刺激了她对不平等现象的反思。家庭与社会的影响促使格尔达·勒纳在寻求与解释女性的历史的过程中形成了女性主义意识。格尔达·勒纳的女性主义意识刺激或影响了她对女性历史的研究，而她对女性历史的研究深化了女性主义意识。

当格尔达·勒纳尝尽生活的喜与悲、苦与乐时，家庭与社会的经历赋予了她女性主义意识的宝贵精神财富，令她懂得了人与人之间不平等地位的真实存在。当她将职业理想从文学转向史学时，结合其女性主义意识的发展，可以感受到她希冀用女性的历史为女性开辟一条争取与男性平等的道路。格尔达·勒纳对女性史的研究兴趣，始于她对女性权利运动及社会和平运动的参与。基于对马克思主义“女性问题”的深入思考及对玛丽·里特·比尔德的女性是历史中心力量之一观念的继承与发扬，她用自身的经历理解与写作女性的历史，最终形成了独特的女性主义史学思想。格尔达·勒纳对女性史研究的每一次深入，都触及了美国女性史学发展的关键。从美国女性史学发展的宏观历程来看，20世纪六七十年代，在格尔达·勒纳的推动下，美国女性史学脱离了社会史转型成为独立、专业的史学分支，而20世纪八九十年代，格尔达·勒纳的女性主义史学思想促进了美国社会性别史的转型。因此，格尔达·勒纳对美国女性史学的发展具有重要的作用。

值得进一步关注的是，格尔达·勒纳在自传中思考了不同阶级、种族和民族女性之间的差异，却疏于研究家庭内部女性之间的差异。例如，格尔达·勒纳只记录了母亲与祖母之间的不和睦，却没有深入思考两者之间矛盾的根源在于女性观念的差异。格尔达·勒纳的母亲代表具有一定“女性解放”意识的女性，而格尔达·勒纳的祖母显然是父权制社会中“优秀家庭主妇”的代表，两者观念的差异是家庭内部女性之间差异的一种表现形式。家庭是人与人之间关系最为密切的地方，由于宗教信仰、生活习惯、个性等多种因素的影响，婆媳、妯娌、姑嫂甚至母亲与亲生女儿之间观念差异普遍存在，这成为家庭内部女性无法团结一致寻求自身利益的重要原因之一。事实上，家庭内部女性之间的差异与阶级、种族和民族之间女性的差异是共存的。因为女性之间差异的广泛存在导致女性内部无法形成团结统一的基础，所以对女性内部差异的认识是女性寻求解放的重要且必要的内容之一。格尔达 · 勒纳虽然在女性史研究中一直没有思考家庭内部女性之间的差异，但已经意识到女性在宗教、种族和阶级中的差异使女性无法成为一个统一的整体，这为女性历史的“差异性”研究做出了重要贡献。此外，通过对格尔达 · 勒纳的女性主义意识与女性史学思想的梳理与深入研究，可以看出共产党员和马克思主义对格尔达 · 勒纳有着重要的影响。资料显示，美国许多女性史学家都有加入美国共产党的经历。因此，马克思主义史学与女性史学之间的关系仍有待于进一步思考与研究。

第二章　女性史学的独立和专业化：从玛丽·里特·比尔德到格尔达·勒纳

在美国女性史学成为独立、专业的领域之前，已有很多研究者致力于女性史研究，但被载入史册的研究者相对较少。按照传统男性史学的研究标准，女性无法成为历史合法的研究对象，因此即便是专业从事女性史研究的学者，也仍被称为“业余”史学家。在“业余”女性史学家中，玛丽·里特·比尔德的贡献受到了广泛认可，她也由此受到了普遍的尊重。她是美国女性史学成为独立、专业领域前最为杰出的代表人物。格尔达·勒纳曾明确指出，从本质上说，玛丽·里特·比尔德发明了“女性研究”的概念。[①]格尔达·勒纳在继承和发展玛丽·里特·比尔德女性史观念的基础上，引领众多女性史学家共同努力，最终在20世纪70年代中期将女性史学发展成为独立、专业的史学分支，受到了史学界的认可。鉴于玛丽·里特·比尔德对格尔达·勒纳的重要影响，对女性史学独立发展的重要作用，并且中国对玛丽·里特·比尔德女性史思想研究几乎处于空白状态，笔者认为在此有必要对玛丽·里特·比尔德的女性史观念进行系统阐述。本章通过考察玛丽·里特·比尔德和格尔达·勒纳的学术研究成果，梳理美国女性史学成为独立史学分支的重要理论，进而厘清女性史与社会史、女性史与新社会史之间的复杂关系，明确格尔达·勒纳在女性史学独立、专业化转型中起到的关键作用。此外，本章还进一步考察女性史学成为独立史学分支前，女性史研究者被称为“业余”史学家的不公正性，并重新思考女性史学与女性权利运动之间的关系，力图为深入研究早期女性史研究者及其成果提供新方向与新思路，推动女性史学的发展。

第一节　玛丽·里特·比尔德女性史观念的遗产

1876年8月5日，玛丽·里特·比尔德出生于美国印第安纳州的印第

---

① Gerda Lerner, *Living with History/ Making Social Change*, p.31.

安纳波利斯。16 岁时，玛丽 · 里特 · 比尔德就读于印第安纳州的迪堡大学（DePauw University）。在这里，她遇到了查尔斯 · 奥斯汀 · 比尔德（Charles Austin Beard）。查尔斯后来成为美国著名的历史学家。1900 年，两人结婚后搬到了英国牛津。在英国，玛丽 · 里特 · 比尔德开始参与女性选举权运动。1902 年，两人回到纽约。随后，玛丽 · 里特 · 比尔德就读于哥伦比亚大学，但没有完成学业。在纽约期间，她服务于女性选举权组织和女性工会。20 世纪初，玛丽 · 里特 · 比尔德逐渐将个人的历史研究旨趣转向了女性。她乐观且自信地表示，自女性主义意识提高后，没有什么观念比社会中女性角色的观念更使人神往。在研究中，玛丽 · 里特 · 比尔德关注到"社会"观念形成之后，对女性的解释与对社会的解释日益融合在一起，女性、角色、社会这三种思维模式成为传播女性知识的媒介。但是，她指出"社会"一词的概念比女性生命意义的概念更抽象、更哲学，起源更晚[①]，因此在"社会"一词的概念下，女性的历史被扭曲或被掩盖了。玛丽 · 里特 · 比尔德将大量时间与精力投入女性史研究中，她的学术工作以驳斥"历史只是男性的故事"的假设为己任[②]。

1942 年，玛丽 · 里特 · 比尔德发文批评《大英百科全书》（*Encyclope dia Britannica*）对女性的遗漏和歪曲。1944 年 5 月 2 日，在拉德克利夫学院，玛丽 · 里特 · 比尔德做了题为"研究女性的历史方法"的演讲。她明确指出，如果不承认历史中女性真实的历史，那么已故的女性对当下的女性和男性来说都是纯粹的幽灵。[③]事实上，从研究女性历史起，玛丽 · 里特 · 比尔德就面对着来自男性和女性学者的质疑，但她始终没有放弃，70 岁高龄时仍笔耕不辍。她出版了对格尔达 · 勒纳等后世女性史学家影响深远的《历史中女性的力量：传统与现实研究》一书。1958 年，玛丽 · 里特 · 比尔德因肾衰竭逝世于亚利桑那州凤凰城。机缘巧合，格尔达 · 勒纳正是在这一年开始接受系统的历史教育的。玛丽 · 里特 · 比尔德的女性是历史发展的动力、世界女性档案中心建设、世界女性史的探索等观念与实践，对格尔达 · 勒纳的女性史研究均产生过重要影响。下面具体分析格尔达 · 勒纳对玛丽 · 里特 · 比尔德女性史观念的继承与发展，并考察女性史学如何发展

---

① Mary R. Beard，Woman's Role in Society，*The Annals of the American Academy of Political and Social Science*，Vol. 251，1947，p. 1.

② Jennifer Scanlon and Shaaron Cosner，*American Women Historians，1700s–1990s: A Biographical Dictionary，* Westport，CT: Greenwood Press，1996，pp.14-15.

③ Anke Voss-Hubbard，No Document-No History: Mary Ritter Beard and the Early History of Women Archives，*The American Archivist*，Vol.58，No.1，1995，p. 17.

成为独立、专业的史学分支。

一、为女性历史地位辩护

玛丽·里特·比尔德认为已有的对女性历史地位的评价是神话与现实的混合物，无法体现出女性真实的历史地位。[①]她在《社会中女性的角色》一文中指出，由于特殊研究领域的兴起，如生物学、法学、神学、精神分析学、人类学、社会学和唯物辩证法等，已出现了对女性及女性在社会中作用的简化解释。玛丽·里特·比尔德拒绝承认神话与现实混合得出的女性历史地位。玛丽·里特·比尔德坚信，女性在历史中所做的事远不止生存、生儿育女，女性在发展人类思想和指挥人类行动等众多方面都发挥了巨大作用，女性是创造历史的力量之一。女性与男性一样，是文明的创造者，是促进人类不断发展前行的动力，两性在历史发展进程中始终是合作的关系。男性和女性的合作创造了文明，生活的本质将两性不可分割地结合在了一起，他（她）们为体面且健康的生活而不断努力，与人类的野蛮和悲观主义力量进行斗争。[②]基于此，玛丽·里特·比尔德对部分学者进行了批判，并阐明了女性是历史发展动力的观念。

（一）对女性学者的批判

玛丽·里特·比尔德从女性从属于男性的两性社会关系的视角，用大量具体历史事实批判了女性学者对女性地位认识的局限性。古典文学家艾米丽·詹姆斯·帕特南（Emily James Putnam）声称贵妇与绅士的关系中存在着一种严格的生物决定论和相应的心理反应，女性身体上的从属是无可争辩的事实，强加给女性的特殊功能在一定程度上对女性的身心产生了影响。女性的身高、体重和肌肉力量都比男性明显弱，女性对精神活动也没有耐心。玛丽·里特·比尔德指出，艾米丽观点的错误在于她根本没有深入研究女性历史文献，因此得出了错误的结论。[③]奥尔加·克诺夫（Olga Knopf）在1932年出版的《成为女性的艺术》（*The Art of Being a Woman*）一书中，展示了自己对大众信条的忠诚，即在法律中，长期以来女性一直是男性的下属。针对这一观念，玛丽·里特·比尔德批判说，几乎所有现代西方国家的女性在法律上都与男性平等，但两性都生活在一种严重的集体传染性精神疾病中，父母会把女性对男性的从属关系传递给子女，男性

---

① Mary R. Beard，Woman's Role in Society，p. 1.

② Mary R. Beard，*Woman as Force in History:A Study in Traditions and Realities*，New York: Macmillan Co.，1946，preface.

③ Mary R. Beard，*Woman as Force in History: A Study in Traditions and Realities.*

和女性之间也会互相传染。[①]卫尔斯理学院的校长米尔德里德 · 麦卡菲（Mildred McAfee）在第二次世界大战爆发后离职，承担海军女性志愿者紧急服务（Women Accepted for Volunteer Emergency Service，WAVES）小分队的服务工作。不久，她被授予上尉军衔。在承担这项任务时，米尔德里德对自己的行动做了一个简单的解释，认为只要男性需要女性，那就够了。不言而喻，这种观点对玛丽 · 里特 · 比尔德来说是不能接受的。在她看来，这种观点是将女性置于男性附庸的地位。[②]

上述女性学者对女性问题的关注，聚焦于阐发两性关系中女性的地位，她们对女性的地位持否定态度。对玛丽 · 里特 · 比尔德而言，女性学者对女性地位的否定表明，尽管美国女性在 1919 年获得了选举权，但女性及社会对女性地位的认识并没有发生根本性的变革，女性仍然生活在男性制定的价值观中。否定女性自身价值或认同女性依附于男性的性别观念严重阻碍了女性思想的进步。玛丽 · 里特 · 比尔德还进一步指出，对美国女性地位进行讨论的群体不应局限于受过大学教育的女性，讨论的形式也不应局限于书籍，而应吸引成千上万读者加入男女关系的辩论中来，并在通俗杂志上进行广泛探讨。[③]玛丽 · 里特 · 比尔德搜集、整理了大量历史资料，在多种杂志上发表文章，力图用史实证明女性积极的历史作用，鼓励自己的读者更多地参与到文明建设之中。[④]本质上，玛丽 · 里特 · 比尔德从写作《自治市的女性工作》开始，就已经对美国女性公民做出的重要贡献进行了坚定的进步阐释。然而，在 20 世纪上半叶，玛丽 · 里特 · 比尔德对女性学者的批判并没有引起更多的关注。不过，20 世纪中期之后，随着女性史研究的发展，玛丽 · 里特 · 比尔德的观念受到了以格尔达 · 勒纳为代表的学者越来越多的关注。

（二）对男性学者的批判

玛丽 · 里特 · 比尔德严厉地批判了男性学者对女性积极历史作用的忽视。玛丽 · 里特 · 比尔德指出，在“美国历史丛书”（*American History Series*）中，约翰 · W. 伯吉斯（John W. Burgess）教授在编写第一卷时只有少数几处提到了女性，内容则被限定在“有损美国文明”的案例中。在“美国国家丛书”（*American Nation Series*）中，约翰 · 斯潘塞 · 巴西特（John Spencer Bassett）所写的《联邦体系》中的“18 世纪末的社会状况”一章中，居民、

① Mary R. Beard，*Woman as Force in History: A Study in Traditions and Realities.*

② Mary R. Beard，*Woman as Force in History: A Study in Traditions and Realities..*

③ Mary R. Beard，*Woman as Force in History: A Study in Traditions and Realities.*

④ Bonnie G. Smith，Seeing Mary Beard，*Feminist Studies*，Vol. 10，No. 3，1984，p. 400.

黑人、农业、商业、舞蹈、旅馆、油炸培根和玉米、面包都各有其位，唯独没有提及女性。这反映出大部分男性学者对美国女性的历史贡献是完全忽视的，甚至没有记录新世界建立过程中女性的贡献。其根源在于男性学者认为记录女性历史没有任何意义。[①]也有一些男性学者常常含糊其词，以至于在任何情况下都无法确定他们在表述中所说的是男性还是男性和女性。[②]

玛丽·里特·比尔德承认，并非所有男性学者都认为女性地位不重要，但在 20 世纪中期之前，认为女性在历史中起到重要作用的男性学者在论述中常常自相矛盾，扭曲了女性的真实历史地位。玛丽·里特·比尔德分析了多位学者。迪安·高斯（Dean Gauss）认为，男性不能单独创造持久的文明，如果人类的成就要持久，那就必须有男性、女性和儿童，一代又一代地延续下去并相互合作。但他又说，人类不仅要与自然进行斗争，而且在某种意义上还要与他人进行斗争，包括与女性进行斗争。随后，高斯的继承者《西方的没落》的作者斯宾格勒宣称，男性与女性归属于不同的观念，女性就是历史，而男性是历史的创造者。布鲁克斯·亚当斯（Brooks Adams）在《马萨诸塞的解放》（*Emancipation of Massachusetts*）中表示自己看到了女性在历史中的力量，记录了安妮·哈钦森（Anne Hutchinson）的经历，她因在 17 世纪早期支持宗教自由而被驱逐出殖民地。布鲁克斯赞扬她是一位勇敢的女性，因为她用一种技巧和勇气捍卫了自己的事业，即使在 250 年后，这种技巧和勇气仍能激起人们的钦佩之心。但在他的《文明与衰亡的法则》（*The Law of Civilization and Decay*）中，他既将女性描述为在文明早期和原始阶段维持社会发展的强大力量，也将女性描述成在社会衰落阶段导致道德衰落的巨大力量。在他看来，女性具有推动社会前进和导致社会倒退的双重作用。布鲁克斯去世前出版的《民主信条的堕落》（*The Degradation of the Democratic Dogma*）一书中声称女性没有理智，其重要性与退化的男孩相当。[③]

对男性学者无视或者扭曲女性历史作用的批判，玛丽·里特·比尔德借用他人的话说，对女性的贬低仅仅是男性虚构的发明[④]。她呼吁对这种虚构的发明所带来的误解和痛苦进行补救，取缔或改变神话建立起来的性别不平等关系。为了实现这一目标，玛丽·里特·比尔德认为必须给予女性公正的历史地位，并且对女性进行历史辩护。

---

① Mary R. Beard, *Woman as Force in History: A Study in Traditions and Realities.*

② Mary R. Beard, *Woman as Force in History: A Study in Traditions and Realities.*

③ Mary R. Beard, *Woman as Force in History: A Study in Traditions and Realities.*

④ Mary R. Beard, *Woman as Force in History: A Study in Traditions and Realities.*

（三）女性是历史发展的动力

玛丽·里特·比尔德表示，直至自己生活的时代，无论是男性学者还是女性学者，在讨论男性和女性的历史作用时都夸大了男性的贡献，而忽略了女性在创造历史中所发挥的重要作用。[①]玛丽·里特·比尔德进而批判了第一次女性权利运动者，认为她们将注意力完全放置于法律中的“平等”，而没有关注到更迫切需要解决的问题，即女性在日常生活与工作中的不平等。她表示，女性自我表达的权利、政治立场选择的权利、有偿劳动的权利、受教育的权利、婚姻自由的权利、生育权等，所有这些都应成为普遍关注的问题[②]，而不仅仅是选举权的平等。为了使女性获得应有的权利，玛丽·里特·比尔德提出必须证明女性和男性具有相同的历史地位。20世纪上半叶，玛丽·里特·比尔德在研究中不断地探索女性的社会角色与社会身份，希冀客观地阐明女性在历史中的真实地位。玛丽·里特·比尔德在论证女性是历史发展动力的观念时，主要集中于驳斥女性是被征服的受害者的观念。在她的著述中，有约一半的内容都在探索受害者观念是如何形成的，另一半内容则描述了一群令人印象深刻的强势女性、神秘主义者和政客及少数女性战士、工匠和学者。[③]

女性是历史发展动力的观念，在玛丽·里特·比尔德的头脑中一经形成就占据了主要位置。她致力于研究美洲移民、革命、西部拓荒中的女性及早期女工的历史贡献。她展示了美国女性如何进入农业和商业领域，如何参与到世界战争和世界和平的进程中。她关注的不是女性运动的广泛性，而是不同时期美国女性的积极贡献。她指明了女性在变动的世界中承担的新角色，从而彰显女性的地位。[④]当然，玛丽·里特·比尔德对女性历史地位的研究并不局限于美国，而是放眼世界。在《历史上女性的力量》一书中，她阐述了女性在以下七个主要方面的力量。

第一，文明开端中女性的力量。玛丽·里特·比尔德认为，女性在文明社会之初的地位明显高于之后的任何文明时期。借鉴人类学家对原始社会的研究成果，玛丽·里特·比尔德指出，人类摆脱狩猎生活方式的功劳，全部或主要归功于女性。女性掌握了烹饪和织布、设计居所、生产陶器和餐具篮、获取种子和收获谷物、预算食品供应、医疗和护理、驯养动物为

---

① Mary R. Beard，*Woman as Force in History:* Woman as Force in Long History.

② Joseph F. Thorning，Review: *Woman as Force in History by Mary R. Beard*，*The Americas*，Vol. 3，No. 4，1947，pp. 548-549.

③ Suzanne Lebsock，Reading Mary Beard，p. 325.

④ M. R. C.，Review，*Social Service Review*，Vol. 8，No. 1，1934，p. 181.

人类服务、创作歌曲、编排舞蹈、耕作土地的技能。女性在丛林和洞穴中找到了栖身之处，成功地使人类改变了生活方式，这是文明的胜利。女性对自然资源进行了无数次的实验，拥有了非凡的手工技能。可以说，当女性开始研究和创造家庭艺术时，没有任何经验可以按图索骥，她们完全依靠自身的理性与反复的实践获得知识。玛丽·里特·比尔德认为，原始社会的女性在智力与实践能力方面优于男性。

第二，生育和宗教中女性的神秘力量。玛丽·里特·比尔德梳理了历史文献中对这一问题的阐述，即在世界上的任何国家中，历史上都有过对女性生育和对女神的崇拜阶段。在原始社会中，人们认为女性拥有生育的神奇力量，加之女性在原始社会中拥有领导地位，因此女性成为历史发展的一股力量。

第三，战争中女性的力量。当战争爆发时，女性在各个领域都发挥着作用。在维持公众情绪方面，她们是积极的。几乎每场革命，领袖的妻子或女儿都在“第二道防线”服役。[①]从世界范围来看，没有一场战争是没有女性参与的。欧洲人在对古代遗迹的挖掘中，发现了女性武装的证据，这进一步证明了亚马孙女战士是真实存在的，而不是想象的产物。在女性统治或所在家族掌权统治的地方，女性经常煽动或发动战争。她们在参战时组织军队，煽动人们在前线作战时使用暴力。女性陪同男性进行掠夺探险，在前线护理士兵，也会拿起武器保卫家园。女性在战时维持家庭运转，在伤兵重返家园时照顾他们。玛丽·里特·比尔德分析，在很大程度上，女性积极参与战争，是因为女性的兴趣和理想存在冲突。[②]玛丽·里特·比尔德客观地阐述了女性在战争中的积极和消极作用。无论是积极还是消极作用，都体现出女性确实拥有推动历史发展的力量。

第四，国家和社会管理中女性的力量。在论证这个问题时，玛丽·里特·比尔德着墨颇多。她从氏族社会写起，涉及欧美主要国家。玛丽·里特·比尔德列举了历史上著名母亲的力量。科妮莉亚在丈夫提比略早逝后，为包括格拉古在内的 12 名子女讲授古典文学、哲学、希腊语。由于她用明智的教育理念向孩子们灌输了共和传统的原则和高度的公民责任感，她的儿子们成了杰出的政治家。科妮莉亚去世后，罗马人民为她设立了纪念碑颂扬她对罗马的贡献。罗马皇帝屋大维和妻子利维娅（Livia）并没有生育过孩子。

---

① Charles Beard and Mary Beard, *History of the United States*, New York: The Macmillan Company, 1921.

② Mary Beard, *America Through Women's Eyes*, New York: The Macmillan Company, 1933, p. 294.

为了让亲生儿子提比略获得统治权，她毫不犹豫地迫害了屋大维的亲属。最终，提比略登上了皇位。利维娅虽然没有亲自出现在元老院、军队、民众的集会中，但实际上行使了罗马皇帝的权力。玛丽·里特·比尔德还列举了西欧封建国家上层社会中女性在婚姻政治中的重要作用。例如，法国的亨利四世（Henry Ⅳ）迎娶第二任王后玛丽亚·德·美第奇（Maria de'Medici）是为了对抗她的叔叔哈布斯堡家族的托斯卡纳大公。1610 年亨利四世被刺杀后，玛丽亚·德·美第奇为儿子路易十三夺取了摄政王的权力，并以高压手段处理政务。她决定与奥地利和西班牙建立外交联盟，让路易十三迎娶西班牙公主——奥地利的安妮。玛丽·里特·比尔德希冀展现出精英女性在国家、民族发展中所起到的影响历史进程的作用。

第五，西方社会哲学起源中女性的力量。历史上，有 28 位女性哲学家被认为对毕达哥拉斯学派影响重大。其中一位是该学派的创建者毕达哥拉斯的妻子西雅娜（Theano）。西雅娜致力于医学、卫生、伦理、艺术、物理和数学研究。毕达哥拉斯死后，西雅娜则继续工作。她传播了毕达哥拉斯的哲学思想。柏拉图认为，狄奥提玛（Diotima）祭司是毕达哥拉斯学派的人物，是苏格拉底的老师。在《会饮篇》中，柏拉图说，狄奥提玛表达了关于生命的本质和起源的观点，这是哲学的核心问题。柏拉图声称她讲授哲学的原初问题，对哲学的发展有重要的贡献。玛丽·里特·比尔德还列举了柏拉图的母亲或姐妹——一个名为埃萨拉（Aesara）的女性——对柏拉图的教育与影响。古利奈人阿雷特（Arete）建立学校对哲学的传播起到了十分重要的作用。玛丽·里特·比尔德的系统梳理，纠正了传统观念中的错误。她指出，古典哲学中女性的力量并不是微乎其微的。相反，有很多女性学习、传播和发展哲学思想，并且其中一些女性是推动哲学发展的重要力量。

第六，启蒙时代女性的力量。玛丽·里特·比尔德认为，启蒙时代女性的力量首先体现在贵族女性举办的沙龙中。1608 年左右，朗布依埃侯爵夫人（Marquise de Rambouillet）开始在巴黎举办关于礼貌、品味、语言和交往方式的辩论会，一直持续到 1665 年她去世。在她巧妙的指引下，交流被发展成了一门艺术，法语摆脱了语法上的怪癖、粗俗和笨拙的状态，并建立了文学和语言交流的标准。大批贵族女性效仿她举办沙龙，推动了整个西方世界的礼仪文明。17 世纪末，所有对怀疑论者开放的沙龙中，对知识分子最有吸引力的莫过于思想家们的赞助人尼农·德·朗克洛（Ninon de Lenclos），她始终保持着独立性和怀疑精神。圣西门曾表现出对她的赞赏。尼龙·德·朗克洛每次举办沙龙后，国王都会习惯性地问，尼农现在在说什么。在她举办最后一次沙龙时，她赠送给伏尔泰两千法郎购买书籍。18世纪中期，启蒙运动的哲学思想在女性主持的沙龙中占据了主导地位。在法国大革命前夕，这些沙龙专门讨论令人困惑的问题。显然，玛丽·里特·比尔德对启蒙时代伟大的女性大加赞誉，使我们相信女性也是启蒙时代的领导者、参与者、支持者，她们的力量不容小觑。恰恰是女性力量的存在在一定程度上推动法国成了启蒙时代的主角。

第七，文明观念形成中的女性力量。玛丽·里特·比尔德认为，18世纪发展和传播了两种革命性的思想：进步的观念和文明的观念。孔多塞是进步观念的重要代表人物。虽然孔多塞夫人没有以隆重的方式举办过沙龙，但她的家是法国大革命前夕最重要的知识中心之一。孔多塞夫人将《道德情操论》和其他名人的演讲翻译成法语版。当孔多塞计划写回忆录时，根据夫人的建议，他将历史和社会的哲学写了进去，这为推动文明观念的发展提供了有效帮助。玛丽·里特·比尔德夫妇的《美国精神：美国文明观念研究》中包含了这样一种历史观，即人类为追求个人和社会的完美，为追求美好、真实和美丽而与无知、疾病、自然的严酷、个人和社会的野蛮力量做斗争。在这场斗争中，男性和女性的工作不可划分地被统一到生命的本质上。在漫长的历史发展过程中，女性主要参与促进平民利益的工作，女性对维持和促进当代文明来说是必不可少的。19世纪中期，女性用自己的观念帮助打破了神学权威并推进了世俗化进程，关注到了世俗利益的转移。①玛丽·里特·比尔德提出，虽然美国女性比国家其他群体受到政治和经济权利剥夺的时间都长，但现代女性仍然拥有权力，她们通过各种组织、策略、请愿发动群众运动促进社会改革来行使权利。②特别是经历60余年的斗争后，20世纪20年代，美国资产阶级女性已经获得了重要的地位。③

如上所述，学者们对女性历史作用的否定或无视的态度受到了玛丽·里特·比尔德的严厉批判。她用大量例证阐明，无论是积极作用还是消极作用，女性在历史上的力量都是不容忽视的，女性在各个方面都是推动历史发展的动力。玛丽·里特·比尔德的女性是历史发展动力的观念具有很强的现实性。正如某些学者所言，鉴于迫切需要参与当代活动，广大

---

① Mary Beard, *America through Women's Eyes*, p. 273.

② Gerda Lerner, U.S. Women's History: Past, Present, and Future, *Journal of Womens History*, Vol.16, No.4, 2004, p.11.

③ Mary R. Beard, Féminisme et Positivisme. by Louise-Marie Ferré; The Associated Country Women of the World; Women in Two Worlds. by Mary L. Ely and Eve Chappell, *American Sociological Review*, Vol. 3, No. 6, 1938, p.898.

女性支持了玛丽·里特·比尔德的论点，即女性问题不仅仅是一个女性的问题，还是一个全人类的问题[①]。因此，必须给予女性公正的历史地位，以便更好地推进人类社会的整体发展。格尔达·勒纳在不同的场合多次提到，在自己研读过的女性史著作中，玛丽·里特·比尔德的《历史上女性的力量》对自己的影响最为深刻。尽管玛丽·里特·比尔德的著述存有明显的缺陷，但格尔达·勒纳还是被她研究内容的真实与观点的鲜明所震撼，即女性一直是活跃的，一直处于历史的中心地位。格尔达·勒纳指出，玛丽·里特·比尔德早已关注到女性作为受害者的概念掩盖了女性的真实历史，必须给予批判。

二、女性史的世界视野

在写作女性史之初，玛丽·里特·比尔德就产生了世界女性资料档案整理和世界史观念下女性史研究的想法。20世纪中期之前，在可见的史料中，关于女性的内容是极少的，资料的缺乏不利于女性史写作。玛丽·里特·比尔德认为，“男女之间，女性在历史上的地位较低，是因为史书是由男性书写的”[②]。男性书写史书的传统对男女关系的思考具有一种近乎专制的力量。女性从属的概念，是书写者大量引用男性写作的历史阐述而形成的，包括法律、宗教、经济、社会、知识、军事、政治、道德、哲学等方面的写作。[③]为了促进女性史研究发展，为了找到女性在历史中留下来的更多有效信息，玛丽·里特·比尔德开始对女性资料进行广泛收集，最终开启了构建世界女性档案中心的计划。

（一）构建世界女性档案中心

跨国生活经历和丰富的工作经验为玛丽·里特·比尔德建立世界女性档案中心奠定了思想基础和实践基础。在英国生活期间，玛丽·里特·比尔德参加了英国女性选举权运动。回到美国后，她又参加了美国女性权利运动并组织全美女性工会联盟，加入了全国女性党。在工作中，玛丽·里特·比尔德将研究兴趣转向了女性史研究。在女性史写作过程中，玛丽·里特·比尔德深切地感到，女性原始资料的缺乏严重制约了女性史研究。深思熟虑后，她联络国内外的朋友、同事及高校、图书馆、档案馆的管理人

---

① Anna T. Sheedy，Review: *Woman as Force in History* by Mary Beard，*The Catholic Historical Review*，Vol. 32，No. 3，1946，p. 375.

② Berenice A. Carroll，Mary Beard's Woman as Force in History: A Critique，*The Massachusetts Review*，Vol. 13，No. 1/2，1972，p. 125.

③ Mary R. Beard，*Woman as Force in History: A Study in Traditions and Realities.*

员，希冀集众人之力，收集、整理、编辑世界女性的历史资料。可见，玛丽·里特·比尔德实施这项工作之初就已经放眼于世界，突破了国别的限制。在出土的史前器物、民间传说、神话传说、宗教文献、手稿和一些世界史中，特别是在世界史中，严谨的现代学者在对女性进行研究的过程中发现了大量女性记录。[①]

世界女性档案中心计划，是玛丽·里特·比尔德对男性史学家构建原始档案资料的不满与效仿的产物。19 世纪晚期，美国历史学家约翰·富兰克林·詹姆森（John Franklin Jameson）领导美国历史学会和卡耐基研究所的历史研究部发动了一场国家档案运动，男性历史学家们花费了很多时间支持档案馆保留联邦政府的档案。虽然此举获得多位总统的支持，但收效甚微。经过多方的努力后，1926 年柯立芝总统签署授权建立档案馆。10 年后，美国国会通过法案建立广泛授权保护的项目并关注联邦政府档案项目。1934 年，美国的《国家档案法》通过。从 20 世纪 30 年代到 40 年代，美国档案馆搜集到的未出版的原始资料迅速增加。但玛丽·里特·比尔德认为，已有的这些原始资料对女性而言太少了。

与詹姆森这位著名男性历史学家强大的号召力形成反差，玛丽·里特·比尔德建立世界女性档案中心的计划最初并没有获得美国历史学家、图书馆和档案馆管理人员的支持，但她仍在困境中不断推进计划。1935 年，玛丽·里特·比尔德在与匈牙利女性主义者罗西卡·施维默（Rosika Schwimmer）商议后，最终做出收集女性私人信件和组织记录档案的决定，计划建立女性原始资料的保存和研究中心，并最终建成一个世界女性档案中心。[②]1935 年 10 月 15 日，代表们召开了世界女性档案中心第一次筹备会。部分代表希望可以联合图书馆和其他机构共同建构男性与女性的档案中心，以获取更多人的支持。玛丽·里特·比尔德表示反对，认为这样做会削弱女性档案建设的力量。1937 年 12 月 15 日，在获得资金资助和美国政界名人埃莉诺·罗斯福等人的鼎力支持下，玛丽·里特·比尔德在纽约正式启动了世界女性档案中心项目。在运作过程中，由于资金限制和领导人内部对种族问题分歧较大，世界女性档案中心的建设进程变慢、力量被削弱。1939 年，玛丽·里特·比尔德写信给德国女性运动领袖弗里达·文德利希（Frieda Wunderlich），希望她提供关于德国女性的资料，用于编写

---

① Mary R. Beard，*Woman as Force in History: A Study in Traditions and Realities.*

② Anke Voss-Hubbard，No Document-No History: Mary Ritter Beard and the Early History of Women Archives，p. 19.

女性历史的新百科全书。①1940 年 6 月，由于内部矛盾加剧，玛丽 ·里特 ·比尔德辞去了世界女性档案中心建设的领导工作。不久后，该组织以在第二次世界大战中无力完成任务为由被迫解散。

玛丽 · 里特 · 比尔德在为世界女性档案中心项目工作的五年中，收集了大量女性捐献的资料，并在志愿者的协助下确认了私人手中及历史协会、大学和档案馆中的部分女性历史记录。1940 年后，拉德克利夫学院和史密斯学院对世界女性档案中心的建设工作表现出浓厚的兴趣并给予资金支持。玛丽 · 里特 · 比尔德对这两个学院及其他高校的女性史档案建设也分别给予了资金、资料和工作指导的帮助，加速了高校对女性历史档案保存的参与进程。这些高校在日后培养女性史人才中起到了关键作用。

正如玛丽 · 里特 · 比尔德在组织世界女性档案中心时所说，通过建立一个伟大的世界女性档案中心激发大学和社区对女性历史的兴趣和思考。她相信这场运动是有正当理由的。很快，这句话就在美国高校历史学术专业化、制度化变革中得到了验证。有学者评论说，原本高校历史课程并不包括女性史的内容，直到像玛丽 · 里特 · 比尔德这样的先驱认识到必须通过建立女性档案，在女性史学家共同努力下，女性史才能彻底专业化和制度化。②正是受益于玛丽 · 里特 · 比尔德等人的劳动成果，后辈女性史学家才能以丰富的女性史资料为研究基础，开辟女性史的独立、专业领域。正如格尔达 · 勒纳在自己的第一部女性史著作《来自南卡罗来纳州的格里姆克姐妹：向奴隶制宣战》中写道，查尔斯顿县免费图书馆为她提供了约翰 · 福谢罗和玛丽 · 格里姆克的遗嘱，拉德克利夫学院女性档案馆、费城公共图书馆、北卡罗来纳大学教堂山分校图书馆为她提供了很多有价值的研究资源。哥伦比亚大学图书馆丰富的女性历史资料使任何研究都更容易、更愉快。纽约市的阿瑟 · 柯特 · 霍尔顿夫人慷慨地为她提供了其私人图书馆的全部藏书。③毋庸置疑，这些图书馆和档案馆及个人，都是直接或者间接受到了玛丽 · 里特 · 比尔德的指导或影响后才能为第二次世界大战后的女性史学家提供丰富的研究资料。

---

① Ellen Freeberg, Gina Luria Walker, and Lara-Zuzan Golesorkhi, Recovering Frieda Wunderlich: Gender, Knowledge, and Exile, *Social Research*, Vol. 84, No. 4, 2017, p.1040.

② Anke Voss-Hubbard, No Document-No History: Mary Ritter Beard and the Early History of Women Archives, p. 30.

③ Gerda Lerner, *The Grimké Sisters from South Carolina: Pioneers for Woman's*, New York: Oxford University Press, 1998, p.x.

（二）对世界女性的历史研究

玛丽·里特·比尔德致力于将女性写入历史之中，超越了对美国史的强调。[①]她的女性史研究视野不仅仅局限于美国，而是放眼世界。在《历史上女性的力量》中，她从世界发展进程的视角阐述了欧美女性的历史作用与贡献。在《女性的社会角色》一文中，玛丽·里特·比尔德指出，在世界战争的浩劫中，女性成为比之前更为重要的劳动力，女性在政治上有了特殊机会和责任；1945—1946年，女性在世界各国政治中起到了主要或次要的作用。女性表达了自己的经济和社会目标、文化模式、个人和家庭价值观、礼仪和教育观念及关于男性和女性的理论。在研究中，玛丽·里特·比尔德还将视角投射到了亚洲及苏联、阿根廷。她将日本女性与第二次世界大战后日本重建政治秩序联系起来，赞扬了波兰女性在第二次世界大战中的机智与英勇，分析了日本战败后，中国政治领袖的妻子们在政局中周旋的力量，阐述了阿根廷、德国、苏联的女性在各自阵营中形成的对抗局面等。[②]1953年，玛丽·里特·比尔德出版了《日本史上的女性力量》，被称为《历史上女性的力量》的"姐妹篇"。她采取了国际视角，这种视角经受住了考验，成为21世纪学术研究的范例。[③]事实上，玛丽·里特·比尔德的世界女性史观念对格尔达·勒纳后来的女性"普遍史"观念产生了一定影响。

三、对女性史与社会史关系的思考

目前，西方学者对玛丽·里特·比尔德的研究主要集中于她的女性是历史的中心力量及她对世界女性档案中心构建两个方面，却疏于关注玛丽·里特·比尔德对女性史与社会史关系的思索。对玛丽·里特·比尔德观念中女性史与社会史关系的深入考察，可以明确20世纪上半叶美国女性史研究并非社会史发展的产物，也不从属于社会史。这有利于探寻女性史学史的发展脉络，有益于思索女性史如何走向独立、专业化道路。

法国的奥古斯特·孔德（Auguste Comte）较早地主张社会史是"无名史"[④]。受此影响，19世纪末20世纪初，一批历史学家开始对传统政治史表示不满。詹姆斯·哈威·鲁滨孙（James Harvey Robinson）在《新史学》

---

① Mary E. Frederickson，Going Global: New Trajectories in U.S. Women's History，*The History Teacher*，Vol. 43，No. 2，2010，p. 173.

② Mary R. Beard，Woman's Role in Society，pp. 2-9.

③ Mary E. Frederickson，Going Global: New Trajectories in U.S. Women's History，p. 173.

④〔英〕彼得·伯克：《知识社会史》上卷，陈志宏、王婉旎译，杭州：浙江大学出版社，2016年，第3页。

中所言明的，人类活动不仅仅是做君主、做臣民，国家不是人类唯一关心的事情。自古以来，人类活动包含海上探险、开发商业、发展城市、著书、绘画和发明等。[①]新史学家主张历史研究应涉猎更广泛的领域，应该关注普通人的历史，社会史应运而生。[②]历史学家虽然在社会史的概念上始终未能达成一致，但都承认社会史是一种以非英雄人物为研究对象的历史研究。1944 年，乔治·麦考利·特里维廉（George Macaulay Trevelyan）在《英国社会史》杂志中指出，社会史可能被消极地界定为是不涉及政治的、关于人民的历史。[③]尽管后来的史学家用实践证明了社会史可以包含对政治的研究，而且研究对象并非全部是无名者，但是社会史确实使普通人的历史获得了认可。

社会史有两个主要的研究方向。一个是经济社会史，社会史学家是“不关心政治的”，而是努力探究经济增长的需求问题。另一个是探索以贫困为首的“社会问题”，即阐述无产阶级和农民的生存问题，如劳工运动、劳工先驱、工会及其他社会斗争，对剥削与压迫的反抗。男性社会史学家最先对女性劳工进行研究，并承认劳工运动实际上是将女性排除在外的。[④]随着时代的发展，社会史学家不断主张持续扩大研究范畴并探索新的研究方法，在研究综合历史、整体史的方向上做出努力。因此，他（她）们为还原历史、解释历史和总体史的发展做出了重要的贡献。[⑤]社会史学家利用那些曾经被认为是非传统来源的资料，如宗教记录、民间故事等，揭示不能书写的人的历史及处于传统权力中心之外的人的历史。[⑥]“社会史”的概念和范畴分析，给予了女性史研究者一种观念，即作为人类多数的女性群体，女性中的绝大多数又非英雄人物，却是社会生活的主角之一，女性应该成为社会史研究的主题。因此，自 19 世纪末 20 世纪初社会史诞生后，部分历史学家就将女性史研究归为社会史研究之列。这些历史学家普遍认为当代女性史学的实践是在社会史的主题和方法中发展起来的。但遗憾的是，女性仅仅是新史学中的一个陪衬。恰如邦尼·史密斯指出的那样，

---

① 〔美〕詹姆斯·哈威·鲁滨孙：《新史学》，齐思和等译，北京：商务印书馆，1964 年，第 9 页。

② 于沛主编：《西方史学思想史》，长沙：湖南教育出版社，2015 年，第 319、320 页。

③ 〔加〕南希·帕特纳、〔英〕萨拉·富特：《史学理论手册》，余伟、何立民译，上海：格致出版社、上海人民出版社，2017 年，第 129 页。

④ 〔加〕南希·帕特纳、〔英〕萨拉·富特：《史学理论手册》，第 344 页。

⑤ 李振宏、刘克辉：《历史学的理论与方法》，郑州：河南大学出版社，2008 年，第 459 页。

⑥ Kelly Boyd, *Encyclopedia of Historians and Historical Writing*, London: Fitzroy Dearborn Publishers, 1999, p. 381.

自19世纪历史书写专业化以来，除政治史之外的历史研究全部为业余史学，业余史学所研究的全部女性内容都被描述成纯男性作品的一种性别化陪衬[①]。

社会史确实对美国女性史产生了一定影响。20世纪上半叶，玛丽·里特·比尔德受到“无名史”的影响，开始在所谓的社会史的轮廓下进行拓展研究。玛丽·里特·比尔德表示，当现代运动提出问题时，社会史学家会通过更加广泛的视角给出重要、准确的答案。[②]她在研究中特别指出，社会史先驱之一的阿瑟·梅尔·施莱辛格（Arthur Meier Schlesinger）在《美国历史新观点》中表示，他对学校使用的美国标准历史教科书和其他历史教材进行研究后，提出了美国女性为美国国家进步做出的贡献是否值得被记录的问题。如果历史学家保持沉默，那么美国的历史中将有一半人的作用被忽视。③玛丽·里特·比尔德认为社会史工作者在对女性历史的叙述方面确实做得很好。她客观地评价了艾伦·内文斯（Allan Nevins）和亨利·康马杰（Henry Commager）的《自由人民的故事》（*The Story of A Free People*）一书，认为这本书虽然忽视了女性在创造美国历史中的作用，甚至忽视了女性在殖民地时期的重要贡献，但确实提到了简·亚当斯（Jane Addams）、莉莉安·伍德（Lillian Wald）和女性选举权运动。[④]玛丽·里特·比尔德在社会史学家中兴奋地发现了男性史学家对女性历史的关注。这鼓舞了玛丽·里特·比尔德对女性历史的深入研究，也让她寄希望于社会史学家可以创作出更多的女性史。

然而，玛丽·里特·比尔德清醒地意识到，虽然社会史学家已经认识到历史研究中女性的存在，使人们对女性的关注发生了些许变化，但他（她）们也表现出难以处理女性历史的迹象。社会史学家在研究中随处引入女性的历史，却没有对女性历史的文献、理论和实践做出任何重大的贡献。[⑤]这使玛丽·里特·比尔德并没有在“无名史”的研究成果中看到更多重要的女性论述，也没有看到真正以女性为主题的重要作品。玛丽·里特·比尔德对涉及女性研究的社会学家进行批判时说，20世纪上半叶，关注女性的社

---

① 邦尼·G. 史密斯：《性别：从妇女史到性别史》，〔加〕南希·帕特纳、〔英〕萨拉·富特：《史学理论手册》，第373—374页。

② Margaret Smith Crocco，Forceful Yet Forgotten: Mary Ritter Beard and the Writing of History，*The History Teacher*，Vol. 31，No. 1，1987，pp. 15-16，p. 27.

③ Mary R. Beard，*Woman as a Force in History: A Study in Traditions and Realities.*

④ Mary R. Beard，*Woman as a Force in History: A Study in Traditions and Realities.*

⑤ Mary R. Beard，*Woman as a Force in History: A Study in Traditions and Realities.*

会史学家仅将注意力放到女性选举权运动和“平等”问题上。部分社会史学家还断言，19 世纪女性主义兴起之前，女性没有地位，或者几乎没有地位，在男性的世界或者“男性的文明”中，女性受到或者部分受到男性的奴役，并且固化了这种观念。虽然社会史学家做了许多有益的工作，但在过去很长一段时间里，在社会史研究中女性仍然被认为是微不足道的，或者是无助地服从于男性的，这种传统观念在很大程度上指导了历史研究、思考和写作。[①]不言而喻，在玛丽 · 里特 · 比尔德生活的时代，社会史研究中的女性更多的是被一笔带过，即便有社会史学家强调女性在历史上的重要性，女性也仅仅被展现为男性的附属品，而并非以女性为主题的史学研究。因此，对女性史研究而言，20 世纪上半叶社会史的影响极其有限。

20 世纪上半叶，以女性为研究主题的学者并未被纳入社会史学家之列。女性史与社会史唯一的联系就是社会史对女性有了些许的关注。社会史研究并没有真正地将女性作为研究主题囊括其中。而玛丽 · 里特 · 比尔德的女性是历史发展动力的观念和世界女性档案中心项目对女性历史资料的搜集、整理与编辑为社会史研究提供了女性研究的理论和资料，促进了社会史的发展。正如一些学者所说的那样，玛丽 · 里特 · 比尔德关于女性的著述对社会史研究来说是一个可喜的补充[②]。玛丽 · 里特 · 比尔德的女性史研究对历史学家和社会学家具有启示性[③]。因此，20 世纪上半叶，女性史研究并不应被视为社会史的一个分支。相反，社会史对女性的关注乃至对“无名史”的关注可能是受到了众多“业余”女性史学家的影响。

如上所述，玛丽 · 里特 · 比尔德投身于女性史研究之中，力求为女性寻求客观真实的历史地位。玛丽 · 里特 · 比尔德挑战了女性主义者将女性历史特征化为受压迫和不可见的传统观念[④]，批判了女性学者将女性视为从属者、依附者的固有观念，批判了男性学者对女性历史的完全忽略或时褒时贬的矛盾心态。玛丽 · 里特 · 比尔德对女性历史研究的主要贡献体现在两个方面。一方面在于她明确提出女性是历史发展的动力的观念。她承认女性在社会中具有双重地位：从属但处于中心地位，虽受到压迫但仍然是历史上活跃的力量。另一方面在于她推动了女性历史资料的搜集、整理

---

① Mary R. Beard，*Woman as a Force in History:* Attitudes of Men.

② Alice Felt Tyler，Review: *Woman as Force in History : A Study in Traditions and Realities* by Mary R. Beard，*The Mississippi Valley Historical Review*，Vol. 33，No. 1，1946，p.137.

③ Anna T. Sheedy，Review: *Woman as Force in History* by Mary Beard，p. 375.

④ Margaret Smith Crocco，Forceful Yet Forgotten: Mary Ritter Beard and the Writing of History，p. 25.

与编辑工作，积极主张发展世界女性史研究。玛丽·里特·比尔德在女性史研究中提出了大量复杂而敏锐的问题，即使她没有做出回答，对当代的历史学家而言也是有益的。[①]在玛丽·里特·比尔德女性史观念的强烈影响下，越来越多的女性历史研究者意识到了女性主义者单纯将女性定义为历史受害者的局限性。玛丽·里特·比尔德的女性是历史发展动力的女性史观念，为格尔达·勒纳及其他女性史学家的女性史研究提供了思想基础，为女性史学成为独立、专业的史学分支奠定了最早的理论基础。对玛丽·里特·比尔德的女性史研究与社会史研究关系的探讨，进一步阐明了美国女性史并不是后来史学家所说的脱胎于社会史，而是以格尔达·勒纳为代表的女性史学家对以玛丽·里特·比尔德为代表的两百余年间的美国"业余"史学家研究成果的继承与发展的产物。

第二节　格尔达·勒纳对玛丽·里特·比尔德观念的发展

20世纪上半叶，尽管玛丽·里特·比尔德在认识观念和资料建设方面为女性史发展做出了重要贡献，但由于时代和社会的限制，玛丽·里特·比尔德的女性史研究观念并没有受到史学界的广泛认可，女性史研究仍旧处于"业余"发展阶段。20世纪60年代，格尔达·勒纳继承并发展了玛丽·里特·比尔德的观念。为了改变女性史研究不受尊重的窘状，让女性历史客观地展示于世，将女性史学发展成独立、专业的史学分支，格尔达·勒纳在研究初期就开始寻求厘清女性史与新社会史的关系，强烈批判女性主义写作中强调女性是"受压迫者"的单一解释模式，从而提出了女性史研究的新方法，并积极构建了女性史课程体系，培育女性史学人才。以下从三个方面具体阐明格尔达·勒纳对玛丽·里特·比尔德观念的发展及格尔达·勒纳如何将女性史学引向独立、专业化发展的道路。

一、对女性主义写作的批判

为正视女性在历史中的真实地位，格尔达·勒纳在玛丽·里特·比尔德批判学者们对女性地位扭曲的基础上进一步指出，女性主义写作对女性历史地位扭曲现象产生的根源在于作者们思想观念中占据统治地位的传统价值观，并对此进行了深刻批判。早在1969年，格尔达·勒纳就敏感地意识到，女性史研究要获得足够的发展动力，要将女性史学发展成为独立

① Berenice A. Carroll，Mary Beard's Woman as Force in History: A Critique，p. 127.

的领域，就必须认清女性主义写作中历史研究部分存在的弊端。

西方历史上曾出现过四次女性主义写作潮流①。这四次女性主义写作潮流，大致上是与美国历史上的三次女性权利运动相呼应的。其中，第二次和第三次女性主义写作潮流与第二次女性权利运动相呼应。女性主义写作反映了女性对女性权利的诉求。格尔达·勒纳指出，女性主义作家最先承担了探讨美国当代和历史中女性作用的写作任务，她们将女性的"贡献"写成女性主义的宣传册和汇编资料等。其中，重要的女权主义小册子包括查尔斯·布罗克登·布朗（Charles Brockden Brown）的《阿尔昆：对话》、萨拉·格里姆克的《论性别平等与女性地位的信件》、玛格丽特·富勒（Margaret Fuller）的《19 世纪的女性》。与女性权利运动有关的出版物不胜枚举，具有代表性的是伊丽莎白·卡迪·斯坦顿、苏珊·S. 安东尼和玛蒂尔达·盖奇的《女性选举权运动（1881—1922 年）》。她们倾向于称赞女性所做的事情都是一种"贡献"，并把一些稍微受到公众关注的女性都囊括在她们的名单中②。但是，正如后来大多数历史学家意识到的那样，只要历史学家坚持传统价值观，那么女性就必然会被忽视。因为在政治、外交和军事历史上，她们处于权力结构之外的时间跨度比人口中任何其他单一群体都要长。她们与权力的关系充其量是含蓄的、外围的，很容易被认为是无关紧要的而被忽略。③因此，格尔达·勒纳说，女性主义作家简单地叙述女性权利运动的历史和一些突出的女性的故事，以男性价值观衡量女性，并不能凸显女性的"贡献"，也不能体现出女性与男性的差异。④

格尔达·勒纳将 20 世纪 60 年代之前的女性主义写作中存在的问题归为两个方面。一方面，女性主义作家认同中产阶级和进步派的道德观，并倾向于谴责任何不符合自己观念的人。因此，女性主义作家忽略了弗朗西斯·赖特和埃内斯廷·罗斯、格里姆克姐妹、玛丽亚·韦斯顿·查普曼和莉迪亚·玛丽亚·蔡尔德等过于激进或"早熟的女权主义者"。另一方面，女性主义作家仅仅将女性的身份定位为受压迫者，即女性的历史只有在重现女性受压迫及女性反抗压迫者的历史时才是重要的。这两方面构成了《女性选举权运动史》的基础。这两方面的观念则随着《女性选举权运动史》的传播，广泛影响了后来的历史研究者。在女性主义者的引导和解释下，

① Kelly Boyd，*Encyclopedia of Historians and Historical Writing*，p. 381.

② Gerda Lerner，New Approaches to the Study of Women in American History，*Journal of Social History*，Vol. 3，No. 1，1969，pp. 53-54.

③ Kelly Boyd，*Encyclopedia of Historians and Historical Writing*，p. 381.

④ Gerda Lerner，New Approaches to the Study of Women in American History，pp. 53-54.

研究者们一直专注于女性权利运动中与法律和政治有关的内容。这导致直到20世纪60年代，研究女性的学者仍认为，想了解女性的重要性，就是要了解女性是如何获得选举权的。格尔达·勒纳则提出了相反的意见。她认为，赢得选举权只对女性的实际地位产生了微小的影响，而其他因素如技术和经济的变化、接受高等教育的机会、性观念的改变、心理学的影响对女性更为重要。[①]埃伦·杜波伊斯支持格尔达·勒纳的这个观点，并列举了威廉·奥尼尔（William O' Neill）的《每个人都是勇士：美国女权主义的兴衰》、格尔达·勒纳的《贵妇与女工：杰克逊时代女性地位的变化》、卡罗尔·史密斯–罗森博格的《美女、野兽、激进女性：杰克逊时代的美国性别角色和社会压力的研究案例》等作品，阐明女性选举权运动并没有足够广泛地了解女性受到的压迫，也没有使女性获得真正的解放。因此，女性史学史上的早期著作，因受到女性权利运动的影响，也因自身的狭隘性和无法抓住女性历史经验的广度和复杂性而受到批判[②]。

第二次女性主义写作潮流兴起后，女性是受害者的观念和解释模式不断被强化，这引起了格尔达·勒纳的担忧。受到玛丽·里特·比尔德的女性是历史发展动力的观念的影响，1969年格尔达·勒纳写作《美国历史中研究女性的新方法》的文章时，就对女性主义写作中突出强调女性是受害者的观念进行了尖锐的批判，她直言“受害者”的观念不能形成有效的女性历史解释模式。由此，格尔达·勒纳开启了寻求女性历史解释方法的道路。格尔达·勒纳辩证地思考了女性内部存在的差异：女性可能是受剥削最严重的工人之一，但女性也可能是剥削者；一些女性不满于自己被限制机会，而大多数女性仍会适应自己在社会中的地位并抵制改变这种地位的行为。在社会中，女性通常扮演保守的角色，维护不利于女性的传统、法律、秩序和现状等。然而，女性组织经常与激进的或者革命的组织结盟，与对抗现状的团体结盟。女性群体内部个体之间行为的自相矛盾，导致社会为女性制定的价值观也具有矛盾性。[③]鉴于女性身份的多样性，不宜用“受害者”的观念对女性进行统一的解释。

格尔达·勒纳的观点很快就受到了女性研究者的广泛关注。她们认为，应该接受格尔达·勒纳提出的需要超越关于女性的“填补史”和“伟大的”

---

① Gerda Lerner，New Approaches to the Study of Women in American History，p. 53.

② Ellen Dubois，et al，Politics and Culture in Women's History: A Symposium，*Feminist Studies*，Vol. 6，No. 1，1980，p. 28.

③ Gerda Lerner，New Approaches to the Study of Women in American History，p. 57.

或“受压迫的”女性的概念框架。[①]正如埃伦 · 杜波伊斯在格尔达 · 勒纳之后再次郑重指明的那样，20 世纪 60 年代女性史研究的兴起首先是对过去女性主义传统的批判，这既是一种解放女性的路径，也是女性史研究的基础[②]。自格尔达 · 勒纳对女性主义写作中不利于女性史写作的理论进行批判后，越来越多的女性史研究者开始关注并批判女性主义写作中的缺陷。故而，有历史学家称后世的学者继承了格尔达 · 勒纳对女性主义写作的批判观念，不断深化研究，由最初主要集中于白人、中层或上层阶级女性群体的研究，转变为对不同种族和不同阶级女性的历史研究。[③]这些努力加速了美国女性历史写作内容和解释模式的多元化发展进程，为之后的女性史学研究视野拓展及解释模式发展奠定了良好的基础，也为美国女性史学可以发展成为独立、专业化的领域提供了一定的理论保障。

二、女性史不属于新社会史

格尔达 · 勒纳进入历史研究领域时，新社会史已经在美国悄然兴起。20 世纪上半叶，社会史明确了自下而上的、以非英雄人物为研究对象的基本特征，表示无论在研究中采取何种理论和方法，都不会影响社会史的性质。20 世纪 50 年代末到 60 年代初，在马克思主义史学的影响下，一群年轻历史学家出版和发表了大量的“自下而上的历史”的书籍和文章，其中包括乔治 · 拉鲁（George Rudé）对巴黎群众的权威研究，阿尔伯特 · 索布尔（Albert Soboul）对巴黎修女会的研究，以及汤普森对英国工人阶级的研究。受此启发，西方历史学家在 20 世纪 60 年代和 70 年代加速转向了对工人、仆人、女性、种族等群体的历史研究。美国社会史研究进入了新社会史和新文化史阶段（新文化史产生于新社会史[④]）。新社会史具有对社会历史进行全面、总体的研究，借助于社会科学的理论和方法，阐述历史大进程、大结构、大变革的突出特点。[⑤]有学者认为，女性史和性别史研究一直处于新文化史的前沿。娜塔莉 · 戴维斯运用男性和女性的差异性来阐释现代文化早期的运作方式。卡罗尔 · 史密斯–罗森伯格是以写作女性历史

---

① Joanna Schneider Zangrando，Women’s Studies in the United States: Approaching Reality，*American Studies International*，Vol. 14，No. 1，1975，p. 16.

② Ellen Dubois，et al，Politics and Culture in Women’s History: A Symposium，p. 28.

③ Mary E. Frederickson，Going Global: New Trajectories in U.S. Women’s History，p. 170.

④ 俞金尧：《寸有所长而尺有所短：新文化史述评》，《史学理论研究》2013 年第 1 期，第 22 页。

⑤ 于沛主编：《西方史学思想史》，第 322、326 页。

或性别历史推进新文化史的典范。[①]鉴于此，一些学者声称女性史是新社会史的一个分支。对此，格尔达·勒纳指出，20世纪七八十年代，有一种狡猾的反女性主义以普通女性的名义批判女性主义，以新社会史的名义批判政治史，将女性史研究并入“社会史”的新领域之中。[②]甚至在21世纪初期，一些历史学家有时还将这一始于20世纪60年代的女性史研究的发展趋势称为“不太新的社会史”[③]。对格尔达·勒纳而言，将女性史纳入新社会史不利于女性史研究的发展。为了加快女性史研究的发展进程，20世纪六七十年代格尔达·勒纳厘清了女性史研究与新社会史研究之间的复杂关系，为女性史学走上独立、专业化的发展道路消除了部分思想障碍。

对格尔达·勒纳而言，新社会史研究成果对女性史研究确实起到了一定的推动作用，但这种作用是有限的。格尔达·勒纳认为，20世纪六七十年代的社会史学家越来越多地将目光投入家庭史而非女性史研究之中。她指出，随着新社会史的兴起及其对非权力群体关注度的日益提高，女性从中获得了一些关注，但是人们的兴趣主要集中于女性在家庭和社会中的地位。[④]尽管到1969年，关于美国家庭的历史文献还相当少，但若干有趣的专著已开始讨论女性在家庭中各个方面的作用。格尔达·勒纳认为新社会史中的家庭史在父权制价值观下使用了一种模糊的女性“家庭权力”的概念，即用女性在家庭内部的权力来衡量女性的社会地位。例如，人口经济史学家丹尼尔·斯科特·史密斯（Daniel Scott Smith）对19世纪人口进行研究的结果表明，女性提高了减少生育次数的控制权，她们降低了家庭人口数量，他称之为“家庭女性主义”，用以表现女性的社会地位。格尔达·勒纳质疑了丹尼尔·斯科特·史密斯的结论，提出从类似的数字中也可以很容易地推断出，因为发展中的工业体系需要更多受过高等教育的劳动力，每个家庭都需要减少孩子的数量，保障孩子的质量，所以男性希望控制自己的后代数量。格尔达·勒纳提醒研究者，仅在经济和社会分析的背景下，新社会史使用的人口统计数据确实可以告诉我们部分两性的社会地位关系。但格尔达·勒纳进一步指出，女性在家庭中的地位与女性在社会中的地位有很大的不同。格尔达·勒纳在

---

① Lynn Hunt, *The New Cultural History*, Berkeley: University of California Press, 1989, pp. 1-2, 18.

② Ellen Dubois，et al，Politics and Culture in Women's History：A Symposium，p. 33.

③ Ellen Baumler，et al，Women's History Matters: The Montana Historical Society's Suffrage Centennial Project，*Montana The Magazine of Western History*，Vol. 64，No. 2，2014，p. 3.

④ Gerda Lerner，New Approaches to the Study of Women in American History，p. 53.

对黑人女性和黑人家庭历史的实证研究中曾尖锐地指出，在家庭中有较高地位的黑人女性并不意味着这些女性就处于“母权制”或“女性的权力”之中，因为黑人女性不仅是家庭成员，更是社会成员。人的地位不是由其职能的一个方面决定的（如在家庭中），而是由多个方面共同决定的。任何不考虑这种复杂性的分析都是不充分的。[①]

进而，格尔达·勒纳指出，新社会史中与女性历史关系最为密切的是家庭史，但是家庭史不能承担女性史研究的重任，家庭史本身并不是女性史。[②]家庭史涉及很多女性的问题，但仅仅把女性看作家庭成员是远远不够的。家庭史的研究通常将未婚女性和寡妇排除在外，这些独立的女性没有被家庭史学家重视。格尔达·勒纳还特别指出，在具体的专题研究中，如社会史学家菲利普·格雷文（Philip Greven）在写作中将家庭史用来描述父子之间的关系及他们之间的财产分配等内容。由此，家庭史可能会完全忽视父女、母子、兄弟姐妹之间的关系。与此同时，菲利普的家庭史还忽视了复杂的家庭资助模式，即女孩的工资被用来资助兄弟的教育和赡养年迈的父母，而男孩的工资不会被用于资助家庭中女孩的教育[③]。通过严谨的考察，格尔达·勒纳表示，20 世纪 60 年代的社会史研究与女性史研究之间显然已经有了丰富的交叉学科内容，但并不能也不应该将女性史研究纳入社会史领域之中。[④]

事实上，对社会史与女性史的关系，格尔达·勒纳曾提出了一系列的问题，如女性史为什么不能成为社会史的一个分支？女性受到的压迫与同种族、同阶级或同民族的男性受到的压迫相同吗？她们与少数民族在大多数方面相似吗？格尔达·勒纳给出了明确的答案。社会史开宗明义研究的是非英雄人物、无名史。女性虽然在历史上是无名者的一部分，但不同于其他分类中的无名者，女性中的一部分是而且一直都是统治精英的一部分。在种族和民族的压迫中，女性是被压迫的，但与受种族压迫和民族压迫的男性不完全相同。上层阶级的女性尽管也是从属的、受剥削的，但与下层阶级的女性有所不同[⑤]。因此，在格尔达·勒纳的思想中，女性史研究与社会史研究在对女性历史地位的认同方面存在着根本性的差异，两者只能

---

① Gerda Lerner，Placing Women in History: Definitions and Challenges，*Feminist Studies*，Vol. 3，No. 1-2，1975，pp. 8-9.

② Gerda Lerner，Placing Women in History: Definitions and Challenges，p. 5.

③ Gerda Lerner，Placing Women in History: Definitions and Challenges，p. 5.

④ Gerda Lerner，Placing Women in History: Definitions and Challenges，p. 5.

⑤ Gerda Lerner，Placing Women in History: Definitions and Challenges，p. 8.

有部分交集，女性史无法被社会史容纳。

1975 年，即格尔达·勒纳阐发了女性史与新社会史中女性研究存在差异的第二年，恰逢《历史工作坊》（*History Workshop*）的第一期刊载了一篇题为“女性主义历史”的单独社论，再一次明确了“女性史不是社会史或社会主义史的必然延伸”。此后，越来越多的女性史学家表达出与格尔达·勒纳相同的观点与立场。莎莉·亚历山大（Sally Alexander）和安娜·达文（Anna Davin）表明，她们的目标是“在更广泛的意义上为女性主义历史的发展做出贡献”[①]。2004 年，琼·斯科特也阐明了女性史并非源于社会史的观点。她反对学者所说的“随着社会史地位的上升，女性的历史被接受”这种观点。她认为女性史研究并不是必然产生于社会史的，相反，在行为主义的框架内，女性是社会史学家必须考虑的因素[②]。女性史学家不断拓展女性史与新社会史的差异性的研究，支持了格尔达·勒纳的女性史不是新社会史分支的观点，为女性史捋顺了自身的发展轨迹。格尔达·勒纳为女性史发展成为独立、专业领域进行了理论关系的最早探索，促使女性史研究者摆脱了以家庭史为代表的新社会史研究的思想束缚，拓展了女性史研究范畴。

格尔达·勒纳虽然认为女性史研究不属于新社会史的研究范畴，但对新社会史研究方法的实用性是给予肯定的。格尔达·勒纳强调，在使用新社会史研究方法时，必须将其置于女性概念框架内。[③]格尔达·勒纳将新社会史对女性历史的研究称为“过渡时期女性史”，认为新社会史的研究方法有利于发展女性史研究的新标准和概念，是女性史研究发展过程中不可缺少的一环。[④]在新社会史研究方法中，格尔达·勒纳特别强调了人口统计技术的重要性。人口统计技术利用计算机网络研究大量的匿名人群，这些匿名人群的资料来自人口普查数据、公共文件、财产记录等。人口统计技术给女性史研究带来了新的研究方法。研究者获得了关于生育率波动、非法生育模式和性别比例变化及关于生命周期的综合研究的启发性数据。众多女性史学家对新社会史学家的统计数据进行解释，以阐述女性在婚姻、

---

① Louise A. Tilly, Women's History and Family History: Fruitful Collaborationor Missed Connection?, *Journal of Family History*, Vol. 12, No.1-3, 1987, p. 309.

② Joan Wallach Scott, Feminism's History, *Journal of Women's History*, Vol. 16, No. 2, 2004, p. 20.

③ Gerda Lerner, Placing Women in History: Definitions and Challenges, p. 5.

④ Gerda Lerner, Placing Women in History: Definitions and Challenges, p. 5.

生育和工作模式方面的连续性和不连续性①。格尔达 · 勒纳认为人口统计技术是有前途的，希望其他相关历史学家可以采用。②事实上，在美国，最初的新社会史研究很少将人口统计技术运用在家庭史之外的女性史研究领域。但随着新社会史研究方法的推广，一批在人口统计技术方面受过训练的年轻学者，尤其是女性学者开始利用这种方法对工人阶级的女性进行研究，并出版了一些优秀研究成果。例如，爱丽丝 · 哈里斯（Alice Harris）、弗吉尼亚 · 麦克劳克林（Virginia McLaughlin）、朱迪斯 · 沃尔科维茨和丹尼尔 · 沃尔科维茨（Daniel Walkowitz）、苏珊 · 克莱因伯格（Susan Kleinberg）和塔玛拉 · 哈瑞文（Tamara Hareven）等人从汇总的数据中推断出以女性为导向的历史解释。她们已经证明，将历史计量学与复杂的人文主义和女权主义解释相结合，可以丰富社会史研究③。

格尔达 · 勒纳不仅关注到新社会史在研究方法上为女性史研究提供了帮助，还关注到新社会史的研究成果为女性史研究提供了大量资料。格尔达 · 勒纳劝慰认为资料少而无法推进女性史研究的学者，指出主要的女性历史研究资料是很容易获得的，女性历史资料不仅可以在专门研究女性主题的著述中获得，而且可以从社会史学家使用的资料中获得，如地方历史记录、信件、日记、女性俱乐部的组织记录，以及宗教和慈善组织、雇佣女工领域的工会记录等丰富的资料。④

可见，格尔达 · 勒纳在研究女性史之初，就敏锐地察觉到了将女性史研究置于新社会史研究之下的谬误并对其进行了深刻的批判。她及早地警示女性史学家，新社会史研究制约了女性史研究的范畴，必须被抛弃。同时，格尔达 · 勒纳从新社会史研究方法的实用性方面给予其很高的评价。她鼓励女性史研究者充分利用新社会史的研究方法与资料，扩大和深入女性史研究。这为女性史研究走向独立、专业化道路清除了部分思想障碍，树立了女性史学发展的新目标。

三、女性史学专业领域的形成

直到 1971 年，女性史研究一直是由业余爱好者、女权主义爱好者、

---

① Kelly Boyd，*Encyclopedia of Historians and Historical Writing*，p. 381.

② Gerda Lerner，New Approaches to the Study of Women in American History，p. 56.

③ Gerda Lerner，Placing Women in History: Definitions and Challenges，p. 9.

④ Gerda Lerner，New Approaches to the Study of Women in American History，p. 53.

作家和社会科学学者来从事的。[①]这表明，至少在1971年，女性史还不是一个独立、专业的领域，没有被史学界认可，也不被女性主义作家或女性的历史学家接受。格尔达·勒纳对新社会史中女性历史研究主题的狭隘性，以及对20世纪70年代之前女性主义历史研究中压迫模式的解释方式的制约等进行的批判，引起了一批女性史研究者的关注并产生了共鸣，吸引了更多学者为女性史的独立、专业化发展而奋斗。例如，女性史学史上著名的文艺复兴史专家琼·凯利-加多所写的影响力颇大的《女性有文艺复兴吗?》在材料和理论方面都受到了格尔达·勒纳的启发和影响[②]。有学者认为“女性史学”始于1969年[③]，即以格尔达·勒纳的《美国历史中研究女性的新方法》一文发表为标志。毋庸置疑，女性史可以成为一个独立、专业的历史研究领域，应归功于女性史研究者的共同努力，但格尔达·勒纳作为女性史学之母所起到的作用是至关重要的。朱迪斯·津瑟在回顾女性史发展历程时指出，正是格尔达·勒纳早期发表的文章中指出的问题指引了现代女性史学发展的前十年[④]。20世纪60年代末70年代初，美国学术界的女性主义者开始在大学里实践各自的女性研究理想，她们开设女性课程，在课堂内外互动，开启了北美各大学女性课程独立发展的进程[⑤]。女性课程完全是一场由底层学术个人、学术团体发动的课程改革。女性课程与女性学术研究相辅相成，有利于让更多的人接触到女性研究、从事女性研究、发展女性研究。女性史课程的开启应归功于格尔达·勒纳。1962年，当格尔达·勒纳还是一位在读本科生时，她就明白仅仅写女性历史是不够的，这并不能使女性史学成为一门独立的学科。必须从内部改变传统的历史学术——运用各种可能获得的资源改变只有业余的或者个别专业的女性史研究者关注女性历史的窘状，从而将女性史学确立为真正的史学分支[⑥]，并使女性史学成为一个繁荣的历史专业研究领域[⑦]。

---

① Gerda Lerner, Women's Rights and American Feminism, *The American Scholar*, Vol. 40, No. 2, 1971, p. 235.

② Gerda Lerner, *Living with History/Making Social Change*, pp. 55-56.

③ Rose Natalie, *An Essential Indispensable Heritage: the Sarah Lawrence College Women's History Program*, 1972-1979, p. 19.

④ 〔加〕南希·帕特纳、〔英〕萨拉·富特:《史学理论手册》, 第336页。

⑤ Helen M. Bannan, The Personal is Political and Academic and Memoirs of Women's Studies Pioneers, *Feminist Collections*, Vol. 32, No. 1, 2011, p. 1.

⑥ Rose Natalie, *An Essential Indispensable Heritage: the Sarah Lawrence College Women's History Program*, 1972-1979, p. 26.

⑦ Rose Natalie, *An Essential Indispensable Heritage: the Sarah Lawrence College Women's History Program*, 1972-1979, p. 12.

（一）女性史早期理论框架

20 世纪 60 年代，美国女性史研究者在各自擅长的领域进行历史实证研究，但在 1969 年格尔达·勒纳发表《美国历史中研究女性的新方法》一文之前，美国女性史研究者没有提出合适的女性史概念框架，也没有集中探讨过女性史研究的方法问题。格尔达·勒纳在《美国历史中研究女性的新方法》中率先提出了女性史研究方法[①]，并从以下六个方面展现女性史研究方法的独特性[②]：

第一，“女性”这个主题过于宽泛和分散，不能作为一个有效的出发点。女性和男性一样，是家庭成员、公民、生产者，但在不同时期，她们被强调的身份有所不同。在男性的生命周期中，他们的经济角色占主导地位。女性则在生命的不同阶段转换角色。格尔达·勒纳认为，这必须成为女性史研究概念框架的基础。女性有不同的经济地位、家庭地位、政治法律地位和阶级地位，因此格尔达·勒纳明确了简单地将女性看作一个整体来进行解释的不合理性。她在《贵妇与女工：杰克逊时代女性地位的变化》中，将这一观点与实证研究相结合，对资产阶级女性的休闲生活与工人阶级女性受剥削的生活进行了深入的比较分析。她认为不同阶级女性的地位、生活方式和斗争形式不能在描述中被混淆，必须根据主题分类研究。[③]黑人女性与白人女性不仅存在阶级差异，还存在着巨大的种族差异。在《黑人女性在白人美国：历史纪实》中，格尔达·勒纳指明，在描述人们的不同等级、角色和地位时必须考虑到性别和种族因素，从而获得与占优势的群体不同的历史经验[④]。

第二，研究者应该从不同视角思考女性在美国历史上所扮演的角色。格尔达·勒纳认为，女性必须关注女性权利运动，但它只是女性历史的一部分，还有很多重要的女性贡献没有被重视。例如，在美国建国初期，女性建构了福利和救济体系，并由女性负责管理。这应该成为那个时代历史的一部分，但直至 20 世纪 60 年代末仍没有人对此进行研究。19 世纪，美国大多数公立学校的教师都是女性，这本该是值得记录和解释的，但没有受到重视。女性对边境社区的发展做出的重大贡献也无人关注。格尔

---

① Barbara Sicherman，American History，*Signs*，Vol. 1，No. 2，1975，p. 461.

② Gerda Lerner，New Approaches to the Study of Women in American History，pp. 59-62.

③ Gerda Lerner，The Lady and The Mill Girl: Changes in the Status of Women in the Age of Jackson，*Midcontinent American Studies Journa*l，Vol. 10，No. 1，1969，p. 11.

④ Gerda Lerner，B*lack Women In White America:A Documentary History*，New York:Random House，1973，p. xix.

达·勒纳认为，上述内容只是需要进行更多挖掘和研究的女性历史众多领域的一小部分。历史学家必须恢复历史上女性贡献的真实记录。

第三，讨论女性在国家政治生活中的作用时，我们要抛弃“受压迫群体”的解释模式，取而代之的是，将女性概括为在政治和经济中比任何其他群体处于无权地位的时间都要长的群体，但一部分女性仍然是拥有相当大的权力或权利的，应以不同的解释模式对女性历史进行客观研究。格尔达·勒纳指出，一些女性在历史上掌握了相当大的权力，即使在 19 世纪中期，也有女性掌管政治权力。还有一些女性通过组织、施压策略、请愿及其他多种方式争取自己的权利，成为其他民众运动改革的榜样。格里姆克姐妹在家庭中使用自己的权力帮助奴隶获得自由与教育，在废奴组织中充分发挥领袖作用，为奴隶制的废除做出了重要贡献①。格尔达·勒纳抛弃了女性是“受压迫群体”的解释模式，完全继承了玛丽·里特·比尔德的女性是历史发展动力的观念。同时，她也超越了玛丽·里特·比尔德以精英女性的权力和权利研究为主的思考范畴，将目光转向了为推动社会发展做出贡献和牺牲的更为广泛的普通女性。

第四，在相当长的历史中，女性的受教育权利被剥夺。即便女性不都是文盲，她们所受教育程度也是有限的，通常低于高中水平。直到 19 世纪末，美国大多数女性的教育状况依旧如此。格尔达·勒纳提出了一系列问题。例如，要造就出一大批杰出的女院士需要多少代受过教育的女性？需要经过多少代后，受过大学教育的女性才能在科学领域做出相当大的贡献？女性何时开始从以家庭为中心的小规模创作形式，如小说、诗歌和文章写作，转向文化机构框架内的大规模工作？女性哲学家的缺乏，是由女性心理功能的先天特殊性造成的，还是几个世纪以来环境和制度剥夺的结果？这些问题是格尔达·勒纳对女性受教育权利被剥夺的抗议，也是她对提高女性地位而求助于教育的呼吁。她提出，对女性教育的研究可以借助跨文化比较方法。将女性受教育的匮乏与某些少数群体所受的教育进行比较，可以使我们明显地看到教育匮乏引起的几代人之间的差距。

第五，将女性应有的社会地位和实际地位区分开来。格尔达·勒纳认为这一点最值得关注，因为两者之间存在巨大的鸿沟。认识到社会秩序中女性观念的作用是重要的。殖民地时代的女性被理想化为节约型的家庭主妇和劳动力短缺时的替代品是事实吗？女性被理想化为农村的家庭主妇、

---

① Gerda Lerner, The Grimke Sisters and the Struggle Against Race Prejudice, *The Journal of Negro History*, Vol. 48, No. 4, 1963, p. 277.

有时尚意识的少年、性感的模特了吗？是女性形成的消费社会吗？女性角色的社会观念对女性才能的发展有什么影响吗？女性对社会贡献的影响在哪里？格尔达·勒纳认为，解释清楚上述问题对女性的发展具有重要意义。

第六，如何判断女性的贡献。格尔达·勒纳提出，当女性的成就按照男性的价值标准来评价时，女性值得被记录吗？按照男性的标准进行记录，这是女性一直被排除在历史书写之外的原因。女性是否像女性主义者认为的那样，在社会和历史中的角色与男性不同，这是不变的，因此她们不可能做什么？格尔达·勒纳强调，男女社会和历史作用不同但重要性是同等的。要想证明女性与男性具有同等的重要性，就必须研究女性的知识贡献和历史贡献，用真正的女性历史来填补空白。

上述第一、第二、第三、第四、第五方面，格尔达·勒纳为女性历史角色和历史地位提出了多元的分析框架，指出在不同的阶级、种族中，女性的生活和生存方式并不相同。她们不总是一致地、完全地处于受压迫的状态，女性的贡献被历史写作隐去了。第六方面，格尔达·勒纳从本质上批判了历史写作的惯性思维，提出必须抛弃以男性价值观为主导的写作观念，将女性填补到历史之中。正如格尔达·勒纳在《美国历史中研究女性的新方法》中开宗明义提出的，女性史研究忽视了一个突出的事实，即只要历史学家坚持传统观念，认为只有权力的传递和行使才值得关注，那么女性就必然被忽视[①]。格尔达·勒纳的女性史概念框架有力地驳斥了历史学家认为女性史无关紧要、女性权利运动研究是女性史研究主体、女性被视为无差异的群体等观念。格尔达·勒纳的女性史观念为女性历史写作的特殊性和女性史研究领域存在的合法性进行了辩护，为女性史拓展了研究主题并提供了具体的研究视角与方法，进而为女性史成为独立、专业领域奠定了坚实基础。

女性史学家对格尔达·勒纳早期贡献进行评价时说，正是格尔达·勒纳把对女性史及女性主义历史的研究与分析带至当下。格尔达·勒纳系统地阐述了十七个问题，其中一个最具广泛影响的问题是：如果从女性的视角来看待历史，并按她们所界定的价值观来规定历史，历史会是什么样子？这个问题，赋予了女性史内涵以丰富性，刺激着女性史学家和后来的性别史学家考察差异万千的方法论及理论路径，甚至鞭笞着质疑“女性”这一概念描述性及实质性效用的人[②]。格尔达·勒纳在早期的著

① Gerda Lerner, *New Approaches to the Study of Women in American History*, p. 53.

② 〔加〕南希·帕特纳、〔英〕萨拉·富特：《史学理论手册》，第336页。

述中用历史中女性角色多元化的理论指导自己的实证研究，并获得了认可。但关于如何建立女性史的写作价值标准，格尔达·勒纳在20世纪60年代仅仅提出了问题，并没有给出答案。1975年，在《置女性于历史之中：定义与挑战》中，格尔达·勒纳对女性的历史地位进行了修正，否定了女性是历史上小群体的前提假设，认为女性被定义为亚群体的观点是错误的，并且种姓、阶级和种族都不是描述女性的模式。总之，女性是人类的多数，没有一个单一的框架，没有一个单一的因素、四因素或八因素的解释可以囊括所有女性的历史解释。①

理论方面，格尔达·勒纳女性史研究的早期成果，尤其是《美国历史中研究女性的新方法》和《置女性于历史之中：定义与挑战》等文章，已经清晰地将女性史研究与其他史学研究的内容、视角分离开来，为女性史学发展成为独立、专业学科构建了基本的概念框架。这也是格尔达·勒纳被认为是女性史学缔造者非常重要的依据之一。

（二）女性史人才培养

格尔达·勒纳曾在《与历史共存/创造社会变革》一书中谦逊地讲道："我很荣幸能参加20世纪最激动人心的知识分子运动。"②在此她指的就是高校的女性史课程运动。实际上，格尔达·勒纳不仅是一名女性史课程的参与者，还是美国女性史课程和学位制度的开创者。从20世纪60年代开始，格尔达·勒纳就要求人们尊重女性史课程。③1962年，她在社会研究新学院申请为本科生在当年秋季开设一门"美国女性史"的选修课程。学校给予了支持，但选课学生不足10人。按照规定，这门课程被取消了。格尔达·勒纳并没有气馁，1963年春季，她成功地开设了历史上第一门美国女性史的本科课程。④这成为她一生引以为荣的事。格尔达·勒纳的这门课程以讲述美国历史上的著名女性为主。她没有将著名女性限定为女性权利运动的白人领袖，而是包含了各领域中著名的白人女性和黑人女性。她讲述这些女性的个人经历，以及她们对家庭、社会和世界的贡献。很多学生在课堂上第一次意识到历史上有这么多重要的女性存在过，历史是由男性和女性共同构成的，而不是男性专有的。这门课程受到了学生的欢迎。也正是由于这门课程的出现，社会研究新学院被女性史甚至被历史学科载入史册。

---

① Gerda Lerner，Placing Women in History: Definitions and Challenges，p. 14.

② Gerda Lerner，*Living with History/Making Social Change*，p. 37.

③ Gerda Lerner，*The Majority Finds Its Past: Placing Women in History*，p. ix.

④ Kelly Boyd，*Encyclopedia of Historians and Historical Writing*，p. 711.

格尔达 · 勒纳积极推动高校女性史课程发展。1968 年，格尔达 · 勒纳开始任教于纽约市郊区的萨拉 · 劳伦斯学院。到萨拉 · 劳伦斯学院不久，她就显现出优秀的组织才能和对女性史的献身精神。在她的领导下，学院的部分教师加入提高女性史课程地位的实践中，敦促高等教育机构向女性教育家、女权主义倡导者和课程改革者开放。此后，美国各高校的女性史综合课程迅速增加，1970 年开设 22 门，1975 年共开设 150 门，1980 年开设约 300 门，1985 年开设约 450 门，1990 年则达到了 600 门。①

20 世纪 70 年代以后，女性史课程吸引了大批学者。这些学者在各自的研究领域思考如何发展女性史课程。最为典型的是文艺复兴史专家琼 · 凯利–加多。最初，她认为文艺复兴领域与女性毫无关系。当格尔达 · 勒纳向她展示自己在研究生学习阶段写作的文艺复兴时期的女性历史的文章时，琼 · 凯利–加多感到惊讶。在两人激烈辩论后，琼 · 凯利–加多决定用一周的时间查找文艺复兴时期的女性资料。一周后，她带着一份令人印象深刻的书单回来，她决心倾尽所能研究文艺复兴时期的女性。很快，琼 · 凯利–加多就开设了一门文艺复兴时期女性史的课程，并写作了一些女性史的开创性文章，开创了文艺复兴时期女性史这个新领域。②

20 世纪 70 年代，格尔达 · 勒纳被邀请为美国历史学会写一本关于女性史的小册子。在福特基金的资助下，格尔达 · 勒纳根据 30 位教师反馈的问卷，挑战了传统教学内容，选择将那些在历史上是重要的但被认为是微不足道的内容写成了一本 88 页的小册子。这本小册子成为美国历史协会历史上最为畅销的一本书③。20 世纪末，女性史已经在美国高等教育领域中发展成熟，占有了一席之地。当代哲学家简 · 罗兰 · 马丁（Jane Roland Martin）在研究报告中明确指出，如果 20 世纪 70 年代的女性没有意识到学术性别基础的存在，那么就没有现在强大的女性史研究教育系统，也就不会有女性史研究的蓬勃发展。当宣称女性应该成为大学课程的中心时，女教师们是多么的有勇气，这是非常有用的。④格尔达 · 勒纳及后来的女性史课程教师从各自学术研究领域出发，在高校积极开设女性史课程，扩大了女性史学的受众群体，深化了女性史研究的程度，加快了女性史学被历史学界认可的进程。

---

① Marilyn J. Boxer，Women's Studies as Women's History，*Women's Studies Quarterly*，Vol. 30，No. 3/4，2002，p. 44.

② Gerda Lerner，*Living with History/Making Social Change*，pp. 55-56.

③ Gerda Lerner，*Living with History/Making Social Change*，p. 12.

④ Marilyn J. Boxer，Women's Studies as Women's History，p. 42，p. 46.

为了促使女性史学获得独立、专业史学分支的地位，格尔达·勒纳并没有满足于开设本科课程获得的成绩，而是很快投入女性史研究生学位制度的建设与实践中。她认为，这是发展女性史学的必要条件之一。从1968年开始，她把这项工作作为自己的首要任务。萨拉·劳伦斯学院是以女性学生为主的学院，格尔达·勒纳认为在这里设女性史研究生学位制度是顺理成章的事。但直到1969年，女性史研究领域仍然是全新的，它能否成功是未知的。因此，学院管理部门对这个计划最初是持否定态度的。学院的许多教授认为，女性史研究只是一种过眼云烟的时尚，是最新一波女性主义浪潮兴起带动起来的一种潮流而已。在从上到下的反对声中，格尔达·勒纳的提议最初被忽略了。此后几年，格尔达·勒纳坚持不懈地争取学院内部教师的支持，说服同事们开设以研究为导向的女性史课程。[①]由于缺乏资金支持，格尔达·勒纳向洛克菲勒基金会提出资助萨拉·劳伦斯学院的女性史硕士点项目建设的申请。在洛克菲勒基金会经过严格审核后，1972年萨拉·劳伦斯学院获得资助。洛克菲勒基金会的资助3年共计14万美元，项目费用包括支付本科课程课酬、研究生经济资助、项目联合主任的工资、研讨会和奖学金等。

萨拉·劳伦斯学院成为全美及全球第一个拥有女性史硕士点的学校。1975年，女性史硕士研究生教育成果初现，三名研究生安妮·霍布利泽尔（Anne Hoblitzelle）、菲利丝·克里格尔（Phyllis Kriegel）和埃米·斯维尔德洛（Amy Swerdlow）与巴伦出版社的教育丛书公司签订了一份撰写女性史的合司。梅格·博恩（Meg Bohn）获得资助，准备写一本以“女性、神话和现实”为主题的书。南希·辛纳特（Nancy Cinnater）等学生被邀请在各种会议上展示女性史研究成果。这些成果在现代来看可能并不意味着非常优秀，但萨拉·劳伦斯学院1975年女性史学位的硕士毕业生一共才九名，比较而言这些成果显得弥足珍贵。这表明社会对女性史专业人才的逐渐接纳，女性史硕士人才培养有了良好的开端。从教学的成果来看，格尔达·勒纳对女性史的未来充满信心。她认为，一旦对女性史感兴趣的学生接受了女性史，她们就想通过研究、写书或文章，以及在历史会议上传播她们新发现的知识。[②]这样一来，就可以不断提高女性史的影响，吸引更多的女性史研究者。随着女性史硕士学位制度的成功建立及第一批硕

---

① Rose Natalie, *An Essential Indispensable Heritage: the Sarah Lawrence College Women's History Program, 1972-1979*, p. 27.

② Rose Natalie, *An Essential Indispensable Heritage: the Sarah Lawrence College Women's History Program, 1972-1979*, p. 46, p. 57.

士研究生毕业，格尔达·勒纳实现了自己在 1963 年制订的女性史目标之一[①]。

1980 年，格尔达·勒纳接受了威斯康星大学麦迪逊分校女性史博士点建设的任务，成功建设了美国第一个女性史博士点。1988 年，美国 202 个提供博士学位的高等教育机构声称自己至少有一个系的人员是专职从事美国女性史研究的。除美国女性史专业外，目前各高校还设立了欧洲、亚洲、拉丁美洲女性史及世界女性史课程[②]。同年，格尔达·勒纳和自己的合作者凯瑟琳·基什·斯克拉（Kathryn Kish Sklar）受到国家对人文学科的资助及约翰逊基金的资助，在威斯康星召开了美国高校女性史研究的培训会，为高校女性史研究的进一步发展提供了学习和交流的良好平台。

为了全面提高女性史学在历史学中的地位，除了积极投入女性史课程建设外，格尔达·勒纳还主张提高女性史学者和女性历史学家在历史专业中的地位。1969 年，面对美国历史协会中女性历史学家没有任何话语权的劣势地位，格尔达·勒纳等人提议成立历史职业女性协调委员会，贝蕾妮丝·卡罗尔（Berenice Carroll）和格尔达·勒纳为联合主席，希尔达·史密斯为财务主管，另选五位成员组成指导委员会。历史职业女性协调委员会负责三个方面的工作：①鼓励女性进入职业历史学会，提高女性在各级协会中的地位；②反对歧视女性；③加强和发展女性史领域的研究和教学。在 1969—1970 年的会议期间，格尔达·勒纳成为历史职业女性协调委员会与伯克夏妇女和性别研究大会（历史悠久的女性会议）的联络人，试图说服伯克夏妇女和性别研究大会领导层与历史职业女性协调委员会建立符合双方共同利益的密切合作，为女性职业历史学家服务。两个组织正式合作后，1974 年的伯克夏妇女和性别研究大会成为女性重要的社会和专业活动中心，吸引了 2000 多名与会者，盛况堪比美国历史学家组织会议。这一届伯克夏妇女和性别研究大会后，耶鲁大学的南希·科特、卡罗尔·史密斯—罗森博格等现代著名女性史学家深受影响，随即加入了女性史课程的教学中。她们在 20 世纪 70 年代培养了克里斯汀·斯坦塞尔（Christine Stansell）和南希·休伊特（Nancy Hewitt）等多位女性史领域的优秀人才[③]。其中，克里斯汀·斯坦塞尔和南希·休伊特在女性史教学中具有重要地位。此外，1970 年 12 月，历史职业女性协调委员会发布公告，制定了大规模

① Kelly Boyd，*Encyclopedia of Historians and Historical Writing*，p. 1310.

② Gerda Lerner，*Why History Matters: Life and Thought*，p. i.

③ Sara M. Evans，Feminism's History and Historical Amnesia，*Modern Intellectual History*，Vol. 10，No. 2，2013，p. 505.

提高女性地位的措施。不久之后，美国历史学家组织成立了历史职业女性地位委员会。两个组织中的女性历史学家坚持不懈，提出了很多改进建议并获得一定的成功。例如，为女性争取平等的高等教育机会和就业机会。1950—1959 年，获得历史学博士学位的女性人数占获得历史学博士学位毕业生总数的 10.4%，而 1980—1984 年这一比例为 32.6%[①]。尽管女性与男性的差异一直都存在，但差异逐渐减小。两个女性委员会确实在某种程度上提高了女性史学和女性历史学家的地位。

20 世纪 70 年代中期，女性史已经具备了成为独立专业领域的四个基础条件：有充分和有趣的女性历史资料；根据这些资料写作的一流作品；培训教师与制定参考书目和教学大纲；建立有效制度，满足学生的课程需求，培养下一代女性史学家[②]。在研究资料方面，格尔达·勒纳做过粗略统计，在 1960 年，人们可以找到 13 本关于女性历史的书。1978 年，格尔达·勒纳的《美国女性史名录》一书中共有 291 个名录，已有数百篇论文。到 2000 年，女性史学术成果已多到可以在《美国历史杂志》年度书目中单独列出的规模。1998—2000 年，与女性史主题有关的学术项目共 720 个，出版了 150 本书，发表了 280 篇学位论文和 290 篇文章。此后，女性史研究成果一直保持高速增长。越来越多关于女性的书籍获得了顶级文学或历史奖项，这足以证明女性史的价值[③]。

综合上述考察，女性史能够发展成独立、专业领域，格尔达·勒纳功不可没。从女性史研究的发展看，直至 20 世纪 60 年代，学界对美国女性史的兴趣一直保持在一个相当低的水平[④]。1970 年，美国历史学家中只有 5 人自诩为研究女性史的历史学家，即珍妮特·詹姆斯（Janet James）、安妮·菲罗尔·斯科特、伊丽莎白·泰勒（Elizabeth Taylor）、埃莉诺·弗莱克斯纳（一位非学术性历史学家）和格尔达·勒纳[⑤]。1969 年秋天，格尔达·勒纳发表的《美国历史中研究女性的新方法》是美国女性史学史上的第一篇重要的理论文章，它为女性史研究勾勒了早期的概念框架。1975 年格尔达·勒纳的《置女性于历史之中：定义与挑战》的发表，可谓向世界正式宣告美国女性史学已经发展成为独立、专业的史学分支。从 20 世纪 60 年

---

① Gerda Lerner, *Why History Matters: Life and Thought*, p. 45.

② Kelly Boyd, *Encyclopedia of Historians and Historical Writing*, p. 1310.

③ Gerda Lerner, *Living with History/Making Social Change*, p. 49.

④ John Lankford, The Writing of American History in the 1960s: A Critical Bibliography of Materials of Interest to Sociologists, *The Sociological Quarterly*, Vol. 14, No. 1, 1973, p. 117.

⑤ Gerda Lerner, *Living with History /Making Social Change*, p. 46.

代到 70 年代中期，在格尔达 · 勒纳不畏挫折勇敢向前精神的鼓舞下，众多女性史学家共同努力，设计课程和研究生项目，提高女性史学和女性在历史学科中的专业地位，吸引更多志同道合的女性史研究者共同奋斗，培养更多对女性史感兴趣的学生从事研究，写作大量的女性史书籍与文章。在此期间，美国女性史研究逐渐获得主流历史学家的认可。因此，到 1975 年，美国历史学家已经将女性史学发展成为一个独立的领域，她们寻求找到一个概念框架及适合女性史研究的方法论[①]。总之，在格尔达 · 勒纳与其他学者的共同努力下，美国女性史学最终从“业余”走向专业，成为独立、专业的史学分支。

第三节　两点思考

美国女性史学成为独立、专业史学分支，是近一个世纪女性史研究者们共同努力的成果。如上文所示，玛丽 · 里特 · 比尔德和格尔达 · 勒纳在其中的作用与贡献是有目共睹的。然而，至今玛丽 · 里特 · 比尔德仍被称为“业余”史学家。与此同时，女性史学成为独立、专业史学分支则被视为美国第二次女性权利运动的产物。这两种观念具有相关性。如果前者是合理的，那么后者就是合理的；反之，如果前者是不合理的，那么后者就是不合理的。本质上，两种观念共同抹杀了 20 世纪中期之前女性史研究者的集体贡献，也将女性史完全政治化。这既不符合历史事实，也不利于寻根溯源推动女性史多元化的发展。因此，需要澄清两点：第一，史学界冠名以“业余”历史学家的女性史学家并不业余，她们的学术成果为 20 世纪 70 年代中期美国女性史学成为独立、专业史学分支提供了必备条件，是女性史学的一部分；第二，美国的第二次女性权利运动的确加速了美国女性史研究转型为独立、专业领域，但后者并不是前者的产物。

一、“业余”女性史学家的专业性

直至 20 世纪中期，美国史学界依然没有给予女性史研究以合法的地位，历史学家普遍认为对女性史进行研究仅仅是个别女性的爱好与兴趣，由此女性史研究被视为一种“业余”史学。1996 年，詹妮弗 · 斯坎伦（Jennifer Scanlon）和肖隆 · 科斯纳（Shaaron Cosner）编辑整理的《18 世纪初到 20 世纪 90 年代的美国女性史学家：传记词典》正式出版，赋予所有女性史研

---

① Gerda Lerner，Placing Women in History: Definitions and Challenges，p. 9.

究者以正式的史学家的身份而非业余史学家的身份。该书对美国199位女性历史学家的个人经历、著作、贡献与地位逐一进行了概述。其中，包括格尔达·勒纳在内被明确界定为女性史学家的共计 18 位[①]。先于格尔达·勒纳对女性史进行研究的六位学者分别为伊丽莎白·F. 埃利特、玛丽·里特·比尔德、伊丽莎白·班克罗夫特·施莱辛格（Elizabeth Bancroft Schlesinger）、安娜·麦卡利斯特（Anna Shannon Mcllister）、多萝西·波特（Dorothy Porter）、马德琳·贝蒂娜·斯特恩（Madelenine Bettina Stern）。尽管这六位研究女性史的学者并没有获得历史学学位，但从书中对个人经历的分析及笔者搜集到的六位学者的学术成果来看，她们都受到过良好的写作训练，并且接受过一定的历史研究训练。她们因为个人的经历与爱好，逐渐转向对女性史的探索。她们热衷于女性史研究，为女性史研究投入了大量的时间和精力，并将女性史研究作为自己的事业而奋斗。但是，她们在历史学界仍常常被称为"业余"史学家，这有失公允，既不利于思考女性史的真正起源，也无法厘清女性史与性别政治的真正关系。上述六位学者，不仅仅只有玛丽·里特·比尔德的史学成就突出，其他五位学者也都有多部著作公开出版或多篇文章发表，有鲜明的观点和立场，有充分的资料支撑，其中一些成果流传至今。在女性地位普遍较低的时代，她们的著述得以在专业的学术出版社或期刊出版或发表，足以证明她们的作品是受到专家、出版商认可的，并有一定读者群。因此，她们具备历史专业研究能力。从研究对象的角度看，她们涉猎广泛，既有精英女性，也有普通女性，研究对象十分丰富。

安娜·麦卡利斯特于1934年写作了《谢尔曼将军的妻子艾伦·尤因》。为了研究艾伦·尤因的生活，安娜写信给艾伦·谢尔曼的儿子及亲戚，最终获得了既翔实又丰富的写作资料，这些资料包括艾伦的家庭信件、日记和剪贴簿等。安娜还写作了《彼得国王的莎拉·沃辛顿传》《荒野之火》等书。多萝西·波特是黑人文献界的元老，曾在哈佛大学做图书馆员，后在霍华德大学负责建立一个关于非裔美国人的收藏馆。1932 年获得图书馆学硕士学位后，她回到了霍华德大学，继续从事收藏馆工作。她的收藏包括黑人报

---

① Jennifer Scanlon and Shaaron Cosner, *American Women Historians, 1700s-1990s: A Biographical Dictionary.* 编者将以女性为研究对象的历史研究分为女性史（women's history）、性别史（history of gender）、和性史（history of sexuality）三个领域。其中，将琼·斯科特界定为性别史学家，将埃丝特尔·弗里德曼（Estelle Freedman）界定为性史学家。但笔者认为，琼·斯科特和埃斯特尔·弗里德曼也是在女性史研究范畴下开展研究的。由此统计，女性史学家共 18 位。

纸、缩微胶卷、印刷品、照片、口述历史资料、手稿和手工艺品等。正如埃斯梅·巴恩（Esme Bahn）所写，黑人研究在20世纪60年代被公认为是一门学科时，多萝西已经是这门学科的大师了，她试图教别人如何揭开被忽视的历史。她编写了一系列参考书目帮助人们获得这些资料，她还写有多篇非裔美国女性的学术文章①。多萝西是美国黑人女性历史研究的重要引路人之一。

第二次世界大战后，伊丽莎白·班克罗夫特·施莱辛格开始了对女性历史研究的开拓性工作。她发表了一系列关于19世纪美国女性历史的研究成果，写作了大量关于女性著作的书评②。她将女性在教育、职业及黑人受教育程度的提高等各种各样的成就，归功于20世纪20年代伟大的女性主义者。她认为正是由于女性主义者的鼓励与规劝，女性开始相信只有走出家门才会变得自由和满足。③玛德琳娜·斯特恩擅长写女性历史传记，出版了近20本关于19世纪女性作家的书籍，如《玛格丽特·富勒的一生》《紫色篇章：弗兰克·莱斯利夫人的一生》《潘塔克：斯蒂芬·珀尔·安德鲁斯传》《出版界女王：弗兰克·莱斯利夫人》等。她们的成果为后世对19世纪女性历史进行研究提供了重要的研究资料。

1948年，伊丽莎白·艾利特将写作兴趣从文学转向了女性史。1948—1950年，她完成了三卷本的《美国革命中的女性》，是全美第一部揭示美国女性在美国革命历史中扮演重要角色的书籍。在序言中，她开宗明义地指出，现在几乎无法领会到女性的爱国主义对这个新生共和国的命运所产生的巨大影响。我们无法显示出女性在这场斗争中所起的重要作用，也无法显示出女性在奠定建国基础方面所起的重要作用。我们只能详述她们的宽宏大量、坚忍不拔、自我牺牲和英雄主义的个别事例，这些事例带有革命时期的感情印记，激励所有人的精神。伊丽莎白·艾利特还出版过《西部女拓荒者》、《历代各国女艺术家》、《美国社会中的女王》（探究名媛关系）、《美女与国家名人》（一本关于从华盛顿到格兰特的18位总统及其夫人的书）。她认为，女性之所以被忽视，是因为她们通过情感支持和情绪对历史做出贡献，而不是通过所谓的理性。

---

① Jennifer Scanlon and Shaaron Cosner, *American Women Historians, 1700s–1990s: A Biographical Dictionary*, pp.180-181.

② Jennifer Scanlon and Shaaron Cosner, *American Women Historians, 1700s–1990s: A Biographical Dictionary*, p.199.

③ Elizabeth Bancroft Schlesinger, Two Early Harvard Wives: Eliza Farrar and Eliza Follen, *The New England Quarterly*, Vol. 38, No. 2, 1965, p. 167.

上述所谓的业余历史学家仅是众多研究女性历史的学者中成果较多的人，还有大量至今鲜有提及的女性史研究者也有部分作品流传下来，如吉拉尔汀·法拉尔（Geraldine Farrar）、伊丽莎白·安东尼·德克斯特（Elisabeth Anthony Dexter）、玛丽·奥姆斯比·惠顿（Mary Ormsbee Whitton）等人的作品。包括玛丽·里特·比尔德在内的所谓业余历史学家的观念和实证研究的成果，被后世女性史学家及其他领域的史学家普遍接受。她们的很多成果已被现代女性史学家当作原始资料使用，很多观点被继承与发展，如女性是历史发展动力等观点一直被视为有效的解释模式。在此，值得特别关注的是伊丽莎白·艾利特的女性情感、情绪对历史发展的思考似乎与近年来情感史的核心观念不谋而合。不言而喻，从研究主题、研究视角、研究观念和资料使用等多个方面考察，这些女性史研究者都有着高度的历史研究专业性特征，她们甚至比某些所谓的专业史学家专业得多。因此，称这些女性史研究者是“业余”史学家有失公允。

美国学术界存在一些夫妻合著的研究成果，这些成果通常具有较为深远的影响，但女性在其中的作用和地位没有获得学术界的认可，女性的贡献被其丈夫的光芒掩盖了。代表作品有玛丽·里特·比尔德与查尔斯·比尔德合著的《美国文明的兴起》《美国史》等，阿里尔·杜兰特（Ariel Durant）与威尔·杜兰特（Will Durant）合写的11卷本的《文明的故事》和《历史的教训》，海伦·尼尔林（Helen Nearing）与斯科特·尼尔林（Scott Nearing）合著的《今日美国》，等等，事实上，丈夫是极力肯定妻子的贡献的：《美国史》中，在对贸易兴起的论述部分，查尔斯·比尔德特意采用了玛丽·里特·比尔德在《美国劳工运动简史》中阐述的观点与引用的例证[①]。威尔·杜兰特则在《历史的教训》的扉页中强调区分了他独自写作的内容和他与妻子合作的内容[②]。然而，由于他们地位显赫（查尔斯·比尔德被誉为20世纪上半叶美国最著名和最重要的宪法学家、历史学家。威尔·杜兰特是美国著名哲学家、历史学家及普利策奖和自由勋章的获得者。斯科特·尼尔林则是美国知名的政论家），尽管他们的妻子在合著中付出了辛勤劳动与智慧，她们的才华却仍然被学术界忽略了。鉴于此，在历史研究领域，人们对玛丽·里特·比尔德的称呼通常是一位“业余”的历史研究者或她那位著名历史学家丈夫查尔斯·比尔德的助手[③]。这显然是不公正的。

---

① Charles Beard and Mary Beard, *History of the United States*, p. 586.

② Will Durant and Ariel Durant, *The Lessons of History*, New York: Simon and Schuster, 1968.

③ Margaret Smith Crocco, Forceful Yet Forgotten: Mary Ritter Beard and the Writing of History, p. 25.

众所周知，19 世纪历史书写进入职业化阶段，随之而来的是史学的男性化[1]。由此开始，历史研究的阵地建立在大学和研究中心内[2]。因为女性历史学者的成果不是出自大学和研究中心，不是出自这种被男性和社会所定义的专业概念，所以她们被认为是"业余"的。反观在历史书写职业化之前出现的众多男性历史学家，他们并没有被认为是"业余"历史学家，如希罗多德、修昔底德、奥古斯丁等人。虽然希罗多德的《历史》并不完全符合现代意义上的历史研究，但他仍然被称为历史学家，更被视为西方历史学之父。在职业历史学家眼中，按照男性历史专业的评判标准，女性的著述完全被否定了。例如，美国历史学家理查德·希尔德列斯（Richard Hildreth）讽刺业余史学是用俗气的、华而不实的修辞饰语金属箔装扮起来的。为了我们的父辈和我们自己，美国历史中的伟大角色不应该用那些爱国主义的口红来艳丽地涂描，不要做作、哀婉、华而不实或俗不可耐。[3]这与女性历史研究者的著作受到普通大众热切地阅读并获得赞扬[4]形成了巨大反差。显然，理查德·希尔德列斯的评价对女性学者来说是片面的。这实则表现出部分男性史学家对女性和女性史赤裸裸的歧视。由此也可以看出，学术职业化是一柄双刃剑，给研究者提供良好技能培训、写作指导和研究环境的同时，也会让某些有天分的人因人为设定的种种障碍而被拒绝在专业研究之外，导致很多人才被埋没。

概言之，19 世纪以来的美国女性史研究者，即便其中部分人没有受过专业的历史训练，她们在历史真实性、写作技能、对历史知识的掌握程度、对历史的垂训作用的思考等方面与一些男性史学家相比也毫不逊色。像玛丽·里特·比尔德一样的"业余"学者既为美国历史研究拓展了女性的历史主题，为美国女性史领域的出现奠定了坚实的史料基础，也为女性史独立发展奠定了女性是历史发展动力的理论基础。因此，这些优秀的女性史研究者被称为"业余"历史学家，与事实相悖。本质上，这并非女性史研究者能力有限，而是社会偏见的结果。此外，以格尔达·勒纳为首的部分女性史学家仍旧称 20 世纪中期之前的女性史研究者为"业余"女性史

---

① Gerda Lerner，*Living with History/Making Social Change*，p. 30.

② 〔美〕伊格尔斯：《二十世纪的历史学：从科学的客观性到后现代的挑战》，何兆武译，沈阳：辽宁教育出版社，2003 年，第 2 页。

③ 〔加〕南希·帕特纳、〔英〕萨拉·富特：《史学理论手册》，第 373—374 页。

④ Bonnie G. Smith，Women's History: A Retrospective from the United States，*Signs*，Vol. 35，No. 3，2010，pp. 724-725.

学家[①]，这也表现出她们依旧无法摆脱男性史学家评判标准的影响和语言霸权。为了给予女性史学家应有的历史地位，更好地思考女性史在成为独立、专业领域过程中女性史学观念的变革与影响，有必要对女性史成为独立、专业领域前女性史学家的个案进行广泛且深入的研究。

二、女性史学与女性权利运动的关系

关于 20 世纪六七十年代美国女性史的诞生，有些学者认为它是 20 世纪六七十年代美国第二次女性权利运动的产物[②]。这种论调一方面否定了女性权利运动之前已经存在的诸多女性史研究成果是女性史走向独立、专业化道路的根基，另一方面让女性史研究始终带有强烈的政治色彩，忽视了非政治性女性史研究内容，进而刺激部分学者集中注意它的政治性而非学术性，阻碍了女性史研究融入史学主流的进程，也妨害了女性史的多元化深入发展。

美国女性史写作的历史可以追溯到美国殖民地时代。17 世纪和 18 世纪的英国、北美殖民地，甚至在世界各地都有对女性书信和日记的研究[③]。1750—1950 年，男性和女性根据自身的经历和对前人书信、日记及官方文件等的搜集与整理，写作了成千上万种女性历史著述[④]。在以叙述为主的女性史研究中，多数作者选择写作女性传记。其中一些作者的写作范围超出了美国的地理范围。她们书写女性过去和现在的成就与美德。1835 年，美国作家和废奴主义者莉迪娅・玛丽亚・蔡尔德（Lydia Maria Child）出版了《女性环境史》——一部关于世界各地女性生活的著作[⑤]。1840—1850 年出版的《美国独立战争中的女性》被公认为是最早的女性史著作[⑥]。19 世纪下半叶，伊丽莎白・卡迪・斯坦顿和苏珊・S. 安东尼等女性主义者将自己的经历、演讲和其他原始材料公开，被后世广泛用于女性史研究。20 世纪初期，女性史研究出现了一次小高潮。美国人伊迪丝・阿伯特（Edith Abbott）、海伦・苏乃尔（Helen Sumner）、罗拉・特赖恩（Rolla Tryon）等人撰写了关于工业化对女性影响的复杂分析性论文，文章中经典分析的价

① Gerda Lerner, Women's Rights and American Feminism, *The American Scholar*, Vol. 40, No. 2, 1971, p. 235.

② Kelly Boyd, *Encyclopedia of Historians and Historical Writing*, p. 381；〔美〕梅里・E.威斯纳-汉克斯：《历史中的性别》，何开松译，北京：东方出版社，2003 年，第 8 页。

③ Bonnie G. Smith, Women's History: A Retrospective from the United States, p. 723.

④ Gerda Lerner, Women's Rights and American Feminism, p. 235.

⑤ Bonnie G. Smith, Women's History: A Retrospective from the United States, p. 724.

⑥ 章士嵘：《西方历史理论的进化》，太原：山西教育出版社，2004 年，第 260 页。

值至今仍未被超越①。这些成果表明，美国女性史研究起源至少可以追溯到美国第一次女性权利运动之前很久，而不是美国第二次女性权利运动的产物。从女性史研究出现到20世纪初女性史研究的第一次高峰，女性史研究拥有了丰富的主题，也并非限制在女性权利运动这个较为狭隘的范畴内。

20世纪二三十年代，美国第一次女性权利运动逐渐衰落，但女性史研究仍在继续，有大量价值颇高的著述问世。例如，奥普 · 埃米莉 · 艾伦（Hope Emily Allen）研究了"15世纪异常神秘和狂热的女性主义"，凯瑟琳 · 苏珊 · 安东尼（Katharine Susan Anthony）写作了《伊丽莎白女王》《玛丽 · 安托瓦内特》《路易莎 · 梅 · 阿尔科特》等②，沃伦 · 贝克（Warren Beck）发表了文章《辛克莱 · 刘易斯有多棒？》，鲁弗斯 · E. 克莱门特（Rufus E. Clement）发表了文章《家族谱系七：亚历山大 · 沃尔特斯》等。随后，越来越多的女性史研究成果问世。另外，《独立女性》《符号》《性史》《女性历史》《性别研究》等以女性研究为主题的专业学术杂志也纷纷问世，成为女性发表言论的主要阵地。它们吸引了众多女性史研究者和广泛的读者，促使更多女性和男性积极了解女性的历史和社会地位。它们为美国第二次女性权利运动奠定了良好的群众基础和更加坚实的理论基础。

因此，美国女性史起源的历史至少可以追溯到19世纪中期。此后，美国女性史研究在美国没有间断过。当然，不能抹杀20世纪六七十年代美国女性权利运动对女性史转型为独立、专业领域的推动作用。众多学者的成果已经表明，美国第二次女性权利运动动摇了美国的父权制价值观，越来越多的学者和民众思考了父权制与性别差异之间的关系。第二次女性权利运动提高了女性教育权，让更多的女性有机会进入高校系统地学习历史、写作历史。事实上，美国的女性权利运动与女性史研究相互影响、相互促进。

总之，20世纪70年代中期美国女性史发展成为独立、专业的领域，是20世纪六七十年代美国女性史学家在继承先辈研究成果基础上，在资料发掘与整理、理论探索与实证研究、人才培养等方面共同创新的结果。尽管女性史成为独立、专业领域之初，概念、方法等并不是很清晰，并且是在传统史学框架内凸显女性贡献的研究，仍有许多问题有待解决，但女性史研究一直都是以求真求实还原女性真正的历史为使命，不断开拓新的

---

① Juliet Gardiner，*What is History Today?* New York: The Macmillan Press，1988，p. 93.

② Jennifer Scanlon and Shaaron Cosner，*American Women Historians，1700s–1990s: A Biographical Dictionary*，pp. 4-6.

研究主题、探索新的研究理论与方法。女性史研究必然要包含性别政治的内容，部分成果的初衷也是为女性争取政治平等服务的，但这并不应是女性史研究的全部内容。因此，部分男性史学家指责女性史是政治工具或轻视女性史研究，严重贬低了女性史研究的学术价值。这也造成了主流历史学家对女性史学的排斥，增加了女性史学融入主流史学的难度。为了更好地将女性史学与主流史学有机融合，学者们仍需对女性史缘起的历程及相关内容做进一步的梳理与思考。

本章小结

综合本章研究可见，20 世纪 70 年代中期，美国女性史发展成为一个独立、专业的研究领域。女性史能够在历史学界争得一席之地，主要归功于女性史学家们的共同努力，其中玛丽·里特·比尔德和格尔达·勒纳的贡献尤为突出。

20 世纪上半叶，玛丽·里特·比尔德创造性地提出了女性是历史发展动力的观念，认为女性不能被简单地视为历史中的“受害者”。“受害者”的解释模式，无法让女性获得应有的历史和社会地位，不利于现实生活中女性的发展。她为女性史研究提供了新的解释思维与模式。历史资料是历史学发展的基石，玛丽·里特·比尔德构建世界女性档案中心的倡议及实施，为女性史学家们提供了丰富的研究资料，也为女性史学在 20 世纪 70 年代中期走向独立，成为合法的历史学分支奠定了坚实的基础。

作为玛丽·里特·比尔德女性史思想的继承者，格尔达·勒纳致力于历史学界对女性史学的接纳。格尔达·勒纳辩证地分析了女性史研究不属于新社会史，同时阐明了新社会史的研究理论与方法对女性史研究具有十分重要的指导意义。这在促使女性史研究者摆脱新社会史研究主题与观念的桎梏方面发挥了重要作用，启发了女性史研究者积极拓展研究主题，构建女性史独特的研究视角与方法。格尔达·勒纳批判了部分女性史学者遵循男性价值观的研究思维，否定了研究者所秉持的中产阶级和进步派的传统道德观，呼吁为女性史研究寻求适合女性的评价标准，为女性史学独立、专业化进一步清除了思想障碍。1969 年，格尔达·勒纳提出的女性史概念框架明确了女性历史角色和地位的多样性与多元化。1975 年，她正式将女性定义为人类的多数，强调女性历史不能被忽视。她建立了女性史课程体系和学位体系，为女性史学的独立与繁荣提供了至关重要的人才支持。最终，在格尔达·勒纳的引领下，在众多女性史学家的共同努力下，女性史学拥有了必备的资料、理论和人才基础，发展成为独立、专业的史学分支。

此外，笔者认为将女性史成为独立专业领域前的女性史研究者称为“业余”女性史学家有失公允，是史学家对她们的偏见。由于时代的限制，20 世纪 60 年代前女性史研究者没有机会和平台团结起来发展女性史，女性史在历史研究中的合法化时间推迟到 20 世纪 70 年代中期。对上述问题的深入思考，有利于正视女性史学产生的渊源，有利于拓展女性史研究的主题与方法。事实上，书中提及的其他女性史研究者的著作和思想在女性史学史上都具有重要的地位，尤其是伊丽莎白·艾利特关于女性情感、情绪的思考及对女性史与情感史融合的研究在当下具有前沿性的指导意义，仍有待于学者们深入挖掘、整理与研究。

第三章　父权制：格尔达·勒纳女性“失语”根源的历史构建

20 世纪 70 年代中期，格尔达·勒纳引领美国女性史成为独立、专业领域后，并没有满足于现状，而是继续深入思索女性史及性别关系的理论与实证问题，以期推进女性史发展。其中，至关重要的一个问题是，女性在历史上为何普遍处于无话语权的“失语”境地？格尔达·勒纳的经典著作《父权制的缔造》中系统阐述了父权制是造成这一切的根源。格尔达·勒纳认为，人类从原始社会就开始了两性的社会劳动分工——女性更多地接受了与母性职责有关的活动内容，她们在经济上逐渐从属于男性，失去了话语权。随着历史的发展，宗教中女神与男神、女祭司与男祭司之间的权力关系由最初的两性平等变为前者从属于后者，女祭司最终退出了宗教文化的管理领域。20 世纪前，尽管女性对《圣经》中夏娃的行为进行了辩护，并提高了圣母玛利亚的地位，在某种程度上也提高了女性的地位，但其具有明显的父权制生理差异决定论的性质，批判并不彻底。随着社会的发展，法典产生，它明显赋予男性与女性不平等的法律地位与保护权益。几千年来，女性对男性的从属是从无到有、从个别领域到各个领域的演变过程。由此，格尔达·勒纳推断出：“我们可以相信女性从属并非普遍性[①]的，即使我们没有证据表明母权制存在过。”[②]即便如此，女性还是遭受了“具有世界历史意义的失败”[③]。

格尔达·勒纳的学术研究表明，经历了长期的失败后，女性在心理上对自身“失语”地位深信不疑。在长期的无话语权环境中，20 世纪前，女性在追求平等教育权利中，获得了某些成绩，但她们追求的目标再一次证明女性受到父权制教育观念的强烈影响，无法彻底变革女性教育劣势的本

---

① 格尔达·勒纳在此提出“女性从属的非普遍性”指时间上的非普遍性，即最初两性是平等的，后来转向了不平等。笔者在本书中使用“普遍性”一词则指女性作为一个性别群体的普遍从属。

② Gerda Lerner，*The Creation of Patriarchy*，p. 35.

③ 恩格斯：《家庭、私有制和国家的起源》，中共中央马克思恩格斯列宁斯大林著作编译局：《马克思恩格斯选集》第 4 卷，北京：人民出版社，2012 年，第 66 页。

质。20 世纪 60 年代前，女性集体记忆的断裂与选择性遗忘致使女性的集体记忆普遍缺失，因此女性无法正视自己应有的平等权利，女性没有话语权。这一切成为女性无法摆脱从属地位的自身根源。格尔达 · 勒纳在论证中坚守的信条是：女性长期处于各种权利的边缘，无话语权，并不是由两性生理因素造成的，而是由两性社会性别因素——历史、社会、文化等因素——造成的，是性别化的父权制构建的结果。由此，本章以归纳、梳理格尔达 · 勒纳蜚声史坛的三部著作——《父权制的缔造》、《女性主义意识的缔造：从中世纪到 1870 年》和《人类多数寻找其历史：置女性于历史之中》为主，整理、探析格尔达 · 勒纳史学观念中导致女性几千年来沦为社会、历史、文化的"他者"的历史根源，即女性从有话语权转为"失语"群体并且"失语"程度不断深化的根源。事实上，这也是格尔达 · 勒纳对女性从属于男性的历史理论的主要研究内容。格尔达 · 勒纳对父权制造成女性在历史中长期"失语"境地的理论研究成果，深刻地影响了美国女性史学乃至世界女性史学对父权制理论的性别挑战。格尔达 · 勒纳的父权制理论成为美国女性史学核心理论之一，引领了 20 世纪晚期女性主义理论的历史转向与解释模式转向，提高了女性史研究在女性问题研究中的地位。

第一节　女性话语权的丧失

1975 年，年轻的美国人类学家盖尔 · 鲁宾（Gayle Rubin）首次对生理性别与社会性别进行了区分。她认为，生理性别是一种生物性的、既定的性别，而社会性别是历史发展的产物。女性生育孩子属于生理性别范畴，女性照料孩子则属于社会性别范畴，是一种文化构建。[①]盖尔 · 鲁宾的文章一经发表，就引发了女性史研究者对男性统治女性的父权制进行社会性别阐述与史学实践的热潮。随后，在女性史学的发展过程中，"社会性别""性别-社会性别"成为父权制观念的核心概念。很多学者认为，1986 年历史学家琼 · 斯科特发表了《社会性别：一个有效的历史分析范畴》一文，将"社会性别"概念正式引入历史研究之中，这对女性史研究起到了重要的作用[②]。然而，美国女性史学界最早将社会性别引入女性史研究领域的是

① 〔美〕佩吉 · 麦克拉肯主编：《女权主义理论读本》，桂林：广西师范大学出版社，2007 年，第 39—42 页。

② Sheridan Harvey, *American Women: A Library of Congress Guide for the Study of Women's History and Culture in the United States*, Washington: Library of Congress, 2001, p. xxii.

格尔达·勒纳。在盖尔·鲁宾将社会性别概念引入人类学之后，格尔达·勒纳很快就接受了这一概念，并于1975年在《置女性于历史之中：定义与挑战》一文中开始使用“社会性别角色”（gender role）这个词语[①]。1986年，格尔达·勒纳出版了《父权制的缔造》，书中对“性别–社会性别”概念进行了具体的解释。《父权制的缔造》一书前后历经八年的写作与修改才得以出版。从时间上来说，格尔达·勒纳对“社会性别”观念的研究至少不比琼·斯科特晚。琼·斯科特的后现代主义的社会性别理论是用性别特征对历史进行研究，而并非对女性的历史研究。而格尔达·勒纳的社会性别理论完全服务于女性史发展。因此，可以说，“社会性别”观念进入女性史领域并成为主要的研究视角与解释方法是两人或者更多学者共同努力的结果。

格尔达·勒纳对“生理性别”、“社会性别”及“性别–社会性别”的概念做了具体解释，内容如下：

> 女性是一种生理性别。由于生理差异，女性成为一个独立的群体。使用这一术语的优势在于，它明确地将女性定义为不是一个从属群体或者少数群体，而是作为人类整体一半的群体。男性只是另一种性别。社会性别是一种行为的文化概念，是一系列文化角色。这样的用法是不幸的，因为它掩盖了既定的生理（性别）与文化形成的（社会性别）之间的关系。性别–社会性别，是根据文化限定的社会性别角色，涉及资源、财产和特权的制度化。因此，性别决定了女性生子，而社会性别确保了她们育子。[②]

社会性别是父权制发展的结果。格尔达·勒纳对父权制缔造过程进行了精心、卓有成效的研究后，声称“男性与女性共同创造了文明”[③]，并且指出“父权制”在西方文明产生之前就已形成[④]，它以男性控制女性的形式存在着。格尔达·勒纳拒绝从生物学范畴上对父权制进行考虑，她遵循马克思主义，认为农业的兴起催生了父权制，且不同的社会经济环境会产生不同的父权制形式。格尔达·勒纳认为，男性对女性劳动成果的占有

---

① Gerda Lerner，*The Majority Finds its Past: Placing Women in History*，p. 7.

② Gerda Lerner，*The Creation of Patriarchy*，p. 238.

③ Gerda Lerner，*The Creation of Patriarchy*，p. 36.

④ Gerda Lerner，*The Creation of Feminist Consciousness: From the Middle Ages to Eighteen-seventy*，p. 3.

使女性丧失了话语权，这不仅仅是文化问题。因此，社会性别关系应该成为解释父权制产生及人类文明进程的一把钥匙。

> 父权制一旦被构建成复杂等级关系的功能体系，它就会被变革为性别、社会、经济的关系，并且支配所有的思想体系。在父权制建立及强化过程中，对西方文明进行解释和定位的主要观念体系包含了一系列未声明的社会性别假设，因为社会性别关系强有力地影响了历史及人类思想的发展。①

在《父权制的缔造》中，格尔达·勒纳提出了历史进程的社会性别解释的观念②，同时，她真正地将“社会性别”观念应用于阐述父权制形成的历史实践之中，为美国女性史学摆脱传统史学研究视角与方法的束缚提供了理论基础和实践经验，为美国女性史的社会性别史转型奠定了一定的理论基础。该书从社会性别的视角反映出两性权利发展的不平衡性，阐述了作为促进历史发展主体之一的女性从属于男性的历史过程。下文从父权制对女性话语权剥夺的视角，从经济、宗教和法律三个方面，对格尔达·勒纳的女性从优势地位转向劣势地位的观念进行社会性别的历史构建。

一、女性在经济中“失语”

父权制确立以来甚或更早一些，促进人类社会发展、文明进步的女性，在社会发展过程中逐渐成为人类各种权利的边缘群体、男性的从属者。父权制社会建立以来，女性不断丧失话语权。就这一问题，格尔达·勒纳首先回到原始社会中两性劳动分工处寻求答案，这也正是格尔达·勒纳对《父权制的缔造》进行研究的起点。“原始社会不仅没有阶级，而且没有其他形式的社会区别，但除性别和年龄有差别外。”③尽管存在性别差异，但现代女性主义者普遍认为，在人类个体进化之初，两性是互补的、平等的，而随着社会的发展，劳动分工深化，两性的地位发生了巨大的变化。在前人研究成果的基础上，格尔达·勒纳进一步推断出，造成女性在劳动分工中处于劣势的根本原因并不是女性与男性的生理差异，而是在长期的

---

① Gerda Lerner, *The Creation of Feminist Consciousness: From the Middle Ages to Eighteen-seventy*, p. 3.

② Deborah Gewertz, Review: *The Creation of Patriarchy*, p. 596.

③ Cecil C. North, Review: *The Origin of the Inequality of the Social Classes*, *American Sociological Review*, Vol. 4, No. 2, 1939, p. 278.

历史发展过程中，女性的文化角色即性别–社会性别角色被人为地固定化、制度化了。

格尔达·勒纳将女性的社会职责之一——母亲职责分为两部分：生育子女的生理性别功能和养育子女的社会性别功能。生育子女是女性不可选择的一种功能，而养育子女的功能是可被替代的。因此，后者是被社会、历史和文化决定的。既然如此，养育子女为何长久以来成为女性不可推卸的责任？这个问题成为格尔达·勒纳分析两性之间社会劳动分工后，女性从属于男性、女性丧失话语权的关键。运用人类学、考古学、心理学及社会学等学科的研究成果，格尔达·勒纳对此进行了一项“工作假说”的研究，从而对女性话语权转移的原因进行了论述。

人类从产生至今及未来，必然要面对且无法逃避的是自然环境。适应自然、与自然斗争以便在恶劣的自然环境中存活或者更好地发展，是人类从原始社会开始就不断追求的目标。在狩猎和采集社会，人类面对险恶的自然环境，朝不保夕，并且随时会遇到野兽的威胁。在人类社会之初，生产工具十分简陋，生产力水平低下，劳动产品不多，人类抵御危险的能力十分薄弱，因此人类必须采取合作的方式维系生存。格尔达·勒纳认为，在原始社会，女性即使在怀孕或照料孩子的情况下，一般也需要为生存而劳动。在这种情况下，女性为了方便行动，“可能会选择或者更喜欢同母亲职责联系在一起的经济活动”，如采集食物或参与小型狩猎活动等体力消耗相对较小或不需要保持安静的工作。这是因为女性无法长期背着或抱着孩子寻找食物，并且“孩子哭闹会阻碍母亲狩猎”。[①]

在早期的劳动分工中，因为女性选择的工作与她们养育孩子的活动相符合，所以女性和男性同样接受了这种分工。[②]然而，即使在人类社会的黑暗期，照料婴儿的工作也可以由年长的孩子或者老人完成。随着照顾孩子技术的发展，女性仍旧可以参与大量的社会劳动。尽管一些因素影响了女性在劳动中的灵活性，但格尔达·勒纳认为，仍有证据表明女性在某些情况下比男性为人类生存提供了更多的食物。“在原始社会多数情况下，以及至今仍存在的狩猎或采集社会中，女性平均提供超过 60%的食物。为了获取这些食物，她们经常背着、抱着婴儿，领着稍大点儿的孩子到离家很远的地方。因此，认为只存在一种形式或者一种类型的劳动性别分工的假

---

① Gerda Lerner，*The Creation of Patriarchy*，p. 41.

② Gerda Lerner，*The Creation of Patriarchy*，p. 42.

设是错误的。”①

随着人类社会的不断发展，畜牧业和农耕业兴起。农耕业最初需要的是体能好的人，除了一些辅助性的工作外，是不需要孕妇或者哺乳期的柔弱女性的。在农业经济中，男性的贡献整体上大于女性的贡献，因此男性对劳动产品的控制增强，男性也获得了剩余产品的拥有权和分配权。随着人类社会的进一步发展，人类空闲时间的出现加速了女性劣势地位的形成。马克思在《资本论》中对空闲时间或自由时间进行过大量的阐述。他认为，如果把应该用在直接生产中的时间平均分配，所有的人就都会有更多的非生产劳动时间和余暇。他指出，财富就是可以自由支配的时间。可以自由支配的时间及对别人劳动时间里创造出来的东西的享受，都表现为真正的财富，而自由时间，可以支配的时间，就是财富本身。马克思认为，在未来社会，自由时间一部分用于消费产品，一部分用于从事自由活动，这种自由活动不像劳动那样是在必须实现的外在目的的压力下决定的，而这种外在目的的实现是自然的必然性，或者说社会义务。闲暇时间不仅是一个时间概念，也是一个经济范畴，更是一个社会范畴。对个人来说，闲暇时间就是休息、娱乐、受教育的时间，发展自身智力和才能的时间，履行社会职能的时间，进行社交活动的时间和自由运用体力与智力的时间。②在空闲时间的理论下，由于农业经济发展，女性和男性的分工加速。由于准备食物和照料孩子等工作烦琐费时，女性没有空闲时间，男性则可以利用空闲时间思考创造性的劳动工具、技术等。女性从事可见经济效益的工作的时间减少，男性在这方面的时间则增多。于是，男性逐渐从女性手中获得了获取经济受益的权利。随着时间的推移，男性逐渐控制了女性的劳动成果及女性的自由时间。

格尔达 · 勒纳认为，研究表明，生理因素并没有使女性处于社会劳动的边缘，而恰恰是父权制社会女性被赋予或者被规定了照料孩子的行为与责任，使女性成为男性的劳动附庸，从而限制了女性参与更大范围社会劳动的机会。尽管存有例外，且缺乏确凿的历史证据，但格尔达 · 勒纳相信女性此时普遍处于经济劳动的从属地位具有合理性。由于经济权利的丧失，女性由最初至少拥有与男性平等的话语权演变为毫无话语权的境地。

格尔达 · 勒纳对两性劳动分工的推断实际上弱化了两性之间的生理差异，为两性不平等关系的存在消除了身体差异的根源，以便其对两性不平

① Gerda Lerner, *The Creation of Patriarchy*, p. 22.

② 董瑞华：《马克思的闲暇时间理论与休闲经济》,《当代经济研究》2002 年第 1 期，第 61 页。

等关系进行社会、历史和文化的人为性形成做出阐述。然而，无论是人类产生之初还是现代社会，两性之间唯一的本质差异就在于两性的生理方面。也正是因为生理差异的存在，男性早早就拥有了空闲时间，创造出了更多的财富，从女性手中夺走了女性应有的经济权利。尽管格尔达·勒纳及女性主义者避免强调这种差异，但它的存在是客观的。她们忽视女性生育功能的根本原因在于她们仅仅将生育视为一种劣势功能，而没有将其视为女性的一种选择权利。男性在力量、速度等方面的优势被普遍视为是优于女性的，这显然是生理优势，而女性自然的生育功能是优于男性的，也可被视为一种权力，这是母系社会崇拜女性生育功能的根本原因，也是格尔达·勒纳否认母系社会中女性地位高于男性的根本原因。因此，对历史中将女性生育功能作为一种权力的研究仍需深入。

二、女性在宗教中“失语”

在西方世界，从古至今宗教在社会上都占有重要的地位，因此女性在宗教中权力与权利的变化就成为女性在历史中地位变化的反映。女性在宗教中话语权的减弱或消逝，可以反映出女性权利的减弱或消逝。格尔达·勒纳使用女神地位变化的宗教证据，阐述了古代社会女性与男性权力秩序的演变。在格尔达·勒纳的历史观念和著作中，女性同男性权力地位的变化，在神话中表现为女神与男神地位的变化，在神的仆从方面则表现为男祭司取代了女祭司。宗教是西方社会文化传承的重要工具之一，女神及女祭司地位的下降，使女性在宗教领域中的从属地位逐渐形成。格尔达·勒纳对女神与男神权力变化的研究结果表明：①神话产生之初，女神与男神共存，共同发挥作用，尽管女神的影响力大于男神，但女神与男神的地位是平等的；②随着时间的推移，女神的地位下降，最终被置于神话中的次要位置。格尔达·勒纳以古代各地区的母亲女神为代表，探讨了女神曾位于万神殿之首的地位：

> 在埃及神话中，原始海洋女神（Nun）生育了创造宇宙其他事物的太阳神（Atum）。苏美尔女神（Nammu）创造了男性天空之神安（An）和大地女神祺（Ki）。在巴比伦的神话中，最初的女海神底玛（Tiamat）和她的配偶生育了众多的男神与女神。在希腊的神话中，大地女神盖亚（Gaia）生育了天空之神乌拉诺斯（Uranos），同时创造了人类。在

早期亚述版本的苏美尔神话中，智慧女神玛米（Mami）使人类走出了氏族时代。①

此时，“我们应该注意到，祷告者将女神视为万能的。人们赞美女性及其神秘的生育能力”②。格尔达·勒纳强调母亲女神的作用时，要求研究者注意男神也经常被囊括于创造性活动之中。她对早期苏美尔万神殿中神的关系的描述——天空之神安和大地女神祺共同管理其他神——表明了两性神的合作关系。对两性神关系的阐述，反映出格尔达·勒纳在研究中一贯持有的人类社会初期两性之间权力是平等的观念——即使女性的社会权力高于男性，两者也是平等的。

起初，“人们称颂女神为战争的支配者，比男神和国王的权力更大”③。后来，男神的权力越来越大、地位越来越高，正如格尔达·勒纳所说：

农耕、军事的发展，给亲属关系和性别关系带来了重大的变化，健全的王权制度和古代城邦制度的发展也对宗教信仰和象征的变化起到了重要作用。母亲女神形象受到贬损，男神地位提高。在产生这种变化的地方，创造和生育的权力则从女神手中转移到男神手中。后来，母亲女神的地位就被万神殿中的男神取代。④

格尔达·勒纳在《父权制的缔造》与《女性主义意识的缔造：从中世纪到 1870 年》中，列举了众多贵族女性成为祭司的故事。例如，阿卡德国王萨尔贡统治时期，他的女儿恩赫德安纳（Enkheduanna）成为阿卡德最重要的神庙——月神庙的最高祭司。据文献记载，公元前 2280 年至前 1800 年，王室出现了 13 位掌管神庙的女祭司。⑤两性分别担任神庙祭司的情况也时有发生，如拉伽什（Lagash）王权时代的初期，卢加尔安达（Lugalanda）声称自己是宁吉尔苏神庙的管理者，他的妻子巴拉娜姆特拉（Baranamtarra）则是巴乌女神庙的首席祭司。对于最初祭司的地位，格尔达·勒纳认为，总体来说，“当人们遭受痛苦时，男性与女性向神祷告时，必定会想到女祭

---

① Gerda Lerner，*The Creation of Patriarchy*，p. 149.

② Gerda Lerner，*The Creation of Patriarchy*，p. 148.

③ Gerda Lerner，*The Creation of Patriarchy*，p. 143.

④ Gerda Lerner，*The Creation of Patriarchy*，p. 145，p. 152.

⑤ Gerda Lerner，*The Creation of Patriarchy*，p. 67.

司，正如人们会想到男祭司一样"①。格尔达·勒纳认为，古代文明初期，女祭司与男祭司相比，权柄可能更大，但两性祭司基本是相互独立的，并不存在从属的关系。公元前3000年，在哈蒂文化中，王室实行的仍是兄弟姐妹间的联姻制度，由两性共同执掌最高宗教权力。

当女神在万神殿中的地位逐渐下降时，女祭司的权柄也随之缩小。至公元前2000年左右，哈图西里斯一世（Hattusilis Ⅰ）废除了王后作为祭司的权力，并且宣布自己为首席祭司。在赫梯新王国时期，图特哈里亚二世（Tuthaliya Ⅱ）与自己的姐姐发生争执，并指控她使用巫术。②这些地区较早地出现了男祭司的权力超过女祭司，并控制了女祭司的现象。格尔达·勒纳曾概括说，公元前2000年前后，精英阶层中偶尔会包括女祭司；到公元前6世纪左右，则几乎全部是男性了。③至此，女性在宗教中的权力已彻底消失，女性成为男性的从属者。

女性在宗教中的话语权完全被剥夺之后，一些人为维护女性的尊严、提高女性的地位，对《圣经》进行了批判，但在父权制占绝对主导的国家，这些人的努力显然收效甚微，并没有被社会认可。《创世纪》中，夏娃诱惑亚当偷食禁果导致了人类社会的普遍罪恶，父权制社会将这种罪恶归咎于夏娃，将女性置于万恶之首。千百年来，这种思想无时无刻不印在教徒的头脑中。当女性主义意识得到发展时，女性选择对《圣经》进行重新解读，为夏娃及所有女性进行辩护。也许因为女性对《圣经》的批判更多的是个人行为，没有形成系统或规模，所以格尔达·勒纳仅挑选了11—19世纪具有代表性的女性批判思想进行分析。她们将女性同男性的生理差异进行比较后，普遍认为女性在本质上是弱于男性的，因此夏娃对诱惑的抵抗力较弱，而亚当作为男性的代表具有较强的抵抗诱惑的能力，由此当两者犯有相同的罪行时，亚当的罪恶要远远大于夏娃。对《圣经》批判的女性主义者们还认为，人类的堕落应更多地归罪于亚当而不是夏娃，她们试图改变女性在宗教及社会中负面的形象。格尔达·勒纳对此问题的论述广泛引用了多个地区、多个时间段的历史证据，用以表明类似思想产生的广泛性。

第一个以女性为中心对《创世纪》进行重新解释的人是德意志宾根的修女、诗人及作曲家希尔德加德（Hildegard of Bingen，1098—1179）。她认为，男性与女性是结合在一起的，所以两者是相互合作的。男性是土做

---

① Gerda Lerner，*The Creation of Patriarchy*，p. 143.

② Gerda Lerner，*The Creation of Patriarchy*，pp. 154-155.

③ Gerda Lerner，*The Creation of Feminist Consciousness: From the Middle Ages to Eighteen-seventy*，p. 5.

的，因此比较强壮；女性则是肉做的，所以是弱者。因为女性在身体方面比男性弱，在性格方面比男性懦弱，所以女性首先堕落是很自然的事。希氏认为这是一件好事，假如亚当先堕落了，罪责应当更重，救赎则根本没有实现的机会。在重新讲述堕落的故事时，她已不再责备夏娃和所有女性了。

法国的皮桑认为，如果亚当因其被创造的较早而被认为是高贵的，那么夏娃会超越他，因为夏娃是在亚当的材料基础上被创造的。①她还认为，男性从圣母玛利亚处获得的好处要多于夏娃留下的罪恶，玛利亚的善弥补了夏娃的恶。同时她还指出，男性与女性都应该为这次犯罪而感到高兴，因为正是通过这次犯罪，两性才开始知道廉耻、道德。

意大利女作家伊索塔·诺噶罗拉（Isotta Nogarola，1418—1466）认为，缺乏理性和坚贞的地方，存在较少的罪恶。夏娃缺乏理性和坚贞，因此她的罪较轻。狡猾的蛇知道夏娃的弱点，诱惑她犯罪。而亚当很坚贞，不容易受骗，却也犯了与夏娃同样的罪。因此，当犯有相同的罪时，亚当的罪恶定重于夏娃，因为他更无视上帝的命令。同时，她提出了寻求善恶的知识是无罪的观点。

英格兰最早的女性小册子编写者是 16 世纪晚期的简·安格（Jane Anger），她对《创世纪》中的故事也进行了解释，并赋予了它新的注解：上帝在创造男性和女性时，起初是用脏土来创造男性的，直到上帝认为自己的手艺已近纯熟，才将土换成了肉。因为男性没有伴儿，所以上帝用男性的血制造了女性，女性比男性更纯净，这表明女性比男性更优越。简·安格的女性优越论还表现为，人类堕落的结果产生了创造的行为——即夏娃在堕落后被赋予了生育的神恩。16 世纪末 17 世纪初，英格兰的雷切尔·斯佩特（Rachel Speght）认为，夏娃生于亚当心脏附近，因此，亚当与夏娃是平等的。

萨拉·格里姆克（Sarah Grimké，1792—1873）是她那个时代最激进的美国女性主义者之一。她对《创世纪》和堕落的认识是：上帝平等地创造了两性，堕落表现出来的是亚当和夏娃平等的罪。萨拉·格里姆克对上帝诅咒夏娃——你使你的丈夫变得颓废，他将会（will）统治你——的语言解释更具创新性。她认为，希伯来语像法语一样，使用了同一个词来表达 shall（具有虚拟的意思）和 will（有意识地做某事），而翻译者将 shall

① Gerda Lerner, *The Creation of Feminist Consciousness: From the Middle Ages to Eighteen-seventy*, p. 144.

翻译成了 will，因此变成了夏娃要服从亚当统治的一种预言。[①]

综观以上女性《圣经》解读者的观点，格尔达·勒纳认为，她们仍旧坚持女性是弱者，她们仍被桎梏于父权制的权力观念体系之中；她们没有做出布道或者教育等的特殊申述，而只是挪用了《圣经》的内容为她们的个人目的服务。尽管如此，格尔达·勒纳承认女性对《圣经》的批判在某种程度上提高了女性的地位，直接引导了女性主义世界观的形成。[②]除了阐述女性对夏娃的维护外，格尔达·勒纳还梳理了宗教人士提高圣母玛利亚地位的观念。

公元 1 世纪，使徒保罗称玛利亚是“第二个夏娃”，这带有贬低的挑战意味。公元 202 年，依勒内（Iraneus）继承了这一观点。当发展到宾根的希尔德加德时，她将玛利亚、智慧女神及教会权力融合起来，塑造了一个强有力的女神的代表，复兴了母亲女神的形象。在 12—13 世纪的文本与艺术著作中，欧洲重新出现了对母亲女神的崇拜。[③]经过时间的洗礼，玛利亚的地位发生了变化，她成为人类与基督的斡旋者、仁慈的母亲——神或者半神的形象。格尔达·勒纳赞同现代学者们的观点，认为玛利亚的新角色并不是女性所渴望的，因为处女受孕显然不适用于普通女性。[④]显然，在女性维护夏娃与提高玛利亚的地位的进程中，格尔达·勒纳并没有看到女性权利地位的实质性提高，女性在漫长的父权制社会中始终没有话语权。

三、女性在法律中“失语”

随着社会生产力的不断发展、集体观念的产生、宗教与道德的融合与分化，当人类进入文明时代，“人们为了自己的将来而牺牲自己的目前，为保护自身而服从组织内部共同的约定俗成；当习惯、习俗和共同约定到一定数量和达到一定境界之后，随着文字的发现和传播逐渐固定下来，于是法典就从中产生了”[⑤]。法典里出现的主要内容，不仅可以表明某一现象曾频繁出现，而且表示这种现象已经对社会产生了重要的影响。不仅如此，

① Gerda Lerner，*The Creation of Feminist Consciousness: From the Middle Ages to Eighteen-seventy*，pp. 161-162.

② Gerda Lerner，*The Creation of Feminist Consciousness: From the Middle Ages to Eighteen-seventy*，pp. 139，152，163.

③ Gerda Lerner，*The Creation of Feminist Consciousness: From the Middle Ages to Eighteen-seventy*，p. 123.

④ Gerda Lerner，*The Creation of Feminist Consciousness: From the Middle Ages to Eighteen-seventy*，p. 128.

⑤ 封丽霞：《法典编纂论——一个比较法的视角》，北京：清华大学出版社，2002 年，第 27 页。

在格尔达·勒纳眼中，法典还在不同方面反映出了阶级权利关系和性别权利关系，因此对不同法典进行比较研究，可以考察阶级、社会性别关系的变化。①由此，格尔达·勒纳运用比较研究的分析方法，对美索不达米亚文明流传下来的法典——《汉谟拉比法典》《中期亚述法典》《赫梯法典》《犹太法典》进行了多方面的性别研究。这四部法典的内容表明，早在古代美索不达米亚文明的法律体系中,两性之间的多种复杂关系就已被广泛、明确、公开地提到法律层面。毋庸置疑，其中女性俨然在法律中被普遍歧视，这为格尔达·勒纳研究父权制形成中女性劣势地位的强化提供了重要证据，也为女性在父权制社会没有话语权提供了可靠证据。

第一，女性与男性债务奴隶的鲜明差异。《犹太法典》规定，服务期满六年的男性债务奴隶可以获得人身自由,但是他的妻子和孩子必须留下。如果他选择和家人在一起，那么他将永远是奴隶。女性债务奴隶没有获得自由的权利，但她可以被赎回去或嫁给主人。女性债务奴隶在奴役期内实则是主人的姬妾。女性与男性虽然同样是债务奴隶，但女性没有与男性一样的权利，即通过劳动重获自由。女性债务奴隶在法典中毫无尊严，没有任何话语权。对这条契约法的规定，格尔达·勒纳有如下说法：

> 契约法提供了女性奴隶普遍是姬妾，以及男性奴隶与女性奴隶的地位具有鲜明差异的证据。在犹太奴隶制中，男性可以在受奴役的第七年重新获得自由。而女性债务奴隶，一方面依靠成为姬妾或正式的婚姻向上发展，另一方面则向下发展成为妓女。她们的命运是由她们的性服务决定的。我们面临这样的原则：男性的阶级地位是由他们的经济地位决定的，而女性的阶级地位是由她们与男性的性关系决定的。这成为几千年来一直有效的原则。②

可见，在古代美索不达米亚文明中，两性在法律中的不平等地位是显而易见的。尽管女性债务奴隶可以通过婚姻改变自己的奴隶地位，但在婚姻中她们没有丝毫的主动权，只能服从男性主人的命令。在历史文献不足的社会里，法典为研究者们提供了一种确凿的历史证据，明示了女性在社会中毫无话语权。

第二，儿子虐待父亲和母亲后受到的惩罚不同。在《汉谟拉比法典》

---

① Gerda Lerner，*The Creation of Patriarchy*，pp. 103-104.

② Gerda Lerner，*The Creation of Patriarchy*，pp. 105-106.

中（第192—193条），儿子殴打父亲的暴行被认为是严重的犯罪行为，将受到砍手的刑罚；养子如果抛弃养父，将受到割舌的刑罚。在此，格尔达·勒纳思考了儿子冒犯父亲的罪行，或者儿子对父母的逆行。她认为：

> 值得注意的是，《汉谟拉比法典》主要关注的是儿子对父亲的反叛，只有在《犹太法典》中，犯罪的内容才包括父母双方。女儿的反叛行为在这些法典中并没有被提及，可能是因为如果她们对父母不敬，很容易就会被嫁掉或者卖掉。[1]

事实上，这表明了法律对女性的歧视，暗示了女性没有承担责任的能力。对一个家庭而言，女儿的主要价值在于她们具有成为新娘的潜能。[2]法律将女性同男性预设在不同的平面上，将女性排斥于社会担当之外，使女性在法律上依附于男性，处于从属地位。

第三，女性没有婚姻的决定权。在美索不达米亚社会，多数婚姻都是一夫多妻制的。无论是结婚还是离婚，女性几乎没有选择权，结婚只是男性家长之间协商的结果。而离婚对丈夫而言很容易，如《汉谟拉比法典》中的第148—149条、第163—164条表明，丈夫只需要公开声明自己想离婚即可[3]。女性如果希望离婚，则需要有充分的理由，如《汉谟拉比法典》的第142条要求离婚的女性必须保持贞洁并且没有过错，同时她要提供证据表明丈夫轻视她，或在外面挥霍等。在美索不达米亚文明中，女性的活动范围受到父权制社会的严格控制，女性根本无法自由外出，无法向相关人士提供丈夫虐待或歧视自己的证据。搜集证据对女性而言是异常困难的。无法自由行动，搜集丈夫不忠于家庭、挥霍家庭财产的证据也是不现实的。因此，格尔达·勒纳称离婚的标准在法典中是性别的双重标准，女性被法律禁锢在狭小的空间内，几乎少有与外界联系的，在婚姻问题上始终处于劣势地位，《汉谟拉比法典》中没有任何有利于女性的法条存在。

第四，在法典中，被强奸的女性不是强奸案的受害者。这些法典中所有与强奸有关的法律都有同一个原则——受害者是被强奸者的丈夫或者父亲，而不是被强奸者。[4]如果在结婚前，公公强奸了未来的儿媳，他则被罚与该女子完婚；如果在结婚后，公公强奸了儿媳，两人则被视为通奸，

---

① Gerda Lerner，*The Creation of Patriarchy*，p. 106.

② Gerda Lerner，*The Creation of Patriarchy*，p. 106.

③ Gerda Lerner，*The Creation of Patriarchy*，p. 115.

④ Gerda Lerner，*The Creation of Patriarchy*，p. 116.

会一同被处死（第 155—156 条）。《中期亚述法典》规定，如果一个已婚男性在未婚女性的家里将其强奸，那么未婚女性的父亲可以在任何时间、地点占有强奸者的妻子并诋毁她，不将她归还给她丈夫，当然他也可以将女儿许配给强奸者。强奸者如果未婚，必须付给女子的父亲一定数量的聘礼，与该女子结婚，并且永远不能离婚；但女子的父亲如果不同意两人结婚，就可以接受赔偿，并将女儿许配给他自己中意的人（第 55 条）。《中期亚述法典》强调，如果强奸犯发誓女孩曾诱惑他，那么他的妻子将会被饶恕；他只需付给女孩的父亲一笔罚金，女孩的父亲可以随意处置自己的女儿（第 56 条）。这些法律条文中凸显出女性是父亲、丈夫的附属财产，完全没有人理会受害者的处境与意愿，他们在乎的只是男性的权益和感受而已。

格尔达 · 勒纳认为："似乎不可能有强奸犯认罪，除非他想借机同妻子分开。"[①]在此，格尔达 · 勒纳也表明，被强奸者的父亲或丈夫是受害者的观念对女性的生活产生了极大的罪恶：强奸案中的女性同强奸者可能会缔结一生的婚姻，强奸者完全无辜的妻子可能会变成妓女，法律赋予了男性统治女性的绝对权力。

第五，部分女性被迫戴面纱。《中期亚述法典》第 40 条是关于女性是否要戴面纱问题的一条典型法则。它规定，贵族女性外出时必须戴面纱；与女主人同行的姬妾必须将自己遮盖；已婚庙妓出行必须戴面纱；妓女、女奴不准戴面纱。对违法女性的惩罚是公开的——在街道里，违法的女性将被抽打、衣服被剥光，并沿街游行。因此，将女性划分为"受尊敬的女性"或"不受尊敬的女性"已经成为当时国家的公共事务。强迫等级地位高的女性戴面纱，是因为她们是高等级的男子的妻子、妾或者女儿，她们是男性的财产，不允许他人觊觎。强迫低等级女性不戴面纱，一方面是为了表示对她们的歧视，另一方面是为了让更多贵族了解女奴的情况，方便贵族对女奴的买卖。戴面纱与否不是由女性自己决定的，女性只有接受法典指挥的义务和接受惩罚的责任。自《中期亚述法典》以来，人们已经明确将女性人为地划分为受男性保护的"受尊敬的女性"和不受男性保护或靠出卖劳动力为生的"不受尊敬的女性"。历史表明，这种划分妨害了女性之间跨阶级联盟的形成，并且阻碍了女性主义意识的形成。[②]

第六，在法典中，女性流产的受害者是男性。《中期亚述法典》规定，

---

① Gerda Lerner，*The Creation of Patriarchy*，p. 117.

② Gerda Lerner，*The Creation of Patriarchy*，pp. 136，139.

导致已婚女性流产的男性的妻子应有同样下场；男性如果将孕妇打死，将会被处死（第 50 条）。此外，《汉谟拉比法典》中规定，不但攻击者要被处死，他的女儿也要被处死（第 209—214 条）。《赫梯法典》规定男性引起女性流产需根据胎龄制定罚金的数目。《犹太法典》结合了《汉谟拉比法典》的内容，规定引起女性流产的男性，“根据女性丈夫的要求制定罚金的数目，具体数目则由法官做出最后的决定”。无论受害者是“受尊敬的女性”还是“不受尊敬的女性”，这些法律规定都是适用的。另外，在特殊情况下，惩罚也有所不同。如果受害者的丈夫没有儿子，攻击者将会被处死；如果孕妇所怀的是女儿，但孕妇死了，根据规定攻击者仍然要被处死。[①]因为，这些罪犯剥夺了父亲拥有儿子的权力；如果妻子死了，他则失去了生育儿子的机会。[②]

格尔达·勒纳考察并强调了《汉谟拉比法典》中男性与女性的不平等现象，但是她没有进一步思考法典中女性之间的差异及差异问题的根源。在法典中，受男性保护的女性与不受男性保护的女性之间的差异根源于男性，在不同阶级中表现为阶级差异，在同一阶级中则表现为阶层差异。格尔达·勒纳在此研究中并没有关注到女性阶层和阶级的差异并非由女性自身差异造成的，而是由她们被限定在与男性无法分离的状态之中造成的。

综上所述，通过对格尔达·勒纳著述的梳理与考察，从经济、宗教和法律三个方面对女性在父权制社会发展过程中如何成为无话语权的群体进行了分析，阐述了格尔达·勒纳历史理论中女性在人类历史发展过程中权利普遍失守的历史根源。其中充分体现了在格尔达·勒纳的历史观中，女性从属地位是社会、历史、文化形成的，而并非由两性生理差异因素造成的。目前，格尔达·勒纳对父权制缔造过程的论述、对女性从属地位形成的结构主义构建，已被女性主义理论家和女性史研究者广泛接受。格尔达·勒纳所挖掘与引用的资料，也被研究者广泛使用。但值得注意的是，研究者仍需进一步思考格尔达·勒纳研究中母系社会两性之间、男神与女神之间的权力关系是否真正平等，从而进一步考察女性的生育功能是否是优于男性的权利，女性之间差异的根源是否来自所附属的男性权利等相关问题。

格尔达·勒纳对宗教神话中男神与女神关系的研究是她思考两性关系由平等到不平等变化的重点内容之一。显然，她选取资料的出发点在于男神与女神最初是平等的而并非女神的地位高于男神，这与她对原始社会两

---

① Gerda Lerner, *The Creation of Patriarchy*, p. 119.

② Gerda Lerner, *The Creation of Patriarchy*, pp.119-120.

性关系最初是平等的论断保持一致。但格尔达·勒纳的论断在此不具有合理性。正如恩格斯在《布鲁诺·鲍威尔和原始基督教》中所说："自发的宗教，如黑人对物神的膜拜或雅利安人共有的原始宗教，在它产生的时候，并没有欺骗的成分，但在以后的发展中，僧侣的欺诈很快就成为不可避免的了。"[①]可见，原始社会宗教神话中表现出来的男神与女神的关系是现实生活中两性关系的真实反映。格尔达·勒纳在研究中只承认原始社会初期女性的权力大于男性、宗教神话中女神的权力大于男性，却否认女性地位高于男性、女神地位高于男神。两性之间权利的差异容易导致地位的不平等，因此格尔达·勒纳对两性在母系社会阶段地位平等的论断仍待进一步思考。格尔达·勒纳对这两方面不平等问题的回避，在某种程度上是希望将两性关系的起点定位于两性的平等，以便为其寻求历史中两性历史发展的终极平等铺平道路。

第二节　女性"失语"状态的持续

父权制建立以来，女性逐渐丧失了各种权利，成为真正的"失语"者，这种状态在父权制社会一直持续着。格尔达·勒纳确信，女性史是使女性获得自由的关键，因此父权制剥夺女性受教育的权利进而令女性不了解自己的历史是女性持续处于"失语"状态的根源之一。这种非物质主义的主张，将女性经济从属地位和女性对男性的经济依赖程度降到最低。[②]虽然在历史上，最早可以追溯到 15 世纪初就有许多女性希冀通过自己的努力为女性赢得尊严或寻求获得一定的权利，但在 20 世纪之前，女性的这些努力并没有起到根本性变革的作用。1405 年，法国女作家克里斯蒂娜·德·皮桑凭借渊博的学识和深邃的洞察力写作了一部具有女性主义意识的著作——《女性之城》(*Le Livre de la Cité des Dames*)。她向人们首次展示了众多勇敢女性的历史经历。对皮桑遗志的继承成为格尔达·勒纳《女性主义意识的缔造：从中世纪到 1870 年》一书的主题。[③]书中，格尔达·勒纳找到了人类最初反抗父权制的女性主义意识，并将女性主义意识的发展写到了 1870 年。通过对 1300 多年来女性主义意识发

---

① 中共中央马克思恩格斯列宁斯大林著作编译局：《恩格斯论宗教》，北京：人民出版社，2001 年，第 1 页。

② Linda Gordon，Gerda Lerner: Leftist and Feminist，p. 36.

③ Mary McLaughlin，In Search of a Usable Past，*The Women's Review of Books*，Vol. 11，No. 1，1993，pp. 19-20.

展的研究，格尔达·勒纳将女性主义意识概括为五个方面：①女性意识到她们属于一个从属团体，作为从属团体中的一员，她们遭受虐待；②承认女性的从属状态不是自然形成的，而是社会造成的；③姐妹意识的发展；④女性主动制定改变现状的目标与策略；⑤具有发展变化的观念。[①]

在格尔达·勒纳的影响下，女性主义者朱迪斯·本内特将女性主义意识的发展划分为如下两个阶段：

> 第一个阶段，从 6 世纪到 17 世纪前后，少数女性意识到自己有独立思考的权利。其中，一些女性认为自己的思想因受神或神秘主义的启发而获得了权利，有一些女性则声称这种权利来自母性的权威，还有一些女性则认为自己的写作权利来源于天赋。尽管这些具有女性主义意识的女性开启了女性主义意识的写作之门，但结果常常是，她们的思想因无法被很好地保存而无法被流传下来，导致一代又一代女性创作者消失在历史中。第二阶段，大约开始于 17 世纪，女性逐渐形成了一个令人鼓舞的作家和读者群体，赢得了接受高等教育的机会，开创了一些不受束缚的思考和写作领域，获得了较为全面的女性史知识。[②]

尽管朱迪斯乐观地将具有女性主义意识的女性群体发生作用的时间提前至 17 世纪左右，但据格尔达·勒纳所言，1870 年以前，虽然女性主义意识不断发展，但并没有本质性、系统性、变革性的女性权利意识呈现在世人面前，故至此，女性“失语”状态没有发生根本性变革。鉴于此，下文在女性话语权丧失的基础上，从女性从属心理根深蒂固、女性的教育劣势、女性集体记忆的缺失这三个方面对格尔达·勒纳的学术成果进行梳理与归纳，进一步寻求女性长期处于“失语”状态的自身原因。

---

① Gerda Lerner, *The Creation of Feminist Consciousness: From the Middle Ages to Eighteen-seventy*, p.274. 这种定义的方式受到了批判，“这种女性主义者的意识的定义不可避免地包含有现代的世俗权力和能力的观念”。Berenice A. Carroll, *Liberating Women's History: Theoretical and Critical Essays*, Urbana: University of Illinois Press, 1976, p. 30.

② Judith M. Bennett, Review: *The Creation of Feminist Consciousness: From the Middle Ages to Eighteen-seventy by Gerda Lerner*, p.1194. 卡罗尔则将格尔达·勒纳女性主义意识的五方面内容归纳为格尔达·勒纳女性主义意识发展的四个阶段：①女性意识到女性是一个从属的群体且作为这个群体中的成员，她们受到虐待；②认识到她们的从属地位不是天生的，而是社会决定的；③姐妹情谊意识的发展；④清楚地说明改变她们这种状况的详细目标和步骤。Berenice A. Carroll, *Liberating Women's History*, pp. 23-24.

一、女性从属心理根深蒂固

女性从属于男性，不但在时间上要早于奴隶制的出现，而且使奴隶制的产生成为可能。[①]因此，女性是受压迫时间最长的群体。也就是说，在历史中，作为整体，女性话语权被剥夺的时间最长。对女性劣势地位的长期存在，格尔达·勒纳曾坦言："几千年来，女性参与到她们自己的从属过程中来，因为她们已经在心理上形成了接受自己处于劣势地位的思想。女性对自身斗争与成就的历史的无意识已经成为保持她们从属地位的主要工具。"[②]女性长期生活在"失语"的经济、宗教、政治和社会文化之中，没有榜样精神的鼓舞，绝大多数女性对自己所处的从属地位和无话语权的窘状都毫无反抗意识。

格尔达·勒纳认为，在原始社会中，两性在生理性别差异的基础上形成了最初的社会劳动分工，而在历史、父权制文化的作用下，这种分工被人为地长期固定下来，女性最终认同了这种分工，也由此导致了女性在经济中长期处于无话语权的状态。在古代社会中，女性在月经、怀孕、分娩和哺乳期内劳动能力减弱，此时往往需要其他人（成熟男性居多）为其提供食物和安全保护，因此女性在某种程度上依附于他人，丧失了话语权。正如霍布斯所说："作为一个自然的生物，人的自然本性首先是求自保、生存。"[③]由于女性处于这种劣势的状况中，"家务劳动，由于可以和母性事务协调一致"[④]，成为她们首选的工作。这些工作将女性禁锢于家庭的重复性劳动之中，她们日复一日地重复这种缺乏创造性的工作，进而在经济和心理方面愿意成为男性的从属者。对此，格尔达·勒纳的观点很明确，在最早的劳动性别分工中，女性选择了适合自己母亲职责的功能性的工作，因此男性与女性同样都接受了。[⑤]在父权制社会的其他领域，在实践中，男性不断强化对女性的控制，而女性不断接受被控制。久而久之，女性对自身无话语权状态的接受形成了心理上的持久认同。

格尔达·勒纳认为，结婚、成为母亲后，女性可能更容易被控制。成为母亲后，她们将会忠诚于她们的孩子和孩子的父亲，与所在群体形

---

① Gerda Lerner, *The Creation of Patriarchy*, p. 77.

② Gerda Lerner, *The Creation of Patriarchy*, p. 218.

③〔英〕霍布斯：《利维坦》出版说明，黎思复、黎廷弼译，北京：商务印书馆，2009年，第5页。

④〔法〕西蒙娜·德·波伏娃：《第二性》，陶铁柱译，北京：中国书籍出版社，1998年，第71页。

⑤ Gerda Lerner, *The Creation of Patriarchy*, p. 42.

成强烈的内在联系。为了更清楚地阐述女性在心理上对男性亲属的牢固依附，格尔达·勒纳将女性对男性统治的认同与奴隶对奴隶主的反抗进行了比较：

> 事实上，在奴隶家庭中，父母为保护孩子而反抗主人，是奴隶反抗奴隶主统治最重要的原因之一。然而，“自由”女性较早地知道，她们不应该反抗她们的统治者，否则亲属将会把她们赶走。在传统的农业社会，有很多女性参与对破坏家庭“荣誉”的女孩的惩罚、折磨甚至致死之中。①

在史前时代，女性曾参与维系口述传统、宗教发展的工作。2018年2月，在瑞士举行的世界经济论坛（World Economic Forum）大会上，贾斯廷·特鲁多（Justin Trudeau）表示，给予女性在工作场所的平等是“正确的事情”。新石器时代的法国和西班牙洞穴壁画表明，女性在生活和劳动中就已经得到了高度的尊重。洞穴墙壁上印着的手印表明，女性可能是第一批表达自己生活故事的艺术家。然而，千年后，女性的教育劣势和宗教权利的消失极大地限制了她们的发展。格尔达·勒纳注意到，之前赋予女神的力量现在赋予了男神，女神在宗教神话中的地位逐渐被男神取代。西方人普遍相信，怂恿亚当吃禁果的夏娃成为人类罪恶的源头，她的罪恶则成为宗教研究者争论不休的论题。格尔达·勒纳认为，在不断地演绎与解释的过程中，女性是历史和文明的边缘者的神话深深地作用于女性和男性的心理。同时，一代又一代女性将这种神话传给后代，进一步强化了女性从属于男性的心理认同。②

格尔达·勒纳指出，女性之所以对男性统治秩序认同，原因之一在于女性群体缺乏独立与自主的传统。③几千年来，流传下来的各种资料为女性提供了较多的负面信息，如罪恶的夏娃、引起战争的海伦、邪恶的潘多拉、有着怪异力量的女巫们等，却没有为女性留下具有重要影响力的女性行为、女英雄或者女性曾与男性平等等方面的信息。传统经验“似乎表明从未有过不受男性保护的女性”④。“她们被告知女性没有历史，女性相信了。因为女性没有历史，所以女性也没有可选择的未来。”因此，

---

① Gerda Lerner，*The Creation of Patriarchy*，p.219.

② Gerda Lerner，*The Creation of Patriarchy*，p. 221，p. 222，p. 234.

③ Gerda Lerner，*The Creation of Patriarchy*，p. 219.

④ Gerda Lerner，*The Creation of Patriarchy*，p. 222.

大多数女性对父权制统治的合理性与合法性深信不疑，“最终形成了男性对大多数女性的控制”。[①]

在父权制思想强大的社会中，少数才华横溢的女性分散在偌大的历史时空里，尽管她们努力寻求与男性平等的权利，甚至用一生或者生命来探路，但是这些先驱微弱的女性主义意识的星星之火从 6 世纪到 1870 年前后仍然没能形成燎原之势。客观地说，格尔达·勒纳认为，女性从属地位得以长期存在，女性自身的弱势心理所起的作用是不容忽视的。

格尔达·勒纳指出，女性在寻求平等权利的实践过程中，尤其是在遭遇挫折后，容易选择隐藏或放弃自己的才华，无法保护自己的权利。[②]这也是对父权制权威心理认同的一种表现。在中世纪，西方绝大多数女性的命运都被限定于两种选择之中：一是去教堂做修女；二是成为家庭主妇。[③]而不屈从于这两种生活方式的女性经常受到歧视与攻击，甚至被迫害致死。面对困境，大多数女性都会选择隐藏或放弃自己的才华。譬如，10 世纪时，格兰德谢姆（Gandersheim）的修女赫罗斯维塔（Hrosvitha）就在自己创作的戏剧前言部分明确指出，女性的妄自菲薄和自我限制对女性才智发展的阻碍是致命的[④]。她也提到除了闺蜜外，她几乎不敢将自己的作品展示给别人看，这阻碍了她进一步的写作。她的实践恰恰证明了她的观点。19 世纪《汤姆叔叔的小屋》的作者哈里耶特·比彻·斯托（Harriet Beecher Stowe）也有过类似的经历，为了防止别人看到她写作的手稿，她通常将手稿藏在针线筐内。墨西哥的胡安娜·克鲁斯则是她那个时代杰出女性的代表，她 3 岁会读，6 岁会写，并自学了拉丁语，后来成为著名的宫廷诗人。由于她的诗作饱受争议，1693 年，无奈之下她被迫接受了惩罚，变卖了除三本宗教书籍之外的所有书，并在公共场所做了忏悔，乞求获得所在地修女们的谅解。1694 年，她用自己的血签署宗教契约，宣布放弃所有的抱负，放弃写作。此外，格尔达·勒纳还指出，在 20 世纪前，对女性而言，决定从事展示才智的事业通常意味着放弃婚姻[⑤]，因为男性不愿意娶艺术家

---

① Gerda Lerner, *The Creation of Patriarchy*, p. 219.

② Gerda Lerner, *The Creation of Feminist Consciousness: From the Middle Ages to Eighteen-seventy*, p. 51.

③ Gerda Lerner, *The Creation of Feminist Consciousness: From the Middle Ages to Eighteen-seventy*, p. 87.

④ Gerda Lerner, *The Creation of Feminist Consciousness: From the Middle Ages to Eighteen-seventy*, p. 280.

⑤ Gerda Lerner, *The Creation of Feminist Consciousness: From the Middle Ages to Eighteen-seventy*, p. 15.

而只愿意娶家庭主妇[①]。

格尔达·勒纳所列举的例证表明，历史上存在过很多才华横溢的女性，她们本可以为自己争取同男性一样的名誉与权利，但她们的女性从属于男性这种心理根深蒂固，这使她们放弃了争取平等权利的机会。正如卢梭对奴隶评价时所说的那样，“奴隶们在枷锁之下丧失了一切，甚至丧失了摆脱枷锁的愿望”[②]，这严重阻碍了女性主义意识的发展。一些激进的女性用自身的经历证明了女性争取话语权的失败，这些失败的经历令她们失去了继续斗争的勇气。其他女性看到这些失败，对自己的“失语”状态则更加深信不疑。在一定程度上，当女性权利者人数没有形成一定的规模，没有形成合作组织时，女性主义意识就无法形成系统。因此，每一次女性权利者受到打击或迫害时，对普通女性来说，无疑会变相加剧她们对自身无权状态的认同。

二、女性的教育劣势

没有证据能够表明两性的生理差异可以引起两性各方面的差异，那么两性之间存在巨大差异的根源究竟是什么？这是一个复杂的、难以厘清的问题。通过对争取女性平等教育权的女性的思想进行研究，格尔达·勒纳进一步将女性长期处于从属地位的原因之一概括为女性长期处于教育劣势之中[③]。她提出了一种最非唯物主义的观点，即剥夺女性的教育和知识是女性处于劣势地位的根源之一。16 世纪末 17 世纪初，发表过多篇散文、多首诗并将维吉尔的诗翻译成法语版的法国女性玛丽·德·古尔奈（Marie de Gournay），在她写作的两篇女性主义论文中，早已提出两性之间一切不平等都源自不平等教育的观点，她倡导两性无条件的教育平等。17 世纪，有人通过论证表明，女性没有获得与男性同样的成就，根源在于女性没有受到良好的教育。女性教育劣势[④]的问题由来已久，早在公元前 2000 年左右，苏美尔地区的女性，除少数贵族外，就已经被排除在新发明的读、写

① Gerda Lerner，*The Female Experience: An American Documentary*，Indianapolis: Bobbs-Merrill Educational Pub.，1977，p. 72.

② 〔法〕卢梭：《社会契约论》，何兆武译，北京：商务印书馆，2003 年，第 7 页。

③ Gerda Lerner，*The Creation of Feminist Consciousness: From the Middle Ages to Eighteen-seventy*，p. 249.

④ 格尔达·勒纳研究中提出的女性教育劣势，并非指女性不受教育，而是指受到不适合、不公平、不利于女性发展的教育。

技能的训练之外了。[①]尽管教育对两性来说都是平等的，但从受教育的范围与程度方面比较，女性整体上显而易见的劣势，在不同时代与地区产生的原因在细节处可能各有不同，但主要原因基本上都是教育结构与教育制度的限制。女性的教育劣势加剧了女性在社会中的无权地位，强化了女性在家庭中的从属认同。面对不平等的教育，女性在重新解释《圣经》的同时，也对此进行了反抗。这种反抗既赋予了女性保护自己的能力，也初步形成了女性建立女性自由庇护所的能力。[②]格尔达 · 勒纳对女性追求教育平等的思想的关注，可以归纳为以下几个方面：

第一，女性坚持两性才智水平同等，对传统教育观念进行抨击。在文艺复兴与启蒙时代，随着社会文化运动的不断发展，才华横溢的女性不断涌现。她们结合个人经历，从思维、道德、自然权利、政治权利、宗教权利等方面对女性与男性的不平等进行了探究与批判。皮桑的《女性之城》展现了两种图景：一种是，她与“理性”、“公平”和“正义”三位女性的对话，力图证明女性与男性具有同等智力水平；另一种是，她帮助其中一位女性建立了女性之城，在这里，不仅女性的才智得到了充分的发展，而且构建了一种和谐的生活方式。皮桑以自学的经验同男性的教育经验进行比较，坚定了女性同男性先天才智平等的判断。她还提供了一系列西方古代有才华女性的名单，其中包括女诗人萨福、发明拉丁字母的尼柯斯特拉塔（Nicostrata）、发明希腊文字和织布技术的米内尔娃（Minerva）等。由此，皮桑得出结论：既不是亚里士多德对人类的才智发展有所裨益，也不是其他哲学家给世界带了恩惠，恰恰是这些女性的发明与创造恩泽了一切。皮桑的这一观念在宗教气息浓郁的时代比在现代更容易被接受。格尔达 · 勒纳在评价皮桑时说：“她选择的论据的有效性并不是我们要研究的关键问题，我所关注的是她强有力地论证了女性同男性具有平等的才智，而且她认识到需要对神话和历史进行重新解释，这是后代女性汲取精神与力量的地方。”[③]

17 世纪，一位自称索菲娅（Sophia）的英国女性出版过一本名为《女性并不比男性劣等》的小册子。她认为，两性的差异在于身体，心灵则无差异。因此，两性实际上并不存在才智上的差异。她认为差异来自教育和

---

① Gerda Lerner, *The Creation of Feminist Consciousness: From the Middle Ages to Eighteen-seventy*, p. 23.

② Gerda Lerner, *The Creation of Feminist Consciousness: From the Middle Ages to Eighteen-seventy*, p. 8, p. 193.

③ Gerda Lerner, *The Creation of Feminist Consciousness: From the Middle Ages to Eighteen-seventy*, p. 94.

实践。她不但指明女性可以从知识中获益，还直接提出了女性同男性应具有平等的学习权利。格尔达·勒纳认为，虽然索菲娅的论断并不是她原创的，但是她突出了 17 世纪女性主义者自信与坚定的基调。[①]

第二，女性缺少受教育的条件。历史上对女性受教育权利问题进行研究的女性，并非孤立地看待女性教育内容被歧视，她们对女性受教育的条件也进行了分析。一个叫路易斯·拉贝（Louise Labé）的法国女诗人提出，教育是一种自我提升的手段，教育需要女性的投资，上层阶级女性比下层阶级女性有更多的休闲时间来接受教育。格尔达·勒纳认为，路易斯的观点避免了直接向社会进行性别权利观念的挑战[②]，这样的观点更容易被男性接受。17 世纪最著名的女学者安娜·玛丽娅·冯·舒尔曼（Anna Maria van Schurman）对女性受教育的条件做了更为细致的说明：其一，必须至少拥有中等的才能；其二，必须可以提供教育费用；其三，必须远离家务。格尔达·勒纳认为，舒尔曼直接限定了受教育的女性是单身的、家庭富裕的。对男性而言，舒尔曼成为天才女性的原型，也成为女性群体智力“低劣”形象的一个例外；对女性而言，她成为一名女英雄，成为被效仿的对象。[③]

第三，女性长期不能进入正式学校学习。至系统教育确立前，欧美国家子女的教育仍主要来源于家庭与教会。它们对男性与女性的教育在内容方面有明显的差异：大体上，男性学习生存的技能及男性占优势的宗教观念；女性学习操持家务及顺从家庭权威的观念等。1609 年，玛丽·伍德在法国建立了女性宗教团体并经营一所女子学校。随后在欧洲不同国家，有 12 个团体效仿玛丽·伍德。17 世纪晚期，在英国，与约翰·洛克（John Locke）讨论过哲学和政治问题的玛丽·阿斯特尔（Mary Astell）提出女性的教育劣势、女性缺乏社会权利等问题。她的严肃提议在当时颇具影响力，她获得了贵族女性的资助，成立了一所女子学校。18 世纪初期，受过良好教育的女性主要在沙龙中公开表达自己的观点，在那里，她们可以同精通写作的男性进行才智的对话，从而形成了女性知识分子的交流网。1819 年，美国的爱玛·威拉德（Emma Willard）向纽约州议会提议，要求其支持女性的高等教育，她试图证明女性可以接受男性所接受的教育。她的提议尽

① Gerda Lerner, *The Creation of Feminist Consciousness: From the Middle Ages to Eighteen-seventy*, p. 209.

② Gerda Lerner, *The Creation of Feminist Consciousness: From the Middle Ages to Eighteen-seventy*, p. 192.

③ Gerda Lerner, *The Creation of Feminist Consciousness: From the Middle Ages to Eighteen-seventy*, p. 196.

管赢得了法律支持，但并没有获得实践的机会。随后，她继续为自己开办的学校寻求资金，并效仿男性大学的管理模式，开设了研讨班，培养了一批著名的女性学者，其中包括伊丽莎白·卡迪·斯坦顿等优秀的女性权利运动领袖。[①]事实上，西方国家从 11 世纪起就逐渐为男性确立了大学教育制度，而女性直到 19 世纪才被允许进入大学学习。

格尔达·勒纳认为，拥有平等的教育机会是女性解放的关键[②]，因此对“女性教育权利被剥夺”问题的研究成为她对女性史研究的前提[③]。尽管格尔达·勒纳对女性教育问题涉猎广泛，但出于研究目的的需要，本书仅列举了其关注较为集中的内容，并以代表人物的思想为主线，加以概括。通过对中世纪至 19 世纪晚期欧美“天才女性”教育权利平等的思想进行研究，格尔达·勒纳证明了历史上确实存在过伟大的女性，证明了在父权制的限制中她们不断地认识到自己的才能[④]，不断地发挥才能为女性争取平等教育的机会并不懈地奋斗。格尔达·勒纳认为，至 19 世纪晚期，尽管女性受教育的权利并没有本质改进，但对这一主题的探讨成了女性主义意识发展的主要表现方式。她认为，未来人类思想的真正大厦将会被构建，它会将男性与女性的观点结合在一起，形成完整的世界观。尽管女性为争取教育平等权利的观念不断发展、进步，但格尔达·勒纳的研究表明，从文明起源至 1870 年左右，女性教育受到歧视的境遇从未发生过质变，社会并没有为女性普遍地提供充分的教育。[⑤]

三、女性集体记忆的缺失

人们普遍认为，从人类社会早期开始，女性在社会中所扮演的角色是非常值得尊重的。但在父权制的形成和发展过程中，我们失去了女性的声音。格尔达·勒纳指出：“女性同男性分享并保存着集体记忆，这些

---

① Gerda Lerner, *The Creation of Feminist Consciousness: From the Middle Ages to Eighteen-seventy*, p. 209, p. 215.

② Gerda Lerner, *The Creation of Feminist Consciousness: From the Middle Ages to Eighteen-seventy*, p.192.

③ Ellen DuBois, Review: *The Creation of Feminist Consciousness: From the Middle Ages to Eighteen-seventy by Gerda Lerner*, *The Journal of American History*, Vol. 80, No. 4, 1994, p. 1422.

④ Londa L. Schiebinger, Review: *The Creation of Feminist Consciousness: From the Middle Ages to Eighteen-seventy by Gerda Lerner*, *Journal of Interdisciplinary History*, Vol. 25, No. 4, 1995, p. 671.

⑤ Gerda Lerner, *The Creation of Feminist Consciousness: From the Middle Ages to Eighteen-seventy*, p. 213, p. 219, p. 280.

记忆形成了文化传统中的历史，为我们提供代与代之间的联系，连接着过去与未来。”[①]但很不幸，女性的集体记忆出现了断裂与“选择性遗忘”。因此，女性成为一个没有历史的群体，不知道自己曾拥有过的权利与地位，没有效仿的榜样，几千年来女性仍旧处于从属地位。以下从女性集体记忆的断裂与女性集体记忆的“选择性遗忘”两方面，对格尔达·勒纳女性集体记忆的缺失的思想进行归纳与分析。

（一）女性集体记忆的断裂

自女性从属于男性以来，女性就一直受到父权制文化的影响与压迫。然而，历史上女性并不是集体沉默的。以上文中格尔达·勒纳提到的女性为例，每个时代都不乏优秀的女性。她们同不平等现象斗争并构建着女性主义意识，但这些女性之间普遍缺乏联系。譬如，随着女性权利的实践与理论的发展，学者们不断地证明女性的劣势地位是社会、历史、文化造成的，却没有意识到早期女性主义者在对《圣经》的批判中就已经提出过这种观点。[②]

针对《圣经》中夏娃是罪恶的观点，希尔德加德指出，夏娃是圣母玛利亚的前身，男性与女性是互补、互助的，女性的身体条件确实比男性差。同希尔德加德一样，诺噶罗拉也接受了夏娃的身体处于劣势的事实。她在著作中明确地对一些女性的论点表示支持，但没有提及希尔德加德。可以断定，她必定没有看过希尔德加德的著作。[③]皮桑认为，女性不是生于男性的头部，因此不应成为男性的主人；女性也不是生于男性的脚趾，因此也不是男性的奴隶。皮桑引用奥古斯丁的思想——女性并不是按照上帝自己的形象创造出来的，而是按照上帝喜好的样子创造的，因此上帝创造的不是肉体，而是心灵——强调，无论两性身体存在何等差异，二者都是平等的。同时，皮桑指出，如果亚当因其被创造的较早而被认为是高贵的，那么夏娃会超越他，因为她是在他的材料基础上被创造的。尽管皮桑的《女性之城》在当今受到颇高的评价，但之前她遭遇到与希尔德加德相同的命运，她的观点并没有被女性继承下来，但好于希尔德加德的是，她的观点和论断曾经被男性使用[④]，并有片段流传至今。19 世纪著名的女性主义者

---

① Gerda Lerner，*The Creation of Patriarchy*，p. 4.

② Gerda Lerner，*The Creation of Feminist Consciousness: From the Middle Ages to Eighteen-seventy*，p. 276.

③ Gerda Lerner，*The Creation of Feminist Consciousness: From the Middle Ages to Eighteen-seventy*，pp. 146-147.

④ Gerda Lerner，*The Creation of Feminist Consciousness: from the Middle Ages to Eighteen- seventy*，p. 261. 格尔达·勒纳列举了两名男性：16 世纪德国的海因西里·科尼利厄斯·阿格里帕（Heinrich Cornelius Agrippa von Nettesheim）和法国的弗兰索瓦·德·比永（Francois de Billon）。

伊丽莎白·卡迪·斯坦顿和同伴们认为，她们所做的事业是独一无二的。她们写就的《女性的圣经》表明其完全没有获得女性前辈的成果——实际上在她们之前的格里姆克姐妹已写作了内容相似的《性别平等书》。[①]

通过对女性的信件、日记、流传下来的著作片段，以及从学术论著中析出的资料等的研究，格尔达·勒纳推断出现代女性主义者对《圣经》的批判同先辈们进行斗争的领域相似，而且使用了相似的论据。因此，格尔达·勒纳明确表示："女性代与代之间思想缺乏连续性，因而缺失集体记忆。有趣的是，在不同国家、不同时代都出现过自立的女性思想家，她们所宣扬的平等和解放的观点具有相似的理性路线。但她们很难以其他女性的研究成果为基础进行深入研究，忽视了女性对《圣经》批判的传统。"[②]格尔达·勒纳借用牛顿的"站在巨人的肩膀上可以看得更远"来隐喻男性对男性集体记忆的继承与女性对女性集体记忆的缺失对各自历史产生的影响。她认为，"男性从其创造的历史与知识的传播中获益，因而男性思想家站在'巨人的肩膀上'，最大效用地借用前人的成果促进思想发展。而女性没有从女性前辈处获得智慧遗产，因而每一代有思想的女性都会浪费时间、精力与才智去阐述先辈们已阐述过的观点"[③]。这正如一位历史学家所说的那样，"在对历史的无性阐述中，历史已将女性的踪迹删除，并且将众多男性的资料提供给女性研究者，这使相关女性记录不存在的问题加剧"[④]。

格尔达·勒纳认为，个人组成了集体，因此记忆创造是一种个人的集体事业。[⑤]关于两性对自身集体记忆的继承产生的差异的本质问题，格尔达·勒纳指出："在教育的作用下，男性促进了理性的进步。然而，与男性不同，即使在（教育）没有被完全阻碍和（才智）没有完全被埋没的情况下，天才女性所创造的个人进步也不能转化为整体性别的进步。"[⑥]女性勇敢地同性别不平等斗争，不幸的是，尽管一些女性获得了成功，但

① Gerda Lerner, *The Creation of Feminist Consciousness: From the Middle Ages to Eighteen-seventy*, pp. 165-166.

② Gerda Lerner, *The Creation of Feminist Consciousness: From the Middle Ages to Eighteen-seventy*, p. 139.

③ Gerda Lerner, *The Creation of Feminist Consciousness: From the Middle Ages to Eighteen-seventy*, p. 166.

④ Michelle Perrot, *Writing Women's History*, p. 12.

⑤ Kathleen Jane Ryan, *Rememoried Knowing: A Feminist Interpretation of the Canon of Memory*, p. 101.

⑥ Gerda Lerner, *The Creation of Feminist Consciousness: From the Middle Ages to Eighteen-seventy*, p. 272. 两性之间教育的差异、女性的教育劣势也是贯穿格尔达·勒纳女性主义史学研究的主线问题。

大多数女性仍被遗忘了。“由于代际的遗忘，女性的这种理性努力是不连续的，就像奥德修斯的妻子那永远织不完的布一样，女性的理性既不断地被编织，又不断地被剪断。”[①]

（二）女性集体记忆的“选择性遗忘”

格尔达·勒纳所强调的集体记忆更多地来自史学边缘群体的、个人的文字或实物的记忆，而非一般意义上的“女性史领域中，记忆是一个中心问题”[②]中的心理学的记忆。对于集体记忆的缺失，在格尔达·勒纳的思想中，一方面她或明或暗地阐释男性史学家对以女性为代表的一些群体的漠视；另一方面她着重展示出这些史学边缘群体对自身集体记忆的“选择性遗忘”[③]。她坚定地认为，拒绝女性进入历史是女性受压迫的根源之一。对她而言，历史知识就是力量。[④]

“通常，人们将记忆限定为一种静止的存贮，将记忆比喻为计算机的记忆功能或者一种研究资源，而不是为了创造和调整感知进行特殊定位而采用的特殊方式。”[⑤]与此相反，格尔达·勒纳认为，集体记忆是人们对往事的保存与解释，它随着时间与空间的发展而变化，人们又根据新问题对往事进行重新解释，这一过程即“创造历史”，它是一种社会需要。“因为人们可以‘忘记’某些内容，选择性地记忆某些内容，因此集体记忆与记忆的选择有关。”[⑥]人作为有判断力、有好恶、经历有限的记录者与诠释者，个体记忆的内容会是不完整的，因而这种遗忘具有主观性。

在人们的头脑中，“非暴力抵抗”观念“一般都是与马丁·路德·金、甘地及亨利·戴维·梭罗的名字联系在一起的。梭罗在《平民的反叛》中的非暴力抵抗思想，是由两位伟大的实践者马丁·路德·金和甘地实践的”[⑦]。但通过研究，格尔达·勒纳断定，“非暴力抵抗运动应源于美国的废奴运动，并被女性废奴主义者成功运用。100 年后，在美国民权运动中非暴力

---

① Gerda Lerner，*The Creation of Feminist Consciousness: From the Middle Ages to Eighteen-seventy*，p. 275.

② Michelle Perrot，*Writing Women's History*，p. 43.

③ 笔者认为，从语言学和心理学的角度考虑，“选择性遗忘”这一概念所指的是作者或传播者对事物曾经记得而选择性地隐藏部分内容；而男性对女性历史的遗忘是视而不见，因为其根本不认同女性的历史价值，且男性对女性是全盘的遗忘，而不是选择性的记录，即便女性在男性的著作中出现，也多是以小人物或反面人物登场。

④ Eileen Boris，Elizabeth Currans，Reflections，p. 29.

⑤ Kathleen Jane Ryan，*Rememoried Knowing: A Feminist Interpretation of the Canon of Memory*，p. 97.

⑥ Gerda Lerner，*Why History Matters: Life and Thought*，p. 52.

⑦ Gerda Lerner，*Why History Matters: Life and Thought*，p. 59.

抵抗运动的实践重新出现，但当时非暴力抵抗的思想被认为是来自甘地和托尔斯泰，而非来自女性的废奴主义思想”[①]。人们对非暴力运动诞生于女性废奴者的遗忘也许是非暴力抵抗的结果过于血腥，即格尔达·勒纳所谓的人们对历史黑暗面的集体遗忘[②]。因此，几百年来本属于女性的荣耀却“赠予”了男性。这种选择性的遗忘并不是主观故意的，而是由于种种原因产生的客观性遗忘。

就整体而言，20 世纪六七十年代之前，以女性为中心内容的研究成果，多以历史上著名女性及女性权利运动为核心。例如，伊丽莎白·F. 埃利特的《美国革命时期的女性（1848—1850）》、伊丽莎白·卡迪·斯坦顿等人的六卷本《女性选举权运动史》、埃莉诺·弗莱克斯纳的《斗争的世纪：美国的女性权利运动》等。她们“所强调的有组织的女性运动反映的是传统史学对公共领域中有组织的政治活动的兴趣”[③]。尽管格尔达·勒纳承认对女性政治活动的历史进行研究是必要的且是重要的，但这不应该成为女性史研究的全部。事实也表明：“在获得选举权后，女性权利运动变得更加保守。此外，女性投票者在街区的投票也只是流于形式。正是阶级、种族和宗教而不是性别划分对投票的行为更具刺激性。”[④]由于种种原因，真正使用选举权利的女性是很少的，很大一部分女性自己放弃了这项政治权利。以 1919 年美国女性获得选举权后的第二年美国总统大选为例，共和党人沃伦·哈定获得了 60%的投票当选总统，事实上，参与投票的女性并不多。当时存在的最大问题是，女性会跟随自己丈夫的选择而做出选择，而不是根据她们的实际需要而进行选择。因而过分地强调女性权利运动及其获得的成绩，导致研究者遗忘了女性历史活动的其他方面，如女性长期抵抗父权制的传统与连续性，以及引起女性自身意识改变的因素等。

女性学者对女性历史的选择性遗忘，并非无源之水，无本之木。父权制思想贯穿于整个文明社会，在格尔达·勒纳的著作中，“每一位出现的女性都受过父权制思想的教育”[⑤]。前面提及的希尔德加德就接受了教父们的性别角色的定义，因此，她强调女性在身体和心智的构成上与男性不

---

① Gerda Lerner, *Why History Matters: Life and Thought*, p. xiii. 非暴力抵抗的观念起源于何时何地，史学界存在争议，大体可以分为三种论调：①智人时期；②基督教徒对罗马帝国统治的反抗；③美国的废奴运动。

② Gerda Lerner, *Why History Matters: Life and Thought*, p. 52.

③ Gerda Lerner, *The Creation of Feminist Consciousness: From the Middle Ages to Eighteen-seventy*, p. 13.

④ Gerda Lerner, *The Majority Finds Its Past: Placing Women in History*, p. 24.

⑤ Gerda Lerner, *The Creation of Patriarchy*, p. 227.

同，处于弱者地位，这注定了女性从属于男性。[①]由于接受男性作家的思想，近现代的女性主义作家也陷入了同男性作家同样的困境——以白人中产阶级为研究对象。在研究中，她们“享有中产阶级、本土主义者、进步派的道德观，转而指责任何不符合这种道德观的人。因此，像弗朗西斯·赖特和爱内斯坦·罗斯等人被认为过于激进而不受关注，格里姆克姐妹、玛利亚·查普曼和丽迪亚·蔡尔德等早熟的女性主义者也鲜被提及”[②]。在此，格尔达·勒纳指出，认为对中产阶级女性而言是正确的观念，就是对所有女性都是正确的，这是错误的。[③]女性集体记忆的缺失导致女性不能真正意识到自身的劣势地位，无法为女性提供争取两性平等权利的精神与榜样，这变相地促进了女性从属地位的长期存在。

上文中，笔者对格尔达·勒纳研究成果中关于女性劣势地位形成的自身根源进行了梳理，包括从女性的经济与心理方面依附于男性的从属心理及女性无法摆脱男性思维统治的从属心理根深蒂固、女性对《圣经》的解读是在承认女性劣势地位的前提下进行的不彻底批判、女性对争取平等教育权利是在旧有的父权制体系中进行的非本质性变革、女性自身集体记忆的断裂与“选择性遗忘”等方面进行具体分析，从而明确格尔达·勒纳女性主义史学思想中所具有的两性不平等权利的社会、历史、文化的内容。

随着对格尔达·勒纳学术成果思考的深入，以及对女性史研究的不断拓展，越来越多的学者向格尔达·勒纳的研究提出了质疑。譬如，格尔达·勒纳的研究有故意只选用支持其论点作用的文献之嫌[④]；为了配合主题，其研究有时缺乏连贯性[⑤]；在物质生活、社会关系、政治组织和象征的解释中，格尔达·勒纳的解释并没有深化人们对社会性别地位的理解，格尔达·勒纳仅展现了人类历史进程中的阴暗画卷，这无益于帮助她解释为什么在20世纪发达的世界中女性产生了伟大的进步[⑥]；等等。尽管格尔达·勒纳的研究有待于进一步修正与完善，但是她的学术成果确实为我们提供了一幅系统的女性从属于男性及女性主义意识发展的历史进程的画卷，并以历史证据为根基，重新塑造了女性从属地位形成的历史性、社会性与文化性。

---

① Gerda Lerner, *The Creation of Feminist Consciousness: From the Middle Ages to Eighteen-seventy*, pp. 59-60.

② Gerda Lerner, *The Majority Finds Its Past: Placing Women in History*, p. 2.

③ Gerda Lerner, *The Majority Finds Its Past: Placing Women in History*, p. x.

④ Judith M. Bennett, Review: *The Creation of Feminist Consciousness: From the Middle Ages to Eighteen-seventy by Gerda Lerner*, p. 1194.

⑤ Mary McLaughlin, In Search of a Usable Past, pp. 16-17.

⑥ Margaret C. Jacob, Casting a Cold Eye, p. 5.

格尔达·勒纳的《父权制的缔造》和《女性主义意识的缔造：从中世纪到1870年》，是继承德国或马克思主义学术传统的伟大实践与拓展。她对西方文明的起源的探索，本质上是对女性丧失话语权、受压迫的根源的探索。格尔达·勒纳的父权制理论引起了欧美学界和民众的广泛关注，她也经常受邀在欧美高校发表女性史演讲。格尔达·勒纳的父权制理论，不但在欧美国家引起了共鸣与争论，还在中国影响了一批重要的女性史学家。中国最著名的女性史学家杜芳琴正是受到格尔达·勒纳父权制理论的启发，才开始从女性的视角探索中国父权制的起源。由此可见，格尔达·勒纳的父权制下女性处于劣势理论，女性在历史发展中丧失话语权且长期处于无话语权的状态，不仅促使美国女性史学向传统的马克思主义史学提出了挑战，而且为史学研究确立了女性的父权制理论。总之，20世纪70年代，格尔达·勒纳成功引领美国女性史学转型为独立史学分支后，并没有满足于现状，而是开始探索女性史学独特的理论，为20世纪晚期美国女性史学的再一次转型提供了必要的前期理论准备。

第三节　父权制与女性主义理论转向

格尔达·勒纳的父权制理论，在西方乃至世界女性史学中有着特殊重要的地位。20世纪后半叶，在寻求解释历史的范式中，历史学家开始在女性研究中使用“父权制”的概念并使用社会科学的研究方法，阐明女性受到的集体压迫是随着时间变化而变化的。[①]回顾美国女性史研究中的父权制理论成果，学界普遍认为最经典的研究非格尔达·勒纳的《父权制的缔造》莫属[②]。该书在1986年出版当年就获得了美国历史协会颁发的琼·凯利奖，被认为是女性史上最好的书[③]。因《父权制的缔造》和《女性主义的缔造》开创性地对父权制起源与发展及父权制下女性教育和历史知识等方面的清晰阐述，1996年格尔达·勒纳获得了奥地利的学术最高荣誉奖项——科学与艺术荣誉十字勋章[④]。因此，女性主义学者将格尔达·勒纳与巴霍芬和恩格斯相提并论，指出从19世纪的巴霍芬到恩格斯再到20世纪的格尔达·勒纳，对父权制起源的探索一直是引人注目的[⑤]。

---

① Axel Schneider and Daniel Woolf, *The Oxford History of Historical Writing*, p. 145.

② Judth M. Bennett, *History Matters: Patriarchy and the Challenge of Feminism*, p. 38.

③ Robert Allen Rutland, *Clios favorites leading historians of the United States*, 1945-2000, p.106.

④ Kathryn Kish Sklar, For the Future of Women's Past, *Journal of Women's History*, Vol.26, No.1, 2014, p. 15.

⑤ Judth M. Bennett, Feminism and History, *Gender and History*, Vol. 1, No.39, 1989, p. 262.

格尔达·勒纳是女性主义父权制理论最重要的开拓者。她对父权制的探索，为研究者提供了两类资源：第一类资源是关于父权制起源与发展的丰富论据；第二类资源是关于性别概念演变的充分论据。①她阐述了父权制下女性“自我授权”的宗教和智力发展的系统研究。②她为女性主义的历史理论奠定了基础，提高了女性史学理论探讨的水平，成功地为我们提供了一个重要且全面的父权制理论框架。③学者们虽然纷纷给予格尔达·勒纳父权制理论很高的评价，却疏于探讨格尔达·勒纳父权制理论与西方女性主义父权制理论的关系，忽略了格尔达·勒纳女性主义父权制理论历史转向的主要特征。为了更好地阐述格尔达·勒纳在女性史理论转向中的重要贡献，下文将重新梳理女性主义父权制理论的发展脉络，分析格尔达·勒纳在父权制理论的历史转向及父权制解释范式转向中的作用，进而阐发女性主义历史理论对其他学科的影响。

一、女性主义父权制理论的历史转向

20世纪中期前后，父权制理论仍未受到女性主义者的重视。西蒙娜·德·波伏娃的《第二性》和贝蒂·弗里丹的《女性的奥秘》对女性主义理论发展来说，具有里程碑意义。她们从生理和心理等多个层面对女性受到的压迫进行了结构性分析，她们的成果深刻地影响了女性主义实践与理论的发展。《第二性》至今仍被视为“女性的《圣经》”，《女性的奥秘》甚至被认为引发了美国第二次女性权利运动。然而，她们并没有真正指明女性受压迫的根源来自何处，更无从谈及父权制产生的根源。《女性的奥秘》出版后，格尔达·勒纳第一时间进行了阅读。之后，她迅速写信给贝蒂·弗里丹，赞扬了这部精彩的书。同时，她郑重地建议贝蒂·弗里丹应将研究置于历史视野中。她认为贝蒂·弗里丹发现的神秘性，是一种旧现象的新形式，是一种在美国南北战争前工业化时代发展起来的补偿性意识形态。出现这个问题的根源在于贝蒂·弗里丹忽视了从制度上解决女性问题的必要性，忽视了职业女性尤其是黑人女性遭受的经济歧视带来的更紧迫的不利影响。几年后，格尔达·勒纳又写道，这是一种常见的谬误，它

---

① Nancy Barnes, Review: *The Creation of Patriarchy* by Gerda Lerner, *Signs*, Vol. 13, No. 4, 1988, p. 857.

② Lynn Hunt, Review: *The Creation of Feminist Consciousness: From the Middle Eighteen-Seventy by Gerda Lerner*, *Journal of Social History*, Vol. 28, No. 3, 1995, p. 675.

③ Virginia Hunter, The Origins of Patriarchy: Gender and Class in the Ancient World, *Labour/Le Travail*, Vol. 22, 1988, p. 246.

建立在这样一种假设之上，即将适用于中产阶级女性的信条应用于所有女性身上。①

自 20 世纪 70 年代开始，女性主义者开启了对父权制批判的历程。她们使用了大量的生物学、政治学、文化学等多学科的论据，对父权制进行理论批判。1970 年，女性主义学者凯特·米利特出版了自己的博士学位论文《性政治》，首次明确地将父权制理论引入女性主义写作之中，引起了轰动。她认为，性互动是由权力动态决定的，而不仅仅是个人亲密关系，父权制是一种政治制度，性也具有政治性。她意图说明男性对女性的支配是人类文化中最具普遍性意识形态的父权制理论，父权制是最基本的权力概念。②米利特用生物决定论的性别本质主义将女性描绘成父权制下的受害者，这是对 19 世纪父权制理论的性别延伸。她把父权制的意识形态看作男性有意识压迫女性的阴谋，认为女性是父权制的意识形态不自觉的同谋与受害者。她将两性关系单一化，将男性与女性的关系固定化为支配者与从属者的关系。对此，有学者指出，米利特的结论既是乌托邦式的，也是令人沮丧的。由于没有一种包括在无意识层面上运作的意识形态的概念，米利特看不到彻底推翻父权制的力量。③换句话说，对激进女性主义者的批判和质疑，主要来自非历史性或非普遍性的论据。这为女性史学家批判父权制预留了充分的空间。20 世纪 70 年代之后，美国女性主义者罗宾·摩根（Robin Morgan）和洛伊丝·班纳等人的研究表明，女性是父权制的牺牲品④。尽管女性主义学者对父权制进行了多维度的分析与批判，但仍缺乏普遍的历史实证研究，因而女性主义父权制理论经常受到指摘。

对此，格尔达·勒纳多次提到，我们可以挑战一些有影响力的女性主义理论的非历史性，如西蒙娜·德·波伏娃的结构主义和后结构主义理论，批判那些不考虑社会背景而构建心理学的理论。女性史学家可以从实证研究中提出问题，探索真实与想象中女性生活差异的张力是如何影响女性意识的，以及性别定义与变化的经济和社会条件之间的关系问题。女性史学家可以思考女性历史经验的转折点在哪里，据此对女性历史进行分期。她也让人们思考，如果女性成为我们研究时代或事件的中心，那么阐述和分

---

① Linda K. Kerber，Why History Matters，*Frontiers: A Journal of Women Studies*，Vol. 36，No. 1，2015，pp. 7-8.

② Kate Millett，*Sexual Politics*，Urbana: University of Illinois Press，1969，p. 43，p. 45.

③ 戴雪红：《女性主义对资本主义的批判：立场、观点和方法》，北京：光明日报出版社，2010 年，第 207 页。

④ 〔加〕南希·帕特纳、〔英〕萨拉·富特：《史学理论手册》，第 331 页。

析将如何改变。[①]在此，格尔达·勒纳明确表示，要从历史中寻找充分的证据来丰富女性主义理论。

面对女性主义者对女性受压迫的非历史性探索，格尔达·勒纳意识到有必要对女性受压迫的根源进行历史研究，从而寻求真正扭转女性劣势地位的方法。1975 年，格尔达·勒纳拒绝了父权制的生理起源理论。她直截了当地指出，在历史上的大部分时间里，女性受压迫不是因为她们的生理特征，而是因为社会需要女性成年后将大部分时间用在生儿育女上；在建立有组织的社会时，她们自己却贬低了生儿育女的价值。[②]随后，女性主义父权制生理起源的理论受到越来越多的质疑与批判。1979 年，面对女性主义父权制理论的匮乏，英国女性主义者希拉·罗博瑟姆（Sheila Rowbotham）发出感慨，指出将父权制作为一种分析工具过于僵化和生硬，无法公正地阐述性别关系中的全部复杂性。[③]如此看来，19 世纪建立的父权制理论，在 20 世纪 60 年代晚期和 70 年代“也许过时了”，但女性史学家在那时被女性在不同时代和地域内受到父权制压迫的历史激怒了。[④]至 20 世纪 80 年代左右，女性主义者普遍意识到女性研究缺乏有效、深入的父权制理论，缺乏女性受压迫的实证研究根基。

前文研究已清楚展现，格尔达·勒纳从两性权力关系起源开始详细地阐述了父权制产生与发展的历程，指明了父权制是女性劣势地位产生与持续的根源。格尔达·勒纳论证了“经济上的压迫和剥削，既基于对资源和人员的直接经济获取，也基于对女性性行为的商品化和男性对女性劳动能力和生育能力的占有”[⑤]。格尔达·勒纳突破了激进女性主义研究者的局限，认为“男性建立的支配制度和等级制度，来自早期男性对自己群体中女性支配的经验。这种经验在奴隶制制度化过程中得到了充分实践，而这种制度化始于男性对被征服群体中女性的奴役”[⑥]。最终，在实证研究的基础上，格尔达·勒纳将自己的父权制理论概括为：“男性在家庭中对女性和儿童支配的表现形式和体制化，被延伸到整个社会中，形成了男性对女性支配的普遍经验。父权制意味着男子在所有重要的社会机构中掌握权

---

① Gerda Lerner，*The Creation of Patriarchy*，p. 3.

② Gerda Lerner，*The Majority Finds Its Past: Placing Women in History*，p. 171.

③ Sue Morgan，Theorising Feminist History: A Thirty-Year Retrospective，*Women's History Review*，Vol.18，No.3，2009，p. 383.

④〔加〕南希·帕特纳、〔英〕萨拉·富特：《史学理论手册》，第 330 页。

⑤ Gerda Lerner，*The Creation of Patriarchy*，p. 216.

⑥ Gerda Lerner，*The Creation of Patriachy*，p. 9.

力，女性被剥夺了获得这种权力的权利。但这并不意味着女性完全没有权力或完全被剥夺了权利、影响和资源。”[①]

格尔达·勒纳的父权制理论表现出父权制概念内涵的三个层面。首先，强调父权制最初产生于家庭。其次，父权制从家庭私人领域逐渐向家庭外发展，成为一种社会等级制度、普遍的支配制度。最后，在等级社会中，由于女性归属于不同阶级，借助与男性的关系，部分女性也获得了一定的权力或权利。显然，格尔达·勒纳反对激进女性主义者将两性关系看作单一、孤立的压迫与被压迫的关系，认为男性与女性的关系是复杂的，并不具有统一性。格尔达·勒纳对女性内部的不同阶级属性的强调，成功地挑战了结构功能主义者无差别的性别整体化的父权制思维与方法。此外，在论证中，格尔达·勒纳的研究表现出父权制是从私人领域发展至公共领域的，历史表明私人领域与公共领域是密不可分的，这与女性主义理论家将父权制分为私人领域与公共领域的解释相左。格尔达·勒纳拒绝性别二元对立固定不变的性质，对性别差异的术语进行了解构，鼓励研究者自觉地区分分析词语和要分析的材料。她提醒研究者必须不断地寻找新方法，批判已有的分类，并不断地进行自我批判。

在格尔达·勒纳之后，美国出现了最负盛名的社会性别理论家琼·斯科特。20 世纪 90 年代，她对女性主义父权制理论的非历史性也进行了批判。她指出，理论家们把注意力引向了女性的从属地位，尽管理论家们阐述了两性在很多重要方面都是不平等的，但她们的理论对历史学家来说存在着需要进一步解释的两个问题。其一，理论家对性别体系本身进行内部分析时，坚持性别制度在所有社会组织中的首要地位。但是，父权制理论并没有表明性别不平等与其他不平等有什么关系。其二，无论父权制统治形式是男性占有女性的生育劳动，还是男性对女性的性物化，都是基于生理分析的。生理差异具有普遍性和不变性。因此，琼·斯科特指责女性主义父权制理论是基于生理差异的单一变量的，即它假定人类身体具有一致的或内在的意义，不受社会或文化结构的影响，性别本身具有非历史性。如果是这样，历史就变成一种副现象了。[②]琼·斯科特采用的是雅克·德里达对解构主义的定义，寄期望于在语境中分析性别二元对立的运作方式，颠覆和取代它的等级结构，而不是接受性别是真实的或不证自明的。[③]她

① Gerda Lerner，*The Creation of Patriachy*，p. 239.

② Joan Wallach Scott，*Gender and the Politics of History*，New York: Columbia University Press，1988，p. 34.

③ Joan Wallach Scott，*Gender and the Politics of history*，p.41.

还暗示，福柯的权力理论可以替代父权制，因为在父权制中，权力位于男性主导的体系中。在此，她忽略了福柯挑战的是整个“历史”而不仅仅是父权制。[①]琼·斯科特将女性史中的父权制理论引向了解构主义，而这种对关系的解构只是提出了女性史学家需要解决的多个问题，却没有为父权制的产生及演变发展提供更好的解释方式，对女性主义父权制理论的推进起到的作用有限。

21 世纪初，朱迪斯·本内特在对格尔达·勒纳及其他学者的女性主义父权制理论进行深入反思后，与格尔达·勒纳一样，她认为“父权制”是有历史的，是男性和女性共同参与的社会制度，男性对女性具有特权。[②]朱迪斯强调，广泛的历史可能是由一种动态的“父权制的平衡”所塑造的，是两性显著地适应了冲突、矛盾、混乱后形成的。父权制的研究必然是女性主义历史研究固有的基础，是一个需要分析和整理的主题，而不应被忽视或被当作一种显而易见的事实。[③]然而，当下存在两种挑战：一是缺乏丰富的研究，二是父权制的反历史性解释。[④]最终，朱迪斯提出，应联合其他学科的女性主义同事，将父权制理论置于女性史理论研究的中心地位。[⑤]朱迪斯的父权制理论与格尔达·勒纳的父权制理论并没有本质性的差异，都强调了父权制的历史性及其在女性史研究中的中心地位。不过，朱迪斯的父权制理论突出的是“父权制的平衡”，正是这种平衡导致了父权制的产生与发展。因而，女性要获得解放，必然要打破这种父权制平衡的思维。实际上，朱迪斯的父权制理论在探索起源问题的意义上，回到了格尔达·勒纳对父权制起源的历史实证研究之中，重新强调了实证研究的重要性及在历史中寻求女性解放的道路，而不是强调对性别的解构、对女性群体的解构。

从以上对女性主义父权制理论的概述，可以看出，在发展女性主义父权制理论的过程中，与同时代的女性主义学者不同，格尔达·勒纳开启了对父权制起源及维系原因的历史实证研究，为父权制理论注入了性别历史的观念，为父权制理论提供了丰富的历史实证研究成果，为女性主义者和主流史学家广泛接受女性主义父权制理论奠定了基础。另外，格尔达·勒

---

① Nancy Isenberg，Second Thoughts on Gender and Women's History，*American Studies*，Vol. 36，No. 1，1995，p. 76.

② Judth M. Bennett，*History Matters: Patriarchy and the Challenge of Feminism*，p. 55.

③ Judth M. Bennett，*History Matters: Patriarchy and the Challenge of Feminism*，p. 28.

④ Judth M. Bennett，*History Matters: Patriarchy and the Challenge of Feminism*，p. 54.

⑤ Judth M. Bennett，*History Matters: Patriarchy and the Challenge of Feminism*，p. 80.

纳从性别历史的视角重新审视了父权制，也为心理学、社会学、人类学、政治学等其他学科的学者提供了父权制历史理论，促进了其他学科研究者对女性历史研究的关注与重视。总之，格尔达·勒纳的父权制理论自 1986 年诞生以来，受到广泛认可，是女性史研究的重要理论基石。格尔达·勒纳的父权制理论也成为女性史与史学其他分支及其他学科的学者关注女性史的重要媒介。

二、女性主义父权制理论的解释转向

（一）父权制性控制解释理论

探索父权制中性别不平等和其他不平等结构之间区别的工作是由格尔达·勒纳提出的。格尔达·勒纳强调，有必要把眼光放在经济问题之外，集中注意力于对女性性行为的控制及生育的组织方式，从中寻找性控制的根源和影响。[①]在格尔达·勒纳看来，男性对女性的性控制是区别性别不平等与其他不平等的关键，也是解释性别不平等的有效范式之一。

格尔达·勒纳将女性的性行为视作女性的性能力、生育能力和性服务三个方面。她认为，父权制产生于男性对女性性行为的控制。她阐述了新石器时代农业的发展促进了部落之间女性的交换，交换女性不仅是希望通过婚姻联盟的方式避免持续不断的战争，而且是希望有更多女性可以生育更多的孩子。女性第一个被界定的社会角色则是在婚姻中被交换的人。女性自身成为一种资源，男性像获得土地一样获得了女性。[②]格尔达·勒纳对公元前 3000 年左右近东地区的父权制资料进行了梳理与分析，展示了女性从属于男性是先于私有财产产生的，即经济压迫和剥削是建立在女性的性商品化和女性劳动力及生育权力的男性占有基础上的，建立在对资源和劳动力的直接经济占有基础上的。[③]格尔达·勒纳发现，对女性的性控制是所有支配关系的基础，并成为权力的象征模型。这种“性别观念”对于思考现代世界和当代女性主义问题的意义是巨大的，对学者和活动家都是如此。它将以有益的和具有挑战性的方式为大家服务。[④]

近年来，考古学家引入了格尔达·勒纳的父权制性控制解释范式对新的考古发现进行解释。反过来，考古的成果也验证了格尔达·勒纳理论的合理性。2019 年之前，还没有人试图用已有的考古证据来检验格尔达·勒纳

---

① Nitish Nawsagaray，Caste，Patriarchy And Law in India，*Ssrn Electronic Journal*，2014，p. 2.

② Gerda Lerner，*Why History Matters：Life and Thought*，p. 155.

③ Gerda Lerner，*The Creation of Patriachy*，p.216.

④ Nancy Barnes，Review: *The Creation of Patriarchy* by Gerda Lerner，pp. 858-859.

的“农业的发展为男性提供了控制女性性行为的机会”的假说，因此对格尔达·勒纳父权制男性控制女性性行为是不平等制度起源的观点，争议较大。2019 年，这一理论得到了部分的证实。欧洲历史最悠久的大学之一——西班牙塞维利亚大学的史前与考古学系的研究人员表示，以格尔达·勒纳的父权制起源学说为模型，在系统收集资料的基础上，采用显著性检验的方法，对伊比利亚史前时期的性别不平等性进行了首次综合研究。这些研究人员还表示，此次研究是为了验证格尔达·勒纳三十多年前提出的父权制理论的假说，通过严格的考古学方法证明新石器时代男性统治的起源。研究结果表明，新石器时代的文物确实见证了性别不平等的起源，男性对女性性支配的经验为男性后来的统治奠定了基础。[①]正如三十多年前，学者对《父权制的缔造》发表评论时说，研究者们正在扩大格尔达·勒纳理论的影响领域，父权制性控制理论会激励不同领域的专家完成格尔达·勒纳已经开始的澄清父权制历史进程的重要任务。[②]三十多年后，学者们仍在继续这项工作。这表现出格尔达·勒纳父权制性控制理论的强大生命力。目前，越来越多的研究者运用格尔达·勒纳父权制性控制的解释范式来解释女性与性别关系的历史。

学者们将格尔达·勒纳的父权制性控制理论运用于印度的父权制和性别关系的解释之中。有学者指出，印度的性别关系与世界其他地方相似，格尔达·勒纳的父权制性控制理论可以很好地解释印度男权统治的起源与确立。[③]也有学者表示，格尔达·勒纳的父权制性控制理论为印度女性历史解释指明了方向，即不同的女性的经济地位有很大不同，换句话说，她们属于不同的阶层，高等级的女性往往享有经济上的独立，但所有女性的性取向都是由男性控制的。此外，格尔达·勒纳的父权制性控制理论在分析印度的种姓制度和印度与外国的关系方面也十分有益。[④]目前，印度学者仍运用格尔达·勒纳的父权制性控制理论对印度的性别关系的历史进行解释，体现出格尔达·勒纳父权制性控制解释范式具有强大现实指导意义。

由于当代美国性别不平等现象引发的矛盾愈演愈烈，越来越多的女性

---

① Marta Cintas-peña，Leonardo García Sanjuán “Gender Inequalities in Neolithic Iberia: A Multi-Proxy Approach，*European Journal of Archaeology*，Vol.22，No.4，2019，pp.499-500.

② Deborah Gewertz，Review: *The Creation of Patriarchy* by Gerda Lerner，*American Ethnologist*，Vol. 15，No. 3，1988，p. 596.

③ Geetanjali Gangoli，Understanding Patriarchy，Past and Present：Critical Reflections on Gerda Lerner，*Journal of Gender-Based Violence*，Vol. 1，No. 1，2017，p. 133.

④ Nitish Nawsagaray，Caste，Patriarchy And Law in India，p. 2.

问题研究者也接受了格尔达 · 勒纳的父权制性控制理论的解释模式，并在此基础上进一步提出对女性性行为的控制是父权制的本质的观念。也就是说，任何希望控制自己性取向的女性都是在质疑父权制的根基。有学者认为，父权制的本质解释了当今美国节育和堕胎这样简单的问题为什么会有如此多的争议，解释了众多政客和评论家为什么把恶意和愤怒指向单身母亲。异性恋婚姻被定义为男性对女性的控制，以确保遗产传给男性的合法继承人，因此对同性恋和同性婚姻的强烈反对也是为了维护完整的父权制体系。[①]

（二）父权制暴力解释理论

在格尔达 · 勒纳看来，父权制的产生与发展过程中暴力是普遍存在的。无论是男性对女性的性暴力与奴役，还是男性与男性之间的武力征服，暴力在人类社会无处不在。格尔达 · 勒纳以美国社会学家奥兰多 · 帕特森（Orlando Patterson）的奴隶制最初是作为暴力死亡的替代品而产生的及一种“特殊的、有条件的减刑”的观念为基础，结合女性史研究，论述了奴隶制最初所使用的暴力手段，是在女性战俘身上发展和完善的。

格尔达 · 勒纳认为，在很长一段时间内，男性战俘被流放到荒芜、遥远的地区或被杀害时，女性和儿童则被俘虏并被纳入俘虏者的家庭与社会之中。由于女性和儿童的男性亲属已被流放或杀害，没有任何获救或逃脱的希望。为了确保孩子可以生存下去，当她们面对俘虏者的性暴力时，她们会屈从。即使被俘的女性没有孩子，俘虏者的强奸也可能导致其怀孕，从而建立俘虏者与被俘女性之间的密切联系。面对社会暴力，女性会忍受奴役，并适应奴役，因为她们希望解救自己的孩子，最终改变自己的命运。[②]格尔达 · 勒纳还指出，面对暴力，19 世纪美国的女性主义者就赋予了女性一个特殊的任务：使社会摆脱男性已经建立起来的破坏、竞争和暴力的秩序。[③]

格尔达 · 勒纳的研究还表明，自女性从属于男性的父权制确立以后，父权制还形成了等级制度、军国主义、种族主义[④]，父权制自带的冷暴力、热暴力的特征与人类发展相伴而行、密不可分。尽管父权制已经不再服务于文明，但由于父权制仍将长期存在及其影响的广泛性，暴力思想也会长期存在，暴力事件也将时常发生。另外，父权制确立之后，女性和

---

① Carol P. Christ, A New Definition of Patriarchy: Control of Women's Sexuality, Private Property, and War, *Feminist Theology*, Vol. 24, No.3, 2016, p. 223.

② Gerda Lerner, *The Creation of Patriachy*, p. 78.

③ Gerda Lerner, *The Creation of Patriachy*, p. 27.

④ Gerda Lerner, *The Creation of Patriachy*, pp. 228-229.

男性一样接受了父权制文化，女性与女性之间也产生了统治与被统治的关系。女性逐渐异化，成为父权制的维护者，甚至女性之间也会发生暴力事件。

格尔达·勒纳父权制暴力解释范式的影响，已经超出了对西方历史的研究范畴，延伸到对世界性别关系的研究领域。格尔达·勒纳的父权制暴力理论虽然是在研究西方历史中获得的经验，但在非西方世界和现代都能产生共鸣。她的解释框架可以帮助女性主义学者理解为什么女性继续参与到对自己的压迫和对其他女性的征服之中。有学者指出，格尔达·勒纳的父权制暴力理论可以解释南亚婆媳关系、母女关系等。[①]例如，阿富汗的妇女因对丈夫“不敬”而惨遭割鼻的事件，这在西方国家被称为中世纪毁容惩罚，这种惩罚是维持“权威和尊敬”的父权制价值观的一种手段。[②]国际上，对性暴力的研究正在加速发展，女性主义者正在考察从密西西比到中国的暴力、贫困和不平等的性别根源。[③]因此，当代女性主义研究者在解释父权制暴力与女性、文明之间的关系时，通常会回到格尔达·勒纳的研究成果中寻求答案。

随着父权制研究成果的不断涌现，对格尔达·勒纳父权制起源于女性从属男性观点的批判声音越来越多，但学者们对父权制所具有的暴力属性保持一致的认可。卡罗尔·P. 克莱斯特（Carol P. Christ）与格尔达·勒纳的观点恰恰相反，认为是父权制造成了女性的从属，而不是女性的从属造成了父权制。但卡罗尔·P. 克莱斯特同样强调了父权制的暴力本质，突出了暴力是伴随父权制的产生而产生的。卡罗尔认为，男性士兵学会了暴力统治，不仅征服了男性“敌人”，而且统治了女性和儿童——也把暴力的手段带回家。暴力和暴力的威胁可以用来让被奴役的人“就范”；可以用来确保平民服从于君主。此外，暴力可以用来消除那些在统治者文化中不愿意接受新制度的人。卡罗尔将父权制产生的根源归结于战争精神，而战争精神确保了暴力合法化。[④]与格尔达·勒纳对父权制暴力起源和女性的关系研究视角不同，朱迪斯·本内特从危机视角入手思考了父权制暴力对女性

---

① Geetanjali Gangoli，Understanding Patriarchy，Past and Present：Critical Reflections on Gerda Lerner，p. 132.

② Jean H. Quataert and Leigh Ann Wheeler，Tributes，Politics，and Innovations in Women's and Gender History，p. 7.

③ Linda Gordon，Socialist Feminism: The Legacy of the “Second Wave”，*New Labor Forum*，Vol. 22，No. 3，2013，p. 28.

④ Carol P. Christ，A New Definition of Patriarchy: Control of Women's Sexuality，Private Property，and War，p. 222.

的影响。她认为，在父权制暴力发展过程中，在暴力危机中，女性是受益的。危机的短期影响可能对女性非常有益。例如，16 世纪早期，随着宗教冲突的升级，所有教会都接受了女性的帮助，所有教会都允许女性承担新的角色。同样，两次世界大战期间，女性的活动范围和影响在英国急剧扩大。但危机一结束，在 17 世纪欧洲教会和两次世界大战之后的英国社会，女性从属地位就明显恢复了。[①]

尽管学者们对父权制中的暴力问题阐发的视角不同，但无疑都在阐述暴力对女性压迫的关键作用。女性史学家的研究成果表明，无论是女性从属于男性产生了父权制，还是父权制的产生先于女性从属于男性，研究者们都形成了一个共识：暴力是父权制的主要特征之一，暴力与父权制是相伴而生的，暴力是维护父权制的手段。根据格尔达 · 勒纳的父权制暴力理论，社会中各种不平等都是由暴力维持的，暴力的产生归因于父权制，而父权制来源于对女性的压迫。因此，要消除各种制度中的不平等，就要消除父权制，消除女性对男性的从属。

除了上述父权制性控制和暴力解释范式外，格尔达 · 勒纳对《圣经》进行的性别批判，也是格尔达 · 勒纳父权制理论对女性史研究产生重要影响的内容之一。格尔达 · 勒纳认为《圣经》创造了父权制，但这一观点让她备受争议。例如，J. 霍普特曼（J. Hauptman）对格尔达 · 勒纳进行批判时说，《圣经》反映的是当时的社会现实，而不是《圣经》创作出了当时的社会。T. 弗莱默–肯斯基（T. Frymer-Kensky）则认为，并不是用于描述上帝的男性语法导致了父权制，而是恰恰相反：父权制造就了上帝的男性形象。她还指出，父权制早在《圣经》中的以色列民族形成之前就存在了，亚述和雅典等社会比《圣经》中的以色列的父权制要严格得多。社会中崇拜女性神灵的事实并没有消除女性的从属地位。[②]尽管对《圣经》与父权制起源的关系还有待于新证据的出现而进行更深入的探讨，但《圣经》的内容及宗教对《圣经》的传播，以及《圣经》在西方国家政治、社会中的作用，都维系了女性始终处于男性支配和统治之下的制度。因此，对《圣经》的批判对西方女性摆脱父权制来说是必经之路。

格尔达 · 勒纳的父权制理论在女性主义理论的历史转向和女性史解释范式转向两个方面都对女性史研究的发展产生了重要影响，是女性史独特

① Judth Bennett，Feminism and History，p. 262.

② Christiana de Groot，*Mario Ann Taylor*，*Recovering Nineteenth-Century Women Interpreters of the Bible*，Atlanta: Society of Biblical Literature，2007，p. 1.

的历史认识理论与解释模式。女性主义的父权制理论经历了非历史的父权制理论、历史的父权制理论、后现代主义父权制理论、历史的父权制理论的回归四个时期。格尔达·勒纳正是女性主义历史的父权制理论的开创者，她将性别因素注入父权制理论之中。格尔达·勒纳的父权制理论是女性史及性别史研究的重要基石，开启了女性史研究的理论化转向历程。格尔达·勒纳的父权制理论为其他学科的女性及性别研究提供了历史理论，扩大了女性史的影响。在解释范式方面，格尔达·勒纳的父权制性控制和父权制暴力的解释范式，为史学其他分支及其他学科的学者对父权制的研究提供了新的视角。同时，格尔达·勒纳的父权制解释范式也为女性史融入主流史学及女性问题的跨学科研究提供了机会。然而，必须指出，格尔达·勒纳的父权制理论也存在弊端。例如，本质上，父权制理论是对父权制进行的理性研究。然而，在性别关系问题上，在家庭、婚姻、工作中，情感因素是无法回避的事实。将情感与历史中有真情实感的人完全剥离开，对两性关系、女性之间关系的研究必然缺乏真实性与全面性。因此，有必要对父权制确立及发展中情感因素所起的作用进行深入思考。

综上所述，从20世纪60年代开始，格尔达·勒纳一直在寻找历史中女性的话语权被剥夺的根源。她最初对个别女性及群体女性受到压迫、反抗压迫进行微观研究，逐渐发展成对父权制发展规律的宏观理论探索。80年代，格尔达·勒纳开始探索父权制的历史起源，批判了女性生理差异导致女性必然受到男性压迫的父权制起源理论，也批判了女性情感脆弱、情感依赖等非普遍性的心理的父权制起源理论。作为一名历史学家，格尔达·勒纳对女性角色的转变进行了细致阐述，明确了父权制起源于男性对女性的支配，并以此为基础，逐渐将家庭内部的支配权力发展到家庭外部，形成了民族、种族、阶级的社会控制系统。格尔达·勒纳为父权制的建立寻找到以“男性对女性的统治及女性对男性的从属”为基础的历史根源，明确了父权制是在历史发展过程中逐渐演变而来的，在世界文明进程中具有普遍意义。

格尔达·勒纳在此预示了以性别为基础产生的父权制将会在历史中被消除，给人类消灭父权制以信心，给女性获得真正的解放以信心。为了鼓励女性史学家进一步对父权制历史起源与发展进行丰富的研究，她坚定地表示，“女性史中最具挑战性的任务之一就是精确地追溯历史上出现过的父权制的各种形式和模式、结构和功能的变化及对女性压迫和诉求的调整”[①]。

---

① Gerda Lerner, *The Creation of Patriachy*, p. 239.

20 世纪七八十年代，格尔达·勒纳为父权制的起源注入了性别和历史因素的新活力，加速了女性史研究的理论转向与解释范式的转向。在此，需要特别指出的是，80 年代格尔达·勒纳的父权制理论选择用“女性的从属”这一表述来取代她在 70 年代时使用的“女性的压迫”这种表述，有学者认为她的父权制理论由激进转向了“保守”①，但实际上，“女性的从属”更加符合历史证据所反映出的父权制中两性的多重身份的复杂关系。进而，笔者认为，孤立地解释私人领域和公共领域之一，或者主张先解放私人领域或者公共领域中的女性，都是不现实的。

本章小结

通过对格尔达·勒纳学术成果的整理，本章阐述了格尔达·勒纳对女性是历史“失语”者的根源的分析，从“女性话语权的丧失”与“女性‘失语’状态的持续”两方面展开具体论述，明确格尔达·勒纳思想中女性劣势地位是由社会、历史、文化等因素构建而成的观念，即阐述了格尔达·勒纳的女性无话语权的父权制根源及社会性别理论。在“女性话语权的丧失”中，笔者从三方面对格尔达·勒纳的思想进行了梳理：第一，原始社会进行了最初的性别劳动分工，这并没有引起两性关系的不平等，但是随着社会、历史和文化的发展，这种分工被逐渐固定下来，女性逐渐退出了社会劳动的权利领域；第二，男神与女神、女祭司与男祭司在宗教领域内的地位最初是平等的，后来女神的权力地位逐渐让位于男神，女祭司逐渐退出宗教神权领域，这最终形成了女性在宗教中的边缘地位；第三，文字出现后，男性将人类之间的权利关系以法律条文的形式呈现于世人面前，人为地将女性置于劣势地位。这三方面既反映了女性从属于男性的历史过程，又表现了格尔达·勒纳思想中女性从属于男性的非女性自身的因素。在“女性‘失语’状态的持续”中，笔者从三个方面对格尔达·勒纳的思想进行了具体论述：第一，长期以来女性对男性在经济与心理方面的依附，使女性很难形成自己的权利意识，很少能为自己争取到合理的权益，这造成女性劣势地位的长期存在；第二，女性在传统教育思维的引导下为自己争取与男性同等的教育机会与权利，难以实现两性之间真正的教育平等；第三，对自身历史记忆的缺失，是女性无法将女性与男性历史平等的经验及女性对历史有重要贡献的历史经验传承下来的重要原因之一。这三个方面成为

① Judith M. Bennett，*History Matters: Patriarchy and the Challenge of Feminism*，p. 21.

女性长期维持无话语权状态的自身因素。格尔达·勒纳的父权制理论对美国女性史乃至世界女性史的发展都具有重要的理论意义。在此基础上，本章主要从女性主义理论的历史转向与女性史解释范式的转向两个方面对格尔达·勒纳父权制理论的影响进行了具体分析。格尔达·勒纳将性别关系的历史实证研究与父权制理论相结合，提高了女性史理论在女性主义理论中的地位，进而提高了女性史在女性主义问题研究中的地位。格尔达·勒纳的父权制性控制和父权制暴力的解释范式，打破了马克思主义的经济和阶级的解释范式，越来越多地受到其他史学分支和其他学科研究者的重视。

格尔达·勒纳在阐述女性话语权的丧失时，始终坚持在母系社会中两性之间是平等的关系，并回避了两性生理差异在两性关系发展中的影响，以及女性在人类社会产生之初地位高于男性的问题。格尔达·勒纳在研究中努力弱化两性之间的生理差异，试图消解两性之间不平等关系产生的身体差异因素，以便将两性不平等关系完全归咎于社会、历史和文化等人为原因，并认为这些人为原因可以在发展中逐渐被消除，从而使人类最终回归于两性平等。如果格尔达·勒纳承认两性之间的生理差异是不可弥合的，那么两性之间的差异就无法消解，两性就无法走向她期望的平等。因此，格尔达·勒纳有意或者无意地否定了母系社会中女性地位高于男性的历史。这一思想的产生可能是由于格尔达·勒纳仅将女性的生育功能看作女性劣于男性的因素，而没有像男性一样将自身的力量大、速度快、体力好视为其优于女性的权利来源，没有将女性的生育功能视为一种优于男性的选择性权利。对宗教中男神与女神、男祭司与女祭司权力的研究，格尔达·勒纳也是以两性平等为起点，而没有对最初女神地位高于男神、女祭司地位高于男祭司的情况进行论述。这一问题的出现也可能出于格尔达·勒纳希望引导两性的历史最终走向两性关系的平等。

探究女性在法律中的权利时，格尔达·勒纳强调了《汉谟拉比法典》中男性与女性的不平等现象，却忽略了《汉谟拉比法典》中女性之间的差异问题，这种差异产生的原因在于女性属于不同的阶层。在“女性对平等教育权利的微弱变革”中，格尔达·勒纳明确指出了前辈们在争取教育权利方面的贡献，也指出了她们并没有从真正的女性解放的角度去寻求女性教育内容的改革。但是，格尔达·勒纳也无法为女性争取适当的教育提出一种普世性的奋斗目标，由此推断出她的思想中仍旧以两性平等为教育宗旨，无法真正找到女性所需要的教育内容与合理的教育方式。

格尔达·勒纳对父权制理论的阐述是完全按照男性史学家的理性思

维解释模式进行的，忽视了人与人之间的情感联系。无论是在家庭还是在其他领域，她都将两性及不同阶层女性之间的关系视为理性的，用严苛的权利关系来衡量情感丰富的人与人之间的关系。这并不是人类普遍的真实历史。为了更好地揭示性别之间和同性别内部的不平等，寻求真正解放女性及其他弱势群体的路径，有必要将女性史与情感史结合起来思索构建新的父权制解释理论，进而全面分析理性与情感对性别及同性内部关系的影响。

随着时代的发展、各学科研究技术和思想的进步、对父权制与性别-社会性别关系的研究不断深入，学者们发现了格尔达 · 勒纳著述中的局限性。尽管如此，格尔达 · 勒纳对女性的从属地位，对女性在历史中没有话语权成因的父权制理论阐述仍然影响了很多学者。例如，赖特支持并继承了格尔达 · 勒纳性别压迫在私有制产生之前出现的观点，认为孕育新的人口——孩子，在早期农耕文明中是有重要价值的资源，控制女性生育的能力是财产关系的重要形式。

第四章　社会性别：格尔达·勒纳提高女性话语权的史学观念

两千多年来，“大写历史”的观念与实践使“历史学家将精力集中于‘政治’男性和‘经济’男性的身上，已经完成了一种完全的男性历史，却歪曲了人类的全景。事实上，不仅女性被置于历史研究之外，而且过去的其他重要内容也被置于历史研究之外”[①]。这对女性及被历史研究忽视的其他主体来说是不公平的，也扭曲了历史。格尔达·勒纳认为：“世界一半的经验来自女性，世界一半的工作和大部分的生产都由她们完成。记载女性的经验意味着记载所有人的历史：她们是历史的一部分，她们创造了历史。但是，她们的历史已成为一种特殊的历史，甚至被歪曲，女性成为异类。”[②]客观地说，并非所有女性的历史都被忽视了，一般情况下，被历史记载的女性都与政治有关联，她们不是男性政治家的配偶，就是他们的女儿或者亲戚，甚至情妇。[③]她们的历史因符合男性历史写作的要求与标准而被载入史册，但这些历史不能真实反映普遍女性的历史经验。因此，格尔达·勒纳曾略带调侃意味地说：“已知的历史都是女性的史前史。”[④]为了彻底改变女性在历史研究中的无话语权状态，格尔达·勒纳呼吁更多的女性参与到女性史研究中，寻求更多优秀女性的历史。[⑤]同时，格尔达·勒纳的学术成果也表明，研究者需要急迫解决的至关重要的问题是：如何进一步打破传统史学思维模式，建立适合女性历史研究的认识视角，完善女性历史的解释方法，将普遍女性的真实历史呈现出来。

回顾美国女性史学史，美国女性史学成为独立专业领域后，20 世纪 80 年代美国女性史学家们发展了父权制理论和社会性别理论，为美国女性史学的繁荣发展提供了必要的理论基础，为 20 世纪晚期的社会性别史

---

① Bonnie G. Smith，Seeing Mary Beard，p. 410.

② Gerda Lerner，*The Female Experience: An American Documentary*，p. xix.

③ 王晴佳、古伟瀛：《后现代与历史学——中西比较》，第 59 页。

④ Gerda Lerner，*The Majority Finds Its Past: Placing Women in History*，p. 95.

⑤ Gerda Lerner，*The Creation of Feminist Consciousness: From the Middle Ages to Eighteen-seventy*，p. 275.

转型奠定了理论基础。不言而喻，女性主义父权制理论的贡献归功于格尔达·勒纳。格尔达·勒纳与琼·斯科特对社会性别理论的发展则在两个不同的方向发挥了重要作用。格尔达·勒纳的性别–社会性别理论成为进一步打破男性史学忽视女性、还原女性于历史中、解释性别关系发展的历史进程的重要视角和方法。琼·斯科特则将后现代主义的社会性别理论引入主流史学，主张将社会性别作为一种分析历史的解释方法。从促进女性史学发展的角度分析，格尔达·勒纳的性别–社会性别理论才是更为重要的理论。因此，本章旨在完整阐述格尔达·勒纳在女性史研究中以女性的历史贡献及对女性“他者”身份的批判作为女性历史应被置于历史研究之中的立论根基，以对传统历史观念中的认识标准、历史分期、“女性资料的缺乏”等问题的批判，以及以女性自身的经验为考察标准作为研究女性历史的认识基础，以两性之间和女性内部的差异比较且为阶级、种族等传统历史解释分类注入性别因素重新认识与解释历史方法的“置女性于历史之中”的学术思想。最后，在对格尔达·勒纳性别–社会性别理论的系统阐述基础上，对两种社会性别理论、两种社会性别史与女性这一历史主体的关系进行辩证分析。从中窥探格尔达·勒纳对社会性别理论、女性史的贡献，思考格尔达·勒纳在女性史研究向社会性别史转型中所起到的作用。

第一节　女性史的辩证法

20 世纪早期，玛丽·里特·比尔德就断言，19 世纪的历史研究主线就像 19 世纪的政治制度一样，正在走向灭亡。[①]20 世纪上半叶，随着美国社会科学的发展，特别是人类学、社会学和经济学的迅猛发展，美国史学出现了新的主题、内容与方法。这对传统史学产生了冲击。从 20 世纪 40 年代开始，历史学吸纳了更多社会科学研究成果，20 世纪五六十年代美国学界出现了“社会科学时代”[②]。20 世纪中期以来，后现代主义反省和批判了西方的认知范式和理论概念，引发了部分史学家对历史研究的重新审视。尽管后现代主义对历史学的“攻击”显得偏激且近乎极端，

① Bonnie G. Smith，Seeing Mary Beard，p. 400.

② 张广智：《克丽奥的东方形象：中国学人的西方史学观》，上海：复旦大学出版社，2013 年，第 115 页。

但它在解构的同时，也在为这座大厦添砖加瓦。[①]正如格尔达·勒纳所言，在女性史研究中，生理性别已经在后现代理论的影响下被质疑。[②]与此同时，史学界内部涌现出的新社会科学史学家（new social science historians）研究的范围非常广泛，包括“新经济史”、“新政治史”和“新社会史”等几大流派。从研究对象上来看，新社会科学史流派更重视大众层面，提出了“自下而上”的研究口号[③]。

从研究的视角和方法上看，这些“自下而上”的史学流派既有共性也有特性。在20世纪中后期，传统史学尽管受到了史学外部与内部的双重冲击，但并没有停下前进的脚步。事实上，传统史学也并不会止步，而是不断吸纳新的史学主题，为新兴的史学分支提供传统的历史研究技艺、理论和方法。然而，对女性而言，至20世纪70年代前，史学研究者们仍将关于女性历史的记忆普遍抹去，即格尔达·勒纳所说的：

> 传统史学向我们展示了，似乎整个世界所有重要的事都是由男性参与并完成的，女性被贬低为边缘者和文化的无足轻重者；男性建立了文明与文化，创造了思想理论与解释体系，女性负责生育和抚育孩子、家务劳动及经营日常生活。这些错误的论点导致了完全错误的判断，即女性没有历史，或者至少表明女性是不值得被历史记载的。[④]

在强大的父权制史学思维的影响下，在“女性史学”刚刚成为被学者认识的学术名词后，如何为女性史学争取到更广泛的认可及女性史学如何发展下去，成为女性史学研究者们共同努力的方向。因此，继续为女性寻求其历史研究存在的合理性与合法性，成为格尔达·勒纳“置女性于历史之中”的研究起点，亦是女性进入历史研究领域的前提。这为美国女性史学快速发展提供了必备的基础理论。

一、女性历史与“大写历史”

20世纪六七十年代之前的历史研究，被公开认可的、可引经据典的著作无疑都出自男性之手。他们的研究内容是以政治、军事、经济为

---

① 张广智：《超越时空的对话：一位东方学者关于西方史学的思考》，北京：北京师范大学出版社，2008年，第77页。

② Gerda Lerner，*Living with History/Making Social Change*，p. 167.

③ 于沛主编：《20世纪的西方史学》，武汉：武汉大学出版社，2009年，第211页。

④ Gerda Lerner，*Living with History/Making Social Change*，p. 164.

核心，凸显个别群体、个别人物、个别事件、特殊意义的研究。从“西方史学之父”希罗多德的《历史》[①]开创了社会文化史传统，到修昔底德的《伯罗奔尼撒战争史》奠定了政治军事史传统，从圣 · 奥古斯丁的《上帝之城》创立的神学传统[②]，到近代兰克的实证主义史学，再到 20 世纪初期各国的新史学流派的研究，“无论是神职人员、皇室的仆从、记事员，还是受过训练的大学精英阶层，都选择男性及男性的事件进行记载和解释，并赋予它们内容和意义”。这些人“通常都是男性，他们所记录的是男性曾经做过的、经历过的，以及他们认为有意义的事”。这些历史被称为“大写历史（History）”，且它们被认为具有普遍性。[③]显然，格尔达 · 勒纳坚信，父权制对历史的控制是女性从属的根本，父权制使男性成为历史的胜利者，而女性成为历史的失败者。历史是胜利者书写的，是胜利者的艺术。历史学是对社会权力结构的一种反映。[④]因此，在父权制长期统治的过程中，除少数贵族女性外，女性在家庭和社会关系中普遍被置于无话语权状态，她们的历史贡献、作用被掩盖，因此“女性所做的和所经历的被忽视，疏于被记录，未被解释。近来，历史学家仍将女性视为创造文明的边缘群体，而且她们被视为与追求历史意义无关的人”。几千年来，“人类历史的记录与解释将女性排除在外”。格尔达 · 勒纳将不被男性史学关注的女性及其他群体的历史统称为“小写历史（history）”——过去发生的但没有被历史记载的所有事件。[⑤]格尔达 · 勒纳试图为女性史学的发展从逻辑上彻底打破“大写历史”的桎梏。

---

① 玛丽 · 斯庞贝里 （Mary Spongberg）在《文艺复兴以来写作的女性史》（*Writing Women's History Since the Renaissance*）中认为，希罗多德将女性置于他的《历史》的叙述中心，涉及女性内容的有 375 次之多。希罗多德的陈述中，女性“在建立和维护社会秩序中完全是男性的伙伴”，他认为女性地位的高低是衡量文明程度的重要指标。在希罗多德的著作中，女性的地位显然影响了他对性别关系的描写。他认为婚姻是一种重要的政治制度，一种关于女性有某些权利的制度。希罗多德将女性描述成为确保文化存在的保障。然而，希罗多德的著作并没有从厌女思想中摆脱出来。最近对《历史》的研究表明，希罗多德更容易将有权力的女性描述得比男性更加残暴。当探讨女性的性道德时，他经常用粗俗的语言进行记录。这质疑了某些历史学家观念中的希罗多德著作带有明显的“女性气质”，但这不能否定他对女性历史的兴趣要远远大于后来的历史学家。

② 张广智：《西方史学史》，上海：复旦大学出版社，2000 年，第 13 页。

③ Gerda Lerner，*The Creation of Patriarchy*，p. 4.

④ Linda Gordon，Social Movements，p. 3.

⑤ Gerda Lerner，*The Creation of Patriarchy*，pp. 4-5.

格尔达・勒纳继承了美国女性史鼻祖[①]玛丽・里特・比尔德的"坚持说明历史中女性的中心地位，将女性的历史融合到历史著作的主流之中"[②]的遗志。格尔达・勒纳做出了比玛丽・里特・比尔德更多的贡献，她对美国女性史学的贡献获得了史学界的认可。面对"大写历史"对女性的忽视——只讲述人类男性那一半历史的窘状，格尔达・勒纳对"大写历史"展开批判，力图用历史证据证明男性和女性的经验是衡量人类标准的尺度，而不应仅以男性经验为尺度；男性不是世界的中心，而是男性与女性同在。[③]也正如王晴佳所言，为了将被传统史学忽视的群体的历史表现出来，我们需要"否定'大写历史'，也就是要指出历史的多样性，将原来不为历史学家注意的'他者'活动表现出来"[④]。因此，对女性参与创造了历史，是促进社会发展必要的中心力量之一的地位，与女性一直被史学研究者视为研究的边缘群体之间的显而易见的矛盾，格尔达・勒纳正式给这一矛盾的观点命名为"女性史的辩证法"。通过对格尔达・勒纳学术成果的梳理，我们清晰地看到，尽管父权制的思想与制度迫使女性被排斥在社会经济、文化、政治等权利之外，成为男性的从属者，并用"大写历史"的方式掩盖了女性的真实历史，但是它无法否定女性群体对社会、历史贡献的真实存在。因此，在研究中，格尔达・勒纳吸收了考古学、人类学、心理学、社会学和统计学等学科的研究成果，将女性的典型贡献宏观地、整体地呈现于世人面前。

首先，女性是人类的重要组成部分，两性同等地参与了维系人类生存与社会发展的经济活动。格尔达・勒纳以原始社会女性哺育孩子的贡献及女性对社会经济生产的贡献为开端，阐述了女性在促进人类发展过程中至关重要的角色。[⑤]人类的婴幼儿没有自主能力，需要成年人更长时间的喂养与照料，因此母爱成为女性为人类存在做出的最重要贡献之一。女性的生育能力是自然的、本质主义的，是人类社会存在所必需的，而哺育功能

---

① 对美国女性史的鼻祖问题，史学界现有两种观点：一种观点认为是玛丽・里特・比尔德；另一种观点认为是老阿瑟・迈耶・施莱辛格（Arthur Meier Schlesinger，1888—1965）。支持前者的女性史学家较多，支持后者的有 Terrence J. McDonald，Theory and Practice in the "New" History: Rereading Arthur Meier Schelesinger's The Rise of the City，1878-1898，*Reviews in American History*，Vol.20，No.3，1992，pp.432-445. 事实上，后者对女性史的研究只是其社会史与文化史研究中的一小部分。

② Mary Beard and Lane Ann，*Making Women's History: The Essential Mary Ritter Beard*，p. 3.

③ Gerda Lerner，*The Creation of Patriarchy*，p. 5，p. 13.

④ 王晴佳、古伟瀛：《后现代与历史学——中西比较》，第 59 页。

⑤ Gerda Lerner，*The Creation of Patriarchy*，p. 39.

是文化的、社会的、结构主义的。在原始社会没有任何辅助照料婴幼儿的替代物出现之前，母亲成为照料婴幼儿的最佳人选，正如巴霍芬所推断的那样，在“最低级、最黑暗的人类生存阶段，母子之爱是道德黑暗之中唯一的光芒，养育孩子使女性比男性更早地学会了爱超过自己之外的另一人”[①]。在不断的实践和教育过程中，女性普遍地具有了无私、忠诚、友爱、善良等特征，这些特征反过来又进一步促进了女性这种照料他人的文化形成，因而照料弱者成为社会性别分工中女性的普遍角色。[②]

除母爱这一亘古不变的贡献外，格尔达·勒纳认为，女性也是促进社会发展必不可少的力量[③]。原始社会的资料可以最成功地证明女性为人类文明进步做出的巨大贡献。人类从产生至今乃至未来，必然要面对且无法逃脱的是自然环境。适应自然、与自然斗争以便在自然环境中存活或者更好地发展，成为人类从原始人开始就不断追求的目标。人类面对险恶的自然环境，朝不保夕，而且随时会遇到野兽的威胁。在这一阶段，人类的生产工具十分简陋，生产力水平低下，劳动产品不多，人类抵御危险的能力十分薄弱，因此人类必须采取合作的方式维系生存。两性共同参与劳动，男性与女性逐渐形成各自适合的劳动技巧和知识。女性是家庭火种的保护者，是陶器和编织工具的发明者，是存储部落的剩余食物以备歉收时期之需的劳动者。女性揭示种植树木的秘密，并将一部分植物转化为治病的药材，转化成染料、麻纱和布料。女性知道如何将肉和其他原材料制成有营养的食品。虽然女性的技巧同男性发明生产工具和防御武器的技巧并不相同，但是两性在促进人类社会文明发展中贡献的本质是相同的。因此，即使女性的知识不比男性伟大，但至少也一样伟大。在宗教仪式、音乐的发展中，两性也有相同的作用。[④]事实上，随着社会的发展，即使在园圃社会中，女性通常也占有重要地位，对经济领域产生重大影响。例如，“在对515个园圃社会的研究中，女性主导耕种活动的占41%”[⑤]。

当人类社会逐渐从野蛮走向文明时，女性尽管已经不再被视为是促进社会经济发展的主体，但仍旧在允许的工作范畴内竭尽全力地奉献能量。但最终，在历史研究中，女性没有逃脱成为促进社会发展的“不可见”的

---

① Johann Bachofen, *Myth, Religion, and Mother Right: Selected Writings of J. J. Bachofen*, Princeton, N.J.: Princeton University Press, 1967, p. 79.

② Gerda Lerner, *The Creation of Patriarchy*, pp. 15-52.

③ Gerda Lerner, *The Creation of Patriarchy*, p. 50.

④ Gerda Lerner, *The Creation of Patriarchy*, p. 43.

⑤ Gerda Lerner, *The Creation of Patriarchy*, p. 30.

力量的命运。无论是在奴隶社会还是封建社会、资本主义社会，女性（除上层阶级外）都从事社会生产活动或家务劳动，即使富裕女性也要参加家务劳动。除了原始社会外，战争时期、灾害时期、拓荒时期的历史证据也表明，当劳动力缺乏时，每个人都要对社会经济发展做出贡献，即便这些非常时期的劳动也按性别分工，差别也很模糊。[①]以美国殖民地时期为例，女性生产全部殖民地的衣料并且手工生产部分鞋子。除此之外，女性受到肉铺、银匠铺、军火制造铺、家具店等的雇佣。她们经营磨坊、种植园、造船厂及各种店铺，还有酒馆和公寓等。她们是门卫、监狱清扫员、教堂司事、记者、印刷工、医生、助产士、护士和教师。[②]她们成为“共和国的母亲”[③]。

其次，女性参与社会变革。自有文字记载以来，男性就被记载为社会发展的主角。正如女性学家克内泽威克所明确指出的：“在历史上，无论什么时候，当深刻的社会变化发生时，当整个社会受到威胁时，女人就会被‘邀请’去积极参加公共活动，这几乎是一条规律了。一直以来，女人的力量在帮助建立男性统治时都会受到欢迎，而女人也常常很高兴承担这样的角色。”[④]虽然最后社会变革的好处往往几乎全部被男性获取，但女性的贡献是真实存在过的。尽管关于女性参与社会变革的资料比较匮乏，但是格尔达·勒纳通过对欧美一些国家的文献研究，仍还原了一些女性参与社会变革的历史。

格尔达·勒纳列举了法国女性积极参与1792年、1848年和1870年的革命事件，表明女性在政治事件中的历史作用。在这三次革命中，部分法国女性接受了激进女性主义者的建议，成立了性别隔离的组织。1848年在反对君主制的革命中，法国女性还建立了几个重要的俱乐部，出版了一些宣传报纸，并参与了游行活动和革命战役。尽管这些组织受到政权的镇压和保守势力的反击很快就解散了，而且作用不如男性明显，但女性为民主、为革命确实贡献了自己的力量。[⑤]在美国独立战争中，女性给予男性全力支持。[⑥]虽然女性没有普遍直接参与到政治运动之中，没有驰骋沙场的机

① Gerda Lerner，*The Female Experience: An American Documentary*，p. xxvi.

② Gerda Lerner，*The Majority Finds Its Past: Placing Women in History*，p. 11.

③ Gerda Lerner，*The Creation of Patriarchy*，pp. 27-28.

④ 胡澎：《背叛与胁从》，《读书》2005年第10期，第74页。

⑤ Gerda Lerner，*The Female Experience: An American Documentary*，pp. 277-279.

⑥ Gerda Lerner，*The Creation of Feminist Consciousness: From the Middle Ages to Eighteen-seventy*，p. 212.

会，但在战争中，她们随军服务的工作成为她们为国家利益、为自身所在阶级和种族服务的有效形式。[①]格尔达 · 勒纳的博士学位论文《来自南卡罗来纳州的格里姆克姐妹：向奴隶制宣战》就展现了美国白人女性废奴主义者积极参与废奴运动的经验。文中，格尔达 · 勒纳阐述了 1836 年安吉莉娜 · 格里姆克写了一本很长的小册子——《呼吁南部女性反对美国的奴隶制》，在全国范围内大量印发。它为女性废奴分子及后来的女性主义者提供了思想理论。格尔达 · 勒纳认为，欧洲女性在新教改革时期，以及美国女性在西进运动时期，都发挥过举足轻重的作用。总之，女性发动了强大且有效的社会运动。她们组织请愿反对奴隶制、为正义拉选票。她们帮助受虐待的妻子获得合法权益，为孩子们建造了公园和幼儿园，取缔了童工制。她们防范城市犯罪和腐败。她们组织协助新移民建造房屋、解决教育困境。她们反对核试验。[②]

最后，近现代以来，女性成为基础教育工作的中坚力量。在同一种族或同一国家中，无论从受教育的人数还是从受教育的程度来看，女性都不及男性（除黑人女性外），尽管如此，女性对社会基础教育的贡献仍是不容忽视的。以美国为例，从 1820 年到 1860 年，女性教师的人数不断增加，到 1888 年全国 63%的教师是女性。[③]1953 年则 93%的小学教师、60%的中学教师、近 25%的高等院校教师都是女性。[④]在 20 世纪下半叶，除了拉丁美洲和加勒比海中等学校男性教师的数量比女性多之外，其他地区男女教师数量趋同。[⑤]

对欧美地区女性在社区工作、公共文化建设、社会基础设施完善等多方面的贡献的研究也散见于格尔达 · 勒纳的学术成果中。从茹毛饮血、刀耕火种的原始社会到文明发达、机械化生产的现代化社会，女性即便逐渐被人为地排斥于促进社会发展的主要领域之外，也仍然与男性在漫长的历史发展过程中共同为人类存在与发展释放能量。人类的两个性别群体，尽管对社会贡献的内容与形式有差异，但对人类生存与发展的重要性而言是等同的。[⑥]女性从来都不是社会、历史的边缘群体，她们占人类的一半，

① Gerda Lerner，*The Female Experience: An American Documentary*，p. 181.

② Ruth Rosen，*Why Women's History Month*，2014.

③ Gerda Lerner，*The Majority Finds Its Past: Placing Women in History*，pp. 16-17.

④ Gerda Lerner，*The Female Experience: An American Documentary*，p. 205.

⑤ Gerda Lerner，*The Majority Finds Its Past: Placing Women in History*，p. 95.

⑥ Gerda Lerner，*The Majority Finds Its Past: Placing Women in History*，p. 9.

分布在各个阶层。①

关于格尔达·勒纳的女性对历史有贡献的研究，有学者指出，格尔达·勒纳提出女性主义理论应该以历史依据为基础，但她最终提出了一种与其目标不符的历史。她将对现代个人主义意识的理解应用于对古代女性的历史之中。上述学者所指责的情况在格尔达·勒纳的著述中确实存在，格尔达·勒纳确实应用了人类学、心理学等方面的研究成果，做了某些推断而并非使用确凿的历史证据形成的结论，如原始社会中的男性与女性的性别分工假说等。但是，人们有理由相信，格尔达·勒纳的结论并没有扭曲历史，即两性共同合作确保人类走出了原始社会，共同促进了人类文化的发展等，女性对历史有着重要的贡献。

格尔达·勒纳的研究表明，女性对历史的贡献是真实存在的，任何人都无法抹杀。这是女性史学家写作女性历史的前提与基础，也是所有女性史学家力图证明的事实。实际上，女性对历史的贡献符合男性史学观念中要记载对人类发展有贡献的人物与事件的标准，女性应被置于历史研究之中。然而，在以父权制权威思想为指导的历史写作中，女性对历史的普遍贡献被人为地抹杀，荡然无存，她们在历史研究中成为男性的从属者、“他者”。长期置女性于历史之外的史学研究，不但造成了女性缺乏两性平等的经验、女性缺乏对历史贡献的经验，使女性成为没有历史的群体，而且是不完整、不真实的。因此，无论是从女性史对女性的重要性来看，还是从女性史对人类历史的完整构建的重要性来看，对女性史进行深入研究都是必要的。

然而，格尔达·勒纳对女性应成为历史研究的对象的论述中表现出了她史学思维的一个倾向，即因为女性对历史有贡献，所以女性才应成为历史研究的对象。格尔达·勒纳的这一思想来源于玛丽·里特·比尔德，两人都陷入了对贡献论的崇拜。这种现象产生的根源在于她们无法摆脱男性史学思维的桎梏。男性史学记录的是男性曾经做过的、经历过的、他们认为有意义的历史经验。格尔达·勒纳追随的恰恰是男性史学中那些“有意义的历史经验”，即女性对历史的积极贡献部分，从而忽视女性的其他历史经验。譬如，对历史起到负面作用的女性是否可以成为历史研究的对象，格尔达·勒纳在研究中并没有对此进行思考。在21世纪之前，对女性历史的研究，几乎限定在对女性历史贡献的研究之内。这一方面是受到了传统史学的影响——对重要人物和重要事件的研究，另一方面是受到了格尔

---

① Gerda Lerner，*The Female Experience: An American Documentary*，p. xx.

达·勒纳“女性史的辩证法”——女性也是历史创造者观念的影响。

二、对女性“他者”身份的批判

格尔达·勒纳曾经写道，一切解释世界的历史，事实上都是解释一个不存在的世界，即男性处于人类事业中心的世界，女性是在“帮助”他们。女性在历史中完全成为男性的“他者”。对于这一结果，格尔达·勒纳指出，男性史学家明知历史中男性与女性的真实情况，却始终掩藏或者不关注女性的贡献。格尔达·勒纳说：“每位男性都知道在自己的生活中有意志坚强、能力卓越的女性存在，如同他知道存在意志薄弱、能力平庸的男性一样。为了接受男性优越、占主导的精神构建，男性已经抑制了他们的生活经验，他们继续被教育，并继续自我教育相信谎言，继续生活于谎言中。”[①]经过长期的演变，谎言变为信仰，女性人为地成为男性的从属者，并且男性以文字形式将女性的“他者”身份持久保存下来，即“长期以来，史书在叙述人类社会的演进历程时，几乎毫不例外地把聚焦中心‘定格’在男性身上，对妇女很少或只字不提。于是乎，人类历史成了男性的历史（英语里的 history 一词就是 his story 之组合）”[②]。

6—19 世纪，优秀女性在反抗父权制的斗争中形成的女性主义意识，成为 19 世纪中后期的女性寻求女性权利的一扇窗，透过这扇窗，各种女性权利理论呈现于世人面前。然而，直到现代仍有女性主义者承认女性的“他者”身份，如波伏娃提出了女性是男性的“他者”，并且她也认为女性是非历史的“他者”。“她反复地说女性‘没有自己的历史’，‘所有的历史都是男性创造的’。这创造了一种将女性从历史中排除的女性从属的本质主义的观点，以及不允许她们成为历史的主体的观点。”[③]波伏娃作为现代女性主义者的代表，其观点具有一定代表性。她的观点表明，女性是男性的“他者”的观念仍颇具影响力，同时它严重阻碍了女性对自身真实历史的理解。为了还原女性的真实历史，学者们必须彻底消除历史观念中女性的“他者”身份，从而客观地认识、书写两性平等的历史。为此，格尔达·勒纳对女性的“他者”身份进行了社会、文化、历史的社会性别解释。

如果男性被认为是女性的“他者”，历史将会如何呢？这种挑衅的问题可以解释格尔达·勒纳对传统史学的激进批判，也可以为女性史学的

---

① Gerda Lerner，*Living with History/Making Social Change*，p. 167.

② 王恩铭：《20 世纪美国妇女研究》，上海：上海外语教育出版社，2002 年，第 1—2 页。

③ Mary Spongberg，*Writing Women's History Since the Renaissance*，p. 35.

合理化及女性史研究理论框架的构建提供依据。因此，推翻女性的“他者”身份、边缘者地位的观点，是格尔达·勒纳将女性历史真正纳入人类历史研究之中的前提之一。格尔达·勒纳在玛丽·里特·比尔德的著述中首次看到，女性处于历史的边缘地位并不是历史事实的论断。①同时，作为一名犹太裔美国女性，格尔达·勒纳自身所拥有的双重“他者”身份的意识在她接下来几年的学术著作中被有效地开发了②，她对“他者”进行了社会、文化、历史的解释。

（一）“他者”身份的人为形成

有学者认为，女性主义的批评和理论的发展均围绕着批判女性被视为男性的附属或“他者”而展开的。③其中，如何清除历史（实质上只是 his story——“他”的历史）所造成的思想既定性，便成为一个十分重要的问题了。④对女性“他者”身份的形成，之前的学者主要从政治学、社会学和伦理学等学科领域给予解释，而这些解释普遍缺乏历史研究和历史证据的支持，难以彻底服众。于是，格尔达·勒纳选择以历史实证研究为基础的研究方法对女性“他者”身份的形成进行了完整的理论阐述，并对其进行了系统的历史解释。她最终得出结论，女性的“他者”身份是社会、历史和文化形成的，并且是一种人为的社会性别政治分类。

格尔达·勒纳在《历史为何重要：生活与思考》一书中毫不隐讳地讲道：“（本来是）没有‘他者’这个类别的，这种分类暗示着压迫。做出这种分类的人将自己置于标准之上，是这种定义的主体，而被分类的人成为标准中的异类，是被定义的客体。做出这样的限定，是强迫人们持有一种地位，是主张或者拒绝一个人的地位。”⑤因此，“他者”并非由生理本质差异形成的，而是一种人为的政治分类标准。男性与女性、白人与黑人、殖民国家的人民和殖民地的人民，前者与后者并不是因生理差异而被分开的，那么为何后者就成了历史的“他者”呢？

以女性为例，“使女性成为‘女性’的不是她们的生理特征，而是她们在历史上形成的经验”⑥。这种观点正是波伏娃在《第二性》中所强调

① Gerda Lerner，*The Majority Finds Its Past: Placing Women in History*，p. vii.

② Robert Allen Rutland, *Clio's Favorites: Leading Historians of the United State, 1945-2000*, p. 99.

③ 刘涓：《“从边缘走向中心”：美、法女性主义文学批评与理论》，鲍晓兰主编：《西方女性主义研究评介》，北京：生活·读书·新知三联书店，1995 年，第 95—140 页。

④ 蔡新乐、李卫国：《众妙之门——女权主义的生命哲学批判》，开封：河南大学出版社，2002 年，第 211 页。

⑤ Gerda Lerner，*Why History Matters: Life and Thought*，p. 3.

⑥ Gerda Lerner，*Why History Matters: Life and Thought*，p. 209.

的女性不是天生的，而是后天形成的。自人类诞生之日起，两性之间就确实存在着无法弥合的生理差异，但这种差异只是在某些特殊情况下才起作用，如女性的生理期、孕期或者哺乳期等。尽管两性确实在身体构造和机能方面有差异，但这并没有对两性的智力与能力产生根本性影响，毕竟平等合作的两性关系是原始社会人类得以生存与发展的必备条件。

然而，事实表明，在父权制建立过程中，女性逐渐被置于统治权力之外，被剥夺了受教育的权利，在资源配置中被歧视，被剥夺了独立的法律地位，等等。女性虽然一直在文明创造中默默地贡献自己的力量，但在历史研究中被视为“他者”，有时还被传统史学家贬低。“因为女性被社会统治权力长期排斥在外，具有长期无权的经验，所以女性有着与男性不同的心理和态度上的遗产。这可以在一些女性的行为和反应中观察到。”[①]

（二）“他者”观念为何被“他者”接受?

作为一种政治统治工具的“他者”分类，是由统治者强行划分并且施加于“他者”身上的，因此统治者理所当然地愿意接受这种分类。然而，被划分为“他者”的人为何也会长期接受这种分类，从而使这种分类长期有效地存在呢?格尔达·勒纳对此进行了概述。

从经济上来看，“控制资源的男性，将资源分配给他们所拥有的女性，她们则成为男性的财产；同时也分给他们的孩子们，分给无特权的男性，分给新奴隶们。权力关系的组织创造了每一个群体的权利和义务，这种方式使多数男性接受了这样的利益安排形式，并且一直在继续”[②]。因为男性或者统治者控制了经济资源，并且将“他者”作为自己的财产，女性或者其他被统治者为了生存和发展需要获得资源和保护，所以在权利和义务之中，弱者妥协了，并接受了“他者”的身份。

从政治上来看，什么使统治被接受?是人们被贴上了不同的标签吗?这一组或者那一组与我们是不同的；他们是我们的“他者”。在古老权力的变革时期，无奴隶的男性接受了群体中较强的男性制定的关于资源统治及剥削方式的规则，作为交易，他们同时得到了统治和控制“他者”的资源的机会，统治和控制不同的“他者”，即他们本阶级的女性和孩子。即使对那些没有奴隶的男性来说，下层阶级的存在也提高了他们自己的地位，使他们能够接受他们自己的不平等，并把这种不平等视为一种公平的安排。[③]

---

① Gerda Lerner，*Why History Matters: Life and Thought*，p. 209.

② Gerda Lerner，*Why History Matters: Life and Thought*，p. 134.

③ Gerda Lerner，*Why History Matters: Life and Thought*，p. 135.

从教育传统上来看，男性与女性存在巨大的差异。格尔达·勒纳写道："我如果是男孩，就会去学习《犹太法典》。我会以一种积极的方式学习犹太人的历史，会研究智慧的犹太法学家和伟大的领袖们，会研究神秘的精神构建……但是，我是女孩……我所获得的教育都是在性别限定之内的，被熏陶成了一种伟大的沉默……"[①]社会现实迫使女性接受了"他者"的教育。在此，格尔达·勒纳也表示，"女性所被教授的关于世界的内容，以及在艺术、文学、哲学、宗教中所看到的，实际上并不适应于她们"[②]。

从心理上来看，除了格尔达·勒纳已经表达过的女性根深蒂固的从属心理外，她还以犹太人为例进行解释。"像其他少数群体一样，心理作用影响着犹太人，即他（她）们对自身的'差异'感到压抑……真正压迫我们的不是我们适应生活的选择，或者被划分为'差异'的群体的本质，而是我们自我限定的东西，并非别人强加给我们的。"[③]犹太人保持自己独特的宗教、行为方式和文化特征以区别于其他群体。因此，这种"他者"的身份是可以被犹太人接受的。

从历史研究的角度来看，格尔达·勒纳借用玛丽·里特·比尔德的话说："女性始终是历史发展的动力，她们在文明建设的过程中历来都是行动者而不是服从者。可是，这一事实遭到了掩盖。于是，女性丧失了自己的英雄和模范人物，内心充斥着甘愿牺牲、逆来顺受和男尊女卑的观念。男性同样受到了这种被歪曲的历史的熏陶，同时男性文化所导致的男性优越感，认为以性别为基础的劳动分工证明了男性统治的合理性等，进一步提高了男性的地位。"[④]处于边缘地位的历史长久以来影响了"他者"的自我感知、态度和集体行为，这使"他者"主动牢牢地接受了历史传统的"他者"观念，"他者"将这种观念又传给自己的后代。因此，长期以来这种"他者"观念可以被"他者"认可并被维持。

如此根深蒂固、强有力的"他者"观念将女性等群体的平等权利意识紧紧地束缚着，阻碍了女性权利意识的发展。当揭开"他者"观念的历史秘密时，当女性是被男性置于社会、历史、文化的边缘地位及被命名为少数群体的事实被揭露出来时，女性"必将被认为是维持和提高现代文明水平必不可少的力量"[⑤]。格尔达·勒纳认为："当女性开始视男性为'他者'

---

① Gerda Lerner，*Why History Matters: Life and Thought*，p. 7.

② Gerda Lerner，*The Female Experience: An American Documentary*，p. xxi.

③ Gerda Lerner，*Why History Matters: Life and Thought*，p. 15.

④ Gerda Lerner，*Why History Matters: Life and Thought*，p. 120.

⑤ Suzanne Lebsock，Reading Mary Beard，pp. 335-336.

时，女性主义意识随即产生了。”①摆脱“他者”观念的力量，对格尔达·勒纳而言是来自女性历史的写作。格尔达·勒纳对历史中女性的作用与史学中女性的地位进行了“女性史的辩证法”的解释，揭示了长期以来史学将女性排斥在研究之外的意识根源，即女性被社会、历史、文化地构建为“他者”。继而，格尔达·勒纳既批判了“大写历史”中历史发展主体的普遍性，又批判了女性“他者”身份的真实性，为“置女性于历史之中”的女性史研究的合理性提供了不容置喙的理论支持。

从发展历程看，最早对女性“他者”身份进行思考的是西蒙娜·德·波伏娃。在《第二性》中，她对女性“他者”身份的形成进行了哲学思考。她认为女性的“他者”身份具有自然性、从属性、罪恶性和被动性。她的女性“他者”观念引导了美国乃至世界女性史对女性劣势地位的广泛研究。1975 年前后，格尔达·勒纳就在自己发表的多篇文章中体现了对波伏娃“他者”观念的批判性继承。格尔达·勒纳赞赏她的智慧，但不同意这位法国理论家所强调的女性的被动性和她所宣称的女性没有历史的观点。②格尔达·勒纳对女性“他者”身份的构建，实质上就是对女性社会性别身份的构建。由此，格尔达·勒纳成为美国女性史学中对女性“他者”身份进行了理论化阐释的第一位关键人物。

第二节　社会性别的认识视角

自希罗多德以来，西方历史研究从实证到理论都在不断进步：研究范畴扩大，研究内容深化，研究视角多样化，研究手段科学化。至 19 世纪，以兰克为代表的实证主义史学已经成为全球性的“标准史学”，19 世纪则被称为“历史学的世纪”。20 世纪，随着史学内部的变革，研究视角不断扩大，越来越多的研究对象进入研究者的视野。然而，无论如何进步，他们也没有将占人类人口一半甚至更多的女性考虑到历史研究之中。

19 世纪后期以来，史学界对历史研究的客观性问题产生了更多的质疑与指责。1931 年，贝克尔公开发表了《人人都是他自己的历史学家》一文，他解释说：“我们承认有两种历史：一种是一度发生过的实实在在的一系列事件，另一种是我们所肯定并且保持在记忆中的意识上的一系列事件。第

---

① Gerda Lerner，*The Female Experience: An American Documentary*，p. xxi.

② Robert Allen Rutland，*Clio's Favorites: Leading Historians of the United States，1945-2000*，p. 106.

一种是绝对的和不变的，不管我们对它怎样做法和说法，它是什么便是什么；第二种是相对的，老是跟着知识的增加或精炼而变化的。这两系列事件或多或少是相应的，我们的目的便是求这两种相应尽量确切；但是，事实的实在的一系列，在我们看来，只存在于我们所肯定并且保持在记忆中的那意识上的一系列之中。”[①]玛丽・里特・比尔德在《理解女性》中，也认为“一切（历史）似乎都依赖于历史学家——所在的时间、地点、阶级”[②]。后现代主义理论家海登・怀特提出了“历史的过去”和“实践的过去”的观念。在“历史的过去”中，历史学家所建立的严格客观和中立的对象只存在于书籍和学术论文中。“实践的过去”是人们在日常生活中对过去的观念，从个人事务到宏大政治方案中人们所面对的实际问题。[③]由此可见，历史学家记录的历史是依赖于主观的，而并非像历史学家所声称的那样如实地记载，不加个人喜好地写作历史。格尔达・勒纳在反思男性史学认识论中的性别忽视问题时说：“当我们用一只眼睛看（历史）的时候，我们的视角被限定在一定的范围之内并且全无深度。当我们用另一只眼睛的时候，我们的视野变得开阔，但是我们仍然缺乏深度。只有当我们用两只眼睛一起观察的时候，我们才能获得宽广的视角和准确的理解。”[④]这表明，学者研究女性历史时必须摆脱男性史学认识论中孤立的男性视角，首先建立以女性历史经验为标准的女性史研究视角，当研究成熟后，使用两性中立的视角重新认识人类完整的历史。20 世纪七八十年代，我们研究的是第一阶段，即以女性历史经验为标准的女性史研究阶段。

格尔达・勒纳对男性史学忽视女性历史的观念主要进行了三个方面的批判，即对男性史学认识的客观性和对历史分期标准的批判，以及对所谓的女性资料不足问题的批判，从而进一步为“置女性于历史之中”的女性史研究提供了客观且行之有效的理论依据。

一、女性史研究与历史认识标准

19 世纪下半叶到 20 世纪中期，史学界内部对历史认识的客观性问题

---

① 田汝康、金重远：《现代西方史学流派文选》，上海：上海人民出版社，1982 年，第 259—260 页。

② Margaret Smith Crocco，Forceful yet Forgotten: Mary Ritter Beard and the Writing of History，p. 17.

③ Hayden White，*The Practical Past*，Evanston: Northwestern University Press，2014，p. 9.

④ Gerda Lerner，*The Creation of Patriarchy*，p. 12.

已有很多争论。[①]但这些争论似乎同女性问题是绝缘的，学者们并没有向历史认识的客观性问题提出“女性群体缺失”的质疑与挑战。因此，格尔达 · 勒纳说：“历史的专业化发展是通过男性之间的普遍研讨而形成的，男性定义的一种可能的‘科学知识’创造了一种理想的‘客观学术’，这种‘客观学术’将与女性有关的情感和感受排除在外。”[②]20 世纪 70 年代以后，作为女性史研究理论先驱的格尔达 · 勒纳当仁不让地扛起了向男性史学认识客观性进行挑战的大旗。从两性历史、社会、文化经验差异的角度，格尔达 · 勒纳重新审视了父权制思维模式下的历史认识客观性问题，呼吁建立将女性经验考虑在内的相对中立、普遍的历史认识标准。

格尔达 · 勒纳认为，女性的历史已成为一种特殊的历史，被歪曲而成为异类。“它被双重地折射了：一是通过男性的记录和观察；二是通过适应于男性的价值标准。”[③]两者存在的一个共同基础是男性史学的认识标准问题，而这个标准是否具有普世的客观性成为关键问题。显然，答案是否定的，因为它已将女性的历史拒于研究之外。当女性进入史学研究者的视野后，女性史研究的第一个任务便是解构客观性，提供新的方法结构。[④]对格尔达 · 勒纳而言，解构客观性，首先就是瓦解男性史学认识论中父权制衡量标准被赋予的“客观性”。格尔达 · 勒纳说：“与男性故意忽视女性的历史相比，我更倾向于男性所确立的史学研究标准不适用于对女性历史的解释。所有历史研究的范式都是父权制的，对（研究）女性的作用有限。”[⑤]因此，男性史学对女性的历史视而不见，将女性置于边缘群体的地位，符合男性史学的研究标准，但这种标准显然违背了历史的真实情景，是父权制价值观下厌女思想家们偏见的产物。

对于父权制的价值观，简单而言，即性别差异的假定暗示了一种上帝赋予的，或者至少是因性别差异而进行的人类活动的“自然”分离。更进一步的假设，即这导致了男性对女性的“自然”统治。[⑥]父权制观念被构建于所有文明的精神框架之中，它转化成性别、社会、经济的关系，并且控制了所有思想体制。因此，在两性关系中，男性是标准，女性是异类；

---

① 袁吉富：《历史认识的客观性问题研究》，北京：北京大学出版社，2000 年，第 2 页。

② Gerda Lerner，How the Historical Profession Became a Male Preserve，*Journal of Women's History*，Vol. 11，No. 2，1999，pp. 221-222.

③ Gerda Lerner，*The Female Experience: An American Documentary*，p. xix.

④ Christie Farnham，*The Impact of Feminist Research in the Academy*，Bloomington: Indiana University Press，1987，p. 55.

⑤ Gerda Lerner，*The Creation of Patriarchy*，p. 13.

⑥ Gerda Lerner，*The Majority Finds Its Past: Placing Women in History*，p. 133.

男性是完整的、力量强大的，女性是不完整的、有损伤的、有情感依赖的。[①]这些是非历史、非客观的判断。

面对两性不平等的长期化、系统化、制度化，格尔达·勒纳对女性是历史的少数、是异类的父权制价值观的标准表达了强烈的不满，并进行了积极的批判。格尔达·勒纳认为："女性在任何意义上都不是少数。女性就是一个性别。"[②]但由于她们受到经济、宗教、法律等方面的歧视，她们表面上同其他少数群体一样，而实际上，她们与其他少数群体大相径庭，她们分布于人类社会的各个阶层、各个角落之中。女性绝对不是少数，有时甚至是人类的多数。"女性是社会基础运动的主要力量。……只有将女性在运动中的作用呈现出来，所讲的历史才是真实的。"[③]在生产力由低级向高级发展的过程中，尽管女性对社会的贡献也很大，但在"用金钱衡量价值的社会中，女性的工作价值被贬低了"[④]。这一切表明，千百年来，并非女性本身的价值降低了，也并非男性自身的价值提升了，而只是男性对两性价值进行衡量的标准发生了根本性的变革。因此，格尔达·勒纳戏谑地说："并非男性忽略了女性的历史，而是女性的历史不符合男性的要求。"[⑤]男性的研究标准并非客观的，不适用于普遍的女性。

当格尔达·勒纳意识到"女性有历史，只是父权制价值观在我们文化和思想中的蔓延使我们模糊和误解了它"[⑥]时，她就已经朝着构建性别中立的历史认识方向前进了。格尔达·勒纳认为，女性分散在不同阶层、民族之中，无论是处于社会底层，还是处于统治阶层，她们的地位总是与所在群体的男性有根本区别：她们在历史上具有普遍从属性。正如一些学者所说，"这点正是被传统史学所遮蔽的，即性别关系的变化被淹没在阶级、民族、种族之中。女性史研究就是要把历史中性别关系的变化显现出来，并探究它与社会、经济、政治、文化等方面的联系。对史学研究，这无疑将开拓出一系列新问题和新领域"[⑦]。女性作为一个整体，必然具有一个共同存在的经验基础，对格尔达·勒纳而言，它是绝大多数女性被排除在

---

① Gerda Lerner，*The Creation of Patriarchy*，p. 3.

② Gerda Lerner，*The Majority Finds Its Past: Placing Women in History*，p. 134.

③ Gerda Lerner，U. S. Women's History: Past，Present，and Future，*Journal of Women's History*，Vol.16，No.4，2004，pp. 10-29.

④ Gerda Lerner，*The Majority Finds Its Past: Placing Women in History*，p. 103.

⑤ Gerda Lerner，*The Female Experience: An American Documentary*，p. xxxvii.

⑥ Gerda Lerner，*The Majority Finds Its Past: Placing Women in History*，p. 133.

⑦ 王宏维：《发现妇女的历史》，《南方日报》2004 年 12 月 2 日，第 A07 版。

教育之外、被剥夺了政治权利、受到法律的限制、受到经济剥削①的经验。然而，若单纯地思考女性与男性经验的完全不同，这种思想就过分地夸大了女性之间的联合，即思考女性与男性的坚决对抗，也会掩盖女性内部的矛盾与斗争。格尔达 · 勒纳借机进一步分析了歧视的观念。她说种族（或性别、性取向、宗教等）是三种不同层面的社会构建：①歧视作为一种工具已经被制度化；②作为一种历史经验，已经形成了一种特定群体的生活；③是被压迫群体的一种突出的标志，是受压迫群体进行斗争争取自由的工具。格尔达 · 勒纳将种族、阶级和性别压迫解释为同一系统内的不同部分，这三个部分是同时起作用而不是单独起作用的。格尔达 · 勒纳警示人们，要想消除性别压迫或剥削，必须一同努力战胜所有的压迫形式。②

因此，将女性整体作为历史认识对象时，格尔达 · 勒纳并没有像其他学者，如朱丽叶 · 米切尔、卡尔 · 戴格勒那样，因女性具有相似的经验而视其为一个类属，从而陷入男性/女性二元对立的思想之中。③事实上，她确实认为，“很难将女性概念化为一个整体，因为她们遍及整个人类社会”④。对两性关系的认识，格尔达 · 勒纳既看到了女性的整体利益，也看到了女性之间的各种差异。以历史上的美国女性为例，白人女性与黑人女性对改变自身窘境的权利要求是不同的，长期以来，白人女性的信条是女性的工作地点在家庭，而黑人女性认为自己的工作地点在白人女性的家庭。这就是为何在女性权利运动中，白人女性要求外出工作，而黑人女性要求回家做家庭主妇。1977 年，南希 · 科特的《女性的关系》（*Bonds of Womanhood*）探讨了 1780—1830 年低阶层女性对中产阶级“家庭生活的崇拜”。在南希 · 科特看来，与其说男性和女性的世界是相互独立的，不如说男性和女性是中产阶级的组成部分。中产阶级女性处于同一个“单独的领域”的身份，与其他领域的女性并不具有完全一致的身份。中产阶级的家庭生活使“真正的女性”与公共领域的“真正女性”在历史中分离开。这为女性提供了一种基于女性身份共同性，对集体行动的重新定位。1986 年斯坦塞尔的《女性的城市：纽约的性别与阶级（1790—1860）》（*City of women: Sex and Class in NewYork 1790-1860*）描述了纽约贫穷和移民职业女性的艰苦生活，她们拒绝中产阶级改革者努力的成果。南希 · 休伊特的《女性激进主义和

---

① Gerda Lerner, *The Majority Finds Its Past: Placing Women in History*, pp. 53-55.

② Roxanne Henkin, Confronting Bullying: It Really Can Get Better, p. 112.

③ Gerda Lerner, Women and Equality, *Review in American History*, Vol. 6, No. 3, 1978, pp. 286-287.

④ Gerda Lerner, *The Majority Finds Its Past: Placing Women in History*, p. 3.

社会变革：罗切斯特、纽约（1822—1872）》（*Women's Activism and Social Change: Rochester, New York 1822-1872*）挑战了浪漫化或普遍的"独立领域"的概念，对阶级加以关注。[①]女性身份的多样性，并非某个阶级、阶层群体的特征，而是女性群体的共有特征。不同阶级女性之间的差异显然大于同阶级的女性和男性之间的差异。

不同种族、阶级、宗教的女性具有不同的文化背景与现实要求，因此，要认识到女性群体内部的差异。不言而喻，历史证据表明，女性为了自身的利益和所在阶级的整体利益，任何群体的女性与同阶级男性亲密合作的程度都远远超越不同阶级女性之间的联系程度。上层阶级的女性曾公然支持对下层阶级女性的压迫，因此，女性作为一种性别从属于男性这一事实与其他少数群体的从属存在本质的区别。女奴隶主对女性奴隶、女资本家对女性工人的压迫并不一定比男奴隶主或男性资本家的施压程度或残暴程度弱，也许只是压迫的方式略有不同。男性奴隶与女性奴隶为反抗奴隶主形成的联合，以及男性工人与女性工人为反抗资本家形成的联合，比女性之间联合反抗男性特权的合作时间要更持久、决心更强、斗争更激烈、效果更明显。阶级之间斗争的力量大于性别之间斗争的力量的关键，在于同一阶级的成员可以毫无保留、竭尽全力地与另一阶级进行坚决斗争，女性与男性之间具有千丝万缕的联系而无法完全割裂，如父女、夫妇、母子等之间的情感联系，因此男性与女性根本无法产生且没有必要产生彻底的决裂与坚决的斗争。最终，格尔达·勒纳的研究也表明，黑人女性与白人女性的合作无论是否有效，都是建立在每个群体内部本然的自我利益之上的，而不是建立在利他主义的基础之上。她们尽管有共同的女性经验，但无法摆脱个人地位和权力的限制。因此，对女性的历史研究需要多元的认识标准。

格尔达·勒纳关于女性之间性别差异的思想来源于她对《来自南卡罗来纳州的格里姆克姐妹：向奴隶制宣战》的写作，是对格里姆克姐妹观念的继承与发展。正如斯蒂芬妮·科尔所言："在其他人意识到不同阶级和不同种族女性之间差异的重要性之前，格里姆克姐妹和格尔达·勒纳就已集中注意力于此。"[②]"女性之间的差异成为探讨（女性史）的中心"[③]。对两性之间历史经验的差异及女性内部差异的认识标准丰富了人类对性别

---

① Sara M. Evans，Feminism's History and Historical Amnesia，p. 506.

② Stephanie Cole，Review: *The Feminist Thought of Sarah Grimke*，*The Journal of Southern History*，Vol. 66，No. 2，2000，p. 401.

③ Gerda Lerner，U. S. Women's History: Past，Present，and Future，pp. 10-29.

关系的研究，有效地将“女性置于历史之中”。正是格尔达·勒纳将美国女性史研究从对女性群体一贯的、同一的劣势地位的思考，转向了女性内部差异化、多样化的研究。这既开拓了女性史研究的主题，也形成了女性史研究的新标准。20 世纪 80 年代以后，美国女性史研究越来越重视女性的阶级、宗教差异对女性的影响，开启了从多个层面写作女性历史的新时代。

二、女性史研究与历史分期

随着对女性史研究的深入，关注传统史学中历史分期适用性问题的学者越来越多。有学者认为，在美国史研究中，“我们使用以政府统治或战争为标志的传统分期：革命时代、杰克逊时代、内战时代、艾森豪威尔时代等。传统的历史解释趋于强调男性的成就，无论他们是总统、将军、农民还是大农场的帮工。所有男性都将女性当作他们同时代的人，认为她们经历了与自己同样伟大的社会”[①]。然而，事实上，女性并没有享受到同男性一样的进步。“在传统视阈里，妇女其实没有历史——他们几乎不被历史记载、几乎不被史学研究，而叙述、研究历史的史学家们几乎是清一色的男性。因此，现存的历史主要是从男性视角、在男性诠释模式下构建的历史，体现的是男性价值观和男性的活动，即男人的历史。”[②]因此，“对女性来说，雅典的所谓进步，意味着纳妾制和对公民妻子的幽禁；欧洲的文艺复兴，意味着使资产阶级的妻子们专事家务，以及对女巫愈演愈烈的跨阶级的迫害；法国大革命也明显地把女性排斥于自由、平等、‘博爱’之外”[③]。由此可见，“女性史学的任务之一是质疑已被接受的分期体系”[④]。

1975 年，格尔达·勒纳同雷纳特·布莱登堡（Renate Bridenthal）和凯利–加多就女性史研究的问题交流后，写作了《置女性于历史之中：定义与挑战》一文，明确指出“女性史学是对传统史学的一种挑战”[⑤]。凯利–加多于 1977 年发表了《女性有文艺复兴吗?》，思考了文艺复兴时期女性与男性实际生活状况变化的差异，“这种差异需要我们重新构建一种性别角色观

---

① Linda K. Kerber，*Women's America*，p. 3.

② 王宏维：《发现妇女的历史》，《南方日报》2004 年 12 月 2 日，第 A07 版。

③ 王政、杜芳琴主编：《社会性别研究选译》，北京：生活·读书·新知三联书店，1998 年，第 85 页。

④ Joan Kelly-Gadol，Did Women Have a Renaissance?，In Lornal Hutson，*Feminism and Renaissance Studies*，Oxford: Oxford University Press，1999，p. 21.

⑤ Gerda Lerner，*The Majority Finds Its Past: Placing Women in History*，p. 122.

念的历史”[①]，她以女性没有文艺复兴的思想批判了人们对欧洲文艺复兴的乐观态度。格尔达·勒纳也在同年发表的《女性史的挑战》一文中，明确地向男性史学的历史分期发难，指出“传统史学根据战争、统治、革命、广泛的文化和宗教变革为标志进行分期。这一切范畴都仅适用于男性的主要活动，特别适用于政治男性。女性史学家已经意识到这样的分期扭曲了我们对女性历史的理解”[②]。从20世纪70年代格尔达·勒纳的著作来看，有学者认为她挑战了传统的“历史分期”，她认为传统历史分期的唯一依据就是男性的意识，即使在历史研究中可以看见女性，那也并非要体现女性的意识。[③]与其他学者集中于批判“文艺复兴的历史分期”问题不同，格尔达·勒纳将学术的触角延伸至女性如何获得“文艺复兴”的研究领域，并以此来阐述历史研究不应以男性群体的历史经验代表女性的经验，女性需要有自己的分期标准。

格尔达·勒纳以女性的解放与自由为标尺，既批判了男性史学历史分期的片面性，也为女性史研究的历史分期标准提供了依据。由于女性与男性生活在同一的时间与空间，女性确实随着社会的发展在各方面都有所进步，但事实表明，几千年来，同男性的发展程度比较，女性并没有获得真正意义上的解放。凯利-加多也认为，“将女性解放作为至关重要的切入点，我们会发现，促进男性历史发展，并将男性从自然、社会或者思想的束缚中解放出来的那些事件，对女性的影响则有所不同，甚至大相径庭”[④]。那么如何理解“女性解放”呢？格尔达·勒纳认为“女性解放”是：

> 从性别压迫走向自由、自决和自治。自由意味着本质的自由，这来自生理性别和社会性别的限制。自决意味着自由决定自己的命运，自由决定自己的社会角色。自治意味着赢得独立的地位，而不是由出身或者婚姻带来的地位，它意味着经济和文化的独立，自由选择自己的生活。[⑤]

不言而喻，从世界范围观察，绝大多数地区的女性至今都没能摆脱男

---

① Joan Kelly-Gadol，Did Women Have a Renaissance?，p. 21.

② Gerda Lerner，*The Majority Finds Its Past: Placing Women in History*，p. 133.

③ Robert Allen Rutland，*Clio's Favorites: Leading Historians of the United States，1945-2000*，p. 109.

④ Joan Kelly-Gadol，Did Women Have a Renaissance?，p. 21.

⑤ Gerda Lerner，*The Majority Finds Its Past: Placing Women in History*，p. 37.

性的限制与统治而真正实现解放。如何才能实现格尔达·勒纳所定义的女性解放呢？格尔达·勒纳对此也进行了普遍概括与归纳：

> 女性为了获得自治，必须消除来自男性的障碍和男性主导的社会制度的障碍。显然，社会必须实现一定的发展，女性的解放才可以实现。女性解放的前提是城市化；社会实现准备食物和照顾病患的责任的工业化；采暖和洗衣的机械化；广泛的健康和医疗照顾，降低婴儿死亡率和保护母亲的健康、控制生育；交通发达到足以使所有人可以自由迁徙；私人领域和公共领域都给予个人自由；所有层次的学校都要对所有孩子进行无歧视的教育。①

参照上述条件，格尔达·勒纳认为，女性显然没有实现完全解放。当这些情况发生时，则标志着女性“文艺复兴”的到来，但是这与男性“文艺复兴”发生的时间不同②，因此不能以传统的“文艺复兴”分期标准来认识女性的历史。

格尔达·勒纳尽管主张从女性解放的角度寻求女性历史的分期标准，但为提倡将女性权利运动作为女性史发展分期标准的女性史学家敲响了警钟。在传统史学中，女性的活动在战争和政治中一直以来都是被隐藏的。而当代女性史学家所强调的有组织的女性运动，正反映了史学家对公共领域中有组织的政治活动感兴趣的传统。尽管女性权利运动在女性史研究中占据重要地位，但以此为女性史分期标准或中心问题，将会模糊女性史研究的其他方面，如女性长期反抗父权制的传统内容等，以及这些内容对女性意识的变化已经产生的影响等。③实际上，自 20 世纪六七十年代第二次女性权利运动兴起后，史学界以此作为女性史分期的依据，过分地强调了女性权利组织的作用与意义，这就使女性史研究分期陷入了狭隘的政治史分期之中。格尔达·勒纳对此进行了严厉批判，认为女性史学家必须防范其研究落入男性史学以政治斗争为分期标准的窠臼，重蹈精英史学的覆辙。格尔达·勒纳在史学思想方面拓展了女性史研究的内容与分期标准，并为寻求普遍的女性史研究提供了广阔的方向。

对人类历史进行合理的分期，是历史研究中至关重要的问题，却是很

---

① Gerda Lerner，*The Majority Finds Its Past: Placing Women in History*，p. 37.

② Gerda Lerner，*The Majority Finds Its Past: Placing Women in History*，p. 140.

③ Gerda Lerner，*The Creation of Feminist Consciousness: From the Middle Ages to Eighteen-seventy*，p. 13.

难解决的问题之一。“历史家在历史编纂学中注意历史分期的观念显然是近代发展起来的”[①]，“为了研究的方便和对历史变迁做系统的分析，史学家根据不同的研究需要，并从不同的理论角度出发，提出了划分一国或者世界历史的各种标准和体系，这些不同的分期法虽或多或少地帮助人们从整体上理解历史的演变，但无一例外都有很多局限甚至重大弊端”[②]。虽然格尔达·勒纳要求以女性解放为中心进行女性史分期的标准必然存在种种弊端，目前也并没有形成系统的实践，但这并没有影响格尔达·勒纳对女性史发展的信心。

三、女性史研究与“女性资料的缺乏”

在男性历史写作逐渐走向职业化的过程中，受过专业训练的历史学家——女性和男性——一般并不承认有“女性史”的存在。[③]“男性史学忽视女性历史时，使用的最具效力的借口是，女性没有历史资料。”[④]历史资料是历史研究的基础，传统史学家认为女性没有历史资料，因此他们认为女性不存在历史研究或无法进行研究。格尔达·勒纳不仅在官方资料中寻找到了女性的身影，而且在玛丽·里特·比尔德的世界女性档案中心的启发下转换了寻找资料的方向，更多地转向了私人物件。

以美国为例，第一次女性权利运动前，除女性废奴组织中的个别女性受到关注外，多数女性都没有被关注到，其中被关注到的女性也只是被视为边缘者或分裂者，因此她们的资料很少被保留下来。此外，在男性组织或以男性为主的组织中，女性作为辅助者的相关内容通常也没有被记录下来。图书馆和档案馆里，以男性历史为中心进行分类，女性历史被包含于男性历史分类之下，被分化于不同的详细名目之下。[⑤]19 世纪晚期，“白人女性权利运动的活动家们写作的一系列关于选举权运动的著作，成为 20 世纪中期历史学家写作女性历史的基本资料”[⑥]。从上述劣势情况来看，相对于男性历史资料而言，女性历史资料确实是缺乏的。但格尔达·勒纳认为这个观点不成立。由于女性与男性的历史活动存在巨大差异，女性不

---

① 赵轶峰：《学史丛录》，北京：中华书局，2005 年，第 105 页。

② 李小兵、田宪生主编：《西方史学前沿研究评析》，上海：上海辞书出版社，2008 年，第 93 页。

③ Linda Kerber，*Women's America*，p. 636.

④ Gerda Lerner，*The Majority Finds Its Past: Placing Women in History*，p. 136.

⑤ Gerda Lerner，*The Majority Finds Its Past: Placing Women in History*，pp. 136-138.

⑥ Linda Kerber，*Women's America*，p. 636.

能用寻找男性历史资料的方法与标准去寻找女性历史资料，而应从女性自身的特征去挖掘女性历史资料。在玛丽·里特·比尔德的世界女性档案中心遗产的基础上，通过实践，格尔达·勒纳发现了很多女性历史文字资料的存在：

> 文字资料，如女性写的日记、回忆录、家庭通信、小说和诗歌，不仅为女性的现实生活提供了相关信息，而且为女性主要被定义为或者被限定为家庭生活中的狭隘的社会性别角色提供了相关信息。教会的记录、宗教条文（religious order）和教会附属的团体为女性提供了丰富的资料。……很多资料都已经被经常用于描述男性的活动。但是对于女性史来说，使用这些资料的重点和解释内容有所不同。①

从格尔达·勒纳半个多世纪以来的研究成果中可以看到，“她从未放弃过寻找被隐藏的女性资料的目标”②。事实上，女性史研究者们都在各自的研究领域不断挖掘女性资料，这些资料成为女性史研究合法化的有力工具。历史证据表明，实际上某些国家的女性史研究者，并不需要另辟蹊径寻找新的女性资料就可以实现对女性部分历史的研究。格尔达·勒纳认为：

> 对美国女性史研究来说，资料是很容易获得的。它们不仅仅出现在一些社会史的手稿资料中，社会史学家常用的原始材料中也经常可以找到地区史记录、信件、日记、女性俱乐部组织的记录、宗教和慈善组织的记录、劳动工会中女性雇员的记录等。同时也存在大量的女性杂志。这些都为女性史研究提供了很好的资料。国会档案和州政府保存的请愿和听证会的报告，也包含有女性活动和利益的有效信息。其中很多资料仍旧被忽略。③

此外，历史上很多史学家已经付诸行动拯救女性历史资料。最初提出对女性历史资料进行收集、整理的是玛丽·里特·比尔德。在对美国女性历史资料的收集与整理方面，格尔达·勒纳秉承了玛丽·里特·比尔德的

---

① Gerda Lerner, *Living with History/Making Social Change*, p. 166.

② Robert Allen Rutland, *Clio's Favorites: Leading Historians of the United States, 1945-2000*, p. 102.

③ Gerda Lerner, *The Majority Finds Its Past: Placing Women in History*, p. 6.

遗志并做出了重要的贡献。1971 年，格尔达·勒纳与一些学者（包括安·斯科特、卡尔·戴格勒、詹尼特·詹姆斯等人）进行研讨，试图找到揭示被隐藏的女性资料的方法。为此，美国历史学会和美国历史学家组织的成员提出了一些方案，号召利用公共机构组织来帮助研究者获得女性史资料。美国国家人文基金组织资助的《女性史资料调查》是最重要的成果之一。这项调查成为寻找、鉴别和编辑美国女性历史研究资料的引导项目。它描述了 3500 个博物馆的资料，列出了一些很少被使用的资料。更为重要的是，这项调查已经证明大量丰富的未被使用过的女性资料的存在。格尔达·勒纳曾说过，激进主义思想不仅改变了她的生活方式，也改变了她的思维方式。当人们告诉她，没有黑人女性的历史时，她知道这是错的，因为她认识很多有才华的当地非裔女性，所以她开始寻找非裔女性的历史。在 1973 年之前，没有任何关于黑人女性的书籍和文章。1973 年，格尔达·勒纳出版的《黑人女性在白人美国：历史纪实》是全新的第一手资料，她带给大众实质性的证据，内容丰富，将非裔女性的生活建成一个颇有价值的知识探究领域[①]，令女性史学界感到兴奋。这部书开拓了世人的眼界，开启了新的研究领域，为女性史研究增添了新的线索与力量。随后，美国非裔女性的历史研究成为女性史学发展最为迅速的主题之一。它表明了美国非裔女性的历史是可以书写的。[②]1979 年由哈丁编辑的两卷本的调查报告——《女性史资料：美国的档案指导和文集手稿》出版。1999 年，格尔达·勒纳称这份调查报告是自己曾参与过的最有效且最重要的项目之一——不仅因为它最终的成果给予学者以重要的指导，而且因为它为近百个档案馆和博物馆提供了对自己所拥有的资料和分类资料系统进行重新评估的机会。

在格尔达·勒纳的努力与指引下，近半个世纪的学术成果让我们清楚地认识到，历史对女性的失忆是可以避免的。[③]格尔达·勒纳强调，女性史学家要寻求到女性的历史，无论是黑人女性还是白人女性的历史，我们都需要去女性生活和工作的地方寻找。学者们可以在“社区”中寻找当地女性的记录。格尔达·勒纳认为，这种学术工作是非常辛苦且艰难的，但这是获取女性史资料的必经之路。否则，历史学家就会得出错误的结论。[④]

玛丽·里特·比尔德和格尔达·勒纳等人寻求女性历史资料的成果，不仅证明了女性对女性历史资料的重视，而且揭穿了男性史学家所说的忽

---

① Joanne M. Braxton，Transformational Feminism，p. 24.

② Linda Gordon，Gerda Lerner: Leftist and Feminist，p. 35.

③ Sara M. Evans，Feminism's History and Historical Amnesia，p. 513.

④ Nancy MacLean，Women's History for the Future，p. 38.

视女性史研究的原因是没有女性历史资料存在的托词。格尔达·勒纳认为，即便在没有文字记载的远古文明中，也不乏女性资料（物质的、精神的资料等）的存在。正如格尔达·勒纳在《父权制的缔造》中开门见山表达出来的，男性史学没有关注到女性，并不是资料的问题，真正的问题在于解释，因为女性没有获得真正的女性史研究，有的只是纯粹的描述。[①]因此，寻找、拥有丰富的资料并不是女性史学家的终极目标，但这些资料是历史研究必不可少的基础内容。

> 正如我们早前所关注过的，女性史学不只是要找到女性历史的证据，也不仅仅在于将这些证据填充到父权制的史学之中。女性史学有新的优点，它是一种立场，用新视角观察传统史料。多数传统资料告诉我们，女性已经在男性的观察中被折射出来。女性史学家必须质疑有男性偏见的资料，必须通过女性的视角消除这种偏见。[②]

格尔达·勒纳花费了半个多世纪的时间对女性史进行研究，做了大量详细的女性资料搜集与考证工作。《父权制的缔造》《女性主义意识的缔造：从中世纪到 1870 年》《黑人女性在白人美国：历史纪实》《女性经验：美国历史文档》等著述中的资料已经被历史研究者广泛地应用于研究之中，因此她被称为“女性史百科全书式的人物”。[③]事实上，女性史资料的真正问题，在于资料的零散、不系统，且大都曾经是由男性记录和收集的，也是按照男性的观点去分类整理的，所以在应用这些资料时会有困难，但研究者可以通过女性的视角重新审视这些资料。女性资料尽管与男性资料的来源有差异，却是女性参与历史活动实实在在的资料。然而，研究者并不是在任何地方都可以找到这样的资料，也不能毫无批判地直接接受它们。

综上所述，格尔达·勒纳较早地意识到了从理论层面对传统史学忽视女性历史的认识视角进行批判的重要性与有效性。她批判了传统史学认识论的普遍性与客观性，要求将女性与男性、女性与女性之间的差异性反映于历史研究之中，进一步赋予女性史研究以合理性与合法性。在女性史专

---

① Gerda Lerner，*The Creation of Patriarchy*，p. 7.

② Gerda Lerner，*The Majority Finds Its Past: Placing Women in History*，p. 138.

③ Janice Nahra Friedel，Review: The Majority Finds Its Past: Placing Women in History by Gerda Lerner，*The History Teacher*，Vol. 13，No. 3,1980，p.448；Judith M. Bennett，Review: *The Creation of Feminist Consciousness: From the Middle Ages to Eighteen-seventy by Gerda Lerner*. p. 1194.

家的相互交流与鼓励中，她比凯利-加多等人集中于批判传统“文艺复兴”等历史分期标准更进一步，提出了“女性解放”的分期标准。即便如此，事实上，真正的女性史研究的分期标准还在探索中，至少目前并没有一种广泛适用于女性史研究的分期标准出现。客观、真实的史料是历史研究的基础条件，任何历史理论都是在一定的史料基础上才能充分发挥作用的。因此，格尔达·勒纳揭穿了男性史学中以“女性资料的缺乏”为借口忽视女性历史的谎言，并从图书馆、档案馆、宗教记录、地区史记录、慈善组织、俱乐部、请愿报告等众多领域，寻找、搜集、整理了大量的女性史研究资料。总之，格尔达·勒纳不但为女性史研究提供了差异性的、客观的研究标准，列举了以普遍“女性解放”为标准的历史分期等方面的理论认识，还为开发女性资料提供了方向性的指导，为加快普遍女性史建设做了重要贡献。

第三节　社会性别的解释方法

格尔达·勒纳最早提出了对女性历史进行解释的观念。早在 1969 年，她就批判了当时学者对女性历史的研究方法，认为她们的研究是“狭隘的，主要是描述性的、无解释的”[①]。这导致女性史研究长时间没有找到合适的解释方法，形成了单一的追求女性在女性权利运动及其他政治运动中的作用与地位，忽视了较为普遍的女性的历史。随着学界对女性史研究资料的有效开发，对女性史研究认识视角的丰富，以及后现代主义者与解构主义者对传统史学所使用的语言、观念等质疑的声音越来越多，女性史学家更加关注女性史的解释问题。在研究中，以格尔达·勒纳为代表的女性史学家运用语言和概念解构的方法时，并没有陷于无法弥合的历史研究的断裂之中，而是重新回到以女性群体同一经验为解释标准的研究。但格尔达·勒纳敏感地意识到，“女性分布于整个人类社会，除特殊利益组织外，她们无法联合在一起，因此很难将女性概括为一个群体”[②]。因此，需要对女性内部差异进行多元视角的解释，并通过性别的视角重新审视人类历史。

一、对女性的社会性别解释

从 20 世纪 60 年代开始，特别是 20 世纪 80 年代以后，受到维特根斯

① Ann Curthoys，*Is History Fiction?*，p. 165.

② Gerda Lerner，*The Majority Finds Its Past: Placing Women in History*，p. 3.

坦语言哲学、索绪尔结构主义语言学及福柯后现代理论的影响，一些历史学家开始关注语言和历史及历史解释之间异常复杂的关系。[①]学者们发现，人们使用语言对历史过程进行表达时，语言具有不确定性、隐喻性和双关性等特征，它在特定的环境中具有特定的内涵，它在自身的配置中生成着意义。由于后现代主义的解构有益于女性史学者在研究中解构父权制，寻找有利于女性历史的准确表达，美国的部分学者开始着手对女性在历史中的地位进行深入分析，即分析两性之间权力结构和不平等关系是由词语、言语及其他方面维持的，对历史研究中广泛使用的、具有不平等内涵的语言进行批判。

因为语言具有社会性，能被特定的人群理解，所以格尔达 · 勒纳认为，企图在短期内改变词语或词语的用法是非常困难的，有时甚至是无效的。但我们仍希望可以解构以男性为中心的内在假设，用适合人类另一半观念的语言来重新表达、重新界定和重新命名女性的经验。因此，她尝试着赋予普通的、长期被接受的语言新的内涵并试图使其被广泛接受。[②]

学者们所说的语言霸权，指的是“社会话语相对于日常语言（language），它强调语言的社会性功能，也泛指传统文化意识形态方面的内容。社会话语是人为的，也是可以改变和‘解构’（deconstruction）的，只要解构有关社会话语并阐发新意，就可以改变人们的性别观念，进而改变现实中男女的社会地位”[③]。也就是说，以此为基础形成的女性史研究，“探讨方向的焦点是人类心智，把它看作是社会传统的贮藏处，是认同形成的地方，是以语言处理事实的地方”[④]。男性史学用世界、国民、人民、社会等概念已经构建了一种貌似普遍的人类历史，这些概念使用的语言让人们似乎感觉到每一个人都被包含在内，但实际上，它们通常代表的是中产阶级、白人、男性的立场与观念。因此，对女性史的研究就要求研究者站在社会性别的立场、以社会性别的认识视角进行思考，需要研究者对相关史料重新进行文本解读与分析。

在这样的学术背景下，格尔达 · 勒纳在女性史研究领域率先提出，“女性被历史遗忘并不是因为男性历史学家们的阴谋，而是因为我们仅仅使用

---

① 李宏图：《历史研究的“语言转向”》，《学术月刊》2004 年第 4 期，第 18 页。

② Gerda Lerner, *The Creation of Patriarchy*, p. 232.

③ 刘军：《论美国妇女史研究中的政治倾向》，《史学理论研究》1998 年第 1 期，第 115 页。

④〔美〕乔伊斯 · 阿普尔比等：《历史的真相》，刘北成、薛绚译，北京：中央编译出版社，1999 年，第 198 页。

了以男性为中心的术语”[①]，所以大多数女性的历史是不能被历史学家认同、接受的。历史研究经常将历史置于“人（human）”和“男性（male）”这些词语下[②]，它们模糊了女性的世界、女性的经验和女性的历史，取而代之的是宏观同一的人类进步、统一的发展模式、相同的思维方式等。用这样的传统语言，女性永远会被置于人类普遍权利的边缘、历史研究的“他者”地位。父权制社会为女性打造了不同的前缀名称，如“woman（女性）”和“lady（贵妇）”。这些名称隐喻了女性属于不同阶层。究竟女性是woman还是lady，在父权制社会中，不取决于女性对社会、文明、历史的贡献，而是取决于其父亲或丈夫的地位。[③]因此，话语成为掌权者的权力手段。女性群体被人为划分，导致了女性群体内部的差异。这制约了女性作为一个性别整体为争取自身权益而建立统一联盟的可能性。因此，格尔达·勒纳认为在女性史研究中必须废除话语的性别特权。

然而，语言具有稳定性，短期内改变词语或词语的用法非常困难。但格尔达·勒纳仍希望可以解构以男性为中心的历史研究的内在假设。她通过比较的方式对人们熟悉的词语进行分析。格尔达·勒纳也曾在《父权制的缔造》中做了一系列词语的比较分析，如性别与社会性别，女性主义、女性权利和女性解放等。其中，对描述女性历史地位的词语分析得更具体。从语言结构出发，格尔达·勒纳严格区分了经常使用的三个描述女性历史地位的词，即“对女性的压迫”（oppression of women）、“女性从属者”（subordination of women）和剥夺（deprivation）。她期望人们将所使用的父权制语言纠正、变革和重造，进而创造一种新的、常用的、无性别的语言。[④]

“对女性的压迫”经常被女性作家、思想家和女性主义者使用。“受压迫”一词暗示受害，使用该词的研究者通常将女性作为一个受害群体来定义。

> “受压迫”集中于虐待。它是主观的，因为它展现了从属群体的意识，他（她）们已经被虐待。这个词暗示着权力斗争，战败导致一个群体控制了另一个群体。可能是因为女性的历史经验包括这种“受压迫”，但是它还包含更广泛的内容。女性接受了性别/社会性别体系，接受了

---

① Gerda Lerner，*The Majority Finds Its Past: Placing Women in History*，p. 140.

② Gerda Lerner，*The Creation of Patriarchy*，p. 232.

③ Gerda Lerner，*The Female Experience: An American Documentary*，Indianapolis: Bobbs-Merrill Educational Pub.，1977，pp. xxviii-xxix.

④ Gerda Lerner，*The Creation of Patriarchy*，p. 233.

从属的观念，并且将这一观念传给了她们的孩子。一方面，她们在生活中受到父亲或丈夫的“压迫”，另一方面她们成为“压迫”其他男性和女性的一员或者成为被女性“压迫”的女性。当使用“受压迫”这个词描述女性群体的情况时，如此错综复杂的内容就被忽视了。[①]

显然，格尔达 · 勒纳意识到仅仅用“受压迫”一词无法准确描述女性群体的真实地位。格尔达 · 勒纳对“受压迫”一词进行了具体的比较研究，将同种族两性之间的关系、白人女性同黑人女性之间的关系进行比较，得出的结论是：女性在复杂权力关系中具有多重身份。格尔达 · 勒纳承认，对传统认识与解释观念中女性受压迫地位的质疑，最先是由玛丽 · 里特 · 比尔德提出来的。玛丽 · 里特 · 比尔德认为，劣势地位和受压迫毫无疑问是女性的历史经验，应该被记录，但这种解释观念的狭隘之处在于，它表现出大部分女性是被动的。女性不断地为社会做出贡献，她们不能完全被视为受压迫的受害者。格尔达 · 勒纳继承了她的思想，即女性对历史做出了巨大的社会贡献。同时，她对玛丽 · 里特 · 比尔德的思想有所批判，她认为女性是一个复杂的社会群体，部分女性受压迫确实是事实，因此，使用表述女性地位的词语时，需要考虑女性之间的差异。这成为格尔达 · 勒纳女性主义史学思想的闪光之处。她认为，需要为女性寻找到一个新的、适当的词进行合理的解释。在此，格尔达 · 勒纳比玛丽 · 里特 · 比尔德的思想更细腻、更进步。

“女性从属者”(subordination of women)的使用取代了“受压迫”一词，具有独特的优势。从属并不含有被统治的意图，它允许统治者与从属者的联合。它包含从属者自愿接受从属地位以换取保护和特权，这种情况赋予女性更多的历史经验特征。我将使用“家长统治”(paternalistic dominance)一词说明这种关系。“从属”还包括了除“家长统治”之外的很多关系，并且比“受压迫”更具中立性。五千多年来，男性与女性之间复杂的性别/社会性别关系不能被归于一种简单原因——男性的权力贪欲。更好地使用适当的无价值色彩的术语，可以使我们描述不同的、变化的性别/社会性别关系，这在不同时代、不同

① Gerda Lerner, *The Creation of Patriarchy*, pp. 233-234.

地方，被男性和女性共同构建着。[①]

格尔达·勒纳主张，将女性与男性之间的权力关系用“女性的从属”表达出来。“从属”允许统治者与从属者联合，从属者自愿接受从属地位以获得相应的权利。“从属”包含了“家长统治”及其他关系，比“受压迫”更具客观性。然而，对于女性是“受压迫者”还是“从属者”，不同学者持有不同观点。朱迪斯·本内特就明确表示支持女性是“受害者”的观念。她认为“从属者”的身份不能使女性积极参与到争取性别平等的权利斗争中。[②]显然，朱迪斯的这一论断更多的是为女性权利运动服务，而格尔达·勒纳是从历史研究的视角进行分析的。格尔达·勒纳对“剥夺”一词进行解释时说：

> “剥夺”一词的使用优越于其他两个客观性的术语，但是它具有掩饰和隐藏已存在的权力关系的作用。“剥夺”被视为大权、特权的消失。它集中注意力于已经被否定的人，而不是那些正在被否定的人。“剥夺”可以由个人、群体、机构、自然条件和灾难、健康恶化及其他很多原因引起。[③]

通过对格尔达·勒纳著作的研究，可以看出她确实偏向于使用“从属者”这一词对女性的地位进行解释。然而，她并没有否定其他词，她明确指出，“对女性的压迫”、“女性从属者”及“剥夺”等词分别适用于不同的女性。尽管女性群体是相对独立的性别体系，但其内部的多样性让研究者无法用统一的词对其进行解释。女性的特殊性必然需要研究者使用不同的适当术语进行解释分析[④]。例如，古代西方，女性被剥夺了选举权，已婚女性在法律和财产权利上是从属于男性的，女性在一些义务性的协会和机构中自愿从属于男性，雇佣中的同工不同酬，性别歧视的分工等都表明了女性处于“受压迫”的地位。女性是一个独立的性别体系，但其内部的社会性别差异让研究者“不可能用一个词来描述女性。女性的地位作为男性地位的对立面，在任何时期和地方都必须进行区分，由于它的特殊性和它

① Gerda Lerner, *The Creation of Patriarchy*, pp. 234-235.
② Judith M. Bennett, *History Matters: Patriarchy and the Challenge of Feminism*, p. 21.
③ Gerda Lerner, *The Creation of Patriarchy*, p. 235.
④ Gerda Lerner, *The Creation of Patriarchy*, pp. 235-236.

与不同社会构建的关系，必须使用不同的适当术语进行强调”[①]。这些足以表明，人们通过语言所作出的任何解释都只是解释语言的“构建”。[②]

20世纪后期，后现代主义者认为，人们习以为常的传统习俗、价值观等所谓的社会标准，并非真理，而是人为的文化偏见。[③]然而，直到20世纪80年代末90年代初，女性史研究的主流仍处于传统史学的解释框架之中。受后现代主义的影响，作为女性史学理论的先锋，早在1986年，格尔达·勒纳就对“父权制”、“种族”、“性别”和“阶级”的概念进行了社会性别的建构，批判了本质主义者提出的两性的差异由生理因素导致的观念。琼·斯科特也指出：“只有解构绝对的社会性别差异的分类，我们才可以批判与社会性别有关的标准、原则及与社会性别有关的权力。”[④]正如学者们所言，“下层”族群的历史——即工人阶级、移民、女性、奴隶、同性恋者的历史，事实上很难被纳入“一个美国”的故事中。[⑤]但目前，对女性史研究而言，解构确实成为一种有效的女性主义工具。[⑥]在《历史为何重要：生活与思考》中，格尔达·勒纳指出：

> 受到后现代主义和解构主义的影响，当代学者形成了一些挑战性的观点，认为“种族”是一种现代的、被构建的身份。这些学者认为种族是被创造的，并且在每一代人那里都有不同的解释。美国的独立革命和法国大革命破坏了贵族等级继承制度，国家政权需要通过呼吁种族的或者民族的强权来加固权力，创造内在的集合。建立国家，创造各自种族的文学，庆祝“民族”节日，强化传统习俗，所有被装饰的象征都维持了新的种族划分。与此相同，在19世纪的美国，当不同的种族移民群体为了经济和政治权力而与大不列颠人斗争时，他们通过使用种族性的象征来统一他们的要求。[⑦]

格尔达·勒纳在《父权制的缔造》中梳理了女性成为男性从属者的人为化和制度化的历史过程。自原始社会起，人类就开始了男性与女性的劳

---

① Gerda Lerner, *The Creation of Patriarchy*, p. 236.

② 李宏图：《历史研究的“语言转向”》，《学术月刊》2004年第4期，第18页。

③ 刘军：《论美国妇女史研究中的政治倾向》，《史学理论研究》1998年第1期，第115页。

④ Karen Offen, *Writing Women's History: International Perspectives*, Houndmills: Macmillan Press Ltd., 1991, p. 66.

⑤〔美〕乔伊斯·阿普尔比等：《历史的真相》，第197页。

⑥ Karen Offen, *Writing Women's History: International Perspectives*, p. 68.

⑦ Gerda Lerner, *Why History Matters: Life and Thought*, pp. 150-151.

动分工。女性更多的是从事与母性职责有关的活动，在经济上女性逐渐从属于男性。法典明显赋予了男性和女性不平等的法律地位与保护权益。宗教中，男神与女神、男祭司与女祭司之间的权力关系，也逐渐从两性平等转向了后者对前者的从属。在研究中，格尔达・勒纳对女性的劣势身份进行语言和观念的解构，阐述了几千年来女性对男性的从属是人为地形成的过程。正如琼・斯科特曾指明的，如果不解构绝对的社会性别差异的分类，就无法变革与社会性别有关的标准、原则等关系。就女性史研究而言，解构确实成为一种有效的工具。[①]格尔达・勒纳的社会性别解释方法就是对已有的、不能切实反映历史中两性之间及同一性别内部关系的语言和观念的解构。

格尔达・勒纳认为这种后现代主义和解构主义的解释方法是有价值的，因为它揭示了历史经验和社会构建之间的状态，也表明了社会意识与社会构建发展之间相互依存的关系。这些并不是由人与人之间的生理差异形成的无法改变的必然结果，而是由特定的文化、历史形成的，并且随着时代的变化，其内涵也不断地变化。在格尔达・勒纳的研究中，她尽管将语言和不平等身份的解构方法应用于对两性关系的解释上，如对生理性别和社会性别等在语言学上的分析，但反对解构主义者和后现代主义者在研究中的简单划分和孤立、静止的批判研究方式，即“他（她）们的解释和概念仍然完全处于一种静止、辩证的框架之中”[②]。这表明，格尔达・勒纳的史学思维中确实存在后现代主义与解构主义的观念，但她并非彻底的后现代主义者或解构主义者，她认为：

> 他（她）们非常精确地描述了“压迫者”和“受压迫者”之间的关系，或者说，他（她）们将人们分成了不同的群体，但是他（她）们完全忽视了这种二元系统之外的其他复杂因素。如果美国非裔女性有独特的“立场”，不同种族的女性则都有，不同宗教的女性也都有，郊区和城市的女性也有，不同经济地区的女性也有。这种多样性是无限的，可能包括老人、残障或者无子女的人。此时，当人们考虑到所有这些“立场”时，每一件事情都被无意义的观点相对化了。对历史学家来说，这种姿态陷入了特殊的困境之中，不能做出任何有效

① Karen Offen, *Writing Women's History: International Perspectives*, p. 66, p. 68.

② Gerda Lerner, *Why History Matters: Life and Thought*, p. 17.

的概括。它是不可被接受的，因为它并不是一种有效的分析工具。[①]

概言之，用词语构建女性的历史地位时，要防范语言留下的权力陷阱，对观念进行解构时，要留意它只破坏不构建的劣势。关于这点不足，正如有学者指出的，“集中于方法和文本，对我而言，都是没有重视人的动力因素，并且暗示了过分强调社会限制的范畴”[②]。格尔达·勒纳自己也可能意识到了这个问题，她在《展望 2000 年》中对琳达·科尔伯说的最后一句话是，“当我们进入 21 世纪的时候，我们必须抵制将女性之间的差异边缘化的诱惑，并且将边缘化的语言本身理解为一种权力关系的暗示”[③]。由上可见，对女性在史学中边缘地位的观念进行解构，为女性开辟了寻求以女性为中心，或者站在语言中立、观念中立立场上解释女性真实历史地位的道路。

总之，格尔达·勒纳对女性受到的语言限制及因受到女性属同一劣势身份的制约而无法被有效、系统、真实、合理地解释进行了考察。她既主张运用中立的语言客观地记录与解释女性的历史，也反思了女性群体内部的多样化，呼吁寻找女性经验的共性与个性。因此，格尔达·勒纳富有理性的眼光，对传统史学忽视甚至歪曲女性历史研究的解释方法进行批判的同时，也为女性史研究中具有后现代主义与解构主义思想的研究者敲响了警钟。

二、对历史的社会性别解释

琼·斯科特发表的《社会性别：一个有效的历史分析范畴》一文，被认为正式揭开了“社会性别史”研究的序幕。她认为，“社会性别”既是一种认识论，也是一种有效的方法论。[④]事实上，早于或者至少不晚于琼·斯科特的研究，格尔达·勒纳不断深化对女性历史解释理论的研究，从对女性进行社会性别解释拓展到对历史进程的性别解释。格尔达·勒纳的社会性别解释理论与琼·斯科特脱离真实两性关系的后现代主义理论有明显区别。格尔达·勒纳的解释理论是建立于“社会性别”维度基础上，将宗教、

---

① Gerda Lerner，*Why History Matters: Life and Thought*，p. 191.

② Bonnie Smith，*Women's History in Global Perspective*，p. 12.

③ Leila J. Rupp，Review: *Toward an Intellectual History of Women*，*Why History Matters: Life and Thought by Gerda Lerner*，p. 323.

④ Joan Scott，Gender: A Useful Category of Historical Analysis，p. 1054.

阶级和种族等观念结合形成综合解释的模式[①]。她推断出男性与女性之间存在一些特殊的关系，除历史、社会、文化因素外，还必须面对的是心理问题[②]，因为处于复杂关系中的女性极易形成对男性观念的认同。在父权制社会中，除个别女性外，多数女性都是接受与服从男性的统治制度和统治观念的。面对女性与男性无法割舍的联系，要彻底将女性作为一个统一的整体独立出来，建立与男性完全隔离的思考方式，是不现实的。越来越多的女性主义者也承认“应该放弃简单的二元划分法”[③]，重新思考解释女性历史的方法与途径。在女性史研究整体推进的背景下，格尔达·勒纳没有孤立地、静止地思考历史中的女性，而是希望关注两性之间的社会与历史的关系，构建综合的人类历史。

格尔达·勒纳指出，男性与女性在促进历史发展和精神构建的过程中是有差异的，这种差异一旦被认识，就可以建立一种新的综合历史。[④]格尔达·勒纳曾表示，要改变历史研究，我们应该“增加女性，并引起轰动”，历史研究中的新角色将挑战那些将她们经验排除在外的框架和叙事，并最终帮助她们构建新的历史，审视所有种族和阶级的女性和男性之间的权利关系。[⑤]格尔达·勒纳“提出了一种性别导向历史进程的重新解释”[⑥]，即两性关系发展与历史进程的历史解释。她还超越了“社会性别”这一单维度的解释方式，将种族、阶级、宗教等观念与其结合形成综合解释模式，以期更准确地还原真实的历史。格尔达·勒纳批判性地指出，对历史的解释，结构功能主义者没有关注到阶级和性别；强调生育和性关系的学者没有关注到思想、价值和心理等因素；社会史学家则将全部女性都解释为无名的、受压迫的。

在批判以往研究的基础上，格尔达·勒纳将女性史解释的主题分为“种族”、“阶级”和“社会性别”三个部分。实际上，她更多阐述的是“种族”、“阶级”和“社会性别”相统一的历史解释方法。之前已经阐述过“社会性别”的相关问题，以下将结合“阶级”和“种族”对格尔达·勒纳的多

---

① Rose Natalie，*An Essential Indispensable Heritage: The Sarah Lawrence College Women's History Program*，p. 7.

② Gerda Lerner，*The Majority Finds Its Past: Placing Women in History*，p. 5.

③ Kathleen M. Brown，Brave New Worlds: Women's and Gender History，*The William and Mary Quarterly*，Vol. 50，No. 2，1993，p. 321.

④ Gerda Lerner，*The Creation of Feminist Consciousness: From the Middle Ages to Eighteen-seventy*，p.14.

⑤ Elizabeth Jameson，Looking Back to the Road Ahead，p. 581.

⑥ Deborah Gewertz，Review: *The Creation of Patriarchy by Gerda Lerner*，p. 596.

维的性别综合历史解释法进行阐述。

格尔达 · 勒纳挑战了马克思和韦伯的“阶级”概念。马克思认为“阶级”是指在生产过程中具有相同作用的群体。韦伯则认为“阶级”是有生命的人的共同机会，如其有权力决定利益和收入的分配及对技术的处理。在对以上观点批判的基础上，格尔达 · 勒纳指出不能将女性简单地列为与男性对立的“阶级”分类：

> “阶级”将女性限定在男性的分类之下。认为男性和女性属于同一个阶级的人，却没有限定两者的差异。“阶级”从不描述单独的地位、关系和经验，“阶级”是性别的，它被表达且被制度化为关于男性和女性的差别。对男性而言，“阶级”描述了他们同生产方式的关系，以及他们对资源、女性及孩子具有的权力。对女性来说，“阶级”将她们描述为生产工具，她们为男性提供生育等服务。[①]

所有女性工人阶级都表示她们受到的是阶级压迫而不是性别压迫；而黑人工人阶级女性进一步表示，她们作为黑人工人阶级受到的压迫要多于作为女性工人阶级受到的压迫。[②]

在此，格尔达 · 勒纳既探究了“阶级”概念之下性别的差异——男性对女性的剥削与压迫，又思考了不同种族女性受压迫程度的明显差异。因此，我们可以清晰地看到，并不是所有的女性都可以被称为“姐妹”，女性无法拥有坚实的统一战线。我们也观察到，如果不能用差异的方法重新解读“阶级”，就无法对历史进行有效的“阶级”解释。

一方面，女性无法像某些受压迫群体一样，从某个阶级、民族、种族的历史之中独立出来。另一方面，女性所受到的阶级、种族、民族压迫的经验也有别于她们所在群体中的男性。对于“种族”，杜波伊斯定义它是一个很大的人类家庭，有共同的语言和血缘，有相同的传统和动力，有同一的历史，他们自觉或不自觉地追求着某种成就、孕育着生活的理想。对此，格尔达 · 勒纳明确指出，必须重新定义“种族”。“种族”是差异的标志之一。被压迫种族中的两性具有巨大的差异，而种族内不同女性之间也存在十分显著的差异，因此对历史的解释不能一概而论。

现代学者安东尼 · 阿皮亚（Anthony Appiah）认为事实上是没有种族

① Gerda Lerner，*Why History Matters: Life and Thought*，p. 136.

② Gerda Lerner，*The Majority Finds Its Past: Placing Women in History*，p. 81.

的，这个世界原本什么都没有，但种族差异已经通过罪恶实现了。学者们都否认了种族是自然产生的，承认它是人为形成的。对于已有的概念，格尔达·勒纳认为，必须扩大和重新定义"种族"的概念。"种族"的概念是差异的标志之一，"种族"作为一个限定性的词被有属性地创造出来，受压迫种族的男性主要是作为工人被剥削，而女性经常是作为工人、生育者被剥削。在黑奴制度化过程中，白人获得了黑人男女奴隶的劳动成果，同时男性统治者也获得了女性奴隶的性和生育的服务，而女性奴隶的孩子可以成为劳动工具或被卖掉。不同种族女性之间的关系也是十分紧张的，种植园的女主人可能受到父亲或丈夫的父权制压迫，但她本身也是奴隶的压迫者。[①]格尔达·勒纳认为，从种族的分类来看，被压迫种族的男性和女性也是有很大差异的，不同种族女性之间的差异也十分大，因此从性别的意义上需要重新对种族进行界定，对种族的历史解释也不能一概而论。

在社会性别的历史解释方法中，格尔达·勒纳并不是强调"性别第一"的方法，而是将阶级、种族与性别统一进行思考。格尔达·勒纳认为，统治是由一些受压迫群体复杂的社会关系所维系的，这种统治提供了一个群体优于另一个群体的优势，以足够使其存在于统治系统之中。[②]女性恰恰是促成社会性别关系形成与维系的成员之一。格尔达·勒纳在对自己的观念进行总结时说：

> （对女性而言）阶级特权被给予了精英女性，种族特权被给予了白人女性，伦理特权被给予了统治团体中的女性，这使这些女性同等级制度联结在一起，从根部切断了同其他女性形成利益群体的能力。因此，性别是通过阶级和种族共同构建的。种族是被性别和阶级构建的，即种族并不对女性和男性产生完全相同方式的影响，种族是跟随阶级的变化而变化的。而阶级是被种族和性别构建的，性别是被阶级和种族构建的。[③]

格尔达·勒纳在《历史为何重要：生活与思考》、《黑人女性在白人美国：历史纪实》和《女性经验：美国历史文档》中，都有对黑人女性

① Gerda Lerner，*The Majority Finds Its Past: Placing Women in History*，p. ix.

② Gerda Lerner，Reply to responses，pp. 61-66.

③ Gerda Lerner，*Why History Matters: Life and Thought*，p. 197.

作为女性受到的性别压迫和作为黑人受到的种族压迫的实证研究，阐明了黑人女性与白人女性和黑人男性受到的压迫并非完全相同。此外，格尔达 · 勒纳还在《历史为何重要：生活与思考》中记述了殖民地女性所受到的性别、种族和阶级压迫，这种压迫与殖民地男性所受到的压迫在意义上也并非完全相同。因此，她认为我们如果将"阶级"、"种族"和"性别"等视为各自独立的体系，就不能真正解释女性的历史，不能真正地认识和解释历史。三者在等级制体系中是互相交织、互相解释、互相依赖、不可分割的。

格尔达 · 勒纳提出了一种性别导向的历史进程的重新解释[①]方法。这种解释方法给历史研究带来了更多的变动性与多样性。从对女性"他者"身份的历史解构到将性别融入已有的历史解释分类中两性关系的历史解释，"格尔达 · 勒纳不仅挑战了父权制的价值观和视之为当然之物的观点，而且试图将它们填补进女性主义的价值观和思想体系"[②]之中。正如学者们所说的，格尔达 · 勒纳对美国女性史领域的成长和发展所起的作用是最大的[③]。但格尔达 · 勒纳的解释观念实际上也受到了同仁的批判，福克斯-吉诺维斯批判她并没有对性别地位的变化进行进一步的解释[④]，迪利则批判格尔达 · 勒纳的史学研究不重视人的因素而是过分地倾向于强调社会限制[⑤]，有学者甚至指出："在过去的 40 年中，女性史学家并没有将女性史构建成一种男女平等的史学范式。"[⑥]

面对种种质疑，格尔达 · 勒纳似乎并没有给予回应，但她已为女性史研究构建普遍、平等的人类历史迈出了重要的一步。当很多历史学家并没有将女性视为一种历史研究的分类时，格尔达 · 勒纳已经提出"置女性于历史之中"的历史观念；当女性史学家普遍没有认识到女性内部的历史差异时，格尔达 · 勒纳已经提出了差异地看待女性历史的要求；与琼 · 斯科特提出社会性别应作为一种历史解释方法一样，格尔达 · 勒纳也早已开始思索性别导向的历史解释方法。然而，格尔达 · 勒纳只是提出了女性内部差异的问题，却并没能找到消除差异的方法。因此，完全按照格尔达 · 勒

---

① Deborah Gewertz，Review: *The Creation of Patriarchy by Gerda Lerner*，pp. 595-596.

② Myra Rich，Review: *The Majority Finds Its Past: Placing Women in History by Gerda Lerner*，p. 74.

③ Robert Allen Rutland，*Clio's Favorites: Leading Historians of the United States，1945-2000*，p.110；Gerda Lerner，*The Majority Finds Its Past: Placing Women in History*，p. ix.

④ Elizabeth Fox-Genovese，Review: *The Creation of Patriarchy by Gerda Lerner*，p. 610.

⑤ Bonnie Smith，*Women's History in Global Perspective*，p. 12.

⑥ Gerda Lerner，U. S. Women's History: Past，Present，and Future，pp. 10-29.

纳的从“以女性为中心”到“性别中立”的历史研究，还需要我们进一步寻找合适的研究标准与认识视角、解释方式等。毋庸置疑，格尔达·勒纳的社会性别研究观念为美国女性史学家提供了理论范式，为女性史学从女性史研究转型为社会性别史研究做出了重要贡献。

第四节　女性史的社会性别史转向

20世纪80年代以来，社会性别理论成为史学领域引人注目的理论之一。在女性史学家的共同努力下，社会性别理论不断发展完善，女性史逐渐向社会性别史转型。[①]然而，近年来出现了一个有趣的现象，即当提及社会性别史时，会出现两种声音：一种声音称社会性别史仍以女性史为研究主体[②]，很多已出版和发表的女性史研究论述都用“社会性别”代替了“女性”[③]；另一种声音则认为社会性别史不仅仅是女性史，女性史是最优秀的社会性别史[④]，社会性别史处于方法、分期、元叙述的作用、学科认识论基础探讨的前沿研究[⑤]。这种认知的歧义来源于对社会性别理论及社会性别史认识的片面性。

1975年，格尔达·勒纳就已经开始思考社会性别关系问题，即不同性别之间、同性内部的差异与关系，之后提出了一种社会性别导向历史进程的重新解释模式。1986年，琼·斯科特发表的《社会性别：一个有效的历史分析范畴》对社会性别史研究产生了巨大的推动作用，此文聚焦了多个学科众多学者的目光。在这篇文章中，琼·斯科特敏锐地提出社会性别不应该被仅仅理解为一种社会角色或社会关系，而应该被理解为一种生理差异的表现。[⑥]也就是说，琼·斯科特认为社会性别理论由两个部分组成：一方面，社会性别可以用于描述性别的社会关系；另一方面，

---

① 蔡一平、杜芳琴主编：《妇女与社会性别史研究的理论与方法》，长沙：湖南大学出版社，2016年，第212页。

② 侯建新主编：《经济—社会史：历史研究的新方向》，北京：商务印书馆，2002年，第121页。

③ Joan Wallach Scott，*Gender and the Politics of History*，p. 31.

④ Gisela Bock，Women's History and Gender History: Aspects of an International Debate，*Gender and History*，Vol. 1，No. 1，1989，p. 16.

⑤ Lynn Hunt，The Challenge of Gender: Deconstruction of Categories and Reconstruction of Narratives in Gender History，in Sue Morgan，Theorising Feminist History: A Thirty - year Retrospective，*Women's History Review*，Vol. 18，No. 3，2009，p. 384.

⑥ Joan W. Scott，Gender: A Useful Category of Historical Analysis，*American Historical Review*，Vol. 91，No. 5，1986，pp. 1053-1054.

社会性别可以将生理差异的表现用于解释与性别历史无关的内容。随后，女性史学界开启了大规模的解释性社会性别理论研究，波及史学的众多领域，取得了令世界历史学界瞩目的成就[①]。因此，社会性别理论有两层内涵，与这两层内涵相对应，笔者区分细化社会性别理论为描述性社会性别理论和解释性社会性别理论。两种社会性别理论共同推动了社会性别史的发展。事实上，作为理论，描述性社会性别理论和解释性社会性别理论的研究范畴不同，各有千秋。然而，从女性史学发展的角度看，解释性社会性别理论利用生理差异的表现解释历史并不利于女性史学的发展，它将描述性社会性别理论已经解构的女性身份再一次固化于生理差异之上。下文通过比较研究的方式，具体论述女性与社会性别理论的关系、女性与社会性别史的关系，明确社会性别理论及社会性别史的双重发展路径及局限，以期阐明格尔达·勒纳在社会性别史转型中的贡献，并借此为女性史学的发展寻求新的认识视角与解释方法。

一、女性与社会性别理论的关系

“社会性别”一词的内涵随着时代的变化而变化。1940年版的《牛津现代英语用法词典》中认为，“社会性别”只有在戏谑的用法或用词错误时，才指人拥有男性或女性的属性即性别。[②]1992年版的《美国传统英语词典》中，“社会性别”的概念发生了重大的变革。传统上，社会性别主要指男性、女性和中性的语法范畴。近年来，这个词在指代性别类别时已经很成熟了，如社会性别差异（gender gap）和社会性别政治（politics of gender）等。许多人类学家把性别作为生物范畴的参考，而把社会性别作为社会或文化范畴的参考。[③]从词典的释义来看，“社会性别”的内涵被思考、调整、拓展、充实，在实践中最终改变了大多数人对“社会性别”的理解与应用。这种变化主要是女性主义者们共同努力的结果。虽然在一些国家，主流群体仍然视“社会性别”为男性和女性的替代品，如巴拉圭、秘鲁、危地马拉等[④]，但欧美国家和亚洲大部分国家已经普遍接受了性别的社会与文化构建的观念。近年来，“社会性别全球化”的概

---

① Sue Morgan，Theorising Feminist History: A Thirty - year Retrospective，*Women's History Review*，Vol. 18，No. 3，2009，p. 385.

② Joan W. Scott，Gender: A Useful Category of Historical Analysis，p. 1053.

③ Joan W. Scott，Gender: Still a Useful Category of Analysis?，*Diogenes*，Vol. 57，Issue. 1，2010，p. 7.

④ Joan W. Scott，Gender: Still a Useful Category of Analysis?，pp. 8-9.

念与议题不断出现[①]。

（一）描述性社会性别理论：女性史学的理论基石之一

盖尔·鲁宾称，几千年来，生理性别、社会性别、生育范畴受到无情的社会活动的影响而改变，形成了“性别–社会性别体系”的集合体。任何社会都有一个性别–社会性别体系，由人类、社会干预形成。在这个体系中，社会将生理性别转变为人类活动的产物，具有了社会属性。最鼓舞人心的梦想是建立一个无社会性别的（但不是无性别的）社会，在这个社会中，一个人的性别结构同这个人是谁、是干什么的等，都毫不相干。[②]虽然盖尔·鲁宾将“社会性别”仅仅限定在家庭、婚姻之中的女性与男性中，表现出女性主义者在探索社会性别理论之初，还没有摆脱女性传统角色的桎梏，但她将生理因素与社会和文化因素相结合解释女性与男性的差异，就将性别压迫提升为独立研究的领域。

格尔达·勒纳在研究中指出，无论是过去还是现在，生育和养育都不可避免地与女性联系在一起，但从社会、经济、制度、意识等方面思考女性的历史会更有效，女性经验表达了文化和象征价值的问题。她表示，20世纪70年代的女性研究与之前的研究已有不同，已经开始从历史的角度看待女性的社会性别角色的文化适应。她意识到，可以在社会结构、经济条件、制度变化和大众价值观的基础上，用意识的发展去衡量女性社会地位的变化。在此种谨慎的思考基础上，可以将“社会性别”作为分析要素加入阶级、种族和民族等常见概念中。[③]20世纪70年代，格尔达·勒纳对社会性别的认知与理解是零散的，没有形成完整的体系。到20世纪80年代中期，随着众多女性的女性主义者对“社会性别”进行理论论述与扩展，格尔达·勒纳形成了自己较为完整的阐述。格尔达·勒纳认为，社会性别是建立在生理性别基础上的，因此对女性历史的阐述是在女性生理性别基础上进行的，是根据文化限定的社会性别角色，涉及资源、财产和特权的

① 刘利群：《性别向度的美国社会观察：女性话题美国访谈录》，北京：中国传媒大学出版社，2014年，第163页；冯芃芃、郑岩芳：《社会性别与社会读本》，上海：上海三联书店，2010年，第195页；赵捷、温益群主编：《中国与北欧国家的视角：全球化与本土化背景下的性别平等促进》，昆明：云南人民出版社，2012年，第298页。

② Gayle Rubin，The Traffic in Women: Notes on the“Political Economy”of Sex，In Rayna R. Reiter，*Toward an Anthropology of Women*，New York: Monthly Review，1975，p. 159，p. 165，p. 166，p. 204.

③ Gerda Lerner，Placing Women in History: Definitions and Challenges，pp. 7-8，p. 11.

制度化，社会性别关系强有力地影响了历史及人类思想的发展。[①]此外，她还将两性进行比较,对处于史学边缘地位的男性群体的历史也加以思考。格尔达 · 勒纳的社会性别理论在研究对象方面也超越了女性范畴，但她的社会性别理论核心仍是思考与解释女性及两性的差异与关系。20 世纪 80 年代中期，格尔达 ·勒纳已经从 20 世纪 70 年代仅仅是对社会性别的描述转向对社会性别理论的解释，并且将以生理性别为基础的社会性别理论应用于女性史实证研究之中。

在此，有一点需要澄清：以格尔达 · 勒纳为代表的女性史学家在批判了生理性别决定论的本质主义时，并不否定生理性别具有一定的作用。恰恰相反，在特殊的历史条件下，生理性别往往起到主要作用。随着人类社会的进步，生理性别对两性关系的影响越来越小，社会性别的影响则愈加凸显。因此，性别的结构主义逐渐发展成为解释两性关系的最佳方法。到 20 世纪末，格尔达 · 勒纳仍然坚信生理性别是一种与生俱来的生理特征，男性和女性之间的生理差别是一种被赋予的生物特征，在生理性别的基础上，文化和权力已经发展成为细致的精神构建。[②]在格尔达 · 勒纳看来，描述性社会性别理论既可以有效地解释两性之间的差异，也可以有效地解释同性之间的差异。因此，对性别、社会性别两者兼顾的女性史学者而言，本质主义与文化主义共同对性别关系产生影响，而并非二者取其一的竞争关系。

（二）解释性社会性别理论：女性史学的史学贡献

琼 · 斯科特的《社会性别：一个有效的历史分析范畴》一文，尽管争议度极高[③]，但多年来仍被大部分学者视为提供了重新认识女性历史、重新认识世界历史的经典理论方法。琼 · 斯科特对女性的社会历史分析进行了彻底的批判。[④]她运用语言学、后结构主义、后现代主义的理论，在批判了非女性主义、性别本质主义、性别二元对立的女性史的相关理论后，定义了“社会性别”。她认为，由于历史学家倾向于对过去进行叙述，对女性历史感兴趣的人就遵循了这一传统，主要将社会性别作为一种描述手段。

---

① Gerda Lerner, *The Creation of Patriarchy*, p. 238; Gerda Lerner, *The Creation of Feminist Consciousness: From the Middle Ages to Eighteen-seventy*, p. 3.

② Gerda Lerner, *Why History Matters:Life and Thought*, p. 149.

③ Nancy Isenberg, *Second Thoughts on Gender and Women's History*, p. 93; Barbara Engel, In the Beginning, *Kritika: Explorations in Russian and Eurasian History*, Vol. 20, No. 3, 2019, p. 568.

④ Pamela S. Nadell and Kate Haulman, *Making Women's Histories: Beyond National Perspectives*, p. 22.

这无法将性别置于最传统的知识领域——政治史领域的中心。[①]她提供了一种不再关注重现过去女性的活动，而是质询性别如何区分男性气概和女性气概的历史研究方法。[②]随后，路易丝·蒂莉（Louise Tilly）跟随琼·斯科特的步伐，指出女性史研究不应仅仅是回顾女性的生活和成就的描述性历史，而应该是一种与其他历史问题相关联的解释性历史。她进一步指出，解释性社会性别理论，一方面更具有分析性，更倾向于解决问题；另一方面可以分析与女性史有关的其他领域的问题。[③]

为了让社会性别真正成为一种适用范围广泛的分析范畴，琼·斯科特提醒历史学家，首先，必须重新思考如何定义社会性别，因为他（她）们应该认识到，性别不仅基于两性之间的差异，还基于权力关系的象征。其次，对性别的解释不应局限于女性的社会经历，相反，必须把性别视为一个更大的关系系统的一部分，这个系统将意识形态、规范行为、政治行动和身份形成的力量联系在一起。[④]她还强调两性产生的特定知识、符号、图像、规范和言语行为构成了男性和女性不同的话语。社会性别维持着两性之间的界限，并规范着双方的行为。琼·斯科特认为，社会性别为我们提供了一种工具，用于分析那些表面上与男性和女性历史无关的领域。[⑤]琼·斯科特的社会性别理论的主旨，并不是对女性或者对性别关系及其差异的解释，而是将社会性别作为工具，运用到史学各个领域中，尤其是政治史研究之中。在《什么是性别史》中，琼·斯科特不仅成功地挑战了历史研究范式，而且创造了一部新的女性历史。[⑥]事实证明，琼·斯科特的理论在一定时期推动了史学多个领域的发展。

伴随对琼·斯科特的社会性别理论褒扬而来的，是从未停止过的批判。一些学者指责琼·斯科特的社会性别理论忽视了那些值得受到更多关注的女性主题，对物质现实表现出很少的兴趣，仅仅关注符号和隐喻等非经验的内容。历史上女性的艰苦生活、塑造和制约女性活动的物质力量、女性应对挑战和困难的方式被忽视了。[⑦]随着争议的加剧，以及女性史研究不

---

① Joan W. Scott，Gender: A Useful Category of Historical Analysis.

②〔美〕索尼娅·罗斯：《什么是性别史》，曹鸿译，北京：北京大学出版社，2020 年，第 12 页。

③ Judith M. Bennett，Comment on Tilly: Who Asks the Questions for Women's History?，*Social Science History*，Vol. 13，No. 4，1989，p. 471，p. 473.

④ Nancy Isenberg，Second Thoughts on Gender and Women's History，p. 94.

⑤ Joan W. Scott，Gender: A Useful Category of Historical Analysis.

⑥ Tanya Cheadle, Review, *The English Historical Review*, Vol. CXXVI, Issue 523, 2011, p. 1490.

⑦ Judith M. Benntt，Feminism and History，p. 258.

再像之前一样广受欢迎，琼·斯科特开始反思社会性别理论是否已经失去了潜力和活力，是否变成了历史学家和其他学者应用于手头研究课题的一个传统类别。[①]2010 年，她再一次分析了社会性别理论，希望将精神分析纳入社会性别的研究中，指出社会性别是对规范与精神（围绕性）之间的恼人关系的研究，它试图将幻想集体化，并将其用于政治或社会目的。她认为，在这个过程中，是社会性别产生了性别的意义和性别差异，而不是性别决定了社会性别的意义。社会性别是性别的关键，如果是这样，社会性别就仍是一个有用的分析范畴，因为它要求我们将性和性别差异的产生方式历史化。[②]21 世纪初，琼·斯科特的研究重新回到了女性主义历史研究上，以保持女性主义批判精神的活力，并让女性主义批判欲望继续前行。[③]作为解释性社会性别理论的倡导者，琼·斯科特逐渐走向了保守，但她依然坚持认为"社会性别"是一种有效的历史分析工具。严格来说，琼·斯科特的社会性别理论中依然为女性史研究留有空间，并非完全摒弃了女性史研究。当然，她所关注的重点在以性别作为分析工具意义上的社会性别理论，加之学者们对解释性社会性别理论的热衷与推崇，多数学者忽视了琼·斯科特的社会性别理论中的女性史研究的主张。

综上，在历史研究中一直存在着两种社会性别理论，分别是以格尔达·勒纳为代表的描述性社会性别理论和以琼·斯科特为代表的解释性社会性别理论。无论是描述性社会性别理论还是解释性社会性别理论，都致力于从社会、历史和文化的意义上理解性别，否定生理性别决定论的本质主义，主张重新书写人类历史，这是它们的共同特征。两者的显著差异在于研究范畴不同。前者着重于历史本体论，解释两性之间、同性之间差异与关系的历史，以还原以女性历史为主的实证研究，以探索女性的历史贡献与性别差异、性别关系的发展规律等为目标。后者则主要从方法论的范畴进行思考，以身份、气质、气概等所谓的性别特征隐喻各种权力关系，扩大社会性别的影响力。单纯从理论上进行分析，两种社会性别理论并不冲突，一种适用于女性史研究，另一种适用于政治性权力关系领域的历史研究。最终，两种社会性别理论指引历史研究朝着不同的方向发展。其中，描述性社会性别理论更加直观地促进了女性史转型为真实性别关系的社会

① Pamela S. Nadell，*Kate Haulman*，*Making Women's Histories: Beyond National Perspectives*，p. 30.

② Joan W. Scott，Gender: Still a Useful Category of Analysis?，p. 13.

③ Joan Wallach Scott，*The Fantasy of Feminist History*，Durham: Duke University Press，2011，p. 40.

性别史——描述性社会性别史；而解释性社会性别理论成为隐喻性的性别关系的社会性别史——解释性社会性别史。尽管解释性社会性别史著述更容易被视为社会性别史，但解释性社会性别史仅仅是运用社会性别方法进行历史研究的集合，不能称为真正的史学分支，而描述性社会性别史作为女性史发展的新阶段，可以被视为史学的一个分支。

二、女性与社会性别史的关系

20 世纪 70 年代中期，琼·凯利–加多提出女性主义史学的中心应该是“两性的社会关系”，娜塔莉·戴维斯也建议同时研究男性和女性，重新思考权力、社会结构、财产、符号和分期。索尼娅认为，这两位女性史学家提出的研究方法，我们今天称为“社会性别史”。[①]从社会性别理论反观两位女性史学家的主张，琼·凯利–加多属于描述性社会性别理论派别，而娜塔莉·戴维斯属于描述性和解释性兼顾的社会性别理论派别。因而，从广义的角度分析，描述性和解释性社会性别理论对社会性别史研究都产生了重要的影响，女性史研究逐渐发展为以社会性别理论为指导的研究，迈进了社会性别史阶段。社会性别史学者关注的是变化，包括人们感受到的性别差异，性别之间关系的形成，女性之间关系和男性之间关系的性质，性别对各种重要事件和进程的影响。[②]社会性别与阶级、种族、宗教同样能够塑造和约束权力关系。[③]描述性社会性别理论推进了对女性史的继续挖掘、整理、分析、论述，进一步丰富了女性史的实证研究成果，为女性史学在 20 世纪末的繁荣发展创造了条件。解释性社会性别理论则为史学多个领域开拓了研究思路。下面概述社会性别史的代表性成果，为研究者提供更加直观的描述性与解释性社会性别史的差异。

（一）描述性社会性别史研究

根据描述性社会性别理论，社会性别史研究应该包含不同种族、民族、阶层的女性与男性、女性与女性、男性与男性的差异及关系的变化。20 世纪晚期，美国学者从政治、经济、军事、外交、社会等多个维度写作了描述性社会性别史，既丰富了女性史的研究成果，也促进了多个史学分支的发展，描述性社会性别史研究呈现出多元化的发展趋势。

第一，近年来，美国的社会性别史研究愈来愈多地关注种族问题，不

---

① 〔美〕索尼娅·罗斯：《什么是性别史》，第 11 页。

② 〔美〕索尼娅·罗斯：《什么是性别史》，第 2 页。

③ Marnie Hughes-Warrington，Genders，In Jerry H. Bentley，*The Oxford Handbook of World History*，New York: Oxford University Press，2011，p. 203.

同种族及同种族中的不同性别差异明显，并且这种差异随着时间的推移会发生重大的变化。美国黑人女性历史研究是由格尔达 · 勒纳开启的，这已经成为公认的事实。在格尔达 · 勒纳的影响下，多年来出现了大批黑人女性史研究者，也有大量的研究成果问世。在黑人女性史的研究基础上，学者们接受了描述性社会性别理论的指引，开始思索黑人两性差异及关系。琳达 · 帕金斯（Linda Perkins）的《19 世纪黑人女性的教育》一文，比较了 19 世纪黑人和白人中产阶级对婚姻、就业、高等教育的态度和行为；分析了美国重建时期，黑人男性和黑人女性受到的不同影响。得出的结论是，社会对黑人女性接受高等教育态度的转变，严重损害了 20 世纪黑人女性的地位。[①]伊丽莎白 · 海斯 · 特纳（Elizabeth Hayes Turner）梳理了 1865—1945 年美国非裔女性和南方白人女性的广泛经历，展示了种族歧视时代，白人女性既是种族不公正的代理人又是受害者的多种身份。一些极端保守的白人女性通过创造事业失败的形象，为自己建立了社会和政治影响力的孤岛，用来压迫美国黑人和南方的贫穷白人。歧视的罪恶威胁到了黑人女性的生命和福祉。[②]历史学家斯蒂芬妮 · 琼斯–罗杰斯（Stephanie Jones-Rogers）表示，通常白人女性继承的奴隶比土地多，奴隶往往是她们财富的主要来源。白人女奴隶主直接参与南方的奴隶市场，是精明的经济行动者，从中受益。白人女性经常拒绝将奴隶的所有权转让给自己的丈夫，她们使用的管理技巧和男性奴隶主使用的一样有效和残忍。[③]学者们的研究，不仅丰富了女性史研究，而且展现出了白人女性与黑人、白人女性与白人男性之间的复杂关系。

第二，一些历史学家从两性关系的视角重新思考和写作了与社会热点密切相关的历史问题。丹娜 · 罗伯特（Dana Robert）写作了一部关于两个世纪美国女性传教历史的书，展示了女性如何努力改变美国传教的方向，如何跨越宗派边界进行交流和合作。在不满的情况下，女性传教士会反抗男性传教士，规避他们的错误指导，强调世界和平与世界友谊。[④]玛丽 · P. 瑞安（Mary P. Ryan）的一部著作分析了殖民地时代以来美国女性家庭角色

---

① John Mack Faragher and Florence Howe，*Women and Higher Education in American History: Essays from the Mount Holyoke College Sesquicentennial Symposia*，New York：Norton，1988.

② Elizabeth Hayes Turner，*Women and Gender in the New South，1865-1945*，Arlington Heights，IL：Harlan Davidson Press，2009.

③ Stephanie E. Jones-Rogers，*They Were Her Property: White Women and the Economy of American Slavery*，New Haven: Yale University Press，2019.

④ Dana Robert，*American Women in Mission: A Social History of Their Thought and Practice*，Atlanta: Mercer University Press，1996.

的变化。男性不再要求女性提供无偿服务，男性与女性的家庭关系发生了改变。女性之间的联系及她们在自愿结社中的活动为女性提供了在社会网络中汇集人力资源的有力模式。在美国历史中，女性通过创立和瓦解性别体系，日益脱离性别差异的形式。[①]玛丽·P. 瑞安的另一部著作展示了在过去500年里,男性和女性的含义在社会和种族发展中如何进化和变化的。她追溯了现代性别制度的构建，这种制度将男性和女性尖锐地分开，创造了排斥和不平等的模式。20世纪，女性大量进入劳动力市场，彻底改变了私人生活，男性和女性之间的界限变得模糊。[②]帕梅拉·S. 纳德尔（Pamela S. Nadell）则叙述了几个世纪以来，犹太女性如何站在事业的最前沿，为选举权、工会、民权和女权主义而斗争，并在世界各地为犹太人的权利高举旗帜。在美国建国的共同价值观和犹太人身份认同下，犹太女性的生活在她们称之为家的国家的历史上留下了深深的印迹。[③]杰西卡·威尔克森（Jessica Wilkerson）分析了阿巴拉契亚的白人女性在反贫困战争中扮演的领导者和士兵的角色。白人女性坚持与黑人女性、残疾人和其他人结成联盟，为穷人的权利、社区健康和工会化等事业而斗争。[④]在许多社会问题中，进步的白人女性都与社会底层的男性和女性保持密切联系，她们与同阶级、同宗教、同种族的男性斗争，推动社会正义。

第三，对劳动力市场中性别差异非经济因素影响的探索。克劳迪娅·戈尔丁（Claudia Goldin）的经典著作阐述了从工业革命时期到当代劳动力参与、职业、收入方面的性别差异，对美国劳动力市场中女性争取经济平等的成功和失败进行了全面剖析，表明劳动力市场中看到的性别收入差异并非都是供求自由运作的结果，而更多的是社会和历史造成的。[⑤]芭芭拉·J. 哈里斯（Barbara J. Harris）毫不避讳地谴责了厌女思想、维多利亚时代人们对家庭生活的狂热崇拜及精神分析理论的性别歧视等。她提出女权主义组织是女性进入职业领域的关键支持力量，男性则阻碍了这一进程。第二次

---

① Mary P. Ryan，*Womanhood in America: From Colonial Times to the Present*，London: Franklin Watts，1983.

② Mary P. Ryan，*Mysteries of Sex: Tracing Women and Men Through American History*，Chapel Hill: The University of North Carolina Press，2009.

③ Pamela S. Nadell，*America's Jewish Women: A History from Colonial Times to Today*，New York: W. W. Norton Company，2019.

④ Jessica Wilkerson，*To Live Here，You Have to Fight: How Women Led Appalachian Movements for Social Justice*，Urbana: University of Illinois Press，2019.

⑤ Claudia Goldin，*Understanding the Gender Gap: An Economic History of American Women*，Oxford: Oxford University Press，1990.

世界大战后，尽管进入劳动力市场的女性人数持续增加，但占主导地位的性别歧视意识形态没有发生变化。女性的有偿劳动仅仅是由通货膨胀和不断上升的期望决定的，而不是由任何有价值的女性就业权利决定的。[①]在劳动史和经济史中，上述学者从非经济因素入手探索女性与男性收入的差异，揭示了社会文化在特定历史时期内对性别平等的窒碍。

第四，军事和体育中性别研究的新态势。艾伦·贝鲁比深入研究了第二次世界大战期间美国军队中存在同性恋士兵的事实与军队中不断拓展的反同性恋政策之间的冲突。格里高利·奎因（Georgia Cervin）和克莱尔·尼古拉斯（Claire Nicolas）挖掘了稀缺的档案资料，揭示了女性从事体育工作的历史。从 19 世纪英格兰的游泳教师到 20 世纪科特迪瓦的国家体育行政人员，她们的工作是多种多样的，在世界各地的体育活动中扮演着教师、妻子和秘书的角色，通常也有外交职能。此外，这两位学者还展示了性别倡议在当今欧洲体育机构和国际体育联合会中是如何发展的。[②]

描述性社会性别史通过研究性别差异、性别关系、同性关系，复原历史，揭示性别与种族、宗教、民族之间的复杂关系，试图通过社会、历史、文化等因素解释社会性别差异与各种关系的形成与发展。描述性社会性别史在阐述女性的历史贡献与成就时，更加注重分析两性及同性之间关系的作用与影响，将男性的经验也考虑在其中，这有利于女性史加速融入主流史学界。但也必须看到，描述性社会性别史对男性经验的再次关注，有将女性再次置于历史研究劣势地位的危险。因此，在未来的研究中，要谨慎处理性别关系中男性历史问题，不断创新女性史理论，使女性史学具有充足的发展动力。

（二）解释性社会性别史研究

与描述性社会性别史研究相比，学者们普遍认为解释性社会性别史似乎才是社会性别史研究者引以为豪的。学者们在各自的研究领域引入了解释性社会性别理论的研究方法——用性别身份、性别气概、性别气质等性别表现差异分析历史事件，拓展了社会性别理论的影响，获取了丰硕的成果。

20 世纪 90 年代以来，似乎是对女性史研究的一种回应，与男性有关的“男性气概”“男性气质”“男性身份”等术语开始活跃在学术研究之

---

① Barbara J. Harris, *Beyond Her Sphere: Women and the Professions in American History*, CT: Greenwood, 1978.

② Georgia Cervin and Claire Nicolas, *Histories of Women's Work in Global Sport: A Man's World?*, Springer International Publishing, New York: Palgrave Macmillan, 2019.

中，它们指代了社会性别的范式、期待、理想和特征。[①]例如，在我国影响较大的《男性气质》一书，全面系统地介绍、分析了男性气质问题。该书的最后一个部分明确分析了当代西方男性政治的具体形态，从性别关系中社会公正的观点出发，思考了男性气质知识的政治含义。[②]索尼娅·罗斯的《什么是性别史》系统地梳理和分析了性别史的研究主题，详细列举了具有代表性的著述。从文本分析来看，她将性别史研究划分为身体与性存在、性别与其他差异的关系、男性与男性气概、性别与历史知识等研究方向。其中，身体与性存在、性别与其他差异的关系的研究属于描述性社会性别史；而男性与男性气概、性别与历史知识应归属于解释性社会性别史范畴，与琼·斯科特的后现代主义的解释性社会性别理论密切联系在一起。索尼娅梳理归纳了研究男性身份（气质）的三种方法：一是关注文化准则，展现男性在不同时空中如何成为男性；二是男性气概独立于男性身体；三是男性历史行动者的情感生活及文化构建的男性气概是如何展现的。[③]

学者们对琼·斯科特解释性社会性别理论的不断拓展，以及对性别差异和变化研究的不断深入，使性别逐渐被用于解释变革、革命及殖民征服话语与意识形态。例如，安妮·利特尔在研究中所表现的 1754—1763 年英国人击败法国人，用性别话语和仪式证明战争双方的地位。[④]对性别的论述还促进并维持了美国对外的军事干预。克莉丝汀·霍甘森（Kristin Hoganson）探讨了性别政治是如何引发美西战争和菲美战争的。[⑤]美国解释性社会性别史研究的焦点，集中于政治转型研究，探索性别与改革、革命、殖民之间的意象关系。

从性别的意义分析，社会性别史在外交政策史上形成了重大的突破。曾经，外交史对女性似乎是一个免疫的领域，解释性社会性别理论引入后，性别角色成为外交领域新的研究方向。安德鲁·罗特（Andrew Rotter）指出，20 世纪中期美国政策制定者把某些国家想象成女性化的国家。[⑥]

从上文对社会性别史的相关研究进行的概述中，可以清晰地看到描

---

① 〔美〕索尼娅·罗斯：《什么是性别史》，第 57 页。

② 〔美〕 R.W.康奈尔：《男性气质》，柳莉等译，北京：社会科学文献出版社，2003 年。

③ 〔美〕索尼娅·罗斯：《什么是性别史》，第 78—79 页。

④ 〔美〕索尼娅·罗斯：《什么是性别史》，第 87 页。

⑤ Joanne Meyerowitz, A History of "Gender", *The American Historical Review*, Vol. 113, No. 5, 2008, p. 1350.

⑥ Joanne Meyerowitz, A History of "Gender", p. 1350.

述性社会性别史着重于思考两性之间、同性之间的差异与关系变化。解释性社会性别史则着重于以性别而非女性为中心的研究，分析文本、图像和实践，对男性、男子气概和权力之间的关系进行广泛的研究。近 30 年来，社会性别史不断扩大研究范畴，甚至拓展到了国际政治、外交史等曾经被认为无女性存在的领域，社会性别理论的影响随之增强。这也证实了琼·斯科特所力图言明的“因为社会性别史包含了男性，并且允许性别对政治运作进行分析，所以性别史比女性史更容易让人接受和实践”①的正确性。社会性别史研究者们努力提高男性与女性及隐喻的性别在历史研究中的地位，试图将性别纳入主流历史研究之中。纵观 20 世纪晚期以来的美国史学发展，女性史和性别史的发展速度远远超过了其他所有历史专业领域。美国历史协会给出的数据表明，从 1975 年到 2005 年，专攻社会性别领域的历史学家人数增加了八倍多。②这导致一些历史学家已经开始使用“社会性别史”来代替“女性史”。③社会性别史被认为是史学中发展最快、最有影响力的领域。然而，需要强调的是，社会性别史本身包含描述性社会性别史和解释性社会性别史，描述性社会性别史仍然是以女性为中心扩展到性别差异及其变化的真实性别客体的研究，而解释性社会性别史是后现代主义、后结构主义对性别观念的发展，是无女性的权力关系认识和解释历史的新方法。因此，描述性社会性别史与女性史有交叉重叠的部分，而解释性社会性别史与女性史无任何关联性。另外，解释性社会性别史可以被放置于其他史学领域中，如政治史、军事史、外交史、文化史等，很难成为一个严格意义上的史学分支。

三、对社会性别史的批判

社会性别史研究受到全球瞩目的同时，也遭到了大量女性史研究者的质疑与批判。一些学者提出，必须警惕认为“社会性别史”研究可以取代“女性史”研究的思潮，坚决主张在进行社会性别史研究中应该时刻牢记把女性作为关注重点。④批判社会性别史的观点主要有如下五种：

第一，社会性别史会再一次将历史研究引向男性史，而忽视女性史。社会性别史研究将男性与女性、女性与女性、男性与男性的差异及关系变化都

---

① Bonnie G. Smith，Women's History: A Retrospective from the United States，p. 734.

② Pamela S. Nadell and Kate Haulman，*Making Women's Histories Beyond National Perspectives*，p. 24.

③ Joanne Meyerowitz，A History of “Gender”，p. 1347.

④ 杜芳琴：《历史研究的性别维度与视角———兼谈妇女史、社会性别史与经济—社会史的关系》，《山西师大学报》（社会科学版）2003 年第 4 期，第 112 页。

作为研究的主题，那么至少在男性与男性的研究中会完全忽视女性的历史。尽管对男性与男性差异、关系变化及经验的研究是有益的，尤其是对不同民族、阶层男性的研究有助于解构男性经验，与女性经验形成对比，完善人类历史研究，但有学者认为，这种努力存在着危险。一直以来，在一些研究领域，男性历史主题所构建的男性的身份继续被视为人类的普遍经验。因此，女性史提倡对男性历史研究可能再一次陷入将男性历史视为人类历史的同义词的陷阱。换句话说，主张研究男性历史，历史学家可能再一次将女性排除在历史记录之外。[①]琼·霍夫（Joan Hoff）指责后结构主义社会性别史学家是虚无主义、现世主义、非历史主义、混淆主义、精英主义、民族中心主义、父权制的崇拜者。她痛斥后结构主义抹去了女性作为分析范畴的意义，破坏了对尚未被书写的女性群体进行历史研究的进程，也破坏了争取女性权利的政治行动。[②]

第二，社会性别史更多地关注性别的权力关系研究，忽视了女性经济和政治研究。格尔达·勒纳强烈地批判过性别史研究中的表征、文化和话语的趋势。她激愤地指出，在性别研究中，"阶级"这个主题被严重忽视了，对过去女性生活中的经济现实研究兴趣似乎只是昙花一现。她也表示，20世纪90年代以后，历史学家对选举权、妇女组织、争取法律平等权等女性斗争的历史及普遍与女性有关的政治主题的兴趣降至低点。她主张对女性的活动、思想和经验加大研究投入，构建新的理论，形成男性和女性作为历史动力的平等主义史学新范式。[③]朱迪思·本内特对此也同样表现出担忧，她指出，学者们对苏格兰的性别研究忽视了女性本身，不再考虑物质现实，将不平等理性化和抽象化了。[④]

第三，社会性别史研究者分散于各个史学分支，在女性史和社会性别史的领域中，不同主题的研究虽然有时会相互借鉴，但无法形成精深的研究。[⑤]使用社会性别理论的研究者，很少有人称自己是社会性别史学家，甚至许多学者并不认为自己的研究属于女性史或者社会性别史的研究范畴，但他（她）们在研究中确实使用了社会性别的研究方法。这些

---

① Kathleen M. Brown，Brave New Worlds: Women's and Gender History，p. 325.

② Joan Hoff，Gender as A Postmodern Category of Paralysis，*Women's History Review*，Vol. 3，No.2，1994，p.149.

③ Gerda Lerner，U.S. Women's History: Past，Present and Future，*Journal of Women's History*，Vol. 16，No. 4，2004，pp. 10-27.

④ Judith M. Bennett，Feminism and History，p. 258.

⑤ Cornelia H. Dayton and Lisa Levenstein，The Big Tent of U.S. Women's and Gender History: A State of the Field，*The Journal of American History*，Vol. 99，No. 3，2012，p. 794.

学者通常自认为是政治史、经济史、军事史、社会史、宗教史等领域的学者，有些学者也将自己的研究定位于交叉学科。他（她）们在各自的领域中，具有丰富的文献资料，拥有强大的学术对话平台。与之相比，所谓的社会性别史领域，尤其是对完全脱离了女性史的解释性社会性别史而言，学术成果所属的领域较为分散，很难形成统一的论题，导致缺乏全面对话的机会与平台，无法形成真正有效的研究领域。

第四，缺乏对真实的性别关系的研究。社会性别史通常关注的是男性、男子气概和权力之间的关系。[①]社会性别史研究中对气质、气概、话语、象征等的强调，隐去了真实的男性和女性的历史。因此，女性史学家认为，尽管话语分析和后现代理论可能对性别史很有用，但它们并不是从真实的性别关系出发进行阐述，它们往往会把文本从语境中分离出来。因此，它们只能模糊性别问题，而不是阐明性别问题，这些方法变得越来越远离他们所声称的研究的人。[②]而用“社会性别史”来取代“女性史”，并将男性和男子气质、男子气概包括在内，在女性史学家们看来，是对边缘群体和受压迫群体研究的放弃。[③]

第五，对社会性别作为有效分类的质疑。珍妮·博伊德斯顿（Jeanne Boydston）提醒女性主义历史学家应该质疑社会性别作为一种分析类别，就像质疑其他分析类别一样。她警告说，不要只在非洲、亚洲、拉丁美洲或美洲土著文化的历史中看到性别规范的偏差。[④]贝丝·塞弗里-霍温（Beth Severy-Hoven）在对古代庞贝壁画艺术的分析中，提醒我们不仅要避免性别在历史上形成不恰当的假设，而且要在特定情况下在其他动态的关系中对性别所处的地位保持谨慎认识。[⑤]雪林·赛义迪（Shirin Saidi）在对近代伊朗历史上的民族主义和性别的研究中指出，社会性别和性行为可以同时是类别、问题和工具，这在方法论上产生了一种混乱。因此，把社会性别作为一个类别区分优先级或不区分优先级的任何方法都是不切实际的。[⑥]

---

① Pamela S. Nadell and Kate Haulman, *Making Women's Histories: Beyond National Perspectives*, p. 28.

② Donna J. Guy, Future Directions in Latin American Gender History, *The Americas*, Vol. 51, No. 1, 1994, p. 3.

③ Joanne Meyerowitz, A History of “Gender”, p. 1347.

④ Jeanne Boydston, Gender as a Question of Historical Analysis, *Gender and History*, Vol. 20, No. 3, 2008, p. 561, p. 566.

⑤ Beth Severy-Hoven, Master Narratives and the Wall Painting of the House of the Vettii, Pompeii, *Gender and History*, Vol. 24, No. 3, 2012, p. 542, p. 556, p. 541.

⑥ Shirin Saeidi, Reconsidering Categories of Analysis: Possibilities for Feminist Studies of Conflict, *Gender and History*, Vol. 24, No. 3, 2012, p. 802.

另外，在象征、规范等方面的性别分类中，史学家在研究中仍旧体现出西方中心论。例如，在国际关系史中，将欧美文明与其他地区文明比较时，潜在地将欧美文明视为男性气质进行褒扬，而将非欧美国家，尤其是将被征服国家作为具有女性气质的对象加以贬斥。

综上所述，从女性有可能再一次被历史研究遗忘的危险到两性都不再作为真实的研究主体，再到社会性别作为有效分类的严重缺陷，从社会性别史专注于政治权力关系到社会性别史无法成为一个统一领域，学者们对社会性别史研究进行了种种质疑与深刻批判。但学者们仍旧普遍忽视了一个重要的问题，即解释性社会性别史研究使用男性气质与女性气质、男性气概与女性气概等作为分析工具进行历史解释时，其前提是将两性之间的文化差异固化了。例如，安妮·隆巴德（Anne Lombard）在探寻 17 世纪末和 18 世纪新英格兰殖民地中的男性意味着什么时，指出男性的特质必须依靠自己的努力取得，拥有男性身份需要建立在一种基础之上——一位男性展现出他所获得的理性、自我控制及掌握男性自身的激情、欲望和本能。索尼娅·罗斯在这一基础上，继续说男性身份定义中有部分内容与女性气质相反，但更重要的是也与少年身份或从属关系相对。有些男性是独立的为家庭负责的一家之主，他们更可能被视为具有男性气概。[①]这表明，男性只有经过努力才能拥有男性气质，男性气质被固化在优越的男性身上。男性气质是维护白人男性权威和优越感的外在表现。因此，有学者认为，美国历史研究领域中有一种将男性气质和女性气质具象化为二元对立的类别的趋势，无意中使男性和女性之间的二元关系自然化，而不是去中心化。[②]

因此，在使用社会性别理论解释国家关系的研究中，学者们不但固化了男性气质和女性气质，还严重地贬损了女性。克里斯廷·霍根森对美西战争、菲美战争的争论进行考察后指出，虽然并非所有男性都支持战争，但是所有参与争论的男性都要求获得某种形式的男性气质。[③]也就是说，尽管男性气质的概念并不是统一的，但它们存在显著的相似性。毫无疑问，解释性社会性别史中，无论是何种男性气质，都是与女性气质相对的、优越于女性气质的，而女性气质具有否定性、阻碍性。因此，男性气概和女性气概区分的前提实质上是默认了性别之间的本质主义的差异的固有存在。这么做无疑损毁了女性史学家一直以来极力证明的性别之间的差异是

---

① 〔美〕索尼娅·罗斯：《什么是性别史》，第 63 页。

② Pamela S. Nadell and Kate Haulman, *Making Women's Histories Beyond National Perspectives*, p. 31.

③ [美]索尼娅·罗斯：《什么是性别史》，第 71 页。

历史、社会、文化形成的，而非生理差异产生的。

综上所述，根据研究主题与方法，社会性别理论分为两种：一种是描述性社会性别理论，另一种是解释性社会性别理论。作为纯粹的理论，两者推动了女性史和史学其他分支的发展。前者用于解释真实的性别差异及性别关系，其中包含同性关系的历史研究，可被视为描述性社会性别史；后者用于解释想象的非真实的性别差异及性别权利关系，可被视为解释性社会性别史。描述性社会性别史是女性史发展的新阶段，它与女性史有重叠的地方，但不能取代女性史。与其说解释性社会性别史是一个研究领域，不如说它是一种解释方法研究成果的集合。社会性别史一方面推进了女性史研究，另一方面存在令女性史再一次被忽视并将性别关系再一次引向性别本质主义的危险，不利于女性史学的进一步发展。

近年来，鉴于解释性社会性别史研究对女性史研究的冲击与阻碍，越来越多的学者再一次回归到格尔达·勒纳的性别–社会性别的理论之中，重新回归到以女性为中心的历史研究之中，采取了一种折中的方式，即女性与社会性别史研究的范式，继续推进女性史学发展。女性与社会性别史研究，并非将社会性别史研究放回至女性史研究的框架之中，而是为女性与社会性别史提供了更广泛的研究空间。例如，克伦·奥芬等人编著的《书写女性史：国际视角》[①]、玛丽·斯庞波格等人的《女性历史写作伴侣》[②]和梅里·威斯纳·汉克斯的《世界简史》[③]大量使用了女性与社会性别史范式于研究之中，并将女性史研究引向了多个领域。李桂芝的《全球视野下的美国妇女与社会性别史研究》梳理与考察了美国女性与社会性别史研究中受到的国际影响，以及其对解释世界史发展的视角与方法产生的作用，为女性与社会性别史的发展提供了一条新的思考道路。[④]畅引婷和光梅红的《当代中国妇女与社会性别史研究述评》[⑤]及侯杰的《中国妇女/社会性别史：呼唤学生、学术、学科一体的综合发展体系》在对中国性别史研究的梳理与展望中，将社会性别史研究与多个领域结合在一起，并将研究的中心重新指向了女性。

---

① Karen Offen，*Writing Women's History: International Perspectives*，1991.

② Mary Spongberg，Ann Curthoys and Barbara Caine，*Companion to Women's Historical Writing*，New York: Palgrave Macmillan UK，2005.

③ Merry E. Wiesner-Hanks，*A Concise History of the World*，Cambridge: Cambridge University Press，2015.

④ 李桂芝：《全球视野下的美国妇女与社会性别史研究》，《史学理论研究》2018 年第 3 期。

⑤ 畅引婷、光梅红：《当代中国妇女与社会性别史研究述评》，《山西师大学报》（社会科学版）2015 年第 2 期。

显而易见，以女性或社会性别关系为研究中心的社会性别史，不但拓宽了女性史研究的范畴，还为史学其他研究领域的发展提供了新的思路。但是，社会性别史研究中存在的弊端仍有待于进一步揭示与规避，因此有必要重新审视格尔达·勒纳的性别-社会性别理论，在以女性为研究主旨的基础上，对研究主题、视角与方法进一步完善与创新，保持女性史研究的独特性与发展活力。

本章小结

对格尔达·勒纳的学术成果进行细致梳理后，本章系统论述了她思想中"置女性于历史之中"的观念。主要包括：格尔达·勒纳对女性历史贡献与史学中女性"他者"身份形成的"女性史的辩证法"的研究，批判了传统史学历史认识所声称的客观性和普遍性、传统的历史分期及"女性资料的缺乏"等观念，对语言和观念的解构法的借鉴。格尔达·勒纳的研究力图为女性史研究理论发展与转型寻求学理层面的依据，即自觉把握女性对历史发展的贡献，批判女性在史学中的"他者"身份，置女性于历史研究主体之一的地位。她还致力于为女性史研究探索社会性别的研究视角与解释理论：以女性自身经验特征为标准，将研究的女性对象从精英群体拓展到普通大众；以女性解放为分期标准对女性历史进行分期阐述；以女性统一的从属经验与女性之间差异经验相结合对女性历史进行解释。格尔达·勒纳的描述性社会性别理论将生理性别与社会性别相结合，是对本质主义与解构主义调和的结果，是对解释性社会性别理论将性别文化差异固化的有效批判，是女性历史研究坚固的理论基石。

不过，格尔达·勒纳"置女性于历史之中"的理论与观念存在有待解决的问题。格尔达·勒纳继承了玛丽·里特·比尔德的女性是促进文明进步的中心力量之一的观念，陷入了对"贡献"的崇拜，这显然呈现出一种功利主义的价值观，是传统史学"贡献"观念的延续。以"贡献"为认识基础的女性史研究思维会阻碍某些女性成为历史研究的对象，如对历史发展产生负面影响的女性等。这会使女性史研究无法形成广泛的"以女性为中心"的研究，在这种情况下，女性的历史价值无法获得最广泛的认同。在"贡献"的层面对男性与女性的历史进行比较，会导致人们对女性历史贡献程度的质疑，这会贬低女性的历史地位，很难真正实现进一步的"性别中立"研究。格尔达·勒纳对女性内部差异的关注，只是提出了女性内部存在差异，却没有提供消除差异的方法。按照格尔达·勒纳提出的从“以女性为中心”到“性别中立”的研究观念，还需要研究者进一步寻找客观的研究标准与认识视角、解释方法等。事实上，目前的女性史研究更多的只是将女性作为研究对象纳入历史研究的体系之中，而以女性自身经验特征为标准的研究视角与解释方法仍较多地停留在理论层面，具体的实践方法仍处于探索期。在格尔达·勒纳和琼·斯科特等学者的引导下，在女性史学家及其他学科学者的共同努力下，部分女性史学家逐渐转向社会性别史研究。然而，社会性别史研究中，尤其是解释性社会性别史对女性历史边缘化的处理方式严重阻碍了女性史前进的步伐。另外，还有一个问题需要学者们深思，目前女性史及社会性别史已出版和发表的研究成果，对女性而言，绝大多数都是悲伤的，没有快乐与愉悦，这让研究者和读者倍感压抑。这也暴露出女性史或者社会性别史研究主题的片面性、认识视角的不足。因此，女性史研究从理论到实践仍有待于学者们进一步探索。

尽管格尔达·勒纳“置女性于历史之中”的历史观念在具体实践方面并没有在整体上扭转女性在历史研究中的劣势地位，从业人员数量与研究成果不及其他史学分支的同期发展，但是她对女性史认识视角与写作理论的探讨，无疑为研究者提供了大量的女性史研究资料，拓展了女性史研究的认识视角，为普遍的女性史研究及完整的人类历史研究指出了一些新的研究方向，为20世纪晚期的女性史学转型及美国女性史学的繁荣贡献了自己全部的力量。

第五章 “普遍史”：格尔达·勒纳对女性史学发展方向的探索

20世纪70年代以来，随着女性史专业研究机构的建立，研究队伍壮大，研究范围扩展，专业杂志增多，女性史研究蓬勃发展，学术成果不胜枚举。1987年，格尔达·勒纳在《美国妇女史百科全书》中列举了已公开出版的291种女性史书籍，同时还有已发表的几百篇论文，这与20世纪60年代前的状况形成了鲜明的对比。在21世纪第一个十年里，格尔达·勒纳仍旧笔耕不辍，活跃于欧美大学的讲台之上，她的研究可谓贯穿于20世纪六七十年代以来的女性史学的始终，并且一直保持着前瞻性。然而，格尔达·勒纳的“普遍史”的观念与价值没有成为被关注的研究对象，即便学者提及她的普遍史目标也只是浅尝辄止，史学家们更多的是思考格尔达·勒纳早期对女性史学构建的努力，特别强调她对发掘女性历史原始资料的贡献①，由此失于对其思想中隐藏的人类普遍历史研究的宏观扩展方向的探索。另外，格尔达·勒纳的女性主义“普遍史”观念，实质上为女性史学发展提供了新的研究方向，值得女性史研究者们深入思考。

“普遍史”，顾名思义，普适性应是题中应有之义。学者们对“普遍史”观念的理解主要体现在哲学和历史两个层面。从哲学层面理解“普遍史”，学者们有两方面的共识：①它寻求对人类整体历史的思考，即从时间与空间上对全人类历史活动的研究；②它对人类整体历史进行哲学思考，做出规律性概括。在历史层面理解“普遍史”，目前学者们也达成了一种共识，即“普遍史”是一种特殊的“世界史”。然而，无论是哲学层面还是历史层面的“普遍史”，都忽略了占人类多数的女性的历史，其普适性令人怀疑。格尔达·勒纳向史学对女性及其他群体历史遗忘的普遍史提出了挑战，她认为无论是对男性历史还是女性历史的忽视或扭曲，人类历史都是不完整、不真实的，她提出了将女性史学引向两性关系史层面的“普遍史”研究的设想。显然，格尔达·勒纳的“普遍史”属于特殊的“世界史”范畴。

1975年，格尔达·勒纳发表了《置女性于历史之中：定义与挑战》一

① Linda Kerber, *Women's America*, p. 637.

文，对女性史学的发展进行了回顾与展望，成为首位对女性史学发展历程进行分期的历史学家。以研究内容为标准，格尔达·勒纳将女性史学的发展分为四个阶段："填补史"阶段、"贡献史"阶段、独立的女性文化研究阶段、综合的普遍史研究阶段。[①]1977 年，她发表了《女性史的挑战》一文，概括了女性史学对传统史学的七方面挑战，文末她提出了女性史学发展的一种包括男性、女性和父权制消亡的新的"普遍史"范式。格尔达·勒纳指出，实现两性关系的普遍史研究，首先要揭示和解释女性过去的历史规律，其次要将女性史学与传统史学综合起来研究。[②]

以格尔达·勒纳的女性史研究成果为基础，本章旨在对她的女性主义历史的"普遍史"发展方向的观念进行系统梳理与阐述。一方面，重新梳理格尔达·勒纳的从"填补史"到"普遍史"的女性史学分期理论，并结合琼·斯科特的按研究方法对女性史研究进行的三种类型划分，笔者将女性史学分期理论以话语体系为标准进行三阶段的再考察：将男性史学研究标准应用于女性历史研究的阶段；对女性历史的独立思考阶段；普遍史研究阶段。另一方面，格尔达·勒纳的"普遍史"观念主张从两性平等的立场，通过两性历史经验比较研究的方法，将两性历史经验有机融合，从而探求两性关系的普遍历史。格尔达·勒纳的研究成果也表明：一直以来，她都将两性历史密切结合起来进行考察，她也试图将不同阶层、民族、宗教的女性的统一性与矛盾性同时展示出来，寻求历史发展规律。她为美国女性史学发展提出了新的要求或新的发展方向。

第一节　从"填补史"到"普遍史"——女性史学分期理论

在历史研究中，历史分期是较为常见的理论问题，它可以反映出学者对历史的不同理解和价值推定，包含了学者的评价标准与价值观，史学分期问题亦是如此。对史学分期理论的探讨，一方面表明某一范畴的历史研究已初具规模且形成了一定体系，学者们掌握了已有史学的研究范畴、内涵、特征及局限性等；另一方面也表明学者们希望通过它进一步推动史学未来的实践或探索新发展方向等。

自 20 世纪 70 年代中期美国女性史成为独立、专业领域开始，至今已走过了约半个世纪的历程，成绩斐然。女性历史越来越多地受到历史学家

---

① Gerda Lerner，Placing Women in History:Definitions and Challenges，p. 13.

② Gerda Lerner，*The Majority Finds Its Past: Placing Women in History*，p. 180.

的关注，研究者对女性史学分期理论的探讨也随即增多。目前，女性史研究者普遍接受了“填补史”、“贡献史”、“社会性别史”和“综合的普遍史”的女性史学分期标准。他（她）们在各自的研究领域中使用这种分期理论的同时也不断地重新阐释、丰富和延伸这一理论。然而，它产生于何时、何处，目前尚无人给出明确答案。经过深入的思考与分析，笔者认为是格尔达·勒纳首次提出了女性史学的分期理论，梳理了女性史学的发展脉络，为女性史发展指出了方向。以下从格尔达·勒纳的女性史学分期理论、对女性史学分期理论的再思考、格尔达·勒纳女性史学分期理论的意义三个方面，对格尔达·勒纳的从“填补史”到“普遍史”的女性史学分期理论进行全面阐述。

一、格尔达·勒纳的女性史学分期理论

格尔达·勒纳在《置女性于历史之中：定义与挑战》一文，明确提出了女性史学的发展阶段及特征。此后，一些学者对其分期理论进行了解读。由于学者们所处研究环境的差异、历史研究整体发展阶段的差异、自身知识结构的差异等因素，他（她）们对女性史学分期理论的认识也有所不同。

琳达·科尔伯主编的《女性的美国》一书，将格尔达·勒纳的女性史学分期归纳为四个阶段：第一个阶段是“填补史”，第二个阶段是“贡献史”，第三个阶段是寻找普遍史，第四个阶段将社会性别理解成一种社会构建，建议对传统历史分期进行重新认识。书中指出，在这四个阶段里，后一阶段比前一阶段复杂、成熟，但是每一阶段都是重要且必要的。[①]娜塔莉·罗斯则将格尔达·勒纳的女性史分期划分为五个阶段：①认识到女性有历史；②寻求男性史学中女性的贡献；③根据女性的语言定义女性；④女性对历史知识问题的思考阶段；⑤完整的人类史研究阶段。[②]由上述观点可见，学者们从整体上大致把握了格尔达·勒纳的女性史学分期理论，对它的解释均含合理性，并且在某种程度上拓展了格尔达·勒纳的理论内涵。但笔者认为，学者们对格尔达·勒纳的女性史学分期理论的某些理解有偏颇，因此需要重新分析，以便更好地理解美国女性史学的发展历程及该理论对女性史学发展的指导性意义。

从《置女性于历史之中：定义与挑战》一文的内容来看，格尔达·勒

---

① Linda K. Kerber, *Women's America*, pp. 4-6.

② Rose Natalie, *An Essential Indispensable Heritage: the Sarah Lawrence College Women's History Program, 1972-1979*, p. 76.

纳将女性史学的发展分为如下四个阶段：

第一个阶段是“填补史”阶段。①格尔达·勒纳认为，在男性史学中，“男性将自己的经验看作历史，忽视了女性。在早期的女性权利运动时期，女性就已经要求将女性置于历史之中”②。格尔达·勒纳认为，这一阶段对女性价值的判断仍以男性的价值标准为尺度，只记录符合男性历史写作要求的女性。在这一阶段，学者们为一批优秀女性写作传记，如单独飞越大西洋的阿米莉亚·埃尔哈特、著名的社会改革家和物理学家爱丽丝·汉米尔顿、研究原子结构和原子核的诺贝尔奖得主玛丽亚·梅耶等。③持这种观念的历史学家已“认识到女性有历史”④，为历史研究拓展了研究对象。但不幸的是，符合男性史学标准的女性凤毛麟角，不足以完整表现出女性对历史的贡献。回顾此时的研究内容，很多女性仍旧被普遍忽视。格尔达·勒纳认为，尽管在20世纪60年代以前，不存在“女性史”这个专有名词，但研究者们此时已经意识到历史写作中应有女性的身影。

第二个阶段是“贡献史”阶段，它描述女性的历史贡献及女性在历史中受到的压迫。⑤在此阶段，美国女性史学家们开始致力于研究那些参与、组织社会活动的女性，如女性在废奴运动中的作用、在西进运动中的贡献、女性自觉的政治斗争等。格尔达·勒纳认为，20世纪60年代之前对女性历史写作产生过最重要影响的学者是玛丽·里特·比尔德。她的著作颇具综合性，她批判职业历史学家忽视甚至歪曲女性在历史中的作用与地位且将历史碎化，她尝试建立一种以女性为中心的历史研究。玛丽·里特·比尔德的立论基于女性是创造历史的力量之一，从而挑战了女性是受害者的观点。格尔达·勒纳认为，这一阶段，尽管对女性研究的范围有所扩大，但比较而言，“伟大女性的重要贡献受到关注，但她们对女性在意识方面的贡献仍被忽视”⑥。20世纪六七十年代以来，面对学者和活动家们过分关注选举权运动的状况，格尔达·勒纳指出：“女性的斗争是女性史研究的重要内容，但不是中心内容。”⑦时值20世纪70年代中期，女性的“贡献史”已初具规模。在微观实证研究的基础上，学者们开始探索女性史的研究理

---

① Gerda Lerner, *The Majority Finds Its Past: Placing Women in History*, p. 115.

② Gerda Lerner, *The Majority Finds Its Past: Placing Women in History*, p. 125.

③ Linda K. Kerber, *Women's America*, p. 4.

④ Rose Natalie, *An Essential Indispensable Heritage: the Sarah Lawrence College Women's History Program, 1972-1979*, p. 76.

⑤ Gerda Lerner, *The Majority Finds Its Past: Placing Women in History*, p. 116.

⑥ Gerda Lerner, *The Majority Finds Its Past: Placing Women in History*, p. 116.

⑦ Gerda Lerner, *The Majority Finds Its Past: Placing Women in History*, p. 117.

论，如女性与史学中其他边缘群体的同一与差异、家庭史与女性史的关联等。

第三个阶段是独立的女性文化研究阶段。[①]这一阶段，女性史学家从发现和探索女性的历史到发展和宣传女性意识，又逐渐转向对女性历史的独立解释，突出女性与男性的差异，并深入思考女性内部的多元化。随着研究的深入，史学家逐渐意识到女性具有不同于男性的经验。正如凯利-加多所指出的，对男性而言是“文艺复兴”，而“这些发展对女性产生了不利的影响，以至于女性没有文艺复兴，至少不是在文艺复兴时期发生的”[②]。格尔达·勒纳认为，女性具有独特的文化，这不仅表现为女性具有独立的职业、地位、经验，而且表现为她们拥有独立的意识。1993 年，格尔达·勒纳在《女性主义意识的缔造：从中世纪到 1870 年》中从女性主义意识发展的视角对女性的历史进行了阐述，将女性独特的历史经验与独立的文化作为研究主题。她认为，社会性别从不单独起作用，而是与种族、阶级和宗教相结合共同起作用的，因而必然涉及女性之间的差异问题，即不同阶级、不同种族、不同宗教的女性之间也存在利益冲突。

第四个阶段是综合的历史研究阶段。在此，格尔达·勒纳要求以一种辩证的历史态度展现两性关系的历史，即普遍史。[③]经过前三个阶段的发展，女性史研究在实证与理论方面都有所发展。但只从女性的视角关注女性史，在某种程度上，格尔达·勒纳认为这会导致女性史研究走上男性史学的旧路，即“将两性分开”研究，会忽视人类社会另一半人的经验。[④]为了走出困境，兼顾两性的历史，格尔达·勒纳呼吁建立一种综合的历史。“这种综合的历史可以建立在已有的男性与女性历史经验的比较基础之上……我们希冀找到一种定义新‘普遍史’的标准。”[⑤]然而，尽管近年来全球史、世界史、普遍史等研究不断地深入，通史性研究亦渗入了女性的视角，但它们研究的重心依旧落在男性一边。因此，这一阶段仍旧是一个探索期，存在巨大的拓展空间。

经由上述分析，笔者认为在科尔伯对格尔达·勒纳的女性史学分期理论的阐述中，第三阶段与第四阶段共同支撑了格尔达·勒纳的女性史学的宏观发展方向——人类的“普遍史”研究阶段。以研究对象为依据，

---

① Gerda Lerner, *The Majority Finds Its Past: Placing Women in History*, p. 116.

② Joan Kelly-Gadol, Did Women Have a Renaissance?, p. 21.

③ Gerda Lerner, *The Majority Finds Its Past: Placing Women in History*, p. 126.

④ Gerda Lerner, *The Majority Finds Its Past: Placing Women in History*, p. 121.

⑤ Gerda Lerner, *The Majority Finds Its Past: Placing Women in History*, p. 126.

结合格尔达·勒纳对女性史学分期理论的阐述，本书认为更适合将其按照以上四个阶段进行理解。世上没有绝对的真理，也正因此，学者们才需要不断完善理论。目前，学者们正在格尔达·勒纳的女性史学分期理论基础上不断进行重新划分与完善，以便更好地理解女性史学的发展历程，为女性史研究的进一步发展提供理论指导。

二、对女性史学分期理论的再思考

1998 年，琼·斯科特根据女性史的研究方法，重新思考了女性史学的发展历程，并将其分为三种类型：第一种，以向男性看齐的方法进行历史写作；第二种，向原有的历史观念挑战，如重新审视历史的进步与退步等；第三种，在女性史研究中发现女性专有的理论，将它们用于解释历史的分期与发展动力，重新写作历史。[①]琼·斯科特提出的第二种和第三种类型的女性史研究是密切联系、不可分割的，实际上可以看作一种研究方法，因为女性史研究者在对传统史学观念进行挑战的同时会自觉产生女性史研究的新理论，新理论的形成也必然是对旧理论的批判，所以她的划分并不是很清晰。综合琼·斯科特的分期理论与其他学者对格尔达·勒纳分期理论的研究，笔者尝试从格尔达·勒纳的史学实践出发，以格尔达·勒纳对女性社会、历史地位，两性关系的历史研究的女性主义意识发展的视角为主线，对格尔达·勒纳的史学研究及女性史学分期理论进行话语体系的三个阶段的再考察，以寻求更直观、更理性的历史研究理论指导。

第一个阶段是按照男性话语体系、使用男性话语的研究阶段。这是将男性史学研究标准应用于女性历史研究的阶段，即以精英女性为主体，以女性政治活动为载体进行微观实证的研究期。这一阶段，即上文所述在 20 世纪 60 年代之前，学者们以符合男性历史写作标准的方式记载了优秀女性的成就，叙述了对历史有重大贡献的女性历史活动。这样的女性史研究没能超越精英史学的研究范畴。格尔达·勒纳于 20 世纪 60 年代步入史坛，吸收了玛丽·里特·比尔德的“女性也是历史的中心力量之一”的史学思想，认为女性是历史创造中必不可少的力量。格尔达·勒纳将女性的历史贡献与女性在史学中的地位的反差称为“女性史的辩证法”。因为格尔达·勒纳接受的是男性史学的训练，所以她最初采用了“填补史”或“贡献史”的研究框架。她的博士学位论文《来自南卡罗来纳州的格里姆克姐妹：向奴隶制宣战》成为她这一阶段的代表作，文中记述了美国南北战争

① 王晴佳、古伟瀛：《后现代与历史学——中西比较》，第 60 页。

前南方两位优秀的白人女性废奴主义者格里姆克姐妹的事迹，她们是女性废奴主义者的优秀代表。这一主题也是 20 世纪 60 年代女性史研究者们寻求女性历史的焦点所在，即寻找美国南北战争前后杰出的女性，阐述她们在历史发展过程中的重要作用，并且希望将更多的优秀女性填补到历史框架之中。在这一阶段，格尔达·勒纳尽管写作了女性政治斗争的历史，但清醒地意识到：“历史编纂中强调有组织的女性运动反映的是对传统公共领域范围内的政治活动的兴趣，这就模糊了女性长期抵抗父权制传统的其他方面。”[①]

20 世纪 70 年代初，格尔达·勒纳搜集、整理、编辑了一些女性遗留下来的书信、日记、文章等资料。依此，格尔达·勒纳窥探了女性的历史贡献及女性受到压迫的动态过程。格尔达·勒纳于 70 年代出版的《美国历史中的女性》、《黑人女性在白人美国：历史纪实》及《人类多数寻找其历史：置女性与历史之中》三部著作记录了白人、黑人、知名的与不知名的女性的私生活及她们对公共事业的贡献。此时，格尔达·勒纳的女性主义历史写作意识逐渐由探索精英女性的物质与精神贡献，延展到一般的、普遍的女性群体的家庭、婚姻、生育等具有女性自身特点的历史内容之中。格尔达·勒纳拓宽了女性主义意识与女性历史的研究内容：研究范围从精英女性转向普通女性，并逐渐从白人女性拓展到其他种族的女性，借此她成为写作黑人女性历史的先驱。[②]随着格尔达·勒纳的女性主义意识的发展，她在对白人女性与黑人女性的历史经验进行比较研究后，推论出女性之间友谊的非普遍性与非现实性，提出差异地看待女性群体的要求。通过对女性利益差异的分析，格尔达·勒纳认为应将女性同其所在的种族、阶级、宗教和文化相结合进行理解才是有效的。此时，格尔达·勒纳的工作主要集中于微观实证的历史研究，努力发掘更多女性的历史记录，构建女性生动、真实的历史形象。

第二个阶段是尝试创建女性的话语体系，但仍旧是单一性别体系的研究阶段，即对女性历史的独立思考阶段。经过不懈的努力，“短短五年，女性史学家已经将女性史发展成一个独立的领域”[③]。至此，随着女性主义

---

① Gerda Lerner，*Creation of Feminist Consciousness: From the Middle Ages to Eighteen-seventy*，p. 13.

② Nan Elizabeth Woodruff，Review: *The Majority Finds Its Past: Placing Women in History by Gerda Lerner*，pp. 454-455.

③ Gerda Lerner，*The Majority Finds Its Past: Placing Women in History*，p. 115. 此五年指的是 1969—1974 年。

意识的成长，学者们在对女性历史进行微观实证研究的过程中逐渐开展对女性历史解释理论的探索。在《女性经验：美国历史文档》一书中，格尔达·勒纳不但对美国历史上遗留下来的部分女性资料进行了整理与编辑，还对每一部分内容都进行了精炼的分析与解释。她采用女性主义的视角思考女性的思想发展过程、价值观、社会制度对女性的影响、现实问题等，还尝试寻找解决女性现实困难的方法。格尔达·勒纳主张从女性的视角对以男性为中心的、男性定义的世界中女性的历史进行重新定义与解释。在《人类多数寻找其历史：置女性与历史之中》中，格尔达·勒纳明确地向男性史学的研究内容、视角、方法等方面进行了挑战，开启了“女性史学比较”的研究道路。

格尔达·勒纳的《父权制的缔造》与《女性主义意识的缔造：从中世纪到 1870 年》，是“女性与历史”系列的两部分内容。《父权制的缔造》借鉴了人类学、考古学等多学科的研究成果，从理论上对女性长时段的历史进行了系统阐述。从女性从属的历程出发，她认为既然父权制是在历史中产生的，也必将会在历史中终结，最终实现两性的真正平等。她还对不同时期、不同地点的父权制统治之下的女性与文明、女性与男性、女性内部冲突与合作的关系进行了理论探索。《女性主义意识的缔造：从中世纪到 1870 年》则记载了 1300 多年的女性主义意识发展历程。书中，格尔达·勒纳从理论上寻求女性主义意识被社会、历史所忽视的原因：学者按照男性的标准记述历史，他们排斥女性主义意识的内容，而女性没有受教育权利、没有写作的权利、没有政治权利、没有书写的技艺、没有法律权利等。尽管父权制思想对女性主义意识的发展与女性历史的写作产生了巨大负面影响，但女性主义意识在阴霾下并没有被摧毁，而是顽强地发展着，成为女性宝贵的历史经验，并成为女性史学研究的重要内容。此时，格尔达·勒纳的史学研究从微观实证研究向历史理论研究过渡，并逐渐形成了有别于男性的女性价值标准与研究视角，对女性的历史进行独立的思考，仍旧属于单一性别的历史研究阶段。

第三个阶段是倡导创造两性平等的话语体系的研究阶段，即写作完整的人类历史阶段。20 世纪 80 年代中期，“社会性别”研究广泛兴起，女性史学界广泛接受了这一概念，学者们对其进行了深入的史学研究。人类学家盖尔·鲁宾认为生理性别是一种既定的、生物的产物，而社会性别是被动的、文化的产物。格尔达·勒纳补充说，“社会性别”一词使我们警觉到一种被给予的、与实际不同的、在生理性别之上有意识构建精神层面的意义。[①]由于社会性别理论被女性史学家广泛接纳，社会性别史研究逐渐盛行起来。格尔达·勒纳在《历史为何重要：生活与思考》中，不断地运用“社会性别解释”的女性史研究方法展现她历史观念中的“普遍史”思想。她的“社会性别解释”的研究，主要关注的是将女性作为一个性别群体与阶级、种族和宗教等因素综合思考。她不但要对女性的历史进行解释，还要通过两性的比较研究对处于史学边缘地位的男性群体的历史加以思考。因此，格尔达·勒纳的“社会性别解释”在研究对象方面就超越了女性范畴,将传统史学中更多的劣势群体的历史通过比较研究的方式纳入“普遍史”的研究范畴中，具有强烈的综合性。这也成为格尔达·勒纳的社会性别史研究区别于社会学、女性学、社会史中对女性研究的关键所在。

在这一阶段，格尔达·勒纳的女性史学思想与写作更多地转向了理论探索，从对女性的微观研究发展成为社会性别理论研究。她将社会性别同阶级、种族、宗教联系起来对女性历史进行整体的辩证研究，试图将女性史研究引入真正的、普遍的人类历史的研究道路。目前，女性史研究者正努力将女性史研究引向“普遍史”的发展阶段。然而，通过女性史研究建立人类“普遍史”的任务仍旧艰巨，需要学者们共同努力，付出更多的心血构建完整的普遍的人类历史。

三、格尔达·勒纳女性史学分期理论的意义

格尔达·勒纳是第一位对女性史学发展进行分期论证的学者，她的分期理论对女性史学和整体史学的研究与发展都具有重要的指导意义。

历史学家肯尼斯·戈弗雷等认为：“女性史学的主要开创者表示，对女性的成就与贡献的研究是女性史学的初始阶段，接下来是对较大范围的女性实际经验的研究。详见格尔达·勒纳的《置女性于历史之中：定义与挑战》。”[②]文化史学家罗杰·斯崔特马特也认为对女性史学发展阶段的划分需要参考格尔达·勒纳的《人类多数寻找其历史：置女性于历史之中》中的《置女性于历史之中：定义与挑战》。[③]事实上，很多西方学者在论述女性史及女性史学分期理论问题时，都会提及格尔达·勒纳的女性史学分

---

① Gerda Lerner，*Why History Matters: Life and Thought*，p. 149.

② Kenneth W. Godfrey, Audrey M. Godfrey, Jill M. Derr, *Women's Voices: An Untold History of the Latter-Day Saints，1830-1900*，Utah: Deseret Book Co.，1982，p. 397.

③ Rodger Streitmatter，*Raising Her Voice: African-American Women Journalists Who Changed History*，Lexington: University Press of Kentuchy，1994，p. 156.

期理论的研究成果。从时间上看，20 世纪 60 年代，以格尔达 · 勒纳等人为首的女性史研究者促使了美国现代女性史学的诞生，也可被视为欧美现代女性史学的开端。“在 1969 年之前，女性史学实际上是不存在的。”[①]仅数年后，即 20 世纪 70 年代中期，格尔达 · 勒纳就提出了女性史学的分期理论。就笔者目前所查资料可以推断出，在格尔达 · 勒纳提出此理论前并没有其他人对女性史学分期问题进行过研究与论证，从而可以断定这一理论是由格尔达 · 勒纳首次提出的。同时，经考证也表明在格尔达 · 勒纳提出以研究内容为标准的女性史学分期后，只有琼 · 斯科特提出了以研究方法为标准对女性史学进行划分，而学者们使用女性史学分期理论时通常引用或转述格尔达 · 勒纳的成果，在诸多文献中学者们也做出了同样的结论，即对格尔达 · 勒纳的女性史学分期理论表示认同。由此可见，格尔达 · 勒纳首次提出了合理的女性史学分期理论，具有前瞻性和指导意义。

格尔达 · 勒纳的女性史学分期理论诞生后，经过时间的考验，历史证明它符合女性史研究发展的道路，具有一定的合理性与前瞻性，并且几十年来其要义一直被学者们所秉承。在二十世纪的最后十年，在西方学者使用与引申格尔达 · 勒纳女性史学理论的同时，中国学者杜芳琴、裔昭印、刘军等人也对西方女性史学进行了分期理论研究。尽管在细节上东西方学者有所差异，但中国学者大体认同以下几个阶段的划分：

第一阶段，20 世纪 70 年代兴起的女性史研究属于传统的女性添加史。

第二阶段，从 20 世纪 80 年代开始，用社会史的方法研究女性，对下层女性的教育、婚姻、家庭、人口流动等进行研究，甚至一度特别关注“女性的领域”。随着“社会性别”概念的出现及其在史学中的广泛运用，形成了社会性别史。

第三阶段，20 世纪 90 年代的女性/社会性别史强调将性别维度与相关元素（政治、经济、社会、家庭、种族、民族、阶级、宗教等）进行交叉考察与分析。[②]

这种划分基本上与格尔达 · 勒纳的分期理论保持一致。中国学者对西方女性史学分期的划分，实际上是以回顾女性史学发展历程的方式，从西方史学的外部论证了早期格尔达 · 勒纳女性史学分期理论的合理性。在此，格尔达 · 勒纳的女性史学分期理论为女性史研究指明了“普遍史”研究的

---

① Nan Elizabeth Woodruff, Review: *The Majority Finds Its Past: Placing Women in History by Gerda Lerner*, p. 454.

② 笔者采用杜芳琴在《妇女/社会性别史对史学的挑战与贡献》(《史学理论研究》2004 年第 3 期，第 4 页）中的划分方法。

发展方向。“所有的史学家，既包括男性也包括女性，都受惠于她，因为她向我们揭露了之前历史学的狭隘性，丰富了我们的历史知识。”[①]

综上所述，格尔达·勒纳在美国女性史学独立、专业化发展之初，就已敏锐地意识与预见到女性史学研究发展的阶段问题，将其划分为“填补史”、“贡献史”、女性独立文化的研究、“普遍史”四个阶段。她的女性史学分期理论向人们展示了研究女性史不但要研究伟大的女性，还要研究普通女性，同时要对史学其他边缘群体的历史进行考察，最终发现以两性关系为基础的历史发展规律。在此，她批判了传统史学中以男性价值观为标准审视女性历史的方法，要求以女性主义的视角重新思考女性的历史，突出女性史研究的独特史学价值。她突破单一性别历史研究思维模式的主张，为女性史学的发展指明了走向完整人类历史研究的发展道路，同时为处于困境中的传统史学在观念上开辟了完整展现两性关系的普遍人类史的新道路。由此，格尔达·勒纳将女性史研究的对象扩展到传统史学研究未曾关注过的群体，寻求父权制下女性历史发展和人类历史发展的规律性，赋予女性史研究和两性关系史研究以普世性的特征。格尔达·勒纳的女性史学分期理论也暗示了人类历史研究中两性平等、人与人平等的价值观。

第二节　性别关系的世界史——女性主义“普遍史”

自历史写作发轫以来，史学观念不断扩展与变革。多年来，世界史、通史、全球史、普遍史等观念层出不穷。持通史、世界史、普遍史、全球史观念的学者们希冀自己的研究内容具有广泛性、普遍性、包容性，可以将更多人的历史纳入研究体系中，但他（她）们仍将男性的历史视为人类的历史全景而无视女性的历史，显然它们并不具普适性。从20世纪70年代中期美国女性史成为独立、专业领域开始至今，在短暂的半个世纪中，“女性学者已经挑战了那荒谬的预设，即人类一半可以永恒地将其过去展示成一种普遍有效的故事。而之前被史学否定的群体已经开始索要自身历史的遗产。这已发展成为世界历史真正的事件”[②]。格尔达·勒纳则是这些女性学者中一位“比任何致力于建立女性史学的人所做的事都要多的人”[③]。

① Nan Elizabeth Woodruff, Review: *The Majority Finds Its Past: Placing Women in History by Gerda Lerner*, p. 454.

② Pauline Yu, A Life of Learning, Charles Homer Haskins Lecture for 2005, *American Council of Learned Societies*, http://www.acls.org/Publications/OP/Haskins/2006_MartinEMarty.pdf, p. 20.

③ Gerda Lerner, *The Majority Finds Its Past: Placing Women in History*, p. ix.

纵观格尔达·勒纳的史学研究成果，从她对社会性别起源的假说到对当代两性之间、同性之间的斗争与合作关系历史的探索，再到对女性史学的最终发展阶段——“普遍史”阶段——的展望，无疑都浸透着对两性关系、女性群体内部关系及历史普遍性之间的无限追求。换言之，“普遍史”观念实则成为格尔达·勒纳对女性主义史学发展的努力方向。为了形成直观的比较，在认识格尔达·勒纳的“普遍史”观念前，需要对传统的“普遍史”观念进行一番思考。

一、传统的“普遍史”观念

“普遍史”研究起源于何处，目前并没有定论，“普遍史”的观念随着时代的变化而不断变化。距今三个多世纪前，“普遍史”一词才刚刚出现。①但在“普遍史”一词出现之前，“普遍史”研究早已存在。有学者认为，最早的普遍史尝试，可以追溯到公元前400年至公元前330年希腊历史学家埃福罗斯（Ephorus）编纂的一部29卷的普遍史。②也有学者认为，普遍史始于闪米特的宗教作家们，他们声称人类历史开始于神所创造的单个人，同时会结束于神自己决定的末日审判。启蒙时代后，赫尔德、康德、黑格尔、马克思等人对“普遍史”进行了理论阐释。他们普遍认为人类历史是按照一定秩序发展的，具有普遍性。③19世纪初，西方出版的历史手册告诉学生，历史是普遍的或特殊的，力图说明普遍史是寻求一切的。普遍史是研究所有人的活动，从世界的产生开始；特殊的历史研究单个部落或国家，开始于它们作为政治社会的早期。④至克罗齐时，他指出“普遍史”不是一种具体的活动或事实而是一种“主张”⑤。可见，有许多学者信心满满地投身于“普遍史”研究，写作“普遍史”，也有很多学者质疑了“普遍史”的普遍性。因此，“普遍史”概念本身就值得我们进一步思考。“普遍史”是没有模板的，对“普遍史”的特殊观点的采纳取决于许多理性和实用的

---

① Brett Bowden, The “Idea” of Universal History: What the Owl Heard, the Angel Saw, and the Idiot Said, *New Global Stud.*, Vol. 11, No. 3, 2017, p. 198.

② Brett Bowden, The “Idea” of Universal History: What the Owl Heard, the Angel Saw, and the Idiot Said, p. 200.

③ Davut Ates, Civilization and Universal History in Conceptualizing Globalization, *ZKÜ Sosyal Bilimler Dergisi*, Cilt 4, Sayı 8, 2008, p. 179.

④ Brett Bowden, The “Idea” of Universal History: What the Owl Heard, the Angel Saw, and the Idiot Said, pp. 201-202.

⑤ 〔意〕克罗齐：《历史学的理论和历史》，田时刚译，北京：中国社会科学出版社，2005年，第39页。

因素。[①]换句话说，与史学的其他观念一样，“普遍史”也没有获得一致认可的标准。下文从语义和著述史两个方面对传统视域中的“普遍史”一词加以考察，尝试阐明格尔达·勒纳女性主义“普遍史”观念的合法性。

东西方学者都曾从语义的角度对“普遍史”一词做出过解释。近年来，东西方学者通过比较研究的方法，对西文中的“普遍史”概念已有相当的分析，同时学者们还将“普遍史”与其他相近的史学术语加以严格区分。以波兰学者埃娃·多曼卡斯对“普遍史”、“世界史”和“全球史”三个概念的阐述为例，她认为这三个概念当中的每一个都有自己的“参照物”，并且各自都设下了一个不同的研究客体：普遍万物（所有的事物，暗示着普遍规律的观念，代表“秩序”（cosmos）而与混乱相对）、“世界”（人类的文化领域，它与被认为是“自然”的“母亲与起源”的地球相对）、“全球”（主要是物质和空间的概念，指地球处于宇宙空间中）。现在写一部普遍史将意味着尝试去描述一种包含一切的宇宙景象，地球的历史仅仅是其中的一章。世界史是在长时段视角下关于人类过去的文化的故事，全球史关心的是当代史和一个新时代，它以未来的眼光来书写历史。[②]“一般说来，普遍史往往是从‘洞穴人到超人’、从‘野蛮到文明’、从‘愚蠢到智慧再到天才’的进步史。”[③]

在中国，尽管刘家和写作的《论通史》的初衷在于阐述“通史”一词，但他的解释对“普遍史”概念的研究亦贡献颇大。刘家和认为，第一，general history，“凡同种、同类之集合即可以此词表达之……历史书而冠以此词者，即指内容为一般性、综括性的”。第二，universal history，在《世界公民观点之下的普遍历史观念》的“命题九”部分，何兆武做了这样一条译注：“普遍的世界历史”一词原文为 allegemeine weltgeschichte，相当于英文的 universal history，或法文的 histoire universelle，字面上通常可译作“通史”；但作者使用此词是企图把全人类的历史当作一个整体来进行哲学的考察，一方面，应该包括时间上的普遍性；另一方面具有空间上的普遍性。第三，global history，“这个词的意思很明确，即全球史。按 global 来自名词 globe（意思为球），而这个英文词来自拉丁文里的 globus，意思就是球或球形物”。第四，ecumenical history，柯林武德指出：“这个词来

---

① David Christian, *The Cambridge World History, Volume 1*, Cambridge: Cambridge University Press, 2015, p.43.

② 陈新主编：《当代西方历史哲学读本（1967—2002）》，上海：复旦大学出版社，2004 年，第 351 页。

③ 陈新主编：《当代西方历史哲学读本（1967—2002）》，第 358 页。

自希腊文的 οικουμενη(而此词又来自 οικεω，意思就是‘居住’), ηοικουμενγ 就是 the whole habitable globe，就是人之所能居住之地，就是‘维民所止’（《诗 · 商颂》语)”。第五，total history，“按 total history 一词中的 total 来自拉丁文的 totus，它的意思是‘全部’或‘整体’”[①]。

上述两位学者从语义的角度高屋建瓴地阐明了“普遍史”一词在西方语境中的内涵，并且将“普遍史”与其他相关词语进行了比较研究。从中，清晰可见的是东西方学者都认为“普遍史”与其他观念的明显差异之处在于其独具的哲学意味，即它关注的是空间与时间普遍性观念上的全体的人类历史发展过程。除此之外，西方学者还赋予“普遍史”以“进步史”的意义。

从观念与著述史的角度，也不乏学者对“普遍史”进行辩证考察。1996 年，拉乌尔 · 莫利特（Raoul Mortley）从事实的视角将“普遍史”定义为：“①对整个世界中普遍形象和事实的一种关注；②传记事实中对道德方面的关注，是后亚里士多德主义史学、道德思想史家所寻求的普遍类型；③如同对实践的关注一样，为人类的内心道德提供最好的指导，‘心灵的标志’；④无论是对神话还是对事实的关注，都来自被赋予的一定事实的真实性的传统。”[②]显然，这个定义表达的是历史研究的合法性——真实性，即历史事实真、历史规律真、历史真相的知识论本位。另外，在西方，目前无论是学术研究领域还是教学领域，都潜移默化地接受了梅米 · 休斯-沃林顿（Marnie Hughes-Warrington）对“普遍史”概念进行的四种区分式的定义：“第一种，普遍史是已知世界或宇宙的综合史，也可能是统一史；第二种，普遍史阐明被认为属于全世界的真理、理想或原则的历史；第三种，普遍史是一部由一种单独的思想统一起来的世界史；第四种，普遍史是一部世界历史，它以一种不间断的方式传承下来。”[③]梅米 · 休斯-沃林顿对“普遍史”概念的划分是根据历史研究范畴、历史研究的本质与目

---

① 刘家和：《论通史》，《史学史研究》2008 年第 4 期，第 4—5 页。

② Raoul Mortley, *The Idea of Universal History from Hellenistic Philosophy to Early Christian Historiography*, Lewiston: EdwinMellen Press, 1996. 转引自 Marnie Hughes-Warrington, Coloring Universal History: Robert Benjamin Lewis's Light and Truth （1843） and William Wells Brown's The Black Man（1863）, *Journal of World History*, Vol. 20, No. 1, 2009, p. 103.

③ William H. McNeill, David Christian and Jerry Bentley, *Berkshire Encyclopedia of World History*, Great Barrington: Berkshire Publishing Group, 2005, p. 2096. Bhuvan Garg, *Teaching of History*, New Jersey: Wiley-Blackwell, 2007, p.87. David Christian, *The Cambridge World History*, Volume 1. p.42. Brett Bowden, *The Strange Persistence of Universal History in Political Thought*, Sydney: Palgrave Macmillan, 2017, p. 9.

标、历史研究的方法三个不同层面的标准进行的。

梅米·休斯–沃林顿的第一种定义，是以历史研究范畴为核心的，认为普遍史就是我们所知道的所有历史。事实表明，西方人所指称的普遍史著作，如“在古代以波利比奥斯的作品为例足以，因为他强烈坚持需要一部‘普遍史’（普世史，综合全部共同实践）；在基督教时代有奥古斯丁的《上帝之城》；在近代有黑格尔的《历史哲学》（普遍史，或如他所说的《哲学的世界史》）”[①]，它们无论在时间上还是空间上都并非具有普遍性。也就是克罗齐所说：“普遍史确乎想画出一幅人类所发生过的全部事情的图景，从它在地球上的起源直到此时此刻。事实上，它要从事物的起源或创世写起，直到世界的末日为止，否则就不称其为真正的普遍了。因此，它有一种倾向，要用神学的或自然主义的故事去填补史前期及人类起源方面的无底罅隙，或用……实证主义的、民族主义的和社会主义的普遍史中的预见去勾画未来。”[②]这个层面的“普遍史”观念对学术研究而言，仅仅是一种有益的观念，而无法成为现实。

梅米·休斯–沃林顿的第二种定义，涉及“普遍史”的研究本质与目标，是具有哲学性质的思考。普遍史所写作的历史应该符合全世界、全人类的真理、理想或原则的本质特征，即世界历史进程的共同性，对现在是有影响的，即黑格尔对“反省的历史”的思考。他将“反省的历史”划分为四类。其中第二类、第四类具有普遍史的性质。黑格尔认为，第二类“反省的历史”可以称为实验的历史。历史上的事变各不相同，但是普遍的、内在的东西和事变的联系只有一个。这使发生的历史痕迹不属于“过去”而属于“现在”。因此实验的反省，它们的本质虽然是非常抽象的，但是它们属于“现在”是确确实实的。它们使“过去”的叙述赋有“现在”的生气。只有对于历史局面彻底的、广泛的眼光和对于观念深刻的意识（如孟德斯鸠的《论法的精神》），才能给予这一类的反省以真理和兴趣。第四类“反省的历史”，开宗明义就显现出一种局部的东西。它自然是分划的，但是因为它的观点是普遍的（如艺术的历史、法律的历史、宗教的历史），它形成了达到哲学世界历史的一种过渡。[③]

第二种定义的“普遍史”与第一种定义的“普遍史”有明显差异，它的目标在于阐明历史发展的普遍本质，希冀在可探求的历史规律的指引下，

---

① 〔意〕克罗齐：《历史学的理论和历史》，第39—40页。

② 〔意〕克罗齐：《历史学的理论和历史》，第33页。

③ 〔德〕黑格尔：《历史哲学》，王造时译，上海：上海书店出版社，2001年，第5—7页。

获取未来的进步。用黑格尔的话来说，这种“普遍史”写作，不是写尽全部的图景，而是寻求历史的本质。这并不局限于写作内容的时间和空间的范畴，而在于历史写作是否能够体现出这一“抽象”但又确实的本质。

梅米·休斯-沃林顿的第三种、第四种“普遍史”的定义，可以理解为“普遍史”历史研究的具体方法。相对于前两种定义来说，第三种定义的“普遍史”更容易把握与理解。在西方历史写作的传统中，“普遍史是最古老、持续时间最长的世界史写作方式”[①]。刘家和也认为：“西方所重的是普世史的特色，普世史固然必须以时间为经，但其重点却在共时性的普世的空间之纬。”[②]这是一种横向的研究方式。在这里，“普遍史”是特殊的“世界史”，这一观念在20世纪表现得尤为明显。正如有些学者所言，普遍史并没有在20世纪消失：普遍史只是成为越来越多地被称为“世界史”的众多写作方法中的一种。[③]在历史写作与研究中以一种思想为主线，阐述世界历史的发展进程，即所有历史都与这种思想有关，是思想统一的发展的历史。显然，这种思想应该具有普适性，即至少在有文字记载的历史中，在不同空间里时间进程有所差异，但世界历史进程的思想趋势是同一的。正如赫伯特·乔治·威尔斯在《历史纲要》（*The Outline of History*）中所解释的，真正的普遍史，在一定程度上被定义为仅仅当整个主题使用一种单一的思想时获得的整体的描述。[④]单独思想统一起来的世界史，不可避免地会以一种不间断的方式传承下来。因此，梅米·休斯-沃林顿的后两种“普遍史”定义，在某种程度上具有一致性。

综合对“普遍史”的阐述，尽管东西方学者对“普遍史”一词的分析有差异，但是在他（她）们的思想中，可以将“普遍史”放到哲学和历史两个层面去理解。第一种是包罗万象的历史写作，它是纯粹的理论观念，在哲学层面具有完美性。持这种观念的学者具有两方面的相似性：其一，学者们皆赞同“普遍史”是寻求对人类整体历史的思考，即从时间与空间上对全人类历史活动的研究；其二，学者们都视“普遍史”为对人类整体历史进行哲学思考的观念，对历史做出规律性的概括。然而，这两点在历史层面缺乏可操作性。因此，这样的“普遍史”观念只可以作为理论基础，

---

① Marnie Hughes-Warrington，Coloring Universal History: Robert Benjamin Lewis's Light and Truth（1843）and William Wells Brown's The Black Man（1863），p. 99.

② 刘家和：《论通史》，《史学史研究》2008年第4期，第6页。

③ David Christian，*The Cambridge World History，Volume 1*，p. 48.

④ H. G. Wells，*The Outline of History: Being a Plain History of Life and Mankind*，New York: Macmillan，1920，p. 2.

成为研究者努力的方向，却无法实现。正如克罗齐所言，“‘普遍的历史’也不是具体行动和事实，而是‘奢望’，是由编年体及其‘物自体’产生、也是由用无限进程结束一开始很糟糕的无限进程的奇异意图产生的‘奢望’”①。因此，虽然西方的某些历史写作被视为具有“普遍史”的传统，但完全意义上的“普遍史”实践几乎不可实现。真正的普遍史是从万物的起源或创世直至世界末日，而史学史上的普遍史著作实现的只是将人类的一切事实简化为一幅图画，这种图画只是著者想象的普遍史而已。

从历史编纂学的角度思考，正如约恩·吕森所言：“至于普遍史，任何一种历史叙事都依靠历史意义的一些普遍概念，这些概念指的是人类和道德的基本观念。因此，从逻辑上说，任何一个历史叙事都有普遍性的成分或者方面。我们需要一种新的历史哲学，在这种历史哲学中，普遍性和差异性不是相互矛盾的，而是相互关联的。”②哲学层面的“普遍史”是对全体人类历史活动的全面认识，并对其进行规律性解释的历史观念。它不是由各专门史剪贴而成，而是以某种视角贯穿始终，并对人类未来历史发展趋势有所预言的一种理想的观念。因而，哲学层面的“普遍史”内涵对于具体的历史研究而言，仅仅是理想而已。而特殊世界史意义上的“普遍史”可以成为历史研究的实践方向。

目前，已经出现了众多世界史式的“普遍史”代表性著作，如有中国学者非常熟悉的奥斯瓦尔德·斯宾格勒的《西方的没落》、西格蒙德·弗洛伊德的《文明及其不满》、阿诺德·汤因比的《历史研究》、卡尔·雅斯贝斯的《论历史的起源与目标》，也有中国学者不熟悉的贾瓦哈拉尔·尼赫鲁的《世界史瞥见》、刘易斯·芒福德的《技术与文明》、诺伯特·伊莱亚斯的《文明化进程》、何塞·卡尔·波拉尼的《大变革》、玛丽·里特·比尔德的《历史中女性的力量：传统与现实研究》等众多研究成果。③

其中，《历史中女性的力量：传统与现实研究》是世界女性发展史研究的重要成果，展现了女性贡献的普遍经验，西方学者已经将它归为“普遍史”之列，表明近年来史学界对女性史研究成果普适性的肯定，不再视女性经验为零散的、无意义的。换句话说，女性“世界史”意义上的“普遍史”著作，已经受到越来越多史学家的关注。然而，诸多不利因素的存在，导致女性整体上仍被“普遍史”研究排除在外。因此，无论是哲学层

---

① 〔意〕克罗齐：《历史学的理论和历史》，第 39 页。

② 陈新：《对历史与历史研究的思考——约恩·吕森教授访谈录》，《史学理论研究》2004 年第 3 期，第 78 页。

③ David Christian，*The Cambridge World History，Volume 1*，p. 48.

面的还是历史层面的“普遍史”，在性别角度上都缺乏普遍性。这不利于对女性及两性关系的普遍思考，更不利于人类普遍史研究的实践与发展。为了更好地将女性融入历史，思考女性历史发展的规律性及两性关系的普遍性，早在1977年，格尔达·勒纳就从性别关系的视角提出了女性主义“普遍史”观念。格尔达·勒纳的“普遍史”观念本质上也是历史层面的“世界史”的普遍史观念。在此，格尔达·勒纳既向男性史学观念中“普遍史”观念的普遍性提出了挑战，也为女性进入“普遍史”研究体系提供了史学依据。

二、格尔达·勒纳的“普遍史”观念

20世纪后期，越来越多的后殖民主义、后现代主义和女性主义学者认为，普遍史写作是一种现代的、男权主义的、帝国主义的、启蒙运动的项目。[①]格尔达·勒纳是批判男性“普遍史”观念的女性主义学者代表之一。从研究对象上分析，格尔达·勒纳的“普遍史”观念有女性的“普遍史”和人类的“普遍史”两层含义。

首先，格尔达·勒纳的“普遍史”观念是女性的“普遍史”。1995年，林·亨特指出，大综合的历史和普遍史已经过时一段时间了，历史学家们已经转向越来越细微的研究。但格尔达·勒纳女性史研究的目的是抵制微观，她写作了两卷本的女性与历史的普遍关系的历史。[②]格尔达·勒纳在研究中提出，最早写出女性“普遍史”的是皮桑。她的《女性之城》完全以女性为中心，按照一系列主题和论点，写作了从古代到她生活时代的女性。该书是她参考薄伽丘作品中的女性名单，以批判男性对女性歧视的观念为统一思想写作的世界史。《女性之城》是一部为女性辩护的、充满活力的、涉猎广泛的著作，它重新诠释了女性的生活。[③]玛丽·麦克劳克林则追随格尔达·勒纳的观念，认为在《女性之城》中瞥见了格尔达·勒纳所指出的女性普遍史的梦想。[④]可见，女性史学领域认为格尔达·勒纳的研究中确实存在女性“普遍史”的观念。其次，格尔达·勒纳的“普遍史”观念

① Marnie Hughes-Warrington，Coloring Universal History: Robert Benjamin Lewis's Light and Truth （1843）and William Wells Brown's The Black Man（1863），pp. 99-100.

② Lynn Hunt, Review: The Creation of Feminist Consciousness: From the Middle Ages to Eighteen-Seventy by Gerda Lerner，p. 675.

③ Gerda Lerner，*The Creation of Feminist Consciousness: From the Middle Ages to Eighteen-seventy*，p. 258.

④ Mary McLaughlin，In Search of a Usable Past，p. 19.

是人类的“普遍史”。1979年，在萨拉劳伦斯学院的一次讲座上，格尔达·勒纳指出，传统史学中的“普遍史”忽略了女性和其他长期被忽视的群体，因而不能被称作普遍史。[①]格尔达·勒纳的“普遍史”观念，是从人类两性关系视角进行思考的。女性“普遍史”是人类“普遍史”研究的前提，后者是前者的写作目标。

格尔达·勒纳的“普遍史”包含了哲学观念和历史实践两个层面。在格尔达·勒纳“置女性于历史之中”的探索过程中，她的研究旨趣先是探索优秀女性代表，随后转向了对女性从属及女性反抗父权制的普适性世界史研究。在此，她的研究旨趣实质上逐渐超越了以女性历史为中心的研究要求，正如她在女性史学分期理论中所提出的，女性史学的发展目标是建构完整的人类史，即人类的普遍史。显然，格尔达·勒纳的完整人类史，是从哲学层面概括思考的，期望获得的是梅米·休斯-沃林顿的对已知世界或宇宙的综合史，但却是狭义的综合史，是研究人类的，而不包括人类以外的研究主题。然而，在她的历史实践研究中，她体现出的普遍史观念，又是希冀实现梅米·休斯-沃林顿的被认为属于全世界的真理、理想或原则的历史，或一部由一种单独的思想统一起来的世界史，或一部以一种不间断的方式传承下来的世界史。

格尔达·勒纳的女性主义史学著作，从书名到结构，给读者以纯粹的女性史研究的表象，她并没有专章、专节对“普遍史”这一历史哲学意味浓厚的概念进行过系统的梳理与研究，但是将她仅有的“普遍史”论断与她的学术成果结合考察，笔者可以清晰觉察到21世纪前她对“普遍史”观念的探索与期望。正如有学者指出的，格尔达·勒纳教导我们必须清楚地认识到，女性的历史总是存在于普遍史的背景中，她和她的同事们正致力于普遍史研究。[②]以下着重从研究内容、研究标准、研究方法三方面对格尔达·勒纳女性主义史学的“普遍史”观念进行阐述。

格尔达·勒纳的女性主义史学的“普遍史”观念所关注的是两性关系的普遍性。格尔达·勒纳认为，文明建立在社会性别劳动分工的基础上，由全体男性和女性的活动组成，劳动分工和两性关系的变化自身就是历史现象，必须按照其本来面目来记述。[③]因此，“普遍史”是建立在男性与女

---

① Natalie Rose, An Essential Indispensable Heritage: The Sarah Lawrence College Women's History Program, 1972-1979, p. 32.

② Natalie Rose, An Essential Indispensable Heritage: The Sarah Lawrence College Women's History Program, 1972-1979, p. 9.

③ Gerda Lerner, *The Majority Finds Its Past: Placing Women in History*, p. 142.

性两种文化之间的密切联系基础上的[①]，这表明格尔达·勒纳的“普遍史”是两性之间关系发展的历史。格尔达·勒纳还指出，一种完整的历史，并不是旧的分类和旧“领域”的结合，而必须是多重动力、多层次（multilayered），流动力量相互作用的历史，是生活中各种矛盾冲突的历史。每一位主角在历史的舞台上都曾经被置于某种环境、文化、信仰体系、习俗和琐碎事件之中，是一个充满活力的有机体。[②]借用格尔达·勒纳的研究成果，有学者说：“女性对社会的产生与进化起到了重要的作用，却被史学所遗忘，她们的历史贡献被忽视。正如格尔达·勒纳让人们所记住的，直到几年前，历史还是被男性单独写作的，他们叙述了自己的历史经验，并且将其命名为‘普遍史’。这种历史只包含个别‘著名的女性’。”[③]由此可见，在男性史学中除了个别女性外，大多数女性都成为历史研究中的沉默者。除此之外，格尔达·勒纳还明确表示，除女性外，少数民族、非白人、低阶层的男性群体也都被传统史学所遗忘。因此，格尔达·勒纳提出的男性与女性关系的“普遍史”观念包括两性之间、男性内部、女性内部既联合又斗争的复杂关系史。

格尔达·勒纳认为，只有承认女性是历史的创造者之一，并在男性和女性的经验共同成为衡量人类历史的标准的尺度的基础上进行的历史研究，才能被称为真正的普遍史，即承认男性和女性的重要性是同等的。[④]在格尔达·勒纳看来，让社会承认女性与男性具有同等的重要性，需要花费很长的时间，但这是值得努力的，也是人类普遍史研究的标准。在父权制价值观制定的标准的指引下，女性的历史贡献被掩盖，因此大多数女性被认为是不值得被记录的，而格尔达·勒纳在研究中吸收了多门学科的学术成果，阐明了女性应被置于历史研究之中。她认为，尽管女性与男性对历史贡献的形式与内容有所不同，但两者同样都为人类的生存与发展做出了巨大贡献。面对现实，要置女性于历史之中、写作“普遍史”，史学家必须首先承认女性的贡献，并以两性共同的历史经验为基础制定符合两性共同发展的研究标准。格尔达·勒纳对女性成为历史研究对象的论述表明：在她的历史观念中，女性并非因为其历史是客观存在的而是因为她们对历史有贡献所以才有资格被历史记载，因此她对女性的历史研究具有一定的选

---

① Gerda Lerner，*The Majority Finds Its Past: Placing Women in History*，p.126.

② Gerda Lerner，*Living with History/Making Social Change*，p.170.

③ Isabel Pérez Molina，*Honour and Disgrace: Women and the Law in Early Modern Catalonia*，2001，p.7.

④ Gerda Lerner，*The Majority Finds Its Past: Placing Women in History*，pp. 142，xxxi.

择性。然而，真正普遍的女性历史研究是不应刻意筛选的，而应将普遍女性的历史与现状作为研究对象。

格尔达·勒纳将女性主义史学的“普遍史”研究，建立在对已有男性历史经验和女性历史经验的比较基础之上。“普遍史”应该是传统史学和女性史学的综合体。格尔达·勒纳认为，对男性和女性相互影响的研究与对他（她）们之间的区别和冲突的研究是同等重要的。因此，这种比较应包括男性与女性历史发展的共性与个性。由于内容复杂，格尔达·勒纳认为，没有一种独立的概念框架可以适用于如此复杂的主题。①2002年夏，《纽约时报》的记者就格尔达·勒纳的《杂草：政治自传》对其进行专访时，问是否仍然需要继续进行女性主义研究及女性研究何时可以成为主流。格尔达·勒纳笑着调侃说，男性用四千多年的时间将男性文化定义为人类的文化，我们同样需要四千多年的时间让女性文化与男性文化走向平等。据此，有学者认为，虽然女性史研究在学界取得了巨大的进步，极大地改变了女性的政治和个人境况，但仍有许多工作要做。如果其他群体的人仍然处于边缘，一部包罗万象的普遍史就不会存在。②因此，在格尔达·勒纳的历史观念中，首先需要揭示女性过去的历史；其次要将女性史学与传统史学综合起来。③也就是说，格尔达·勒纳的“普遍史”观念是建立在已构建的大量女性历史研究基础上的，在进行一系列的细节研究及对建立在已有的男性历史经验和女性历史经验的充分比较的研究基础上④，将女性史学与传统史学的内容有机融合起来，这样人们才有希望找到通向新的、全面历史图景的道路。

上述内容明确反映出格尔达·勒纳思想中人类的“普遍史”观念，在女性史研究获得充分发展的基础上，以两性关系的变化为主线，通过比较研究的方法，将传统史学与女性史学有机地融合起来考察两性关系的历史。格尔达·勒纳的《女性经验：美国历史文档》一书的第一部分实际上已经部分地展现了她所说的两种性别关系普遍性的历史。其中，格尔达·勒纳在研究中虽然以父权制下女性的历史活动为中心，但实则处处尽显女性与男性之间的社会关系与历史关系。格尔达·勒纳对两性之间关系的论述并不是空泛的，而是实在的以个体为依托，在已掩上多年尘埃的宗教记录、

---

① Gerda Lerner, *The Majority Finds Its Past: Placing Women in History*, p. 143, p. 126.

② Natalie Rose, An Essential Indispensable Heritage: The Sarah Lawrence College Women's History Program, 1972-1979, p. 75.

③ Gerda Lerner, *The Majority Finds Its Past: Placing Women in History*, p. 142, p. xxxi.

④ Gerda Lerner, *The Majority Finds Its Past: Placing Women in History*, p. 126.

法庭记录的卷宗中，在字迹模糊的信纸与陈旧的手稿中，整理、编辑与寻求最具代表性的社会群体的资料，它们代表着某一时期社会、历史的普遍性特征。弗里德尔认为，格尔达·勒纳为学生们和未来的历史学家们提供了用新方法检验历史的途径，她要求建立一种真正的普遍史。①

综观格尔达·勒纳的研究成果，她似乎暗示或者预设了人类历史发展的某些规律性特征。首先，两性是历史发展过程中的统一体。女性是历史与社会存在和发展的动力之一，两性存在密切的合作关系。尽管两性存在冲突性，女性普遍处于从属地位，但本质上两性在绝大多数情况下都是合作的关系。事实也表明，两性共同创造与分享着社会进步带来的利益，通常情况下，只是女性分享进步的利益与男性相比速度慢或程度弱而已。其次，两性之间由权利平等走向不平等最后回归平等的历史发展过程。从格尔达·勒纳的《父权制的缔造》《女性主义意识的缔造：从中世纪到 1870 年》《人类多数寻找其历史：置女性于历史之中》中可以分析得出，两性之间最初是平等的，由于女性在社会劳动、宗教、法律、教育等权利中处于劣势，两性逐渐从平等进入了不平等的发展阶段。随着社会的进步、思想的解放，女性主义意识发展，女性争取两性平等权利的呼声越来越高。格尔达·勒纳努力为女性在“普遍史”中争取与男性平等的地位，事实上也预示着她相信女性最终可以获得与男性平等的权利。此时，格尔达·勒纳的研究暗示了两性最终将由不平等走向平等。最后，从格尔达·勒纳的研究中，可以推断出，历史的进步与倒退是并存的：当传统史学家为人类阶级的诞生而欢呼文明的产生与进步时，格尔达·勒纳的研究却讽喻着传统史学家所言的进步是以性别压迫为始端而开启了人类阶级压迫之门，因此那是男性历史性的进步和女性历史性的倒退。这也正如恩格斯所说的：“卢梭看到了不平等的产生是进步。可是这种进步包含着对抗，它同时又是退步。……文明向前进一步，不平等就向前进一步。”②

三、格尔达·勒纳的“普遍史”实践

“社会史一向以多多益善为原则：有关一般百姓、工人、妇女、奴隶的生活（以及科学家的价值信仰体系）的事能知道得越多，写出来的历史

---

① Janice Nahra Friedel, The Majority Finds Its Past: Placing Women in History by Gerda Lerner, *The History Teacher*, vol. 13, No. 3, 1980, p. 448.

② 〔法〕卢梭：《论人类不平等的起源与基础》，李常山译，北京：商务印书馆，1962 年，第 197 页。

就越完整。”[①]受到社会史影响的女性史学也遵从了这一原则，因此格尔达·勒纳在其史学著述中，对女性关注的同时，也书写了与女性同样遭受男性史学忽视的男性的历史[②]，阐明两性对历史发展的贡献，并深入探讨女性内部的矛盾与合作，探寻人类历史发展的普遍规律。以下从两方面思考格尔达·勒纳对普遍史研究的努力，即特殊的世界史写作：一是对女性普遍历史研究的努力；二是对人类整体普遍史的努力。

第一，格尔达·勒纳对女性普遍历史研究的努力。从踏入史坛至逝世，格尔达·勒纳对女性历史的研究有50余载。格尔达·勒纳在女性史研究中作为创建者之一的先驱地位也随着她的研究的深入而日益坚固。格尔达·勒纳坚定地认为，女性的经验包含人类一切经验，她们分享着——并且一直分享着——与男性同等的世界，从某种意义上讲，写作女性的历史意味着记录一切历史：女性一直在创造历史，生活在历史之中，并形成了历史。[③]她花费了大半生的精力，从多家档案馆的故纸堆里和私人收藏品中挖掘女性的记录与遗存，寻求女性历史经验的普遍规律性。格尔达·勒纳的《女性主义意识的缔造：从中世纪到1870年》概括了女性知识分子的生活和著作，是广泛而系统的女性人物的百科全书[④]，阐述了世界女性主义意识的发展历程及进步性。同样，《人类多数寻找其历史：置女性于历史之中》被认为是一部实用的百科全书[⑤]，思考了种族、阶级、性别在人类历史发展过程中相互作用的历史规律。除此之外，《黑人女性在白人美国：历史纪实》及《女性经验：美国历史文档》等著作都对普通女性的人生历程进行了细腻的研究，数以百计的女性形象不断地展露于格尔达·勒纳的各种著作之中。她为在世界历史发展进程中，在艰苦环境中，与男性并肩奋战、为农业生产或工业革命及那些为正义而参与到战争中的女性谱写生命的赞歌。格尔达·勒纳试图展示从人类起源到现代及未来，女性一直都是历史发展的动力。她不断地思考世界女性的“生命周期”，探索女性与社会、历史发展关系的普遍性。

格尔达·勒纳虽然强调应该写作女性的普遍历史，但同其他女性史学

---

① 〔美〕乔伊斯·阿普尔比等：《历史的真相》，第183页。

② 格尔达·勒纳的研究包括对黑人男性群体的研究，详见 *Why History Matters: Life and Thought* 中的第三部分“重审历史”。

③ Gerda Lerner，*The Majority Finds Its Past: Placing Women in History*，p. 127.

④ Judith M.Bennett，Review: *The Creation of Feminist Consciousness: From the Middle Ages to Eighteen-Seventy by Gerda Lerner*，p. 1194.

⑤ Janice Nahra Friedel，Review: The Majority Finds Its Past: Placing Women in History by Gerda Lerner，*The History Teacher*，vol. 13，No. 3，1980，p. 448.

家一样，认为强调女性的普遍史并不是表示所有已经写作的历史是错误的、无用的；也并不是主张如果不是女性所写的，女性就不能读也不能思考；也不是说女性必须学习、认知、承认及很好地利用现存的历史。我们只是相信女性在历史中是重要的，并且希望可以批判地评价已有的历史。[①]因此，格尔达 · 勒纳认为女性普遍历史的写作，“威胁的只是权力者的历史霸权；它并不威胁历史事件讲述的必要同一性”[②]。

事实上，格尔达 · 勒纳在女性史研究中，为女性的普遍历史预设了一种女性主义意识普遍进步的规律性。在这一观念中，从女性主义意识发展的视角，格尔达 · 勒纳将女性视为一个统一的整体，这本身存在不合理性。格尔达 · 勒纳将典型的或者有历史记录的女性主义意识的发展视为女性整体意识的发展，这忽略了不同女性群体内部所具有的女性主义意识发展的标准与要求的差异性。当 20 世纪六七十年代白人女性要求解放、要求外出工作的女性主义意识发展时，黑人女性的要求则恰恰相反，她们希望回到自己的家庭中做家庭主妇。在不同人群中，女性主义意识发展的标准究竟如何确定，格尔达 · 勒纳并没有给出明确的答案。

第二，格尔达 · 勒纳对人类整体普遍史的努力。以女性普遍历史的实证研究为根基，格尔达 · 勒纳的研究朝向建立宏观的人类普遍历史的目标迈进。格尔达 · 勒纳认为，尽管两性历史经验存在巨大差异，但是在男性传统史学和女性史学综合研究的基础上，我们至少可以构建一种新的历史纪录。[③]

格尔达 · 勒纳认为，女性从出生到死亡的个体生命发展轨迹始终是与男性密切呼应的。在《女性经验：美国历史文档》的第一部分中，格尔达 · 勒纳明显体现了她对两性普遍关系历史研究的努力。第一方面，格尔达 · 勒纳讲述了女性从出生起就从属于父亲或者兄弟，以及她们与父母、兄弟、姐妹之间关系。第二方面，格尔达 · 勒纳讲述了女性的婚姻、母亲身份和单身状态。在父权制思想占社会主导的国家，通常情况下，幸福的婚姻与才智对女性而言是不可兼得的，婚姻成为贫困女性解决经济问题的重要选择之一，这一切都与丈夫密不可分。孩子（通常指的是男孩）的成就则是母亲的报酬。[④]第三方面，格尔达 · 勒纳记录了女性为家庭准备食物、不

---

① Jocelynne A. Scutt, *The Sexual Gerrymander: Women and the Economics of Power*, p.16.

② Gerda Lerner, *Why History Matters: Life and Thought*, p. 202.

③ Gerda Lerner, The *Creation of Feminist Consciousness: From the Middle Ages to Eighteen-seventy*, p. 14.

④ Gerda Lerner, *The Majority Finds Its Past: Placing Women in History*, p. 109.

停歇地做琐碎的家务、照料孩子等日常工作，其中女性的任何一项工作都与男性密切相关。第四方面，她记述了女性病与亡的问题。格尔达·勒纳认为，在非正常状态下，女性病与亡的经验同男性的情况大相径庭。除规律性死亡外，男性更多的是在寻求刺激的过程中病与亡，如在航海、战争中发生的，男性与死亡的关系是选择性的。在医学不发达的社会，女性在生产孩子过程中的死亡是无选择的。第五方面，格尔达·勒纳对女性从生到死的经历阐述结束后，从女性教育切入整个社会，申明了女性对政治、经济、法律、社会慈善等问题起到的作用。她认为，在每个已知的社会中，女性都被剥夺了受教育的权利，而控制教育的恰恰是男性。

格尔达·勒纳尝试从两性关系的历史的视角，寻求人类历史发展的规律性。对格尔达·勒纳的"普遍史"观念，学者们仁者见仁。有学者指出，格尔达·勒纳的重要贡献在于她影响了一般历史的重写。[①]在《作为女性史的美国史》一书的前言中，编者开宗明义地指出，作者们用不同的方式证明女性史研究领域已经达到了格尔达·勒纳在二十年前所预设的第四阶段（"普遍史"阶段）。[②]"没有人预料到智慧的女性史学家们已成功完成格尔达·勒纳所提出的设想的一半，她们发掘了新资料，形成了新的研究领域，扩大了整个史学领域的理论研究。更重要的是，她们所阐述的问题已经超出了社会性别作为历史分析主题的重要问题。"[③]也就是说，女性史研究已经超越了将女性作为独立考察主体的研究范畴，朝着两性关系的普遍史迈进。也有部分学者认为格尔达·勒纳的"普遍史"观念并没有获得成功。甚至有学者较早地指出，格尔达·勒纳所持的将女性和男性文化的多方面融合、使它们成为人类整体经验的普遍史观念，并不能实现。[④]

尽管争议很多，但格尔达·勒纳教导我们女性史需要超越单一的学术领域这一观念获得了普遍认可。她把我们带到了一个更高的标准之中：我们的工作是让女性成为人类的中心之一。她对女性历史的宽泛定义要求我们要大胆，她认为："女性的历史是一种立场，要求将女性纳入讨论的任何议题中。"她的眼光长远，认为"女性史研究是一种严肃而相当大范围的知

---

① Linda K. Kerber, *U.S. History as Women's History: New Feminist Essays*, Chapel Hill: University of North Carolina Press, 1995, p. 127.

② Linda K. Kerber, Alice Kessler-Harris and Kathryn Kish Sklar, *History as Women's History*, p. 7.

③ Mark Christopher Carnes, *Meanings for Manhood: Constructions of Masculinity in Victorian America*, Chicago: University of Chicago Press, 1990, p. 1.

④ Mary Kay Thompson Tetreault, Integrating Women's History: The Case of United States History High School Textbooks, *The History Teacher*, Vol. 19, No. 2, 1986, p. 212.

识运动，它的目标是一种新的综合”。[1]然而，当越来越多的学者接受格尔达 · 勒纳的“普遍史”观念并为之奋斗时，2009年她表示：自己不再期望预设女性史学的未来，在过去40年里，女性史并没有获得足够的进步，也没有构建一种新的平等主义的女性和男性的历史。它并没有影响其他学科的理论基础。[2]此时，格尔达 · 勒纳已经动摇了其女性史学的“普遍史”观念，她的思想转向保守，这无疑是女性主义史学的损失。

综合以上分析可见，格尔达 · 勒纳的“普遍史”观念是以两性在历史中的平等地位为研究标准，通过两性历史经验比较研究的方式，对两性关系的世界史进行的考察，探索人类历史发展的普遍规律性。它预设了两性在历史中平等的地位，并且视女性主义意识发展对女性而言具有普世性，带有强烈的历史发展目的论色彩。确切地说，格尔达 · 勒纳从未确定地告诉人们两性平等的标准何在，因此如何衡量平等成为关键问题。在两性关系的普遍史观念中，两性所占比例的写作标准也是很难解决的问题。实际上，由于女性群体差异性的普遍存在，以女性主义意识发展为标准思考女性普遍的历史，并不利于女性清楚地认识自身的历史地位与发展方向，也不利于女性之间真正的团结。两性关系的“普遍史”的实践，还需要考虑更多的因素。同时，当女性执意于应该享有平等的权利只停留在口号中而没有实际行动时，她们将永远沉浸于平等的幻想之中。总之，虽然学界对格尔达 · 勒纳两性史平等话语权构建的“普遍史”研究方向褒贬不一，但她确实为当下的女性史研究指明了探索的出路。

本章小结

20世纪70年代中期以来，美国女性史学逐渐走向繁荣，不断向传统史学忽视女性历史研究的观念进行多层面的挑战。格尔达 · 勒纳的“普遍史”观念，是她在父权制理论和社会性别理论基础上，对女性史研究探索的第三个理论。20世纪70年代中期，格尔达 · 勒纳首次对女性史学进行了分期理论研究，她的“填补史”、“贡献史”、“独立的女性文化史”和“普遍史”的分期理论为女性史学研究指明了“普遍史”的发展道路。格尔达 · 勒纳的女性主义“普遍史”观念，是在描述性社会性别理论的基础上构建的

---

① Gerda Lerner, *The Creation of Feminist Consciousness: From the Middle Ages to Eighteen-seventy*, p. 14.

② Gerda Lerner, *Living with History/Making Social Change*, p. 173.

一种特殊的“世界史”。她主张在女性历史研究获得充分发展的基础上，以两性在历史中的平等地位为标准，通过比较研究的方式，将传统史学与女性史学有机地融合起来，进而考察两性关系发展的普遍规律。换句话说，格尔达·勒纳的“普遍史”理论期望阐述的是世界范围内的两性关系的发展史，即从人类社会之初两性的平等到女性从属于男性，再到女性逐渐获取各种权利，最终达到女性与男性平等的历史发展规律。尽管这一规律过于简化，并且世界不同地区发展进程略有差异，但这确实是女性史学融入传统史学的有效方法。

格尔达·勒纳希冀将女性史引向“普遍史”的发展道路。有学者指出，这有悖于女性史研究的主旨。但笔者认为，“女性史”与“普遍史”并不相悖，相反，两者具有内在同一性。女性史之所以能够在短期内迅速发展成一个独立的研究领域，并受到越来越多学者的关注，其根源在于越来越多的史学家意识到女性有历史，历史研究的对象不应只是男性，女性应该被历史记载，因而他（她）们为女性史发声。实际上，这就是女性史学家们所主张的，女性史研究是将女性还给历史，将历史还给女性。女性史研究可以发展、完善传统史学。在人类两性关系发展的“普遍史”研究中，“女性史”是“普遍史”完善的必要前提之一，“普遍史”是“女性史”的未来发展方向之一。格尔达·勒纳的女性主义“普遍史”观念让史学研究者意识到：没有“女性史”的“普遍史”就是男性的普遍史。反之，如果没有“普遍史”，男性史与女性史可能会成为两条平行线，永远在不同原则与标准的轨道上伸展，无法展现人类历史的真实全貌。可见，“女性史”与“普遍史”存在共同的发展目标。

纵观格尔达·勒纳的史学研究成果，虽然她对“普遍史”观念着墨不多，但她的两性关系的世界史发展进程的视角赋予了“普遍史”观念新的内涵，受到部分史学家的赞誉。此外，需要注意的是，格尔达·勒纳的人类两性关系的“普遍史”仍是以西方为中心的理论观念。除了文明起源时期的历史研究外，格尔达·勒纳对两性关系的研究主要限定在欧美地区，以欧美地区两性关系的历史发展进程作为人类两性关系的“普遍史”的经验，显然存在弊端，仍有待于学者们进一步思考两性关系真正的普遍史。

格尔达·勒纳的女性主义“普遍史”观念给研究者提供了深入思考外来理论与史学理论之间关系的空间。在哲学家的眼中，普遍史包括：对人类连续不断的进步的审议，以及考察促成这一进步的原因；人类的开端，国家的形成和融合，政府的起源及其革命；语言、自然哲学、道德、礼仪、艺术和科学的进步，革命带来的帝国对帝国的继承、民族对民族的继承、宗教对宗教的继承；人类总是朝着完美前进。另外，它还要揭示一般的和必要的原因、特殊的原因及伟人的自由行动的影响，以及所有这些因素与人的本质的关系。[①]如果研究者完全按照哲学的思维去写作“普遍史”，那么历史写作就仅仅成为一种空想。一方面在于研究的资料不足，另一方面在于它否定了人们的能动性和人们选择历史道路的权利。[②]格尔达 · 勒纳的女性主义“普遍史”观念恰恰让研究者清晰地看到：在哲学的“普遍史”观念中，即便我们获取了所有学科的研究成果，获得了我们可以获取的世界或宇宙的一切资料，我们仍然无法写作普遍史。因为我们所拥有的知识，对浩瀚的宇宙、对世界上的万事万物而言，是微不足道的。也就是说，尽管哲学的“普遍史”观念更加完美，但用包罗万象的哲学“普遍史”观念批判历史实践中的“普遍史”毫无意义。而格尔达 · 勒纳在哲学的“普遍史”观念的基础上，根据女性史研究的需求，从历史学的特殊性出发，在女性史学内部发展了“普遍史”观念，成为女性史学与主流史学逐渐融合的一个重要发展方向。

因此，对史学研究者而言，真正有意义的“普遍史”仍旧是特殊的世界史，这种观念下的“普遍史”研究才能成为推动史学发展的真正动力。最早出现的被视为“普遍史”的记述就是当时历史背景下的世界史，它的出现要远远早于哲学的“普遍史”观念。由于早期历史学家受到时代限制，加之后来哲学的“普遍史”观念看起来似乎是无懈可击的，现代学者更愿意选择哲学的“普遍史”的思维模式。然而，实践表明，真正的“普遍史”研究，仍旧需要回归到这种特殊的世界史之上。正如国际大历史（Big History）协会主席大卫 · 克里斯蒂安（David Christian）在21世纪初所说，在未来50年，我们将看到古老的“普遍史”传统的回归，它将是一种新的普遍史形式，其实践是全球性的，其精神和方法是科学的。回归的普遍史是“简化的视角”，可以揭示人类历史的深刻规律。[③]因此，格尔达 · 勒纳的女性主义“普遍史”似乎为大卫 · 克里斯蒂安史学未来的“普遍史”早早开辟了新的道路。从历史层面的“普遍史”观念看，研究者可以实现格

---

① Brett Bowden, The“ Idea” of Universal History: What the Owl Heard, the Angel Saw, and the Idiot Said, p. 202.

② Brett Bowden, The“ Idea ”of Universal History: What the Owl Heard, the Angel Saw, and the Idiot Said, p. 201.

③ David Christian, The Return of Universal History, *History and Theory*, Vol. 49, No. 4, 2010, pp. 6, 21.

尔达·勒纳所希望写作的人类两性关系的特殊的世界史，即研究者以“普遍史”观念为指导，收集与之相关的现有资料，根据某种单独的统一思想，按照历史进程，阐明人类两性关系发展的共性特征、规律与理想。

近年来，史学研究大量引用其他学科的理论成果并取得了重要成绩，却疏于引入后对理论的进一步创新。随着跨学科研究的风靡，20世纪以来，历史研究与哲学、语言学、社会学、统计学、经济学、生物学、计算机科学等众多学科的联系越来越密切，西方历史理论几乎全部来自历史学之外，如结构主义、后现代主义、社会性别理论等。史学家将这些理论应用于历史研究的实践之中，在一定时期确实在某些领域变革了历史研究的思路并获得了重要成果。然而，历史研究者并没有在历史领域进一步发展、创新这些理论，这导致史学理论创新不足，无法形成系统、独特、长期有效、适合实证研究的新理论。正如王晴佳在《情感史、身体史、性别史、环境史，人类历史研究为何越来越有个性？》中提到：“21世纪以来，理论与实践出现了一种分叉化的趋势。一方面，历史思想家、理论家仍然继续对其关注的课题深入研究，并从侧重史学与语言的关系，转移到其他重要的层面。另一方面，历史理论家热衷从事研究的课题，似乎不再激起大部分史家的兴趣，因此理论与实践之间，出现了某种脱节。”[①]因此，历史研究不但需要吸收其他学科的最新理论成果，更重要的是还要在消化外部理论的基础上，实现历史学内部的理论创新，形成行之有效的史学理论，从而指导史学实践。

---

① 王晴佳：《情感史、身体史、性别史、环境史，人类历史研究为何越来越有个性?》，《新京报书评周刊》2020年5月12日。

第六章　对格尔达·勒纳女性史学思想的评价与反思

前面各章系统梳理了格尔达·勒纳在美国女性史学发展过程中起到的至关重要的作用，主要表现在她引领美国女性史学发展成为独立、专业的史学分支，对女性在历史研究中呈现劣势状态的历史根源、如何书写女性的历史、女性史研究的“普遍史”发展目标等相关理论与观念的探索。在呈现出格尔达·勒纳对女性史学及整个史学的重要贡献与启示作用的同时，格尔达·勒纳史学研究视角、研究方法、研究目标中所存在的问题也随之暴露出来。为了促进女性史学的更好发展，研究者必须正视格尔达·勒纳史学思想中存在的问题，明确她史学思想中的局限性及其产生根源并努力尝试提出解决方法。虽然格尔达·勒纳的史学思想中存在一定有待深入解决的问题，但她对女性史学的贡献是不容置疑、无可替代的。下面从格尔达·勒纳的史学贡献与格尔达·勒纳女性史学思想的局限性及其根源两个方面对格尔达·勒纳的女性史学思想做整体的评价与反思。

第一节　格尔达·勒纳的史学贡献

关于格尔达·勒纳的史学地位，综合来说，正如美国历史学家琳达·科尔伯曾给予她的公正评价：格尔达·勒纳并不是20世纪第一位将女性作为研究主题的历史学家，在她之前有玛丽·里特·比尔德、康斯坦丁·格林（Constance Mclaughin Green）、埃莉诺·弗莱克斯纳，格尔达·勒纳也不是她那一代人中唯一的一位女性史学家，但她做了比任何一位致力于建立女性史研究这一领域的人都多的事情。[1]也正如历史学家约翰·迪马斯（John Demos）在纽约时报书评中所赞誉的那样，“对女性及其他众多的历史沉默者而言，格尔达·勒纳开创了一个原则，她的同事很少有能与之媲美的，

① Gerda Lerner，*The Majority Finds Its Past: Placing Women in History*，p. ix.

她是一位敏感且学术成就突出的人”①。她的《父权制的缔造》是目前唯一可与有“女性圣经”之称的《第二性》相提并论的女性主义经典论著。前文对格尔达·勒纳的主要史学贡献，是重点分析了她在美国女性史学两次转型中的重要贡献：一是她引领女性史从“业余”走向专业；二是她构建女性从属于男性的系统的女性主义父权制理论和社会性别的研究视角与解释方法，在20世纪晚期的性别史转向中保障了女性的主体地位。此外，她提出了女性史学分期理论，要求超越单一性别历史研究的界限，将女性史研究引向特殊世界史意义的“普遍史”思考道路等。以下主要从格尔达·勒纳对女性史学研究视角的拓展、女性史学研究观念的延伸、女性史学研究人才的培养等方面具体深入思考，阐明格尔达·勒纳的史学贡献。

一、格尔达·勒纳对女性史学研究视角的拓展

格尔达·勒纳突破传统史学的男性政治史视角，从女性主义意识发展、社会性别关系、女性之间差异的研究视角认识女性的历史。

直至20世纪80年代，众多女性史学家都在“父权制”观念的指引下，以男性史学的标准为研究范式，过分地关注女性的政治、经济、社会地位，忽视对女性主义意识发展的研究。而格尔达·勒纳将女性主义意识的发展视为与整体女性历史发展息息相关的重要组成部分。她对女性主义意识发展的历史构建，挑战了父权制的价值观和视之为当然之物的观点。在她的思想中，女性主义意识并不是一成不变的，而是随着时代的要求不断变化的。②事实也正是如此，中世纪时女性主义意识体现在女性对《圣经》的批判之中，启蒙时代它则发展成对教育平等的追求，到19世纪末20世纪初则体现为对选举权等政治、法律权利的要求。与此同时，格尔达·勒纳认为女性史研究是女性主义意识发展的一个必要条件③。

格尔达·勒纳对女性主义意识发展的关注，恰恰反映了她试图摆脱男性史学研究思维的限制，探索女性非政治性历史的研究视角。格尔达·勒纳的第一个女性史研究成果《来自南卡罗来纳州的格里姆克姐妹：向奴隶制宣战》确实属于传统政治史研究范畴，在此，她开辟了美国南北战争时期的

---

① Robert Allen Rutland, *Clio's Favorites: Leading Historians of the United States, 1945-2000*, p. 105.

② Myra Rich, Review: *The Majority Finds Its Past: Placing Women in History by Gerda Lerner*, p. 74.

③ Judith M. Bennett, Review: *The Creation of Feminist Consciousness: From the Middle Ages to Eighteen- Seventy by Gerda Lerner*, p. 1194.

女性史研究。[①]但当研究者们沉浸于研究女性权利运动取得的胜利成果时，格尔达·勒纳就与戴格勒、弗莱克斯纳等人一道，反对将女性政治权利运动视为女性史的主要研究内容与方向，反对以强调选举权斗争为中心的历史研究。[②]女性主义者所坚持的“个人的即政治的”观点，确实揭示了女性受到压迫的一个方面，但这并不能反映出女性全部、真实的历史经验，如女性对公共文化的建设等社会服务工作并不涉及政治问题，因此格尔达·勒纳认为女性史是非政治化的。寻求政治中的女性，很容易将焦点集中在白人女性的政治活动之中，这就会使研究者陷入传统史学的思维桎梏之中，这绝非全部、真实的女性历史。有学者转述格尔达·勒纳的话说：“历史学家必须兢兢业业地复原历史中任何时段女性的贡献，事实应该如何就如何。”[③]

格尔达·勒纳的另一个重要研究视角——“社会性别”视角，既是本书对格尔达·勒纳女性主义史学思想研究的视角，也是格尔达·勒纳对女性史研究的主要视角。如前所述，格尔达·勒纳并非这一视角的首位提出者，但在“社会性别”概念提出之前，格尔达·勒纳就已经提出了“置女性于历史之中”的口号，并通过史料证明了两性发展的差异是社会、历史、文化造成的。格尔达·勒纳的“社会性别”视角将女性史的研究内容从女性拓展至普遍人类的历史，它融合了众多边缘群体的历史。即便如此，她与琼·斯科特等后现代主义理论家对女性史的解构也不同，她主张女性必须是历史研究的主体。格尔达·勒纳从历史证据出发，对女性的历史贡献、女性从属于男性的人为性进行了详细阐述，为女性成为历史研究对象的合法性提供了重要的历史依据。除此之外，格尔达·勒纳还主张以“女性解放”为标准对女性的历史进行分期研究，进一步打破了传统史学中以男性进步为历史分期的认识标准，为建立系统的女性史学研究提供了理论支持。

格尔达·勒纳是最早提出差异地认识女性历史的女性史学家。“在过去的 30 年中，女性史最伟大的成就之一是对美国非裔女性历史全貌的大量纪实。”[④]格尔达·勒纳正是最早关注美国非裔女性的历史学家之一，她从黑人女性的视角寻找女性之间的差异。因此，格尔达·勒纳研究中一个

① Peter G. Filene，Integrating Women's History and Regular History，p. 485.

② Margaret C. Jacob，Casting a Cold Eye，p. 5.

③ Davis D. Joyce，*Oklahoma I Had Never Seen Before: Alternative Views of Oklahoma History*，Norman: University of Oklahoma Press，1994，p. 316.

④ Sheridan Harvey，*American Women: A Library of Congress Guide for the Study of Women's History and Culture in the United States*，p. xxiv.

独特的贡献是，女性不但有性别属性，还有民族、宗教等属性，因此她们不能从自身特定的家庭背景中独立出来，走向联合。格尔达·勒纳于1973年出版的《黑人女性在白人美国：历史纪实》一书中将“女性之间差异”的理论用于实践，指出黑人女性的历史曾经被不恰当地包含在黑人男性的历史或白人女性的历史记述与解释之中，由此格尔达·勒纳宣称所有女性遭受同样剥削的论点是无效的。[①]从美国非裔女性的视角，更确切地说，从女性中的“他者”视角，格尔达·勒纳对女性之间的差异进行了实证研究，从而也为其性别综合的历史解释奠定了理论基础。

综上所述，格尔达·勒纳使用的女性主义意识发展、社会性别、女性之间差异的历史认识视角，始终以女性为研究主体，极大地拓展了女性史研究的范畴，开辟了新的研究视野，推进了女性史学的多元发展。格尔达·勒纳从女性主义意识发展的视角对女性历史的研究，无疑拓宽了女性史学的非政治史研究范畴；从社会性别的研究视角考察了女性在社会、历史、文化中从属于男性的人为性；从女性之间差异的视角进行的研究，使女性史学家的女性团结统一的幻想破灭。从上述视角研究女性的历史，格尔达·勒纳搜寻、提炼了大量的女性历史证据，为女性史研究提供了丰富的资料。她记录了众多女性为争取平等权利而进行斗争的历史，使女性明确认识到她们曾经与男性共同分享过的权利及她们如何丧失了与男性平等的权利，同时她鼓励女性追求平等权利并形成斗争精神。除此之外，格尔达·勒纳的女性史研究视角的独特性还在于，将社会边缘群体的历史共同容纳于历史研究之中，从而尝试将女性史研究引向“普遍史”的发展道路。

二、格尔达·勒纳对女性史学研究观念的延伸

格尔达·勒纳的“普遍史”观念与她的父权制理论和性别-社会性别理论相辅相成，超越了传统的单一性别的“普遍史”观念，表明女性是历史发展的动力之一，期望展示两性从平等到不平等最终回归平等的历史进程，暗示了人类历史发展过程中进步与倒退并存的关系。

格尔达·勒纳的“普遍史”观念超越了单一性别历史研究，用“社会性别”的解释方法将人类历史统一起来从而实现真正的人类“普遍史”研究。格尔达·勒纳最初在探究美国南北战争时期反奴隶制的白人女性的历

① Rose Natalie, *An Essential Indispensable Heritage: the Sarah Lawrence College Women's History Program, 1972-1979*, p. 31.

史时，在男性史学价值观与写作范式的指导下，将优秀的中产阶级白人女性的政治活动与写作作为典型的个案进行研究，寻求女性在制度改革中的基层贡献，思考了精英女性的历史。而在此后的研究中，她的史学思想逐渐变化，正如其在女性史学研究分期理论中所表达的，超越女性独立的历史研究，对历史进行性别的综合解释，从而实现真正的人类“普遍史”研究。这种观念超越了传统观念中的女性史研究内容，她对两性关系及不同阶级、种族、宗教、民族女性之间的差异等进行了综合探索，用比较研究的形式将男性群体中的“他者”同普遍的女性结合在一起，将传统史学观念中的“他者”群体引入了历史研究之中。格尔达 · 勒纳的“普遍史”理想试图展现创造历史与发展历史的基层群体的真正历史，这既适应了新史学的“自下而上”看历史的要求，也为新史学提供了重要的研究线索与证据。

格尔达 · 勒纳提出了女性从属于男性先于其他不平等关系确立的观点。在她所讲述的历史中，男性对女性的控制经验居先，并且成为其他所有不平等关系的原型；在奴隶、工人等阶级出现之前，女性就已经从属于男性了。此外，在格尔达 · 勒纳的史学观念中，尽管男性的主导地位来源于性别力量和经济力量，但更关键的问题来源于两性意识发展的不平等。格尔达 · 勒纳认为，正是女性的从属导致女性首先成为男性的财产，而后私有制的观念才逐渐产生并发展。格尔达 · 勒纳对两性关系的历史研究，实际上隐喻了历史的进步与倒退是并存的关系：男性历史进步的代价是女性历史的倒退，白人历史进步的代价是黑人历史的倒退等。格尔达 · 勒纳的这种历史观念引导了人们对历史发展动力论的思考：女性普遍从属于男性，为阶级提供了压迫的模板，因此女性对男性的从属也就变相成为社会某些方面发展的动力之一，而女性不断地争取两性的平等权利，这又必然引导社会至少在性别平等观念方面的进步。

格尔达 · 勒纳的研究成果向人们暗示了两性从平等到不平等再到追求平等的两性关系的发展状态。格尔达 · 勒纳在《父权制的缔造》和《女性主义意识的缔造：从中世纪到 1870 年》中，阐述了两性从最初的平等演变成女性对男性的从属，随后通过对女性主义意识发展的梳理体现出女性对性别平等权利的追求。格尔达 · 勒纳在《历史为何重要：生活与思考》中的《20 世纪：女性的分水岭》一文中指出，20 世纪女性所发生的重大变化表现为三个方面：生育及生命周期、教育、工作。其中，女性对教育与工作权利的争取，使女性获得了前所未有的进步。格尔达 · 勒纳采用官方的统计数据证明：目前，女性在识字、高等教育与职业训练方面在不同国家与地区都获得了重大的发展。随着女性生育次数的减少、受教育程度的提高，越来越多的女性（包括单身与已婚）参与到社会生产、商业管理、医护等各个职业领域之中，与男性一同为国家的富裕、社会的进步、文化的繁荣做出重要贡献。随着女性在政治斗争中不断获得胜利，女性同男性平等的地位至少在法律上获得了承认。综观女性在近现代社会地位的提高，两性之间的差异确实已经逐步缩小。

在女性史学成为独立专业领域前，女性史研究者接受的是传统史学的训练，因此女性史研究一直是在传统史学观念的指导下开展的。20世纪七八十年代，女性史学发展正值史学多元变革的时代，后现代主义者与解构主义者提出的打破传统史学话语体系和现有的单一化秩序的要求，符合女性史研究的要求，即将女性置于历史之中的诉求。因此，格尔达·勒纳接受并实践了对传统史学中语言和观念的解构的观念。此外，她还主张超越典型的女性主义者的单一研究范畴，用综合的性别解释方法对历史进行性别解释的观念。

格尔达·勒纳在历史研究中运用了“解构”的研究观念。解构观念对女性史研究而言具有非常重要的优势，特别是对传统史学中“普遍性”内容的解构，如自由、理性和科学。人是具体的而不是抽象的，而女性在传统史学中通常被包含于“人”之下，传统史学通常所说的“人类”的进步，有时对女性来说情况却恰恰相反。女性主义学者们也承认，“解构将会走一段消除女性作为一种抽象个体的研究道路”①。因为男性与女性的关系是人类社会关系中最古老、最普遍的关系之一，厌女主义者将男性对女性的控制及女性对男性的从属称为本质的属性，所以研究者需要用解构的观念分析女性的历史，最终重建女性的历史，还女性一个真正的历史。格尔达·勒纳在阐述女性从属地位历史形成的过程中，对女性的“他者”身份、传统史学的客观性标准、历史分期的标准、传统史学中的“普遍史”观念等内容进行了有效的批判。格尔达·勒纳尽管采用后现代主义和解构主义的观念对女性史进行研究，但没有像其他女性主义史学家一样陷入解构主义的弊端之中。她认为，女性作为一个性别整体，仍旧可以从女性受压迫的视角进行统一性解释，这是女性史研究的一部分。在此，她并没有消解女性历史研究的内在统一性。

总之，格尔达·勒纳挑战了传统史学的本体论与认识论，借鉴了后现代主义与解构主义的研究方法与观念，将女性作为历史研究的主体之一，

---

① Karen Offen，*Writing Women's History International Perspectives*，p. 66.

在其他女性史学家致力于用描述性和解释性社会性别理论推进社会性别史研究转向时，她就已经主张以性别关系为导向对人类历史进行世界史意义上的“普遍史”研究。这不但可以促进女性史学融入主流史学的发展之中，也有利于推动整个史学的发展。格尔达·勒纳的女性史学思想始终处于女性史研究理论的前沿。正是格尔达·勒纳在女性史学研究中的卓越贡献，奠定了她在女性史学中无可替代的地位。这位被视为双重“他者”的历史学家，以自己的真实经历为思考动力，考察、复原历史中“他者”的历史，用自己的智慧与毅力试图为“他者”书写完整的历史。正是格尔达·勒纳用现代历史的视角重新开启了15世纪女性先辈们为之气馁的事业，她是第一批注意到以往的历史学家忽视了女性历史的学者之一，将女性史的研究目标引向了不同于玛丽·里特·比尔德等先辈的方向。她揭示了后现代主义和解构主义的社会性别史学家偏离女性史研究的危害，始终致力于置女性于历史研究的中心。

三、格尔达·勒纳对女性史学研究人才的培养

除了对女性史学实证与理论研究做出重要贡献，格尔达·勒纳还在女性史学人才培养方面做了大量重要的工作。她组织收集、整理了大量的资料，为女性史课程建设提供了基础学习资料，为学者们提供了良好的交流机会。前文已经系统梳理与阐述了从20世纪60年代开始，格尔达·勒纳就要求人们尊重女性史这门课程[①]，积极构建女性史的学位制度，为女性史学在短期内迅速发展成为史学重要的分支培养了众多人才。她是促进美国女性史学发展的关键人物之一。格尔达·勒纳对美国女性史专业设置的努力给予了中国女性史研究者以下两方面的重要启示：

第一，若将女性史研究作为一个独立的研究专业进行建设，资料的收集与经费的支持是必不可少的。直至女性史学成为一个独立专业的史学分支，基础研究资料较为匮乏。格尔达·勒纳在玛丽·里特·比尔德建立世界女性档案中心的实践基础上，认为研究者可以从人口统计，教区、教堂、教育机构、警察和法庭的记录，以及个人的书信、日记等资料中获得女性的历史资料。对这些资料的整理、汇编与解释，可以正确分析不同时期、不同地点女性在历史中的真实情况与地位，逐渐形成系统、完整的女性史研究链，最终将这些内容作为高校课程设置及高校与科研机构进行深入研究的基础资料。对于这一庞大的建设工程，除了研究者的兴趣与志向，强

---

① Gerda Lerner，*The Majority Finds Its Past: Placing Women in History*，p. ix

大的资金支持也是至关重要的。美国及其他西方国家的研究者从私人机构处获得大量资助用以完成科研项目，如格尔达·勒纳就受到约翰逊基金的资助等，才能顺利完成多项女性史研究项目。

第二，为研究者搭建多元良好的交流平台。交流是学术健康、快速发展的有效方法之一。格尔达·勒纳不断在美国各大史学会议中为女性史研究者创造独立讨论的机会，为关心女性研究、女性史发展的学者提供积极有效的交流平台，使这些交流平台成为促进女性史学术较快发展的重要资源。女性史研究并不是孤立存在的，它与史学的其他分支，甚至与其他学科之间有着千丝万缕的联系，如女性史与家庭史、婚姻史及人类学、社会学、法学等研究的关系非常密切，各专业学者之间的交流必然会促进女性史研究的快速发展。各研究单位也应为学生提供与教师、学生的交流机会，提高学生研究的主动性并激发其创造性。

由上可见，格尔达·勒纳从女性主义意识发展、社会性别、女性之间差异的角度拓展了女性史的研究视角。格尔达·勒纳的“普遍史”在观念上超越了单一性别的普遍史研究，表明女性也是历史发展的动力之一，隐喻着历史的进步与倒退并存的关系，暗示了两性从平等到不平等最终回归平等的历史观念。格尔达·勒纳接受并实践了对传统史学语言与内容的解构观念。她收集、整理了大量的女性史资料，为女性史学的课程建设提供学习资料。格尔达·勒纳对女性史学发展做出的重要贡献，使其成为女性史学的重要创建者与发展者之一。

第二节　格尔达·勒纳女性史学思想的局限性及其根源

格尔达·勒纳对美国女性史成为独立、专业领域及社会性别史的发展做出了重要贡献，但她史学思想和成果中不可避免地存在一定局限性。随着女性史研究的深入，许多学者向格尔达·勒纳的女性史学思想和成果提出了质疑，实际上这也是学者们向女性史学家提出的挑战，表明女性史研究至少在目前来看还有很多需要完善的方面，仍需史学家们继续深入探索。

一、格尔达·勒纳女性史学思想的局限性

学者们向格尔达·勒纳细致地提出了很多质疑，笔者在此仅列举与本书密切相关、具有代表性的观点进行阐述。在研究内容方面，有学者指出，

任何综合性的著作在方法和材料方面的取舍都是困难的。格尔达·勒纳在这个问题上也受到了强烈质疑，如历史中长期不知名的女性、长期被遗忘的著作对女性主义意识的发展都有贡献吗？[①]女性在经济、改革运动中有何作用？生理性别、民族和阶级对理解历史中女性贡献的意义何在？[②]此外，还有学者指出，科技在格尔达·勒纳的观念中没有地位。[③]在研究方法方面，有学者认为，格尔达·勒纳对“他者”的批判不能为人们带来一种满意的研究。[④]在女性史研究的重要性方面，面对格尔达·勒纳所主张的“女性史是女性解放的工具”，朱迪斯·本内特向她提出“女性的历史是否重要，是否是唯一重要的”挑战。[⑤]对女性从属于男性的问题，无论是为什么还是如何，无论是理论问题还是历史问题，她都没有给予人们满意的答案。在物质条件、社会关系、政治组织的研究中，她并没有对性别地位进行进一步的解释。她对一切统治根源都来自男性对女性奴役的论证深信不疑，她更多地使用的是人类学而不是历史学的证据。[⑥]除上述问题外，通过对格尔达·勒纳学术成果的深层次研究，笔者认为，格尔达·勒纳在研究内容、研究标准等方面都不同程度地存在缺陷，仍需做进一步研究。

第一，在研究内容方面，格尔达·勒纳过分注重了女性主义意识的发展，从而忽视了其他可以提高女性社会、历史地位的因素。“格尔达·勒纳在质疑“当女性成为有薪的劳动者时，女性解放问题则会解决”[⑦]时，她自己也对女性解放问题的研究犯了同样的错误，她过分强调了女性主义意识的作用。

格尔达·勒纳称女性历史研究是“女性解放必不可少”的工具[⑧]，将女性史视为女性主义意识发展的必要条件。她认为，因为女性过去没有女性史研究，所以女性主义意识发展缓慢。她将女性主义意识的发展视

---

① Judith M. Bennett，Review: *The Creation of Feminist Consciousness: From the Middle Ages to Eighteen-seventy by Gerda Lerner*，pp. 1194-1195.

② Myra Rich，Review: *The Majority Finds Its Past: Placing Women in History by Gerda Lerner*，pp. 73-74.

③ Margaret C. Jacob，Casting a Cold Eye，p. 5.

④ Françoise Basch，Review: *The Majority Finds Its past: Placing Women in History by Gerda Lerner*，p. 752.

⑤ Judith M. Bennett，Review: *The Creation of Feminist Consciousness: From the Middle Ages to Eighteen-seventy by Gerda Lerner*，p. 1195

⑥ Elizabeth Fox-Genovese，Review: *The Creation of Patriarchy by Gerda Lerner*，pp. 611-613.

⑦ Gerda Lerner，Fireweed: *A Political Autobiography*，p. 263.

⑧ Gerda Lerner，*The Creation of Patriarchy*，p. 3.

为女性史研究的一条线索，挖掘了更多的女性资料。[①]在格尔达·勒纳的研究中，以《女性主义意识的缔造：从中世纪到1870年》为例，不难发现，她确实特别关注女性主义意识。对女性主义意识的缺失和女性主义意识的缓慢发展，格尔达·勒纳将二者同女性历史知识缺失的最终根源归结于女性教育的缺乏。通过对6世纪到19世纪女性才智的展现，格尔达·勒纳及女性史学家们更加确信：“当女性掌握了她们的过去，她们将会掌握自己的未来。”[②]由此，格尔达·勒纳忽视了除女性主义意识外其他可以提高女性社会地位和历史地位的因素。

尽管格尔达·勒纳反对将女性史研究聚集于优秀女性的身上，但对杰出女性历史的研究仍旧是不可或缺的。女性争取权利平等的运动，应被还原于发展的社会、进步的历史背景之下，争取两性平等权利的倡导者的经济背景，也必然成为其参与或组织女性权利运动不可或缺的重要因素之一。尚且不论西方古代优秀女性的高贵出身，只从废奴运动的女性先驱格里姆克姐妹到第一次女性权利运动的领袖，即出身于法官家庭的伊丽莎白·卡迪·斯坦顿、商人家庭的苏珊·S. 安东尼、农场主家庭的柳克丽霞·莫特（Lucretia Mott），到第二次女性权利运动的倡导者，即珠宝商之女贝蒂·弗里丹、富裕的小资产阶级家庭出身的西蒙娜·波伏娃等人来观察，便能知晓女性权利的倡导者大多数都享受着家庭赋予她们的特殊权利。因此，女性同男性的平等斗争，无论是从个别女性的角度还是从整体女性的角度考虑，都与女性的经济地位密不可分。事实也表明，即使是女性主义意识强烈的领袖们，在现实生活中她们激进的女性主义思想也要让位于她们的家庭观念。她们仍为家庭琐事、为孩子所累，不能充分地意识到争取女性权利的紧迫性。她们为生育和家务付出太多时间与精力而不能全身心投入为女性争取权益的运动之中。1840年，在伦敦的世界废奴大会上，女性权利在这次大会中受到严重的歧视。伊丽莎白·卡迪·斯坦顿和柳克丽霞·莫特商议回到美国后召开一次女性权利大会。当她们回国后，却因莫特生育第七个孩子而没有立即实施计划。

女性作为一个群体遭受了“世界历史性的失败”，在漫长的文明发展过程中，在官方的历史记载中处于“不在场”的状态。但事实证明，人类的文明发展来自两性的长期合作与共同努力。然而，这种显而易见的观念

---

① Judith M. Bennett，Review: *The Creation of Feminist Consciousness: From the Middle Ages to Eighteen- Seventy by Gerda Lerner*，p. 1194.

② Linda K. Kerber，Alice Kessler-Harris and Kathryn Kish Sklar，*U.S. History as Women's History*，p. 335.

为何没有在欧美第一次女性权利运动之前被广泛提出，或者即使个别女性如皮桑等人已经提出却无法在当时获得回应或付诸实践,而只有在 19 世纪末才呼之欲出呢？因为只有现代文明本身的发展才允许女性提出这样的问题。[①]因此，格尔达·勒纳在强调女性主义意识发展的重要性时，将女性意识的关系网作为一个独立的、不断被遗忘与重建的内容而脱离了经济、政治等社会背景，因此会存在偏颇。

第二，在研究标准方面，格尔达·勒纳将女性对社会与历史的贡献作为女性应成为历史研究对象的立论基础，便在潜意识中肯定了“贡献”的决定性作用，而忽视了女性首先是人，她们的历史因其客观存在而成为历史研究对象。在这种“贡献”的思维逻辑基础上，格尔达·勒纳忽视了某些女性与史学中大众群体的历史研究，有悖于她的“普遍史”写作观念的要求。

格尔达·勒纳所记录与解释的历史内容仍没有脱离女性对历史的贡献，即女性对人类生存与发展的贡献、宗教神话中女神的重要作用、社会变革中女性直接与间接的作用。她关注女性的历史贡献并没有问题，无论是从资料收集还是从容易被读者接受的角度，女性的历史贡献都是女性史学家或者传统史学家所关注的对象。问题在于，她以女性的历史贡献作为女性进入历史研究视野的筹码和两性权利平等的基础。事实上，这否定了普遍边缘群体在历史研究中存在的真正价值。历史研究是记录与解释人的历史，女性恰恰因其是人，而不应因其对历史是否有过重要贡献或贡献的大小、多少而成为历史研究多寡的对象，否则女性史研究也会成为精英女性的历史、少数人的历史，除了将个别女性填补到以往的历史研究之中，并无更进步的意义。格尔达·勒纳首先已经将对历史的贡献作为人类成为历史研究对象的标尺，因此有可能将没有贡献的人排除在研究之外。譬如，像海伦·凯勒那样有身体缺陷又没有对历史产生贡献的女性是否应该成为历史研究的对象呢？如果给予肯定的答案，那么格尔达·勒纳对于女性因对历史有贡献而应被历史书写的标准就不攻自破；如果给予否定的答案，那么格尔达·勒纳所主张的建立真正的人类“普遍史”的主张则是纸上谈兵。因此，对于女性为何应成为历史研究对象的问题，女性史学家仍需做进一步研究。

格尔达·勒纳在研究中阐述了原始社会中两性之间的地位平等，女性从属于男性的历史过程，从 6 世纪开始女性主义者意识到自己的劣势

---

① Elizabeth Fox-Genovese，Review: *The Creation of Patriarchy by Gerda Lerner*，p. 611.

地位并不断追求两性平等权利，对两性平等的历史展望等内容。显然，格尔达·勒纳对女性历史研究的目的是考察两性权利关系由平等到不平等再到平等的发展过程。在此，格尔达·勒纳是在历史中预设了两性平等的历史前提。格尔达·勒纳在对原始社会初期及原始神话的研究中强调的是：母权制从来没有存在过，存在的只是母系。此时，即便女性的地位比男性高，两性之间仍是平等的关系。女神的能力虽然比男神强大，但男神和女神的地位依然是平等的。总之，格尔达·勒纳坚持两性之间从人类起源时就处于平等的状态。但这种通过否定母系社会中女性地位曾高于男性与女性曾经拥有特殊权利的观点，并不利于女性从历史中汲取女性曾经不但与男性具有平等的权利还曾超越男性所具有的权利的经验。由此，在现实历史中寻求男性与女性平等权利的理论性与可能性也因此受到质疑。同时，它引导人们再一次回到母权制社会中母亲真正权力与地位的重新思考之中。以两性平等为研究标准与目标的历史研究是否能真正推进女性史的研究，仍需女性史学家进一步的思考。

另外，格尔达·勒纳认为，女性的历史研究可以以“女性解放”作为分期标准。但这一标准存在着一定的问题。寻求女性解放是格尔达·勒纳女性史研究的现实目的，也是与两性权利平等相辅相成的重要内容之一。然而，格尔达·勒纳在研究中强调女性解放是自由、自决和自治等宽泛标准。在这种宽泛的解放标准下，历史研究就需要慎重考虑“女性解放”的参照物，即是以哪个民族、哪个宗教的女性解放为参照物，还是以工作解放、家庭解放、精神解放为标准呢？这些内容在目前看来都是无法统一的。格尔达·勒纳自己也承认，女性整体确实存在共同受压迫的历史经验，但女性之间存在着巨大差异是无法否认的，有时女性之间的差异甚至超越了女性与男性之间的差异。20 世纪六七十年代，当欧美中产阶级白人女性奋力为自己争取外出工作的权利时，黑人女性则主张“回到家庭”，要求回到自己的家里做家庭主妇。白人女性与黑人女性在理想的工作内容方面虽然相反，但她们的共同之处在于对女性工作选择权的内在要求。研究者应该探究这种表面矛盾背后潜藏的内在统一性，即无论是白人女性还是黑人女性，都是在追求自己的自由和幸福。因此，人们不能说白人女性主张“走出家庭”是女性主义意识的代表，黑人女性“回到家庭”是女性主义意识的倒退，因为她们在工作权利意识方面存在的巨大差异是由长期的社会、历史、文化造成的，并不是人们在短时间内可以完全消除或者统一的。因此，格尔达·勒纳以“女性解放”作为历史分期的标准存在着复杂的社会问题，研究者仍需对女性历史的分期标准进行全面的考察。

从上述研究标准思考，无论是因女性对历史有贡献而使女性有权利成为历史研究的对象，还是从两性权利平等的角度对女性历史的分析，抑或是以女性解放为女性历史研究的分期标准，格尔达·勒纳的研究都存在一定的问题，都是需要研究者重新思考的。

第三，格尔达·勒纳在资料选取、概念与术语的运用、对“普遍史”的理解等方面也存在一定的问题。正如有研究者提到的，格尔达·勒纳在选取研究资料时，有意选取利于其主题研究的资料。在格尔达·勒纳的研究中，更多地展现出的是女性对人类生存与发展的贡献，从而忽略了部分女性在历史中的灰暗面。通常情况下，历史记载的是男性发动的战争，而在战争中，正如格尔达·勒纳所言，女性也起到了很多辅助作用，那么对女性在战争中的正面与反面的作用是需要重新认识的。

格尔达·勒纳在研究中选取的例证，如她指出在埃及、苏美尔、巴比伦、希腊神话中，母亲女神生育了众多神，她强调男神与女神之间的合作关系，而否认女神的地位在男神之上，她试图说服人们相信最初宗教中男神与女神之间的关系是：即便女神比男神权力大，但男神和女神地位是平等的。然而，“在宗教史上，男神只是后来才出现的，而且他的神圣地位来自他的母亲，即女神”[①]。母亲女神的地位至少要高于她儿子的地位，而并不像格尔达·勒纳所说的男神与女神之间是平等的。“在米诺斯文化时期的克里特，男神的权力从未超过，也未贬低女神的权力。相反，他们脸望着她，眼神里流露出敬意。总之，不论女神周围是动物还是男性，原始的三位一体具有双重含义：它表示女神对自己的伙伴拥有支配权，而更主要的是它显示，神的一妻多夫制先于对偶制。作为动物的主人和年轻男神的妻子，她负责多产。因此，她的作用特别神圣，至少受到宗教——巫术的赞美。”[②]事实上，多数学者比较认同在最初的神话和宗教中，女神的地位高于男神，而并非格尔达·勒纳所主张的虽然女神的权力比男神大但两者的地位是平等的。换言之，格尔达·勒纳所言的例证存在强烈的选择性和主观解释性。

格尔达·勒纳在研究中曾明确表示反对传统史学观念中的“他者”思想与历史分期标准，但她的研究中仍旧存在“他者”思想与使用传统分期语言的习惯，令读者深感格尔达·勒纳理论与实践的脱节。

---

① 〔德〕埃利希·诺伊曼：《大母神——原型分析》，李以洪译，北京：东方出版社，1998年，第93页。

② 〔法〕伊·巴丹特尔：《男女论》，陈伏保等译，长沙：湖南文艺出版社，1988年，第42页。

首先，格尔达·勒纳是一位反对歧视、反对使用“他者”思想的学者，但她在研究中仍将一些群体视为历史的边缘群体。当她为了证明女性不是历史的“他者”时，将女性与上述群体进行比较研究，用以证明女性这个“他者”与其他“他者”具有本质的差异。格尔达·勒纳这样做，是为了强调女性的独特性，但这有可能导致在女性地位提高的同时贬低其他群体的地位。因此，格尔达·勒纳在思想中仍置某些群体于优势地位而将另一些群体置于劣势地位。由此，她违背了她所论证的“父权制”等级制度是历史、文化、社会形成的观念，忽视了她所强调的性别平等之外的平等内容。事实上，所有的种族、民族都没有什么本质区别，而只是发展程度有差异，但这并不能成为将这些群体视为边缘群体的依据，他们有各自存在的价值。对此，笔者认为，写作女性史，是为女性争取性别平等获得最大范围的支持而做的努力。

其次，格尔达·勒纳反对将传统史学的历史分期标准——古代、中世纪和现代——用于女性史研究，但她仍旧使用传统分期的术语。在前文的“置女性于历史之中”的研究中，笔者结合琼·凯利-加多的《女性有文艺复兴吗？》，阐述了格尔达·勒纳对传统史学的分期及对文艺复兴进步性的批判，明确了格尔达·勒纳的传统分期标准不适用于女性史研究的观点。但可能出于目前没有产生更为合理的语言标准或者表达方法的原因，格尔达·勒纳及其他女性史学家在写作中仍旧使用上述分期术语对女性历史进行记述与阐释。这种现象的产生，根源在于女性史学家暂时不能确定适合女性的或者两性的历史分期标准。换一个角度思考，如果将这些分期术语只看作一个单纯的时间标志，而不赋予它们过多的政治内涵，那么在女性史研究中暂时使用这些术语，是可以加强与男性史学研究的交流与融合的。

对格尔达·勒纳两性关系的“普遍史”研究中的问题，前文已有详细说明，这里不再赘述。需要特别强调的是，格尔达·勒纳认为对社会、历史有贡献的女性才能成为女性史研究的对象。若此，研究者如何面对一个没有贡献或者没有做出传统意义上贡献的人的历史？如果研究者不能完成格尔达·勒纳所说的普遍的女性历史，那么真正的人类“普遍史”就无法实现。

可以看出，格尔达·勒纳对资料的选取与论证确实存在偏向性，如选择原始社会两性地位平等的例证或观点来实现自己对人类社会最初是权利平等的设想，对概念和术语的使用也被禁锢于传统史学思维之中。关于“普遍史”的研究基础的非普遍性，仍旧是研究者需要进一步思考与研究的主题。

综上所述，格尔达·勒纳在内容选择方面超越了传统史学与女性权利者的关注范围，将研究内容拓展到了女性主义意识发展等方面，但在原始社会之外忽视了女性在经济等方面可以提高女性社会、历史地位的因素等。格尔达·勒纳在研究标准方面过分地关注女性对社会的贡献、两性平等的标准，从而主张以“女性解放”为分期标准，这种思想无疑陷入了传统史学研究视角的桎梏之中。格尔达·勒纳在资料的选取上具有很现实的为其两性最初是平等的观念进行辩护的倾向，在术语与概念的使用上同样没能摆脱男性史学的影响，对“普遍史”观念的考察也并非完全具有普遍性。

二、格尔达·勒纳女性史学思想局限性产生的根源

上述研究表明，格尔达·勒纳女性史学思想中确实存在某些局限性，这些局限性是有深刻根源的，具体表现在三方面。第一，从属根源问题。格尔达·勒纳将女性的生育仅看作一种生理功能，而不是一种女性的选择权利。她意识到通过“城市化”可以解放女性，却没有考察如何通过“城市化”解放女性。格尔达·勒纳这种观念产生的根源在于她没有找到女性生育权利存在的根本价值。第二，标准与动机的问题。格尔达·勒纳对女性历史的研究标准实质上是向男性看齐的，她寻求女性对历史的贡献并以此作为女性应成为历史研究对象的依据，这种观点受到了男性史学思维的禁锢。第三，目标与手段的问题。格尔达·勒纳将女性与男性之间的关系在母系社会中视为平等，将两性权利平等看作女性发展的目标，因而尝试将女性与男性引向最终的历史平等。这种论断的根源在于她没有意识到两性权利平等只是女性争取幸福的手段而非终极目标。

第一，从属根源问题。格尔达·勒纳的思维陷入了同多数研究者一样的结论之中：女性的生育是一种生理功能，也是女性处于劣势地位的生理根源。实际上，格尔达·勒纳等人忽视了女性曾经因生育能力而获得高于男性地位的事实。因此，女性的生育仅被视为一种功能而不被视为一种可选择的权利，对女性而言是不公平的。这使格尔达·勒纳在提出“城市化”可以解放女性的过程中没有发现“城市化”与女性生育权利自由之间的关系。

格尔达·勒纳的研究成果认为，两性的生理差异并没有导致女性的从属，或者说人类社会之初女性并不是因生理差异而劣于男性。她列举了女性在绝大多数情况下都是可以进行采集和小型狩猎活动的，用以表明女性并没有因身体劣势而处于自然的经济劣势状态。格尔达·勒纳强调，社会、历史、文化的人为原因是造成女性劣势地位形成的真正原因。人为的因素是可以通过各种手段改变的，而自然的、生理的因素是无法改变的。

考古研究表明，目前出土的原始社会具有女性性别特征的大量雕刻实物，充分证明了原始人对女性生育能力的崇拜。事实上，女性与男性的差异的关键在于女性的生育能力是具有选择权利的，而不仅仅是一种功能。尽管目前有很多学者像格尔达·勒纳一样回避女性与男性的生理差异是女性处于劣势地位的根本原因，但随着社会的不断发展，机械动力与技术的智能化，女性主义意识不断发展，当女性逐渐瓦解了造成女性劣势地位形成的社会、历史、文化等人为因素时，研究者必然会重新审视女性与男性的生理差异。

因此，女性与男性在生理方面的差异是不容忽视、不可回避的现实问题。格尔达·勒纳否认女性从属于男性是由其生理因素造成的，她的这一推断希冀表明女性从属的非物质性，即是外部因素强加的，这并不符合现实。外因需要内因起作用，女性从属于男性是因为女性与男性在身体上有差异，因而两性之间的差异就成为两性权利差异的根源。除了否认两性生理差异导致女性处于劣势地位，格尔达·勒纳的思想还被禁锢于另一种观念之中，即将女性的生育能力视为一种天然的功能，而否认女性的这一功能是一种选择权利。当研究者将生育能力视为一种选择权利，就可以解释原始社会对女性生育能力的崇拜是在崇拜女性的权力而不是崇拜女性的功能。正如卢梭所说："强力并不构成权利，而人们只对合法的权力才有服从的义务。"[①]因此，至少在原始社会，女性因其生育的权力受到承认而应比男性的地位略高。

格尔达·勒纳敏锐地将"女性解放"与"城市化"进程密切结合。她将"城市化"视为女性解放的前提，它使整个社会家务劳动机械化，幼儿园、敬老院等机构制度化，医疗普及化，人口流动自由化等。格尔达·勒纳看到了城市化进程给女性解放带来的好处，却疏于反思在原始母系社会女性从属于男性的过程中，人类生活地域的固定化与生活方式的稳定对女性从属造成的重大影响。《全球文明史》认为大多数农业文明都降低了女性的社会地位和发展潜力，至少根据现代西方的标准及狩猎–采集社会所暗含的标准是如此。一般地说，农业文明是父权制的，社会由男性来控制，并建立在男性领导政治、经济和文化生活的观念之上。随着农业文明的发展和日益繁荣，以及组织形态的日益复杂，女性的地位通常随之下降。[②]随

① 〔法〕卢梭：《社会契约论》，第10页。

② 〔美〕皮特·N. 斯特恩斯等：《全球文明史》，赵轶峰等译，北京：中华书局，2006年，第33页。

着农业和畜牧业的发展，男性日益成为繁重的犁耕农业和畜牧业的主要劳动力。由此表明，农业的形成与发展成为女性社会地位降低的重要原因之一，即农业所具有的地域的固定化特征降低了女性的社会地位。格尔达·勒纳只看到文明发展过程中女性逐渐脱离家务而走向解放，却没有看到人类农业文明中所附属的定居生活方式使女性处于劣势地位，并且在后来的历史发展演变过程中，女性的劣势地位更加在男性视角之下被人为固定化。

由此可见，格尔达·勒纳的女性史学思想对女性从属的根源，即女性生育问题及“城市化”问题仍有待于进一步考察。这些问题实际上也反映出格尔达·勒纳在研究中仍旧没有摆脱父权制思想的桎梏：传统厌女主义者给予女性以生理劣势的观念，传统史学观念中，农业文明代表人类的普遍进步。格尔达·勒纳没有摆脱父权制思想的限制，仍延续着它的观念，因此造成她从女性在社会、历史、文化发展的过程中形成女性的劣势地位的观念，从而没有思考到女性生育是一种选择权利，农业社会生产和生活方式的固定化极大地限制了女性。

第二，标准与动机的问题。格尔达·勒纳对女性历史的研究标准实质上是向男性看齐的，她寻求女性对历史的贡献并以此作为女性应成为历史研究对象的依据，这种观点受到了男性史学思维的禁锢。格尔达·勒纳在对历史研究遗忘女性的批判中，以女性对历史的贡献为基础，主张女性应该成为历史研究的主体，却陷入了史学研究中的“贡献”标准或“功利”标准。因此，格尔达·勒纳在研究中也表露出一种迹象，即没有记录女性对社会、历史起到破坏性作用的内容。以“贡献”为标准的研究存在着一些弊端：①以“贡献”为标准衡量女性的历史，并不能从根本上使女性成为历史研究的对象；②无法正确看待没有对社会做过贡献的边缘群体；③对在历史上有负面影响的女性的历史视而不见。

以“贡献”为标准衡量女性的历史，不能真正地使女性成为历史研究的对象。从贡献方面讲，历史资料表明，除母系社会外，无论是物质贡献还是精神贡献，女性对历史的贡献远远小于男性。以此为标准，女性被纳入历史研究之中的数量必然会比较少，且不能形成普遍的女性历史研究。在父权制下规定的贡献标准，明显人为性地造成了贡献的种类、大小的差异。例如，用货币衡量贡献大小时，女性在家庭中的无薪劳动自然成为无贡献的，但无论从社会还是从经济角度思考，女性的家务劳动都是有巨大贡献的。在当今社会各国较为重视国家之间的政治、军事、外交、科技等方面的合作时，女性在这里似乎毫无地位。然而，女性对国家政策的支持与反对也起到过重要的作用。研究者不能因女性没有正式地成为上述活动的主要参与者而否认女性在参与中起到的作用。因此，研究者不能完全从女性对社会、历史的贡献进行思考，而应更彻底、更全面地将女性作为"人"来看待以强调女性的历史，由此认为女性应该成为历史研究的对象，而并非因其具有其他附加条件。在带有任何附加条件的历史认识标准下，女性的历史都无法完整呈现于世人面前。因此，当女性不再因她们对历史有贡献而成为历史研究的对象时，那些因各种原因而不能为社会做出贡献，甚至是需要社会为她们服务的女性也可以成为历史研究的对象。对历史有正面影响还是负面影响的标准是在父权制社会文化中形成的，因此它也具有很强的时代性，正负影响是可以发生转变的，因此，负面影响也存在被研究的价值。

在此，格尔达·勒纳以历史为依据或从历史中寻求两性平等的思维方式存在问题。卢梭认为："一切事物可能始终是平等的，如果人们的才能是相等的话。然而自然的不平等，不知不觉地随着'关系'的不平等而展开了。因此由于情况不同而发展起来的人与人之间的差异，在效果上就更加显著，也更为持久，并且在同样的比例上影响着人们的命运。"[①]两性之间正是生理差异与人为的差异导致了两性不同的权力命运。显然，以历史为依据或从历史中寻求两性平等是不现实的，历史中两性的地位总是不平等的。如果希望获得两性平等的起源理论，研究者只能离开历史，从哲学意义上去推导。罗尔斯认为："在作为公平的正义中，平等的原初状态相应于传统的社会契约论中的自然状态。这种原初状态当然不可以看作是一种实际的历史状态，也并非文明之初的那种真实的原始状况，它应被理解为一种用来达到某种确定的正义观的纯粹假设的状态。"[②]霍布斯的"自然状态"的理论假设是为了创设一种均质化（无性别、无年龄、无强弱）的状态，从这种"天生"的平等中推导两性的平等才是可能的，也是从根本上解决男女两性平等的理论方式。

第三，目标与手段的问题。格尔达·勒纳有一个重要观点贯穿其思想的始终，即母权制社会即使女性比男性地位高，两性也是平等的，从而两性关系最终将向平等迈进。因此，格尔达·勒纳的女性史学思想以平等作为女性史研究的目标，忽视了女性争取平等背后追求幸福的真正目标，即她误将手段视为目标。

---

① 〔法〕卢梭：《论人类不平等的起源与基础》，第124页。
② 〔美〕约翰·罗尔斯：《正义论》，何怀宏等译，北京：中国社会科学出版社，1988年，第10页。

在父系社会产生之前存在母系社会的观念，已经获得了普遍的认同。1861 年，瑞士的人类学家巴霍芬在《母权论》中首先提出父系社会之前存在母系社会的观点。1877 年，美国人类学家摩尔根完成《古代社会》一书，提出人类家庭进化理论，全面阐述人类社会由低级向高级发展的进化说。1884 年，恩格斯在摩尔根的研究基础上，完成了《家庭、私有制和国家的起源》。恩格斯认为："一切蒙昧民族和处在野蛮时代低级阶段的民族，实际上都是这样承认女系。"[①]为了方便，恩格斯仍将这一发展阶段称为母权制社会，尽管这一阶段还谈不到法律意义上的权利。恩格斯的研究表明，人类确实存在女性权力大于男性的社会，只是没有明确固定的权力体制。

卢梭认为，人类有两种不平等：一种是自然的或生理上的不平等，因为它是基于自然的，由年龄、健康、体力及智慧或心灵的性质的不同产生的；另一种是精神上或政治上的不平等，因为它是起因于一种协议，由人们的统一而设定的，或者至少是它的存在为大家所认可。第二种不平等包括某些人由损害别人而得以享受的各种特权。[②]卢梭的论断已表明，最初两性之间的生理差异就已经导致了两性的不平等。

在此，格尔达·勒纳恰恰陷入了卢梭的人类不平等起源的生理与社会契约的思想之中。例如，格尔达·勒纳在研究中表明女性恰恰是在原始社会恶劣的自然环境中，为了获得保护与食物逐渐形成了从属于男性的文化，这使女性与男性达成了契约：女性从属于男性，男性为女性提供保护与食物。在此格尔达·勒纳仅将女性的生育作为一种区别于男性劣势地位的情况。反之，研究者将女性生育作为一种选择特权，男性为女性提供食物与安全则是一个护卫的责任。女性享有男性提供的食物与安全，则成为一个权力者。但无论如何理解，历史之初两性之间就存在不平等。而这种不平等的根源就在于两性生理之间的不平等。正如有学者提出的，"原始社会不仅没有阶级，也没有其他形式的社会区别，但除性别和年龄有差别外"[③]。原始社会，人的寿命比较短，因此能力与寿命不能被视为同步的，归根结底最大的差异还是在于性别。

由此可见，两性之间最初的权利关系并不是平等或者对等的。然而，格尔达·勒纳所期盼的平等却以忽视女性的生育选择权利、扼杀女性曾经

---

① 中共中央马克思恩格斯列宁斯大林著作编译局：《家庭、私有制和国家的起源》，北京：中华书局，1999 年，第 38 页。

② 〔法〕卢梭：《论人类不平等的起源与基础》，第 70 页。

③ Cecil C. North，Review: *The origin of the Inequality of the Social Classes by Gunnar Landtman*，p. 278.

高于男性的权利为代价，而她的目的是努力证明两性之间关系平等的根源在于她希望将两性最终的权利关系引向最终的平等。因此，格尔达·勒纳将女性历史研究中的两性权利关系的平等作为终极目标是存在问题的。

格尔达·勒纳寻求两性平等的历史根源，展望两性未来历史平等的目标问题背后的真正根源，在于格尔达·勒纳误将两性权利平等当作女性追求幸福的目标。事实上，对平等权利的追求只是女性追求幸福的一种必要手段。平等不等于幸福。1776 年，美国发表的《独立宣言》声称人人生而平等，造物者赋予他们若干不可剥夺的权利，其中包括生命权、自由权和追求幸福的权利。为了保障这些权利，人类才在他们之间建立政府，而政府的正当权力，是经由被治理者的统一而产生的。1848 年塞内卡福尔斯女性权利大会模仿《独立宣言》发表了《情感宣言》，宣称：男性和女性生而平等；造物者赋予她们若干不可剥夺的权利，其中包括生命权、自由权和追求幸福的权利，为了保障这些权利才建立政府，而政府的正当权利，是经被治理者的同意而产生的。不言而喻，《独立宣言》与《情感宣言》的实践已经表明，并非“人人生而平等”，但人人都有“追求幸福的权利”，它深深扎根于人们的心中。人与人之间组成管理与被管理的政府，是为了实现人类各种权利的契约保障。生命权、自由权、追求幸福的权利等则是这种契约保障的重要内容，而人类追求平等的真正内涵在于对幸福的追求。女性追求平等是为了追求幸福，而不是以单纯的平等作为终极目标。

亚里士多德在《尼各马可伦理学》中认为：“幸福不是品质，而是因其自身而至的欲求的、合德行的实现活动。”[①]卢梭也认为：“追求幸福乃是人类活动的唯一动力。”[②]每个人都有幸福观，每个人追求幸福的目标也有所不同。正如女性主义意识发展过程中表现出来的不同追求一样，不同时代女性追求的具体权利是不同的，但她们都有一个共同的目标：幸福。无论是精神的满足还是物质的满足，对她们而言能达到希望的就是一种幸福，这并不是获得性别绝对平等可以完全解决的问题。在法律上，美国女性于 1919 年获得了与男性同样的选举权利，随后欧洲很多国家的女性相继获得了选举权。然而，这种平等权利并没有给女性带来更多的好处，有些女性投票跟随家人，有些女性根本不使用选举权。除了在法律上承认两性权利的平等，女性暂时没有感受到自己因平等而拥有太多的幸福。

---

① 〔古希腊〕亚里士多德：《尼各马可伦理学》，廖申白译注，北京：商务印书馆，2003 年，第 330 页。

② 〔法〕卢梭：《论人类不平等的起源与基础》，第 114 页。

20 世纪六七十年代，当黑人女性希望可以回家做家庭主妇而不需要外出工作时，她们拒绝与男性具有平等的工作权。在黑人女性的意识中，她们常年外出工作并没有获得幸福，而回到家里做家务、照料孩子可以给予她们精神的满足，会让她们感到自己与白人女性是一样幸福的。因此，在某些方面即便获得了平等，也不代表幸福。在文明社会中，人生存的本质目标是幸福。正如维特根斯坦所指出的，人生意义问题在于如何获得幸福的生活，最终让人过一种幸福的生活。人类最大的幸福就是爱，差别则在于他（她）没有爱、他（她）不能爱、他（她）拒绝爱。女性追求平等只是实现幸福生活目标的手段之一。因此，对女性的历史研究需要努力展示不同女性对幸福的追求，追求平等只是部分人所追求的幸福。

对于如何实现两性之间权利的平等，格尔达 · 勒纳并没有给出确切的答案。对于平等，人们应分为两步：第一步是承认女性群体内部阶层的差异性，首先要寻求各阶层内部的男女平等，即首先确保每个阶层内女性的幸福感问题；第二步是在上述基础上解决各阶层内部男女平等之后，再从整体上解决不同阶层之间女性的平等问题，通过女性不同阶层的平等进而推动全体人类的男女平等。

由此可见，格尔达 · 勒纳努力将母系社会中两性的权利地位趋于同化，她的目标在于引导女性从历史中寻找到两性权利平等的根源，从而将两性之间的关系以最终的平等作为终结。它不但容易将女性带入争取完全、彻底平等的政治斗争之中，还将女性所追求的目标止于平等权利而忽视女性甚至人类生活的最高目标，即幸福。因此，女性追求平等的真正目标在于追求幸福，而追求幸福的手段之一是两性的平等，甚至可能不需要完全的平等，需要通过广义的协议或者契约来实现。鉴于此，女性史研究者可以将研究方向转向幸福的情感史研究，将情感融入女性史研究之中，真正丰富、完善女性史研究。

概言之，格尔达 · 勒纳女性史学思想局限性的根源，在于她没有摆脱传统史学思维的限制，仍将女性生育视为一种单纯的功能而不是一种与男性生理力量上平等的权利，将女性的历史贡献作为女性进入历史研究的前提，而不是将女性视作人类的一半应享有被研究的权利，将母系社会看作两性权利平等的社会，而掩盖了女性曾经在历史中享有过的权力。研究者必须正视格尔达 · 勒纳思想中的局限性，找到其局限性产生的根源，以便扩充研究内容、拓展研究视角，更好地研究和发展女性史、性别史，为写作人类真正的“普遍史”奠定女性史的坚实基础。

本章小结

整体看来，格尔达·勒纳在近半个世纪的历史研究中，不仅对女性史的研究视角、观念的发展做出了重要贡献，而且为女性史学的繁荣建立了系统的人才培养体制。她引领研究者们为女性史学在史学中赢得一席之地，推进了女性史的性别-社会性别史转向，坚守了女性在社会性别史中的中心地位。与此同时，格尔达·勒纳的女性史研究将更多的群体融入历史研究之中，更加全面地认识到女性历史经验的普遍性与女性内部历史经验的差异性，拓展了“普遍史”的内涵。然而，格尔达·勒纳史学思想中还存在一些有待解决的问题。例如，她忽视了提高女性历史、社会地位的经济因素，仅以女性的历史贡献作为女性成为历史研究对象的标准等。综合考察格尔达·勒纳史学思想中有待解决的问题，其根源有三点。第一，格尔达·勒纳只强调了女性从属于男性的社会、历史和文化因素，忽视了两性之间固有的生理差异。第二，格尔达·勒纳仍受到男性史学思维的影响，依然用“贡献”的标准衡量女性的历史地位，疏于思考人类在历史中从未有过真正的平等。第三，她将两性之间的平等视为女性历史发展和女性史研究的目标，而没有注意到它只是女性获得幸福的手段之一。

格尔达·勒纳史学思想中有待解决的上述问题，实际上是女性史学家在研究中普遍存在的问题。其中，格尔达·勒纳对女性历史发展的手段与目标的混淆尤具代表性。究其根源，笔者认为，这是长期以来女性史学和其他史学分支一样将情感问题置于历史解释之外的必然结果。女性史、社会性别史、普遍史中两性之间的关系、同性之间的关系，并非与政治史、经济史、军事史等多个史学分支一样可以完全抛开情感进行解释。例如，在家庭、学校、社区这些成员相对稳定、交往密切的地方，情感是构成人类历史发展的重要组成部分。然而，碍于对情感有历史的质疑，女性史研究迟迟没有对研究对象进行情感思考，因此如幸福等人生的重要感知没有获得关注。这导致女性史学中很多问题无法深入考察。2015 年国际史学大会召开，会议主题之一的情感史，肯定了情感有历史，由此情感史在全球史学界快速发展起来。这为女性史、社会性别史的探索提供了一个新的研究主题与研究视角。目前，情感史研究刚刚起步，自身有许多没有考察清楚的地方，因此将情感与女性史研究结合也会面临众多挑战性的问题，这些都有待于学者们深入思考。

结　语

从发展进程来看，美国女性史研究经历了20世纪60年代之前的萌芽阶段、20世纪六七十年代的独立阶段、80年代的发展阶段、90年代至今的繁荣阶段。其间，美国女性史学发生过两次转型，即70年代中期美国女性史学成为独立、专业史学分支和80年代女性史的社会性别史转向。它的研究对象已从精英女性扩展到普通女性及两性关系的历史，它结合传统史学与后现代主义、解构主义的研究方法，对女性历史进行多元研究。

格尔达·勒纳是引导美国女性史学走向独立、专业化的关键人物，是研究美国南北战争时期女性历史的首批专家之一，也是美国黑人女性史研究的奠基人，还是坚守以女性为研究中心推进女性史向社会性别史转型的重要人物之一。从20世纪50年代末开始，格尔达·勒纳就一直投身于女性史研究。她笔耕不辍，著述丰硕，身处女性史研究的理论前沿。她的《父权制的缔造》可以与波伏娃的《第二性》相媲美，其他研究成果在实证和理论方面，对女性史学的发展也都有不同程度的影响。格尔达·勒纳的具体贡献主要表现在五点。第一，格尔达·勒纳阐述了父权制产生的过程与女性主义意识发展的历史，这形成了她的女性从属于男性的历史理论。第二，格尔达·勒纳拓展了女性史学的研究视角，关注到女性主义意识的发展、两性的关系、女性之间的差异，推进了女性主义史学的多元发展。第三，格尔达·勒纳将“普遍史”观念延伸至两性关系的历史研究之中。这超越了单一性别的传统研究，暗示了两性从平等到不平等最终回归平等的历史规律，也为历史发展中进步与退步并存的理论提供了历史依据。第四，格尔达·勒纳明确提出以女性为历史解释的中心，并将统一的女性历史解释转向了差异的女性历史解释。第五，格尔达·勒纳在女性史研究人才的培养方面做出了突出贡献，为女性史学建立了完善的课程体系与学位制度。

格尔达·勒纳所做的一切，为美国女性史学的独立发展与繁荣做出了重要贡献，但她的研究中存在亟待解决的问题：她注重女性主义意识对提高女性地位的影响，而忽视了经济的作用；她强调女性因在历史上有贡献而应该成为历史研究的对象，这会导致某些女性被历史研究者忽视；她在选取资料时，过于偏向研究主题；她在使用某些概念和术语时，违背了她的平等观念；在实践中，她的“普遍史”研究难于操作。笔者认为，这些有待解决的问题可能由三点原因引发：①格尔达·勒纳的基本研究思路是，最初两性之间关系是平等的，这种平等由于社会、历史和文化等因素的影响走向了不平等，但最终两性关系还会走向平等；②格尔达·勒纳不能彻底摆脱男性史学思维的影响，她将女性对历史的贡献视为女性成为历史研究对象的前提，以便寻找女性可以成为与男性具有平等地位的历史，但她误将两性平等视为人类历史发展的目标；③格尔达·勒纳关注到女性的生育能力被简化为一种功能，但没有进一步意识到女性的生育能力也是一种权利，尤其是女性在母系社会曾凭借这一权利获得了高于男性的社会地位。

为了正视上述问题，研究者必须重新审视两性关系的历史。研究者需要意识到，历史中表现出来的两性关系从来都不是平等的：在母系社会，女性地位稍高；在父权制社会，男性的地位普遍高于女性。因此，如果寻找两性关系的平等根源，似乎无法从历史经验中获得。两性地位的不平等与两性的生理差异有一定的联系，差异产生了权力。在人类社会初期，女性因其生育能力而获得了高于男性的社会地位，而在社会发展过程中，男性因其力量、速度等方面的能力而普遍获得了高于女性的地位。因此，女性史研究者不应仅将女性的生育功能视为女性劣势于男性的原因，而应客观地将其看作一种选择性权利。然而，两性生理差异只有在功能运用方面才能体现出权利作用，如男性可以选择运用生理功能保护或者压抑女性，女性也可以选择运用生理功能生育或者不生育孩子。目前，随着科技的进步，人工智能产品越来越多地代替了人力，男性作为体力劳动者的作用下降，而女性的生育功能作用相对上升，因此女性的社会地位可能会相应提高。请追求两性权利平等的部分学者认清，女性追求平等的真正目标是追求幸福。若希望通过两性平等获得幸福，人们需要承认与解决各阶层内部女性群体的差异，此后解决不同阶层女性之间的不平等问题，从而推动整体人类的平等，使人类普遍获得幸福。当全面、客观地认识两性关系的时刻到来时，史学家们就可以投身于以真正、完整的两性关系为导向的“普遍史”研究之中。

目前，对格尔达·勒纳史学思想的研究，还有需要进一步思考的地方。因此，本书还有继续研究的空间，总体来说，大致可分为以下几个方面：

第一，需要进一步思考历史中两性的权利关系、女性的解放、女性的幸福等问题。女性史研究需要再次思考两性的生理差异与权利关系，女性的生育能力是否可以被视为一种选择性权利。对女性的从属地位与农业社会的确立之间是否存在必然联系的研究，可以引导学者思考“城市化”进程是否可以真正解放女性。除此之外，研究者们需要思考女性史研究的目标是否有利于女性寻求真正的幸福，还需要思考女性地位下降的过程中，某些男性的地位也有所下降，因此女性史研究需密切考察人类社会中边缘群体之间地位的连带关系。与此同时，女性史研究可以进一步探索两性关系的发展与文明进程之间的联系。在这个发展空间里，经济和情感会成为社会性别史研究的新主题。其中，马克思主义政治经济学中的工资理论将再次被关注，用以阐释“城市化”以来性别之间的收入差异。另外，将无感情的女性史或社会性别史转向感情丰富、鲜活的人的历史研究，重新思索吕西安·费弗尔恨怕爱等情感观念的当代意义，运用芭芭拉·罗森宛恩（Barbara Rosenwein）、彼得·斯特恩斯（Peter Stearns）、威廉·雷迪（William Reddy）等人的前沿性的情感史范式与理论对女性及社会性别关系重新考察。

第二，需要进一步研究女性为何成为历史研究的对象，女性史学分期标准等。女性史研究者必须认识到，因为女性与男性一样是客观的人，而历史研究是对人类活动的思考，所以女性应成为历史研究的对象。研究者们仍需找出合理的女性历史发展的分期标准，以便较为系统地归纳、阐述女性的历史。

第三，正确对待边缘群体的历史研究与“普遍史”的关系问题。人类的“普遍史”应该包括全体人类的历史和人类历史发展的规律性等内容，即便将女性的历史融入传统史学之中，仍会将一部分男性的历史排斥于历史研究之外。因此，需要进一步探索将女性及男性边缘群体与传统史学的研究内容相结合的具体研究方法。

第四，格尔达·勒纳只是女性史学中的一个代表人物，若要全面认识女性史学，研究者们还需对众多学者的思想进行横向的比较研究，如对琼·凯利-加多、琼·斯科特、娜塔莉·戴维斯等女性史学家的思想比较研究。这有利于为女性史学的发展指明方向。其中，较为引人注目的是社会性别史研究与后现代主义、解构主义历史研究之间的关系问题。

除了上述研究空间外，历史表明，越来越多的男性学者已经参与到美国女性史的研究之中。研究者必须承认男性历史学家对女性史研究的贡献，如美国学者老阿瑟·迈耶·施莱辛格对女性史研究的思考。通过对同时代的老阿瑟·施莱辛格与玛丽·里特·比尔德的女性史研究思想进行比较，研究者们可以从中掌握 20 世纪上半叶美国学者的女性史研究的关注点、研究的背景，以及对 20 世纪下半叶女性主义史学研究的影响等。

目前，女性史的研究内容不断拓展，研究视角与方法也不断完善，学术成果不断涌现，这不断鼓舞越来越多的学者投身于女性史研究之中。通过历史学家们的共同努力，女性史研究会与其他史学分支共同促进史学的发展与繁荣。

参 考 文 献

一、中 文 图 书

〔德〕埃利希·诺伊曼:《大母神——原型分析》，李以洪译，北京：东方出版社，1998年。

〔波〕埃娃·多曼卡斯:《普遍史与后现代主义》，陈新主编:《当代西方历史哲学读本（1967—2002）》，上海：复旦大学出版社，2004年。

〔英〕爱德华·卡尔:《历史是什么？》，陈恒译，北京：商务印书馆，2007年。

鲍晓兰:《西方女性主义研究评介》，上海：上海三联书店，1995年。

〔意〕贝奈戴托·克罗齐:《历史学的理论和历史》，田时刚译，北京：中国社会科学出版社，2005年。

〔英〕彼得·伯克:《知识社会史》上卷，陈志宏、王婉旎译，杭州：浙江大学出版社·启真馆，2016年。

蔡新乐等:《众妙之门——女权主义的生命哲学批判》，开封：河南大学出版社，2004年。

蔡一平:《妇女与社会性别史研究的理论与方法》，长沙：湖南大学出版社，2016年。

陈启能主编:《二战后欧美史学的新发展》，济南：山东大学出版社，2005年。

戴雪红:《女性主义对资本主义的批判：立场、观点和方法》，北京：光明日报出版社，2010年。

邓元忠:《反省史学：兼论西洋后现代文化》，台北：五南图书出版公司，2001年。

杜芳琴:《发现妇女的历史——中国妇女史论集》，天津：天津社会科学院出版社，1996年。

〔德〕恩格斯:《家庭、私有制和国家的起源》，北京：人民出版社，2012年。

封丽霞:《法典编纂论——一个比较法的视角》，北京：清华大学出版社，2002年。

冯芃芃、郑岩芳:《社会性别与社会读本》，上海：上海三联书店，2010年。

何兆武、陈启能主编:《当代西方史学理论》，上海：上海社会科学院出版社，2003年。

〔德〕黑格尔:《历史哲学》，王造时译，上海：上海书店出版社，2001年。

侯建新:《经济—社会史：历史研究的新方向》，北京：商务印书馆，2002年。

〔英〕霍布斯:《利维坦》，黎思复等译，北京：商务印书馆，2010年。

姜芃主编:《西方史学的理论和流派》，北京：中国社会科学出版社，2007年。

〔美〕R.W.康奈尔:《男性气质》，柳莉等译，北京：社会科学文献出版社，2003年。

李小兵、田宪生主编:《西方史学前沿研究评析》，上海：上海辞书出版社，2008年。

梁启超:《中国历史研究法》，南京：江苏文艺出版社，2008年。

刘利群:《性别向度的美国社会观察——女性话题美国访谈录》，北京：中国传媒大学出版社，2014年。
刘宁元主编：《中国女性史类编》，北京：北京师范大学出版社，1999年。
〔法〕卢梭：《论人类不平等的起源与基础》，李常山译，北京：商务印书馆，1986年。
〔法〕卢梭：《社会契约论》，何兆武译，北京：商务印书馆，2010年。
〔美〕梅里·E.威斯纳—汉克斯：《历史中的性别》，何开松译，北京：东方出版社，2003年。
〔加〕南希·帕特纳、〔英〕萨拉·富特：《史学理论手册》，余伟、何立民译，上海：格致出版社，2017年。
〔美〕佩吉·麦克拉肯：《女权主义理论读本》，桂林：广西师范大学出版社，2007年。
〔美〕皮特·N.斯特恩斯等：《全球文明史》，赵轶峰等译，北京：中华书局，2006年。
〔美〕乔伊斯·阿普尔比等：《历史的真相》，刘北成等译，北京：中央编译出版社，1999年。
〔美〕索尼娅·罗斯：《什么是性别史》，曹鸿译，北京：北京大学出版社，2020年。
田汝康、金重远：《现代西方史学流派文选》，上海：上海人民出版社，1982年。
王恩铭：《20世纪美国妇女研究》，上海：上海外语教育出版社，2002年。
王晴佳、古伟瀛：《后现代与历史学——中西比较》，济南：山东大学出版社，2006年。
王政、杜芳琴主编：《社会性别研究选译》，北京：生活·读书·新知三联书店，1998年。
〔法〕西蒙娜·德·波伏娃：《第二性》，陶铁柱译，北京：中国书籍出版社，1998年。
〔古希腊〕亚里士多德：《尼各马可伦理学》，廖申白译，北京：商务印书馆，2003年。
叶汉明：《主体的追寻》，香港：香港教育图书公司出版，1999年。
〔法〕伊·巴丹特尔：《男女论》，陈伏保等译，长沙：湖南文艺出版社，1988年。
〔美〕伊格尔斯：《二十世纪的历史学：从科学的客观性到后现代的挑战》，何兆武译，沈阳：辽宁教育出版社，2003年。
裔昭印等：《西方妇女史》，北京：商务印书馆，2009年。
于沛主编：《20世纪的西方史学》，武汉：武汉大学出版社，2009年。
于沛主编：《西方史学思想史》，长沙：湖南教育出版社，2015年。
袁吉富：《历史认识的客观性问题研究》，北京：北京大学出版社，2000年。
〔美〕约翰·罗尔斯：《正义论》，何怀宏、何包钢、廖申白译，北京：中国社会科学出版社，1988年。
〔美〕詹姆斯·哈威·鲁滨孙：《新史学》，齐思和等译，北京：商务印书馆，1989年。
张广智：《超越时空的对话：一位东方学者关于西方史学的思考》，北京：北京师范大学出版社，2008年。
张广智：《克丽奥的东方形象：中国学人的西方史学观》，上海：复旦大学出版社，2013年。
张广智主编：《西方史学史》，上海：复旦大学出版社，2001年。
章士嵘：《西方历史理论的进化》，太原：山西教育出版社，2004年。
赵捷、温益群主编：《中国与北欧国家的视角：全球化与本土化背景下的性别平等促进》，昆明：云南人民出版社，2012年。
赵轶峰：《学史丛录》，北京：中华书局，2005年。
中共中央马克思恩格斯列宁斯大林著作编译局：《恩格斯论宗教》，北京：人民出版社，2001年。

中国美国史研究会、江西美国史研究中心：《奴役与自由：美国的悖论——美国历史学家组织主席演说集》，贵阳：贵州人民出版社，1993年。

二、中文文章

白路、杜芳琴：《一个观察世界的新视角》，《江西社会科学》2009年第4期。
畅引婷、光梅红：《当代中国妇女与社会性别史研究述评》，《山西师大学报》（社会科学版）2015年第2期。
陈新：《对历史与历史研究的思考——约恩·吕森教授访谈录》，《史学理论研究》2004年第3期。
褚艳红：《变动中的女性研究视角》，华东师范大学2011年博士学位论文。
董瑞华：《马克思的闲暇时间理论与休闲经济》，《当代经济研究》2002年第1期。
杜芳琴：《妇女/社会性别史对史学的挑战与贡献》，《史学理论研究》2004年第3期。
杜芳琴：《历史研究的性别维度与视角——兼谈妇女史、社会性别史与经济-社会史的关系》，《山西师大学报》（社会科学版）2003年第4期。
杜芳琴：《如何将父权制和社会性别理论引入中国历史研究——个人的体悟与实践》，《中华女子学院学报》2011年第2期。
方进莲：《从女权主义到社会性别理论》，复旦大学2008年硕士学位论文。
高世瑜：《关于妇女史研究的几点思考》，《历史研究》2002年第6期。
侯建新：《西方妇女史研究述评》，《天津师大学报》（社会科学版）1991年第5期。
胡澎：《背叛与胁从》，《读书》2005年第10期。
黄虚峰：《再探20世纪初美国女权运动迅猛发展的原因》，《历史教学问题》2001年第2期。
李桂芝：《全球视野下的美国妇女与社会性别史研究》，《史学理论研究》2018年第3期。
李宏图：《历史研究的“语言转向”》，《学术月刊》2004年第4期。
李剑鸣：《历史研究中的求知与作用》，《历史教学》2006年第2期。
刘家和：《论通史》，《史学史研究》2008年第4期。
刘静：《论女性主义史学对西方教师历史研究的影响》，《比较教育研究》2006年第9期。
刘军：《论美国妇女史研究中的政治倾向》，《史学理论研究》1998年第1期。
刘军：《美国妇女史学的若干理论问题》，《世界历史》1999年第1期。
闵冬潮：《从妇女史到性别史的发展》，《世界历史》1994年第1期。
倪婷：《女性、阶级与种族因素的互动——美国妇女史研究》，《世界历史》2009年第6期。
商传：《传统史学、新史学与社会性别史》，《历史研究》2002年第6期。
时晓红：《试论60年代美国女权运动》，《山东师大学报》（人文社会科学版）1996年第1期。
滕菲：《美国妇女史的研究历程——记南希·科特教授的北大讲座》，https://www.sohu.com/a/153377483_501337（2017-06-30）。
王宏维：《发现妇女的历史》，《南方日报》2004年12月2日，第A07版。
王晴佳：《从历史思辨、历史认识到历史再现》，《山东社会科学》2008年第4期。
王晴佳：《卡尔·波普尔的批判历史哲学及其意义》，《史学理论研究》1993年第1期。

王云龙:《克里奥的萨迦——女性主义史学论域的维京妇女》,《古代文明》2009年第4期。
夏小娜:《在新社会史与新文化史之间:戴维斯妇女史研究探析》,中国社会科学院2008年硕士论文。
鄢可然、顾洁:《从他史-她史到两性史-美国西部妇女史研究述评》,《妇女研究论丛》2001年第5期。
杨丽红:《20世纪30年代的美国妇女研究述评》,《史学月刊》2005年第3期。
裔昭印:《中西妇女史研究的回顾与展望》,《山西师大学报》(社会科学版)2000年第2期。
于沛:《全球史:民族历史记忆中的全球史》,《史学理论研究》2006年第1期。
俞金尧:《寸有所长而尺有所短:新文化史述评》,《史学理论研究》2013年第1期。
张宏:《女性主义史学中的几个理论问题》,《妇女研究论丛》2006年第4期。
张文涛:《一种关于世界史观念的历史考察》,《北京师范大学学报》(社会科学版)2010年第2期。
周莉萍:《西方女性主义思潮与美国妇女史研究》,《赣南师范学院学报》2004年第5期。

三、英文图书

Allan Bérubé, *Coming Out under Fire: The History of Gay Men and Women in World War II*, Chapel Hill: University of North Carolina Press, 2010.
Ann Curthoys, *Is History Fiction?* Sydney: The University of New South Wales Press, 2006.
Axel Schneider and Daniel Woolf, *The Oxford History of Historical Writing - Volume 5: Historical Writing Since 1945*, Oxford: Oxford University Press, 2011.
Barbara J.Harris, *Beyond Her Sphere: Women and the Professions in American History*, New York: Greenwood, 1978.
Berenice A Carroll, *Liberating Women's History: Theoretical and Critical Essays*, Urbana: University of Illinois Press, 1976.
Bhuvan Garg, *Teaching of history*, New Jersey: Wiley-Blackwell, 2007.
Bonnie Smith, *Women's History in Global Perspective*, Urbana: University of Illinois Press, 2004.
Brett Bowden, *The Strange Persistence of Universal History in Political Thought*, New York: Palgrave Macmillan, 2017.
Cathy N.Davidson, *No More Separate Spheres: A Next Wave American Studies Reader*, Durham: Duke University Press, 2002.
Charles Beard and Mary Beard, *History of the United States*, New York: The Macmillan Company, 1921.
Christiana de Groot and Mario A.Taylor, *Recovering Nineteenth-Century Women Interpreters of the Bible*, Atlanta: Society of Biblical Literature, 2007.
Christie Farnham, *The Impact of Feminist Research in the Academy*, Bloomington: Indiana University Press, 1987.
Claudia Goldin, *Understanding the Gender Gap: An Economic History of American Women*, Oxford: Oxford University Press, 1990.
Dale Spender, *Women of Ideas and What Men Have Done to Them: From Aphra Behn to*

Adrienne Rich，Boston: Routledge and Kegan Paul，1982.

Dana Robert，*American Women in Mission: A Social History of Their Thought and Practice*，Atlanta: Mercer University Press，1996.

David Christian，*The Cambridge World History*，Volume 1，London: Cambridge University Press，2015.

Davis D.Joyce，*Oklahoma I Had Never Seen Before: Alternative Views of Oklahoma History*，Norman: University of Oklahoma Press，1994.

Deborah Simonton，*The Routledge History of Women in Europe Since 1700*，London: Routledge，2006.

Elizabeth H. Turner，*Women and Gender in the New South，1865–1945*，Arlington Heights，IL: Harlan Davidson Press，2009.

Erik O.Wright，*Class Counts: Comparative Studies in Class Analysis*，Cambridge: Cambridge University Press，1997.

Georgia Cervin，Claire Nicolas，*Histories of Women's Work in Global Sport: A Man's World?*，New York: Palgrave Macmillan，2019.

Gerda Lerner，*Black Women In White America:A Documentary History*，New York:Random House，1973.

Gerda Lerner，*The Creation of Feminist Consciousness: From the Middle Ages to Eighteen-seventy*，New York: Oxford University Press，1993.

Gerda Lerner，*Fireweed: A Political Autobiography*，Philadelphia: Temple University Press，2002.

Gerda Lerner，*Living with History/Making Social Change*，Chapel Hill: University of North Carolina Press，2009.

Gerda Lerner，*The Creation of Patriarchy*，New York: Oxford University Press，1986.

Gerda Lerner，*The Female Experience: An American Documentary*，Indianapolis: Bobbs-Merrill Educational Pub.，1977.

Gerda Lerner，*The Grimké Sisters from South Carolina: Pioneers for Woman's*，New York: Oxford University Press，1998.

Gerda Lerner，*The Majority Finds Its Past: Placing Women in History*，New York: Oxford University Press，1979.

Gerda Lerner，*Why History Matters: Life and Thought*，New York: Oxford University Press，1997.

H. G.Wells，T*he Outline of History: Being a plain History of Life and Mankind*，New York: Macmillan，1920.

Hayden White，*The Practical Past*，Evanston: Northwestern University Press，2014.

Isabel P. Molina，*Honour and Disgrace: Women and the Law in Early Modern Catalonia*，Dissertation.，2001.

J. M.Bennett，*History Matters: Patriarchy and the Challenge of Feminism*，Philadelphia: University of Pennsylvania Press，2006.

Jennifer Scanlon，Cosner，Shaaron，*American Women Historians，1700s–1990s: A Biographical Dictionary*，*Westport*，CT: Greenwood Press，1996.

Jessica Wilkerson，*To Live Here，You Have to Fight: How Women Led Appalachian Movements for Social Justice*，Urbana: University of Illinois Press，2019.

Joan W. Scott, *Gender and the Politics of History*, New York: Columbia University Press, 1988.

Joan W. Scott, *The Fantasy of Feminist History*, Durham: Duke University Press, 2011.

Johann Bachofen, *Myth, Religion, and Mother Right: Selected Writings of J. J. Bachofen*, Princeton, N.J.: Princeton University Press, 1967.

John M.Faragher and Florence Howe, *Women and Higher Education in American History: Essays from the Mount Holyoke College Sesquicentennial Symposia*, New York: Norton, 1988.

Juliet Gardiner, *What is History Today ...?* New York: The Macmillan Press LTD, 1988.

June Purvis, *Women's History, Britain 1850-1945: An Introduction*, New York: Taylor and Francis Group, 2006.

Karen Offen, *Writing Women's History: International Perspectives*, Houndmills: Macmillan Press LTD, 1991.

Kate Millett, *Sexual Politics*, Urbana: University of Illinois Press, 1969.

Kathleen J.Ryan, *Rememoried Knowing: a Feminist Interpretation of the Canon of Memory* (AAT 3017487), Greensboro: University of North Carolina, 2001.

Kelly Boyd, *Encyclopedia of Historians and Historical Writing*, London: Fitzroy Dearborn Publishers, 1999.

Kenneth W.Godfrey and Audrey M.Godfrey, Mulvay, Derr Jill, *Women's Voices: An Untold History of the Latter-Day Saints, 1830-1900*, Utah: Deseret Book Co., 1982.

Kenneth W.Godfrey, Women's Voices: An Untold History of the Latter-Day Saints, 1830-1900, Utah: Deseret Book Co., 1982.

Linda K. Kerber, *U.S. History as Women's History: New Feminist Essays*, Chapel Hill: University of North Carolina Press, 1995.

Linda K.Kerber, *Women's America*, Oxford: Oxford University Press, 2000.

Ludwig Wittgenstein, *Culture and Value, A Selection from the Posthumous Remains*, Edited by G.H. von Wright, Translated by Peter Winch, Chicago: University of Chicago Press, 1980.

Lynn Hunt, *The New Cultural History*, Berkeley: University of California Press, 1989.

M. R.J.Smith, *From Sacred to Suspect: Myth as Truth or Lie. A Methodological Inquiry*, The Claremont Graduate University, 1992.

Mark C.Carnes, *Manhood: Constructions of Masculinity in Victorian America*, Chicago: University of Chicago Press, LTD., 1990.

Mark C.Carnes, *Meanings for Manhood: Constructions of Masculinity in Victorian America*, Chicago: University of Chicago Press, LTD., 1990.

Mary Beard, *America Through Women's Eyes*, New York: The Macmillan Company, 1933.

Mary P.Ryan, *Mysteries of Sex: Tracing Women and Men through American History*, Chapel Hill: The University of North Carolina Press, 2009.

Mary P.Ryan, *Womanhood in America: From Colonial Times to the Present*, London: Franklin Watts, 1983.

Mary R.Beard, *Woman as Force in History: A Study in Traditions and Realities*, New York: Macmillan Co., 1946.

Mary Spongberg, Ann Curthoys, Barbara Caine, *Companion to Women's Historical Writing*, New York: Palgrave Macmillan UK, 2005.

Mary Spongberg, *Writing Women's History Since the Renaissance*, New york: palgrave macmillan, 2003.

Merry E. Wiesner-Hanks, *A Concise History of the World*, Cambridge: Cambridge University Press, 2015.

Montgomery, Fiona, *The European Women's History Reader*, London, New York: Routledge, 2001.

Nelson Lichtenstein, *American Capitalism*, Philadelphia: University of Pennsylvania Press, 2005.

Nitish Nawsagaray, *Caste, Patriarchy And Law in India*, India: Eastern Book Company, 2014.

Pamela S.Nadell, *America's Jewish Women: A History from Colonial Times to Today*, New York: W. W. Norton Company, 2019.

Pamela S.Nadell, Haulman, Kate, *Making Women's Histories: Beyond National Perspectives*, New York: New York University Press, 2013.

Reed M.Wood, *Female Fighters: Why Rebel Groups Recruit Women for War*, New York: Columbia University Press, 2019.

Robert A.Rutland, *Clio's Favorites: Leading Historians of the United States, 1945-2000*, Columbia and London: University of Missouri Press, 2000.

Rodger Streitmatter, *Raising Her Voice: African-American Women Journalists Who Changed History*, Lexington: University Press of Kentuchy, 1994.

Roland, Bleiker, *Popular Dissent, Human Agency, and Global Politics*, Cambridge: Cambridge Univ. Press, 2000.

Rose Natalie, *An Essential Indispensable Heritage: the Sarah Lawrence College Women's History Program, 1972-1979*, Sarah Lawrence College, 2004.

Sheridan Harvey, *American Women: A Library of Congress Guide for the Study of Women's History and Culture in the United States*, Washington: Library of Congress, 2001.

Stephanie E.Jones-Rogers, *They Were Her Property: White Women and the Economy of American Slavery*, New Haven: Yale University Press, 2019.

Stokes, Melvyn, *The State of U.S. History*, New York: Berg, 2002.

Will Durant and Ariel Durant, *The Lessons of History*, New York: Simon and Schuster, 1968.

William H.McNeill, David Christian, Jerry Bentley, *Berkshire Encyclopedia of World History*, Great Barrington: Berkshire Publishing Group, 2005.

四、英 文 文 章

Alice F. Tyler, Review: Woman as Force in History: A Study in Traditions and Realities by Mary R. Beard, *The Mississippi Valley Historical Review*, Vol. 33, No. 1, 1946, pp.136-137.

Alice Kessler-Harris, The So-What Question, *Frontiers: A Journal of Women Studie*, Vol. 36, No. 1 , 2015, pp.12-16.

Anke Voss-Hubbard, "No Document-No History" : Mary Ritter Beard and the Early History of Women Archives, *The American Archivist*, Vol. 58, No. 1, 1995, pp.16-30.

Barbara Sicherman, American History, *Signs*, Vol. 1, No. 2, 1975, pp.461-485.

Berenice A.Carroll, Mary Beard's Woman as Force in History: A Critique, *The Massachusetts Review*, Vol. 13, No. 1/2, 1972, pp.125-143.

Beth Severy-Hoven, Beth, Master Narratives and the Wall Painting of the House of the Vettii, Pompeii, *Gender and History*, Vol.24, No.3, 2012, pp.540-580.

Bonnie G. Smith, Women's History: A Retrospective from the United States, *Signs*, Vol. 35, No. 3, 2010 , pp. 723-747.

Bonnie G. Smith, Seeing Mary Beard, *Feminist Studies*, Vol. 10, No. 3, 1984, pp. 399-416.

Brett Bowden, The "Idea" of Universal History: What the Owl Heard, the Angel Saw, and the Idiot Said, *New Global Studies.*, Vol. 11, No. 3, 2017, pp. 197-209.

Carol P.Christ, A New Definition of Patriarchy: Control of Women's Sexuality, Private Property, and War, *Feminist Theology*, Vol. 24, No. 3, 2016, pp.214-225.

Cecil C., North, Review: The Origin of The Inequality of The Social Classes. by Gunnar Landtman, *American Sociological Review*, Vol. 4, No. 2 , 1939, pp.277-278.

Cornelia H.Dayton, Lisa Levenstein, The Big Tent of U.S. Women's and Gender History: A State of the Field, *The Journal of American History*, Vol. 99, No. 3, 2012, pp.793-817.

David Christian, The Return of Universal History, *History and Theory*, Vol. 49, No. 4, 2010, pp.6-27.

Davut Ates, Civilization and Universal History in Conceptualizing Globalization, *ZKÜ Sosyal Bilimler Dergisi*, C.4, S.8, 2008, ss.173-188.

Deborah Gewertz, Review: The Creation of Patriarchy by Gerda Lerner, *American Ethnologist*, Vol. 15, No. 3, 1988, pp.595-596.

Donna J.Guy , Future Directions in Latin American Gender History, *The Americas*, Vol. 51, No. 1 , 1994, pp.1-10.

Eileen Boris and Elizabeth Currans , Reflections, *Frontiers: A Journal of Women Studies*, Vol. 36, No. 1 , 2015, pp.27-32.

Elizabeth B.Schlesinger, Two Early Harvard Wives: Eliza Farrar and Eliza Follen, *The New England Quarterly*, Vol. 38, No. 2, 1965, pp.147-167.

Elizabeth Jameson, Looking Back to the Road Ahead, *Pacific Historical Review*, Vol. 79, No. 4, 2010, pp.574-584.

Ellen Baumler, et al, Women's History Matters: The Montana Historical Society's Suffrage Centennial Project, *Montana The Magazine of Western History*, Vol. 64, No. 2, 2014, pp.3-20.

Ellen Dubois, et al, Politics and Culture in Women's History: A Symposium, *Feminist Studies*, Vol. 6, No. 1, 1980, pp.26-64.

Ellen DuBois, Review: The Creation of Feminist Consciousness: From the Middle Ages to Eighteen- Seventy. by Gerda Lerner, *The Journal of American History*, Vol. 80, No.4, 1994, pp.1422-1423.

Ellen Freeberg, Gina L. Walker, Golesorkhi Lara-Zuzan, Recovering Frieda Wunderlich: Gender, Knowledge, and Exile, *Social Research*, Vol.84, No. 4, 2017, pp.1021-1049.

Françoise Basch, Review: *The Majority Finds Its past: Placing Women in History*, *Signs*, Vol. 6, No. 4, 1981, pp.751-753.

Geetanjali Gangoli, Understanding Patriarchy, Past and Present: Critical Reflections on Gerda Lerner, *Journal of Gender-Based Violence*, Vol. 1, No. 1, 2017, pp.127-134.

Gerda Lerner, Review: Women and Equality, *Review in American History*, Vol. 6, No. 3, 1978, pp.283-287.

Gerda Lerner, How the Historical Profession Became a Male Preserve, *Journal of Women's*

History, Vol.11, No.2, 1999, pp.221-223.

Gerda Lerner, New Approaches to the Study of Women in American History , *Journal of Social History*, Vol.3, No.1, 1969, pp.53-62.

Gerda Lerner, Reply to Responses, *Journal of Women's History*, Vol.16, No.4, 2004, pp.61-64.

Gerda Lerner, The Grimke Sisters and the Struggle Against Race Prejudice, *The Journal of Negro History*, Vol. 48, No. 4, 1963, pp.277-291.

Gerda Lerner, The Lady and the Mill Girl: Changes in the Status of Women in the Age of Jackson, *Midcontinent American Studies Journa*l, Vol. 10, No. 1, 1969, pp.5-15.

Gerda Lerner, U.S. Women's History: Past, Present, and Future, *Journal of Womens History*, Vol.16, No.4, 2004, pp.10-27.

Gerda Lerner, Women's Rights and American Feminism, *The American Scholar*, Vol. 40, No. 2, 1971, pp.235-248.

Gisela Bock, Women's History Zwischen Amerika und Europa: Nachruf auf Gerda Lerner, *Geschichte und Gesellschaft*, C.39. S.2 , 2013, ss.259-278.

Helen M.Bannan, The Personal is Political and Academic and Memoirs of Women's Studies Pioneers, *Feminist Collections*, Vol. 32, No. 1, 2011, pp.1-5.

Janice Nahra Friedel, Review: The Majority Finds Its Past: Placing Women in History by Gerda Lerner, *The History Teacher*, Vol. 13, No. 3, 1980, p.448.

Jean H.Quataert and Leigh A. Wheeler, Tributes, Politics, and Innovations in Women's and Gender History, *Journal of Womens History*, Vol.26, No.1, 2014, pp.7-11.

Jeanne Boydston, Gender as a Question of Historical Analysis, *Gender and History*, Vol. 20, No.3, 2008, pp.558-583.

Joan Hoff, Gender as A Postmodern Category of Paralysis, *Women's History Review*, Vol. 3, No.2, 1994, pp.149-168.

Joan W.Scott, Feminism's History, *Journal of Women's History*, Vol. 16, No. 2, 2004, pp.10-29.

Joan W.Scott, Gender: Still a Useful Category of Analysis, *The American Historical Review*, Vol. 91, No 5, 1986, pp.1053-1075.

Joanna Schneider Zangrando, Women's Studies in the United States: Approaching Reality, *American Studies International*, Vol.14, No.1, 1975, pp. 15-36.

Joanne M.Braxton, Transformational Feminism, *The Women's Review of Books*, Vol. 27, No. 3, 2010, pp.24-25.

Joanne Meyerowitz, A History of "Gender", *The American Historical Review*, Vol. 113, No. 5, 2008, pp.1346-1356.

John Lankford, The Writing of American History in the 1960s: A Critical Bibliography of Materials of Interest to Sociologists, *The Sociological Quarterly*, Vol. 14, No. 1, 1973, pp.99-126.

Joseph F.Thorning, Review: Woman as Force in History by Mary R. Beard, *The Americas*, Vol. 3, No. 4, 1947, pp. 548-549.

Joyce Antler, History and Gender, *Frontiers: A Journal of Women Studies*, Vol. 36, No. 1 , 2015, pp.16-21.

Judith M.Bennett, Comment on Tilly: Who Asks the Questions for Women's History?, *Social Science History*, Vol.13, No.4, 1989, pp.471-477.

Judith M.Bennett, Feminism and History, *Gender and History*, Vol.1, No.3, 1989, pp.251-272.

Judith M.Bennett, Review: The Creation of Feminist Consciousness: From the Middle Ages to Eighteen- Seventy by Gerda Lerner, *The American Historical Review*, Vol. 98, No. 4, 1993, pp.1193-1195.

Kathleen M.Brown, Brave New Worlds: Women's and Gender History, *The William and Mary Quarterly*, Vol. 50, No. 2, 1993, pp.311-328.

Kathleen Xidis, Review: The Woman in American History by Gerda Lerner: Women's Suffrage and Prohibition: A Comparative Study of Equality and Social Control by Ross Evans Paulson, *The History Teacher*, Vol. 8, No. 1, 1974, pp. 124-125.

Kathryn K. Sklar, For the Future of Women's Past, *Journal of Women's History*, Vol. 26, No.1, 2014, pp.12-15.

Leila J. Rupp, Review: Toward an Intellectual History of Women by Linda K. Kerber: Why History Matters: Life and Thought by Gerda Lerner, *Signs*, Vol. 26, No. 1, 2000, pp.321-323.

Linda Gordon, Social Movements, *Frontiers: A Journal of Women Studies*, Vol. 36, No. 1, 2015, pp.2-6.

Linda Gordon, Socialist Feminism: The Legacy of the 'Second Wave', *New Labor Forum*, Vol. 22, No. 3 , 2013, pp.20-28.

Linda Gordon, Gerda Lerner: Leftist and Feminist, *Journal of Womens History*, Vol. 26, No. 1 , 2014, pp.31-36.

Linda K. Kerber, Why History Matters, *Frontiers: A Journal of Women Studies*, Vol. 36, No. 1 , 2015, pp.6-11.

Londa L.Schiebinger, Review: The Creation of Feminist Consciousness: From the Middle Ages to Eighteen-Seventy by Gerda Lerner, *Journal of Interdisciplinary History*, Vol. 25, No. 4, 1995, pp.671-672.

Louise A.Tilly , Women's History and Social History, *Social Science History*, Vol. 13, No. 4, 1989, pp.439-462.

Louise A.Tilly, Women's History and Family History: Fruitful Collaborationor Missed Connection?, *Journal of Family History*, Vol. 12, No.1-3 , 1987, pp.303-315.

Lynn Hunt, Review: The Creation of Feminist Consciousness: From the Middle Eighteen-Seventy by Gerda Lerner, Journal of Social History, Vol. 28, No. 3, 1995, pp.675-677.

M. K. T.Tetreault, Integrating Women's History: The Case of United States History High School Textbooks, *The History Teacher*, Vol. 19, No. 2, 1986 , pp. 211-262.

Margaret C. Jacob, Casting a Cold Eye, *The Women's Review of Books*, Vol. 15, No. 5, 1998, p.5.

Margaret Smith Crocco, Forceful yet Forgotten: Mary Ritter Beard and the Writing of History, *The History Teacher*, Vol.31, No.1, 1987, pp.9-31.

Marilyn J.Boxer, Women's Studies as Women's History, *Women's Studies Quarterly*, Vol. 30, No. 3/4, 2002, pp.42-51.

Marnie Hughes-Warrington, Coloring Universal History: Robert Benjamin Lewis's Light and Truth (1843) and William Wells Brown's The Black Man (1863), *Journal of World History*, Vol. 20, No. 1, 2009, pp.99-130.

Marta Cintas-peña and Leonardo G. Sanjuán, Gender Inequalities in Neolithic Iberia: A

Multi-Proxy Approach，*European Journal of Archaeology*，Vol.22，No.4，2019，pp.1-24.

Mary E.Frederickson，Going Global: New Trajectories in U.S. Women's History，*The History Teacher*，Vol. 43，No. 2，2010，pp.169-189.

Mary R. Beard，Féminisme et Positivisme. by Louise-Marie Ferré；The Associated Country Women of the World；Women in Two Worlds. by Mary L. Ely and Eve Chappell，*American Sociological Review*，Vol. 3，No. 6，1938.

Mary R. Beard，Woman's Role in Society，*The Annals of the American Academy of Political and Social Science*，Vol. 251，1947，pp.1-9.

Mary S. Benson and Gerda Lerner，The Women in American History，*The Journal of American History*，Vol. 59，No. 1，1972，p.120.

Melinda S.Zook，Integrating Men's History into Women's History: A Proposition，*The History Teacher*，Vol. 35，No.3，2000，pp. 373-387.

Nan Elizabeth Woodruff，Review: The Majority Finds Its Past: Placing Women in History by Gerda Lerner，*The Journal of Southern History*，Vol. 46，No. 3，1980，pp. 454-455.

Nancy A.Hewitt，Beyond the Search for Sisterhood: American Women's History in the 1980s，*Social History*，Vol. 10，No. 3，1985，pp.299-321.

Nancy Barnes，Review: *The Creation of Patriarchy by Gerda Lerner*，*Signs*，Vol. 13，No. 4，1988，pp.857-859.

Nancy Isenberg，Second Thoughts on Gender and Women's History，*American Studies*，Vol. 36，No. 1，1995，pp.93-103.

Nancy Isenberg，Life with Gerda，*Journal of Women's History*，Vol. 26，No.1 ，2014，pp.24-26.

Nancy MacLean，Women's History for the Future : Gerda Lerner's Last Agenda-Setting，*Journal of Women's History*，Vol. 26，No. 1，2014，pp.37-43.

Peter G.Filene，Integrating Women's History and Regular History，*The History Teacher*，Vol. 13，No.4，1980，pp.483-492.

Roxanne Henkin，Speaking My Mind: Confronting Bullying: It Really Can Get Better，*English Journal*，Vol. 101，No. 6 ，2012，pp.110-113.

Sally Alexander，Anna Davin，Feminist history，*History Workshop*，Volume 1，Issue 1，1976，pp.4-6.

Sara M.Evans，Feminism's History and Historical Amnesia，*Modern Intellectual History*，Vol. 10，No.2，2013，pp.503-513.

Shirin Saeidi，Reconsidering Categories of Analysis: Possibilities for Feminist Studies of Conflict，*Gender and History*，Vol. 24，No. 3，2012，pp.799-824.

Stephanie Cole，Review: The Feminist Thought of Sarah Grimké by Gerda Lerner，*The journal of Southern History*，Vol. 66，No. 2，2000，pp.400-402.

Sue Morgan，Theorising Feminist History: A Thirty-Year Retrospective，*Women's History Review*，Vol.18，No.3 ，2009，pp.381-407.

Suzanne Lebsock，Reading Mary Beard，*American History*，Vol. 17，No.2，1989，pp.324-339.

Tanya Cheadle，Review: What is Gender History? by Sonya O. Rose，*The English Historical Review*，Vol.126，No. 523，2011，pp.1490-1491.

Terrence J.McDonald，Theory and Practice in the "New" History: Rereading Arthur Meier Schelesinger's *The Rise of the City*，1878-1898，*Reviews in American History*，Vol. 20，No. 3，1992，pp.432-445.

Thavolia Glymph，A New World of Women and a New Language，*Frontiers: A Journal of Women Studies*，Vol. 36，No. 1，2015，pp.21-26.

Virginia Hunter，The Origins of Patriarchy: Gender and Class in the Ancient World，*Labour/Le Travail*，Vol. 22，1988，pp.239-246.

后　　记

本书是在本人博士毕业论文基础上转换研究视角后写作而成的，既细致梳理了格尔达·勒纳的女性史学思想，也尽力展现了美国女性史学的发展历程，并探讨了格尔达·勒纳在美国女性史学发展中的重要作用。与博士毕业论文局限于对格尔达·勒纳女性史学思想的研究不同，本书将格尔达·勒纳的史学思想放置于美国女性史发展的历史之中，在原有博士毕业论文的基础上，进一步阐述了格尔达·勒纳对玛丽·里特·比尔德女性史观念的继承与发展，论述了格尔达·勒纳的描述性社会性别理论与琼·斯科特的解释性社会性别理论的差异及社会性别理论对女性史研究的影响，分析了格尔达·勒纳在世界史意义上的普遍史观念。

本书是国家社科基金后期资助项目的成果。进行项目申报之前，修改的思想来源于本人恩师东北师范大学周巩固教授以及对本人论文进行指导过的各位专家老师——赵轶峰教授、陈恒教授、梁茂信教授、王邵励教授等提出的宝贵指导意见。在此对各位专家老师表示衷心感谢。由于个人工作原因，近年来我投入科研时间较少，学术成果有限，但是周老师始终在学术道路上没有放弃我。他不断地指引我，鼓励我参加学术会议，积极关注史学研究的前沿动态。在东北师范大学召开的每年一次的史学理论会议上，他都能给予我坚持学术研究的动力，使我能够一直坚持走在史学研究的道路上。另外感谢沈阳师范大学的同事们，特别是鲍明教授和魏曙光副教授，感谢他们在我申报项目之前和写作之中，为我提供他们宝贵的写作经验。

感谢国家社科基金后期资助项目让我获得了继续对女性史研究的精神动力与物质支持。近年来，我国对外国女性史研究的人员数量屡创新高，不断拓展研究的广度与深度，优秀成果不断涌现。然而，从我国对外国史理论的整体研究来看，女性史理论的研究仍没有广泛受到重视。在这样的背景下，国家社科基金后期资助的五位匿名评审专家能认可这一选题对本人而言是莫大的鼓舞，坚定了本人继续从事外国女性史研究的信念。评审专家在修改意见中提出了一系列尖锐的问题，并给与了解决部分问题的建设性意见，这为写作提供了更好的修改方向。

由于该项目结项模式变更，一些技术问题是在科学出版社的责任编辑任晓刚先生的耐心指导下完成的。任先生为书稿的出版和校对付出了大量的精力和时间，使本书得以顺利出版并减少了一定的技术性错误。

本书写作后期和出版之际，正值本人怀孕生子之时，由于时间紧张，水平有限等因素，本书中的观点可能并不成熟，内容也有待于进一步完善，错误在所难免，敬请方家批评指正。

金利杰

2021 年 10 月 29 日于沈阳